广西特聘专家专项经费资助成果

广西一流学科·广西师范大学中国语言文学经费资助成果

广西高校人文社科重点研究基地·桂学研究院经费资助成果

石刻文献与文学研究

杜海军 著

中国社会科学出版社

图书在版编目（CIP）数据

石刻文献与文学研究/杜海军著. —北京：中国社会科学出版社，2020.7

ISBN 978-7-5203-6606-9

Ⅰ.①石… Ⅱ.①杜… Ⅲ.①石刻—文献—研究—中国 ②中国文学—古代文学史—文学史研究 Ⅳ.①K877.404 ②I209.2

中国版本图书馆 CIP 数据核字（2020）第 093197 号

出 版 人	赵剑英
责任编辑	郭晓鸿
特约编辑	张金涛
责任校对	闫 萃
责任印制	戴 宽

出　　版	中国社会科学出版社
社　　址	北京鼓楼西大街甲 158 号
邮　　编	100720
网　　址	http://www.csspw.cn
发 行 部	010-84083685
门 市 部	010-84029450
经　　销	新华书店及其他书店
印　　刷	北京明恒达印务有限公司
装　　订	廊坊市广阳区广增装订厂
版　　次	2020 年 7 月第 1 版
印　　次	2020 年 7 月第 1 次印刷
开　　本	710×1000　1/16
印　　张	21.25
插　　页	2
字　　数	294 千字
定　　价	108.00 元

凡购买中国社会科学出版社图书，如有质量问题请与本社营销中心联系调换
电话：010-84083683

版权所有　侵权必究

目　　录

绪论：石刻文献与文学的研究状况 …………………………………… 1

第一章　石刻的发生与发展 ………………………………………… 16
　第一节　先秦至西汉间之石刻发生 ………………………………… 16
　第二节　东汉石刻之骤然兴盛 ……………………………………… 30
　第三节　魏晋南北朝禁碑与石刻发展 ……………………………… 40
　第四节　隋唐石刻的全面发展与文学石刻之兴起 ………………… 54

第二章　石刻的发展与繁荣 ………………………………………… 70
　第一节　宋代摩崖的发达与文学石刻的繁荣 ……………………… 70
　第二节　辽夏石刻之贡献 …………………………………………… 89
　第三节　金元之道家石刻 …………………………………………… 102
　第四节　明朝石刻的复兴 …………………………………………… 115
　第五节　清朝石刻的繁荣 …………………………………………… 130

第三章　石刻的社会功用及其文献与文学价值 …………………… 143
　第一节　石刻之社会功用 …………………………………………… 143

1

第二节　石刻补正文献之功 ················· 162
　　第三节　石刻补文学史研究之功 ··············· 186

第四章　石刻的文体特性研究 ················· 208
　　第一节　石刻文体的构成要素 ················ 211
　　第二节　石刻之文体特点 ··················· 221
　　第三节　石本与纸本之文体差异 ··············· 230

第五章　石刻之两种特有文体 ················· 248
　　第一节　摩崖榜书的文体性质 ················ 248
　　第二节　题名之发展及文体价值 ··············· 268

第六章　石刻之文学传播方式与贡献 ·············· 294
　　第一节　持久的传播方式 ··················· 295
　　第二节　及时的传播方式 ··················· 302
　　第三节　开放而广泛的传播方式 ··············· 306
　　第四节　拓片与石刻传播的延伸 ··············· 311

参考文献 ·························· 325
跋 ····························· 337

绪论：石刻文献与文学的研究状况

"石刻"，是一个内容十分宽泛的习俗使用的概念，许多学者以"石刻"倡论，如曾毅公有《石刻刻工考》，赵超有《中国古代石刻概论》，徐自强、吴梦麟有《古代石刻通论》，程章灿有《石刻刻工研究》。又有以"碑"或者"碑刻"立论者，实质也是论石刻，如金其桢有《中国碑文化》，毛远明有《碑刻学通论》。而传统上则多以"金石"为名，如赵明诚的《金石录》，潘昂霄的《金石例》，王昶的《金石萃编》，钱大昕的《潜研堂金石文跋尾》等。其实，这些学者所论核心都是同一个问题，即刻在石头上的文字，也有略涉雕像者，但无论如何都是以刻在石上的文字为主要观照对象。如徐自强与吴梦麟著述所说："何谓'石刻'，各家的界定有所不同。我们认为：石刻就是以岩石（俗称石头）为载体，通过人们的劳动加工成的产品……石刻学（古称'金石学'）所涉及的，主要是指有文字的这一部分石刻，有的人又称之为'狭义'石刻。它是石刻学研究的主要对象。"① 这与当今多数学者以"石刻"为名倡论也是一致的。拙著且从众例，凡刻有文字的石即称为石刻，不论其形态、用途、藏地，皆在拙论之内。

石刻在我国有长久的发展历史，日渐发达，产生了众多的各种形状、各种用途的作品，徐师曾的《文体明辨序说·碑文》据以划分为山川之碑、城池之碑、宫室之碑、桥道之碑、坛井之碑、神庙之碑、古迹之碑、土风之碑、

---

① 徐自强、吴梦麟：《古代石刻通论》，紫禁城出版社2003年版，第1页。

灾祥之碑、功德之碑、墓道之碑、寺观之碑、托物之碑等。① 叶昌炽的《语石》分为墓志、塔铭、经幢、造像、画像、桥柱、井栏、石阙、摩崖、石经、字书、小学、封神、诏敕、符牒、书札、格论、典章、谱系、界至、书目、吉语、诅盟、符箓、玺押、题榜、楹联金石图，以及各种杂刻等，有40多类。② 马衡的《中国金石学概要》分为碣、摩崖、碑、造像、画像、石经、释道石经、医方、格言、书目、文书、墓志墓莂、谱系、地图界至、题咏题名、一切建筑品附刻之文（井、阙、食堂神位、墓门黄肠、石人石兽、器物、浮图）。朱剑心的《金石学》分为碑碣墓志、摩崖、造像、经幢、柱础、石阙。赵超的《中国古代石刻概论》分为刻石（摩崖与碣石）、碑、墓志、塔铭及与塔有关的石刻、经幢与坟幢、造像题记、画像石、经版、买地券及镇墓券、建筑附属刻铭及其他杂刻等。③ 毛远明的《碑刻文献学通论》分为碑碣、石阙、摩崖、墓志、经幢石柱铭刻、造像题记、石刻画像题字七类。④ 金其桢的《中国碑文化》分为祭祀、墓碑、经典刻石、天文及艺术物、埃及方尖碑、界标、盟会碑、告示牌等。

石刻之丰富，成为我国流传的历史文献中，纸质之外最重要的一种形式。唯此种文献与纸质文献不同，存在方式与纸质文献不同，石刻的内容与载体之间多有着不可分割的关系。石刻载体的形制及原生地环境即是文本内容的一部分，内容常常仅存在一定场合一定形制的石刻文献中，是一种立体的文。石刻由此成为一种独特的文献种类，成为一种具有文物价值的文献。也因此，石刻理当为学术研究的一个重要方向。

石刻的发达，特别是赵宋以后，引起越来越多的文人关注，产生了众多的颇具影响的成果，如《集古录》《金石录》《金石萃编》《八琼室金石补正》之类，在民国前已达一千多种。

大量石刻文献的存在、整理，与先辈的研究成果及经验的积累，也促进

---

① 吴讷、徐师曾：《文章辨体序说 文体明辨序说》，人民文学出版社1962年版。
② 叶昌炽撰，柯昌泗评：《语石 语石异同评》，中华书局1994年版，第388页。
③ 赵超：《中国古代石刻概论》，文物出版社1997年版。
④ 毛远明：《碑刻文献学通论》，中华书局2009年版。

了我国石刻研究的快速深入发展，民国以后开始整理前朝整理过的石刻著述，出版了不少石刻文献整理及研究性的著作，如《石刻史料新编》《历代碑志丛书》《历代石刻史料汇编》《北京图书馆藏中国历代石刻拓片汇编》《中国西南地区历代石刻汇编》《中国西北地区历代石刻汇编》《汉魏六朝碑刻校注》《唐代墓志汇编》《唐代墓志汇编续集》《五代墓志汇考》《全金石刻文辑校》《元代白话碑集录》《道家金石略》等。还有理论著述如《中国古代石刻概论》《古代石刻通论》《石刻考工录》《碑刻学通论》《中国碑文化》之类，甚至使学者一时兴起设立石刻学之想。

21世纪以来，石刻研究更有进步的气象，从社科基金项目的立项与博士论文的成果就可见一斑。社科基金立项自2012年至2014年3年间，已有35项：2012年8项，2013年14项，2014年13项。博士论文据知网统计也有47项。新的研究成果也快速增加，如张鹏2015年出版《北朝石刻文献的文学研究》，马立军同年出版《北朝墓志文体与北朝文化》，浙江大学胡可先教授于2012年出版《出土文献与唐代诗学研究》上、下册，2017年又出版《新出石刻与唐代文学家族研究》等，几见石刻文学研究要成为学界研究的新方向与热点。

但就石刻的研究方向与结果而言，以上种种，却可见石刻研究还有很大的可供开发的空间。那就是石刻研究基本是长期依附于金石学而存在，从著述的命名，如《金石例》《金薤琳琅》《金石索》《金石萃编》《八琼室金石补正》等可以看出，其实其中绝大多数所论是石刻。而金石学的研究对象则主要集中在字形学、书法学、历史学等方面。[①] 传统金石学对于石刻的文学内容的研究非常不足，在以上两项统计的82项中仅有7项与石刻文学研究有关。因此，石刻的文学研究是一个可以开发且值得开发的学术处女地，这是我们为此申请项目立项的根本意图所在。石刻文学研究的不足在于四个方面：一是文本整理不足；二是对石刻文学价值的轻视；三是对石刻文学的整体特性缺乏认识；四是石刻文学研究缺乏系统性、深入性。

---

① 毛远明：《石刻文献学通论》，中华书局2009年版，第537页。

一 石刻文本的整理不足

我国石刻自先秦发生（以留存石刻论），发展至清朝末年，已有两千多年历史，留下了不计其数的作品，但从研究者文本整理的结果看，数量既不全，质量也不高，毛远明曾批评碑刻文献整理的问题，指出材料散碎、原始，搜集整理不够。① 确实如此，这由多种原因造成。

1. 有意识的石刻整理工作起步太晚，前期时段发生的石刻，因失去了整理的机会而消失得不到整理。

关于石刻文本的整理，今知最早有梁元帝著《金楼子》卷五《著述》类所载兰陵萧贲撰"《碑集》十袠百卷"，《四库全书总目》称其"是为裒辑金石之祖"。② 嗣后，《隋书》记载南朝的石刻整理成就渐多，有《碑集》二十九卷；《杂碑集》二十九卷；《杂碑集》二十二卷（梁有《碑集》十卷，谢庄撰）；《释氏碑文》三十卷，梁元帝撰；《杂碑》二十二卷，《碑文》十五卷，晋将作大匠陈勰撰；《碑文》十卷，车灌撰。又有《羊祜堕泪碑》一卷，《桓宣武碑》十卷，《长沙景王碑文》三卷，《荆州杂碑》三卷，《雍州杂碑》四卷，《广州刺史碑》十二卷，《义兴周处碑》一卷，《太原王氏家碑诔颂赞铭集》二十六卷；《诸寺碑文》四十六卷，释僧佑撰。③ 虽然这些成果出现较早，但是，如今这些石刻著述早已付之云烟，内容如何，是石，是拓片，抑或是文字整理成果，自然无从谈起。《文选》虽然录有碑文，如《蔡伯喈郭有道碑文》《陈太邱碑文》《王简栖头陀寺碑文》等，因未知其文究竟是来自石刻还是其他载体的文本，因纸本文其结构毕竟与本来产生的石本形式、内容有差，所以对于石刻的文本整理成就而言，也就难以断定是否。《隋书》记载的南朝石刻整理之后，直到赵宋时刘敞、欧阳修等，才开始有个别学者专注石刻。也就是说，石刻从开始发展至五代期间，相关整理是空白期，与没有

---

① 毛远明：《石刻文献学通论》，中华书局 2009 年版，第 537 页。
② 永瑢等撰：《四库全书总目》，中华书局 1965 年版，第 733 页。
③ 魏征等撰：《经籍志》，《隋书》卷 35，中华书局 2011 年标点本，第 1086 页。

起步完全等同。这样，石刻的文献整理就只能从宋代说起了，宋前的石刻也因此多数湮没无闻。然而，宋代以后在石刻的文献整理方面由于以下原因，一样地不如人意。

2. 研究者石刻的文本价值意识严重欠缺，导致不注重石刻文本的采录。

石刻研究若自宋人说起，长期专注于金石学，人称是考古学的前身，学界的石刻研究成果多是在书法、文字方面，从研究成果看不难理解。虽然一些学者对石刻的文献价值认识比较深刻，但远比不上对书法与文字学价值的认识，这导致学者对石刻的文字笔画，或者文字构造的过度关注，关注石刻中某一个字的构造、一个字体的形态，而忽略其整片石刻的文本意义。在这种思想指导下，我国石刻自先秦产生，专门的石刻文本采录在今日看，至早也是到南北宋之交时候的洪适（1117—1184）作《隶释》，才开始起步，有少量比较完整的文本录入。① 这种情况可以说一直持续着，因此，至今留下经过整理的石刻文集，只有寥寥几部，除《隶释》《隶续》之外，还有明代都穆的《金薤琳琅》，清朝的《金石萃编》《八琼室金石补正》等。所录文本又受到厚古薄今思想的影响，常限在宋元以前，明清石刻的文本录入可说没有。

3. 石刻研究历来存在严重的厚古薄今的倾向，这种倾向从宋代开始，一直延续到了清朝末年。凡石刻研究者仅关注其前朝作品的存在，而对当朝的石刻文本基本是视若无睹，这从宋人开始关注石刻时已是如此。比如，宋朝人注重五代以前石刻，五代以下的本朝阙如。欧阳修的《集古录》，曾巩的《金石录跋》，赵明诚的《金石录》，王象之的《舆地碑记目》，陈思的《宝刻丛编》及无名氏的《宝刻类编》等石刻目录或著作，都只著录到五代。而《隶释》《隶续》则是仅录汉石刻文字。至明朝学者，稍往后延续，逐渐开始关注宋人或元人的石刻文本，如都穆录《金薤琳琅》只录至唐，张鸣凤作《桂胜》录宋人石刻，但是一样都不关注身边本朝人的石刻文本。清朝的学者

---

① 四库馆臣以为搜集石刻文本是自《隶续》开始，说："欧阳修、赵明诚等辑录金石，仅标题跋尾而已，自洪适《隶续》备列碑文，是为全录刻词之始。"（《名迹录提要》，《四库全书总目》，中华书局1965年版）

又开始关注明代石刻，翁方纲《粤东金石略》收录明人石刻如《明嘉靖御书程子四箴范香溪心箴》《嘉靖重修广州府儒学记》《大成乐记》，陈白沙《风尘楼记》《包孝肃诗》《书肇庆城隍庙记》等，同样，也并不收录清朝人的石刻。其实，清朝的金石学家一般录文也大多就是晚录至元代，一些代表作如王昶的《金石萃编》，毕沅与阮元同撰的《山左金石志》，阮元的《两浙金石志》，陆增祥的《八琼室金石补正》等，即使研究者如钱大昕《潜研堂金石文跋尾》也是研究至元朝。这种厚古薄今的倾向，使得石刻文本自其发生时，即不能得到很好的搜集与整理，及至有人认识到其价值欲加以整理的时候，石刻本身已经残破不堪，甚至已经消失，所以，我们研究石刻文献见到许多的石刻简目而不知其文；见到其文本者，又见其间多是表示脱漏的符号。这种情况在其他类别的文献中是极少存在的，直接影响到后世的石刻研究，如当代人综合研究石刻者多是论宋前，及至对明清石刻的论述，往往也是一笔带过。通论性著作如赵超的《中国古代石刻概论》，徐自强、吴梦麟的《古代石刻通论》都是这样。

4. 石刻文本搜集重人制形态的碑刻，特别是墓碑或墓志铭，而轻摩崖。大概是因为人制碑刻多在易到易得之处，而且形式平整规则，接近地面，容易拓取，而摩崖则多是刻在山崖之上，且制作形式粗狂，形制又多巨大，不易拓片的缘故。所以，这就是我们今天读到的清代以前整理的石刻文字，多是各种内容的碑，或者是墓志铭之类的缘故，如《北京图书馆藏中国历代石刻拓片汇编》所录，其中的摩崖作品甚为有限。叶昌炽曾有宋碑难得之叹，事实上宋代摩崖非常多，并不难得到，只是拓片者少，而摩崖是石刻中的一大类，这样也就导致了石刻搜集的不全面。

5. 石刻研究者整理石刻过于重名人名作，一录再录，如吉日癸巳、石鼓文、史晨碑、大唐中兴颂等，而对一些一般作者的作品视若无睹，又是导致石刻文本整理不足的原因之一。

6. 石刻的文字书写形式复杂，许多字难以辨识，也给石刻文献整理带来了困难。石刻从先秦产生以来，文字书写形式既有时代性，同时带有极强的书法家的个性表达因素。从留存的石刻看，有古文字、大篆、小篆、秦隶、汉隶、魏体书、草书、正书、俗字、讹字等。文字的时代性可以通过研究解决，但许多个性化的文字却比较难以辨识，如传说产生在大禹时代的岣嵝碑之类，字体结构怪异，学者猜测纷纷，难有定论。也就是说，有些字是只有作者才能明白的一些书体，这样就使得许多学者即便是有整理石刻文献的动机，却也不得不知难而退。

最后就是石刻的地域分散性给石刻的搜集造成了极大的客观困难，也导致了石刻文献整理的成果不足。石刻的产生多为纪念某事而设，如各类建筑的兴起、个人的旅行所在、社交事件的发生等，相关之人常会立石以示，而石一般也就建立在事件的发生地，这样，许多石刻便自然而然随其所属地而存在，这些地方又多常人难到之处，或深山巨壑，或断桥野渡，或佛寺道观，或名苑别墅，石刻深藏其中，许多也就难以被搜寻集中，于是，优秀的石刻被发现，常常是在若干年若干朝代之后，如东汉永元元年（89）《封燕然山铭》至今方发现在蒙古国境内（内蒙古大学蒙古学研究所2017年8月消息）。又如墓志铭之类深埋地底，很可能永远都不会被搜集到。

以上诸种因素共存、长存，导致石刻文本的搜集困难，整理更困难，文献学者、金石学者多畏而却步。从现存的整理文本看，新文丰出版公司编辑部编《石刻史料新编》统计金石类著作有1042种（国家图书馆整理历代石刻史料汇编也称查书千余种），其中石刻的文本搜集也仅仅只有80多种，其他石刻文献则不过是石刻简目或者是研究类的题跋、随笔与杂录等。从文本内容看，这些石刻文献虽有80多种，但是又多重复收录，比如《隶释》收汉碑《史晨飨孔庙后碑》，明《金薤琳琅》收，清《金石存》收，《金石萃编》同样收等，其实，都是根据一种石刻的不同拓本，或相同的流行拓片整理。也就是说，石刻文本整理的整体数量并未有实质的增加，即石刻文本搜集的范围并无扩大，石刻文本的搜集工作并没有得到不断加强。

从文献整理的传统角度，看石刻的文本整理成就，就更加令人难以满意。现存的这些前人搜集的石刻文本或文本的集子，仅有极少做过规范的文字整理如校勘、标点等，大部分还停留在搜集者的初刻或者稿本的状态，这在根本上影响了石刻文献与文学研究的进步与繁荣。

以上说的是民国以前的石刻文本整理情况，现在石刻文本的整理，逐渐得到学人的重视，也产生了一些成果。成果的形式分两类，一是影印推广，二是作现代规范的校勘与标点。

做石刻影印集成的主要有三大家：一是1977年台湾新文丰出版公司影印出版的《石刻史料新编》。该编将收入石刻文献分一般类、地方类、目录题跋类三类，将原本的著述编辑影印而成，分三辑出版。二是中国东方文化研究会历史文化分会编辑，江苏古籍出版社1998年出版的《历代碑志丛书》25册，收录85种石刻著作，包括石刻目录题跋与文本等，也是影印原文。三是国家图书馆善本部金石组编，2000年北京图书馆出版社出版的《历代石刻史料汇编》，分全书共16册，将民国以前编印的地方志以及金石著作中的石刻文献按时代分解，然后再将同一时代的不同著作除去重复，顺次编为五编：即先秦秦汉魏晋南北朝全编（2册）、隋唐五代全编（4册）、两宋全编（4册）、辽金元全编（3册）、明清全编（3册），着重收录石刻文本，并精心制作了每编的目录和索引。目录置于每编第一册首，索引则附于每编最后册尾。

这三种整理成果，多是早期搜集成果的一种重新编辑与出版，没有增加新的石刻，只是为读者全面获取旧日整理过的石刻文献提供了方便，但在阅读方面由于缺乏校点，无论是完好程度还是断句分段，都需读者用一番辨识整理功夫。

第二类整理是当代人的成果。如毛远明的《汉魏六朝碑刻校注》，周阿根的《五代墓志汇考》，周绍良、赵超等编的《唐代墓志汇编》《唐代墓志汇编续集》，蔡美彪编著的《元代白话碑集录》，王金英的《全金石刻文辑校》，陈垣编纂的《道家金石略》等。甘肃省还主持了中国石刻总录的项目。还有一些地方性石刻文的整理成果，如《桂林石刻总集辑校》《广西石刻总集辑校》《四川历代碑刻》《北京石刻撷英》《陇西金石录》等。

此类整理多能借鉴前人成果，而且能够搜集补充新发现的石刻，整理形式较规范，字形规范，标点规范，又多附录各类索引，易于读者使用。只是该类整理成果数量尚少，远远不足以反映石刻发展的实际存量，在深度上或超越传统的石刻整理，但在广度方面却还有一定的差距。

　　石刻文本整理的不佳，严重阻碍了石刻各门类学术的研究，如赵超著《中国古代石刻概论》受到学界的赞扬，但从其篇章布置我们看到第二章共六节，依次论我国石刻的发展与存留状况，包括第一至五节的先秦石刻、秦代和西汉石刻、东汉石刻、魏晋南北朝石刻、隋唐石刻，所分章节时段甚细，论述也细致而充分，而第六节则是总论五代宋辽金元及明清石刻，跨过多个朝代，论述粗略，有一笔带过的感觉。而实际上五代后的石刻存留，从内容到形式都要比唐前丰富得多。石刻文学的研究自然也是如此的先详后略，甚至先有后缺。

二　研究者对石刻文学价值轻视

　　石刻是我国自古迄今一种开放的、大众化的、雅俗兼具的文学形式，以其独特的形式与内容，在大众间传播，为大众所喜爱。但是，论者对石刻文学价值基本采取轻视甚至无视的态度，于此古人多有明确的表述与做法：如王鸣盛为妹婿钱大昕《潜研堂金石文跋尾》作序反对研究者论石刻的词章价值云："青主虽并称有益经史，实惟考史为要……下则至但评词章之美恶，点画波磔之工拙，何裨实学乎？"① 叶昌炽也批评王世贞论石刻文学的不对："我辈搜访著录，究以书为主，文为宾。文以考异订讹，抱残守缺为主，不必苛绳其字句。若明之弇山尚书辈，每得一碑，惟评骘其文之美恶，则嫌于买椟还珠矣。"② 又如叶昌炽《语石》将石刻研究分为史学研究、艺术研究两类而不及文学。民国人陆和九论金石学派别作四端，有曰目录之学、图谱之学、考据之学、校勘之学，也不及文学，都可见研究者对石刻文学的轻视。所以，

---

①　钱大昕：《潜研堂金石文跋尾》，《历代碑志丛书》第3册，影印清长沙龙氏家塾重刊本，江苏古籍出版社1998年版，第127页。
②　叶昌炽撰，柯昌泗评：《语石 语石异同评》，中华书局1994年版，第396页。

今日能见到的论著，自古及今，竟无一部石刻文学研究专书面世。虽然有以文学为名的研究著述，如台湾学者叶程义的《汉魏石刻文学考释》，虽号称"文学考释"，其实主要是录入汉魏石刻原文以及历代对该刻的著录与评价，未能超出金石学范围，名不副实，不及文学一二。还有学者以"文学"为名研究石刻，但是或限于地域（如何婵娟的《桂北石刻文学研究》），或限于类别（如胡可先的《新出石刻与唐代文学家族研究》以墓志为主），终究未得以石刻整体视之。现在与文学有关的石刻研究基本是研究或者利用石刻的文献价值，如陈尚君等考证唐代诗人姓氏行踪之类，当然也有研究石刻的文学意义者如王星、王兆鹏，只不过这样的学者实在无多。

对石刻的文学价值的轻视，传统的石刻研究表现为：一是重史学轻文学。宋代石刻学的兴起直接源于史学家如刘敞、欧阳修、宋祁等人。欧阳修作《集古录》执论石刻"可与史传正其阙谬"，他本人是长于作文的，但却对石刻的文学价值未置一词。此后多数石刻题跋的作者、石刻目录的作者其考证文字都是着眼于石刻的文献价值，许多金石学者都是文献学研究者或者史学家，我们今日见到的石刻文献存在于方志中也是出于这个道理。

二是重书学轻文学。石刻研究自宋代大兴以来，重点关注在于石刻的书法成就，多数石刻著述是从书法着眼立论，零碎的讨论如此，系统的著述也是如此，凡论石刻，必究其书法价值。史上许多所谓的名碑，以断碑残片存，如比干碑、曹娥碑、张猛龙碑、镌孝禹碑、爨宝子碑、爨龙颜碑之类，基本上都是因笔画而得名，而非文采。《金薤琳琅》赞坛山周穆王刻"吉日癸巳"是"笔力遒劲，有剑拔弩张之状"。朱彝尊在《西岳华山庙碑跋》中也是以书论碑："汉隶凡三种，一题方整，《鸿都石经》《尹宙》《鲁峻》《武荣》《郑固》《衡方》《刘熊》《白石神君》诸碑是已。一种流丽，《韩勃》《曹全》《史晨》《乙瑛》《张迁》诸碑是已。一种奇古，《夏承》《戚伯著》诸碑是已。"王澍在《虚舟题跋》中说："汉碑分雄古、浑劲、方整三类。"康有为《广艺舟双楫·本汉》则将汉碑分为"骏爽、疏宕、高浑、丰茂、华艳、虚和、凝整、秀韵"八类。《广艺舟双楫》论书"尊碑"，认为碑是书学的入门之师，他说:"学者欲能书,当得通人以为师,然通人不可多得。吾为学者寻师,其莫如多购碑刻乎?"

三是重字学轻文学。研究者多数是借用石刻研究字形字样的演变,如洪适的《隶释》《隶续》为研究隶书而作。四库馆臣作《隶释·提要》说:"而是书为考隶而作,故每篇皆依其文字写之。其以某字为某字则具疏其下。"又有娄机的《汉隶字源》,古今研究石刻者多是文字学家。现在学界在这方面更明显,如博士论文:何山的《魏晋南北朝碑刻文字构件研究》,吕蒙的《汉魏六朝碑刻古文字研究》,李建廷的《魏晋南北朝碑刻异形词研究》等。

对石刻文学价值的轻视一直延续至今,表现在而今所有的文学史著述,没有一种在行文列出章节,讨论石刻文学的特性甚至其存在。

由于对石刻文学价值的轻视,便导致了石刻文学研究的停滞不前,就现在我们能见到的石刻著述中,在历史上,仅有元代潘昂霄的《金石例》,明末清初黄宗羲的《金石要例》对石刻的文体有所关注,其后,至今尚无一种专论石刻文学的著作出版。其实,就算潘、黄之作,也完全是以纸载文体看待墓志与碑铭,一样难说就是专论石刻文学之作。而今所见已有的石刻著作,民国以前的基本是石刻题跋、目录、碑文集类,所著也多是从考古学或历史文献学的角度立论,如叶昌炽著《语石》,王国维的《宋代之金石学》,陆和九的《中国金石学》,朱剑心的《金石学》,马衡的《凡将斋金石丛稿》,岑仲勉的《金石论丛》,郭沫若的《石鼓文研究 诅楚文考释》,方若的《校碑随笔》等,皆非从文学的角度立论。中华人民共和国成立后出版的《中国古代石刻概论》的作者赵超是考古学出身,徐自强、吴梦麟的《古代石刻通论》是应《中国文物考古通论》之约而作,也是属于考古思路的作品。其他作品则通俗性较强,如徐自强、吴梦麟的《中国的石刻与石窟》,金其桢的《中国碑文化》《中国奇碑》,路远、裴建平的《石版文章——历代碑刻琐谈》,赵超的《石刻史话》,包泉万、王春英著的《中国碑刻的故事》等,所论虽然会偶尔涉及文学,但是所论又皆以个体石刻为重,以个体形态为重,以个体史料性为重,甚至以故事性、以著述的可读性为重,没有著作能从整体讨论石刻的文学价值。

三 研究者对石刻文体特性缺乏认识

对石刻的文体特性缺乏认识,是说论者未能将石刻文学与纸本文学区别开来。石刻文学与纸本文学有多种不同,是与纸本文学有区别的一种体裁。① 石刻是以石为载体②,以刀代笔镌刻于石上的,与所在自然环境及人文环境紧密联系的一种文体,有更多区别于其他文体的构成要素。从传递作者完整意思的角度考虑,石刻的内涵多在文本之外,大概包括石头、石刻存在的原始地理环境、石刻的刊刻时间、书法形式、雕刻形式等。以石为载体之文与以纸为载体之文不同,形成了与纸质文体不同的特点,内容不同、风格不同、文体结构不同,作者主体的构成与署名方式不同。这些不同,形成了石刻文学的综合性、直观性与立体性、文物性,是一种集多种因素为一体的文体,是一种立体的文体。论者论及石刻文学或能意识到有些石刻是一种独立的文体,如《金石例》与《金石要例》论墓碑、墓志铭、神道碑,议及其行文的遣词造句格式等。但是,他们都未涉及墓碑、墓志铭、神道碑等之外的石刻文学作品,如散文、诗词、题榜、题名、造像记等。即便其所论墓碑、墓志铭、神道碑等,也是只论其文式、句式而不及碑的形制,忽略了墓碑、墓志铭、神道碑等与其所在的地理位置的关系以及形制、载体的关系。马立军著《北朝墓志文体与北朝文化》也是如此。这样,就忽略了作为石刻文体的石刻文本以外的石刻文体所有包含的内容。比如石刻的形状其实本来就是石刻文体的构成部分,封建王朝规定的墓碑形制等级,就是很好地表达文本内容的辅助形式。其实,即便我们将石刻与纸本文同等看待,其风格也大不相同,这于古近人多有论述。如徐师曾《文体明辨序说》云:"故碑实铭器,铭实碑

---

① 参见杜海军《石刻之文体特性刍论》《从石本与纸本之异论石刻的文体特性》,分别见《兰州学刊》2016 年第 11 期,《广西师范大学学报》2016 年第 6 期。
② 朱则杰也说碑刻"可以视为一种特殊的载体"。见朱则杰《杭州现存乾隆御制诗碑考》,杜桂萍主编《明清文学与文献》第 5 辑,社会科学文献出版社 2016 年版,第 1 页。

文。其序则传，其文则铭，此碑之体也。又碑之体主于叙事，其后渐以议论杂之，则非矣。"①黄公渚作《两汉金石文选评注》说"汉碑造句，皆自我作古，虽运用经典，实皆脱去经典窠臼"，又说"碑志与列传不同，一则以史笔直叙其事，一则以辞藻经纬其事，体例之分在此"。②朱剑心作《金石学》，陆和九作《中国金石学》都有涉及石刻文的风格。当代学者程章灿作《唐宋元石刻中的赋》，或许更进一步意识到了书法在石刻文体中的意义，说："首先在视觉上给读者带来了美的享受，其次，书赋相互映发，令人目不暇接……名家墨迹的魅力，往往在客观上扩大了赋作的流传。……例如，作为一篇山水题材的赋，北宋登封县令四明楼异所作《三十六峰赋》并不是一篇突出的作品，但却颇受学者注目。"③ 这就是说书法在文体形成中发挥了作用，是潜意识中见到了书法艺术在石刻文体中的地位，只是未能明确地提出来。

应该说，当代研究石刻文学的学者有日益增加的趋势，对石刻文学的认识也在不断深化中，但是，就大的趋势而言，始终都还是以纸本文体的研究思路研究石刻文学，总体上还是将石刻文学与纸质文本同等看待，未能将石刻作为一个独立的整体看待，往往就文论文，忽视石刻作为文体的其他因素存在。

四　石刻的文学研究过度的碎片化

由于石刻文本整理的不足、不佳，人们对石刻的文学价值的轻视，对石刻文学特性缺乏完整认识，自古及今，尚没有一人对石刻这一文学现象做过通体的、通史的解读，所有的关于石刻的文学研究的结果都缺乏完整性与系统性，一如毛远明曾批评碑刻研究存在问题之一说："过去的研究大多比较零散，没有宏观规划，也没有分专题进行全面、系统深入的研究。"④ 这就是研究的碎片化。

---

① 吴讷、徐师曾：《文章辨体序说 文体明辨序说》，人民文学出版社1962年版，第144页。
② 黄公渚：《两汉金石文选评注》，商务印书馆1935年版，第4、7页。
③ 程章灿：《唐宋元石刻中的赋》，《文献》1999年第4期。
④ 毛远明：《石刻文献学通论》，中华书局2009年版，第538页。

石刻文学研究的碎片化,体现在思维的碎片化、研究结果的碎片化、研究成果存在形式的碎片化。

首先说思维的碎片化。由于石刻文献缺乏完整全面而细致的整理,人们见解受限于阅读的石刻时段与地域空间范围,对石刻缺乏完整而全面的一体认识,往往只能就自己所见所闻形成理念,如盲人摸象,这样就造成偏于一隅的研究成果。从现有成果看,又表现为时段化、地域化、类型化。地域化是说石刻研究集中在作者熟悉的某一具体地域,如泰山石刻、西安碑林、浯溪石刻、桂林石刻、大足石刻、鼓山石刻等。时段化的石刻研究则集中在赵宋前,特别是石刻文献整理成果较完备的南北朝以前的汉魏石刻。类型化则表现在对某一类石刻的集中研究,潘昂霄的《金石例》可为代表,专论墓志与神道碑,更有者专论六朝墓志、唐代墓志等。类型化甚至还可表现为对某一件特定的石刻作品、某一特定人的石刻研究,如先秦的石鼓文、秦朝的泰山刻石、汉朝的鲜于璜碑、唐代的景教碑、大唐中兴颂、宋代的党人碑,韩愈的石刻、苏轼的石刻之类。明清石刻由于缺乏整理成果,所以论者甚少,无论时段化还是类型化。又由于人们对石刻文学的轻视,导致人们对石刻文学整体特性的思考不足。但是石刻文本的客观存在,使得学者常会于无意识间对石刻文学的某一部分产生直觉的感性的认识而形成火花似的识见并表述出来。这种直觉的感性的认识,关注点多在于石刻文学的载体形态,只注意到研究个体的特殊性与个性,而忽视了石刻文学的共性,未能对石刻文学的共性作完整深刻的思考,这都是思维碎片化的形式表现。

思维的碎片化,也直接导致了研究结果的碎片化。学界研究石刻文学本来是很早就有的事,如《文心雕龙》论"杨赐之碑,骨鲠训典;陈郭二文,句无择言",是对石刻风格的论述。叶昌炽《语石》说"石刻诗文有不经见之体"[①],是对石刻文体的论述。吴辟疆《汉碑文范》的"文章之事,以金石刻为最重,其体亦最难",也是对石刻文体的关注。但是,都是以只言片语的形式呈现出来。这些只言片语的论述,缺乏详细深入的剖析与论证,对石刻

---

① 叶昌炽撰,柯昌泗评:《语石 语石异同评》,中华书局1994年版,第388页。

文体的总体特性认识得不够,难以形成完整的篇幅,所以,作为成果存在形式便十分分散,通常是零星分布于金石或书法,或文献以及文学研究的论著中,没有专门研究书籍,至今如此,这也是研究结果存在方式的碎片化。存在方式过于零碎,也缺乏人整理,因此,既难引起人们的关注,对石刻文学的研究也难以产生影响。

石刻的文学研究碎片化,致使对石刻文学纵向与横向发展整体的系统思考与论述不足,使得石刻文学研究长期以来难以有所进步。也由于人们对于石刻文学特性的认识不够,至今石刻研究还是缺乏明确的独立的研究思路,所有的与石刻文学研究有关的成果多是沿着纸本文学研究思路前行,主要关注在石刻作品可以补遗校缺的功用方面。

鉴于以上诸种问题与石刻文学的客观存在,拙著拟定今题。为了完整地全面地论述石刻文学,须了解完整的石刻发展过程,所以先述石刻发展史,从石刻的发生与发展过程说起。次研石刻的社会功用以及文献价值、文学价值,再次研究石刻的文体特性、研究石刻之文学传播方式与贡献,层层递进,冀以此呈现石刻文学存在的独立形态、价值与意义,以开石刻研究新篇章。

第一章　石刻的发生与发展

第一节　先秦至西汉间之石刻发生

我国石刻的发生与发展有一个悠久而曲折的过程。

石刻在我国的存在与发展有悠久的历史，朱剑心说"尝考金石之制，始于三代"，① 其中自然应当包含石在内。从与天地共生的载体的角度看，这种说法应当是客观的。如赵超所说："石头还是人类最早用来表达和记录思想的载体。"②

石是最古老的一种信息载体，石上镌字与图与像，就是一种图书形式，这种形式应该是横跨整个民族文明的发生发展历史，是一种最古老的图书形式，后人称之为石刻。民国人马衡在《凡将斋金石丛稿》说石刻在秦汉已经风行："刻石之风流行于秦汉之世，而极盛于后汉，逮及魏晋，屡申刻石之禁，至南朝而不改，隋唐承北朝之风，事无巨细，多刻石以记之。自是以后，又复大盛，于是刻石文字几遍全国矣。"③ 既然说风行于秦汉，其起源就一定

---

① 见朱剑心《金石学》，上海书店1940年版，第1页，但朱剑心说法不一定包括石，他说："器物之传于世者，三代之间，有金而无石"（13页）。或以为我国的石刻发生受西方影响，如赵超《中国古代石刻概论》第一章《中国古代石刻的主要类型及其演变》所论（赵超：《中国古代石刻概论》，文物出版社1997年版，第12页），笔者以为不可靠，值得商榷。
② 赵超：《中国古代石刻概论》，文物出版社1997年版，第4页。
③ 马衡：《凡将斋金石丛稿》，中华书局1977年版，第65页。

先于秦汉，但其究竟先，也就是先于何时，或者说起源于何时，徐自强、吴梦麟著的《古代石刻通论》以为："中国古代先民用刀在石头上刻字、写文章的历史，差不多与汉字产生、发展同步而行。当汉字刚刚出现时，也就开始在石头上刻写了。"并提到了侯马盟书，提到了江西省考古发现的吴城文化发现的石刻字符等。①《古代石刻通论》此说将我国的石刻发展推到很久很久以前，只是，缺乏详细的论证，且至今尚无学者有过追根溯源的探讨。笔者以下试从文字描述与可见的文物实体方面探讨石刻起源的久长渊源。

　　文字记载中，史前时期已有石刻存在，确实可见石刻发生的时日久远至已不可测，只是论石刻起源者少有人议及。石刻的产生，在我国最早者出于传说之前。庄周称"易姓而王封太山者七十二家，勒石千八百余处，历千万禩，而石礦玉牒后人莫得见其形兆，果明神为之守护邪"？后人泰山石刻多引此说。②《管子·封禅第五十》则称无怀氏（古之王者，在伏羲前）泰山封禅，（房玄龄注《管子》卷十六）王应麟撰《玉海》卷六十以为是"刻石纪功，此碑之始"。今人也认为"可见古代封禅，皆有文字刻石"。③该记载在伏羲之前。既是泰山刻石，其形态有可能是摩崖。更多的记载说尧时已有石刻。庾信《三月三日华林园马射赋》有"臣闻尧以仲春之月，刻玉而游河；舜以甲子之朝，披图而寻洛"。吴兆宜注"《帝王世纪》后年二月，尧率群臣刻璧为书，东沉洛水"。④璧是石的一类，在今人看来可算是宝石，然亦是石头。大禹时有石刻传说最众，《吕氏春秋》已有记载禹有五臣相助，"功绩铭乎金石"，高诱注"石，丰碑也"。⑤《水经注》载大禹时也有多处刻石，如"庐山之南有上霄石，高壁缅然，与霄汉连接。秦始皇三十六年，叹斯岳远，

---

　　①　徐自强、吴梦麟：《古代石刻通论》，紫禁城出版社2003年版，第2页。
　　②　《后汉书》志第七《祭祀》；《曝书亭集》卷49《开元太山铭跋》；《金石萃编》卷76《纪太山铭》。
　　③　祝嘉：《书学史》，成都古籍书店1984年版，第1页。
　　④　庾信著，吴兆宜笺注：《庾开府集笺注》卷1，影印文渊阁《四库全书》本，上海古籍出版社1987年版。
　　⑤　高诱注：《吕氏春秋》卷22《求人》，《诸子集成》，上海书店1980年版，第293页。

遂记为上霄焉。上霄之南，大禹刻石志其丈尺里数，今犹得刻石之号焉。湖中有落星石，周回百余步，高五丈，上生竹木，传曰：有星坠此，因以名焉。又有孤石，介立大湖中，周回一里，竦立百丈，矗然高峻，特为瑰异。上生林木，而飞禽罕集。言其上有玉膏可采，所未详也。耆旧云：昔禹治洪水至此，刻石纪功。或言秦始皇所勒。然岁月已久莫能合辨之也。"①《水经注》又说会稽"石匮山石形似匮，上有《金简玉字之书》，言夏禹发之，得百川之理也"。② 是指在禹以前或者说至少在禹时，已有石刻的存在。关于尧禹时有刻石还有多种记载，任昉《述异记》曰"崆峒山中有尧碑禹碣，皆籀文焉。伏滔述帝功德铭曰：尧碑禹碣历古不昧"。③ 关于禹的刻石，传说最广最为人相信的要数衡山岣嵝峰的大禹碑，《舆地纪胜》曰碑在岣嵝峰，据说为大禹治水时所刻。大禹碑字形难解，被人称为蝌蚪文或者称鸟篆，而今已然在山（人云系宋人据旧本摹刻），明清以来如杨慎等人多有辨识解字④，然而人们也并不相信真的就是为大禹刻石，正如《校碑随笔》将其列入"伪刻"之目。从字形发展的规律看，我们也可怀疑岣嵝碑不会就是大禹时的石刻，但有一点值得肯定，那就是人们都相信，大禹时大概已经有了石刻的存在。我们以为，石刻发展不管尧或禹时存在与否，然其在我国的发展应该都是源远流长的。

---

① 郦道元著，陈桥驿注释：《水经注》卷39，浙江古籍出版社2001年版，第614页。
② 郦道元著，陈桥驿注释：《水经注》卷40，浙江古籍出版社2001年版，第623页。
③ 任昉：《述异记》卷上，中华书局《丛书集成初编》据《汉魏丛书》排印本，第4页。
④ 大禹治水碑，今在衡山，据说为宋人发现。杨慎辨识作"承帝日嗟，翼辅佐卿。洲渚与登，鸟兽之门。参身洪流，而明发尔兴。久旅忘家，宿岳麓庭。智营形折，心罔弗辰。往求平定，华岳泰衡。宗疏事裒，劳余神禋。郁塞昏徙，南渎愆亨。衣制食备，万国其宁，窜舞永奔"（《丹铅总录》卷二）。河南汤阴羑里城有明嘉靖甲辰汤阴知县张应吉据摹本刻石。或云该碑为道家文字，世人多以为附会。方若《校碑随笔》将大禹碑类于"伪刻"目下。见方若著，王壮弘增补《增补校碑随笔》，上海书店2008年版。

第一章 石刻的发生与发展

汤阴杨慎释岣嵝碑

以上所论史前石刻，多属于简单的记载，没有客观的石刻文字留存，其形状是人制的还是摩崖，其用是埋置还是竖立地表，我们不得而知，但其内容可以通过记载看得清楚，就是都比较单纯。凡刻石之事文，皆是关乎天地间之大事，诸如历代王封泰山、将相表功绩等，没有民间的石刻记录，所以，史前石刻的发展笔者相信其有，但是难以具体刻画。

从实物流传探讨石刻的起源，也可见到其发展的源远流长。徐自强、吴梦麟著的《古代石刻通论》以为："中国古代先民用刀在石头上刻字、写文章的历史，差不多与汉字产生、发展同步而行。当汉字刚刚出现时，也就开始在石头上刻写了。"① 也就是说,石刻与文字起源是同步的。

根据实物(文物)探讨石刻的起源,可见石刻在我国发展有悠久的历史,正如考古从石器时代说起一样,我们以为石刻也完全可以从石器时代说起。而今,贵州的红岩摩崖、江西古源村万灵山摩崖、福建沙建镇仙字潭摩崖、广西的宁明岩画等,人或称系史前作品。当然这些有的不是石刻,或仅是在石上作画,或者是写字,即便是作画或写字,也可以说是石刻发展的前期形式,诸如刻石先须书丹。就刻在石上的文字而言,可见实物者,今河南省安阳市中国文字博物馆展有新石器时期玉石片已有文字符号,其展品说明文字云:"新石器时代晚期开始在玉石器上雕刻图案和符号,有些玉石器上的图案近似于文字。"那是公元前9000—公元前8000年,距今已经万年之久了。

到夏商时期,石刻文字已成为流行,在日常生活中得以应用。中国文字博物馆云:"以现有材料而言,至少在商代晚期,便开始在玉石器上刻画和书写文字。"这种说法史书有明确记载。《史记·秦本纪第五》记载商朝石刻,说:"蜚廉为纣石北方,还,无所报,为坛霍太山而报,得石棺,铭曰'帝令处父,不与殷乱,赐尔石棺以华氏'。死,遂葬于霍太山。"② 太史公所记商朝得石棺有铭文事应当不虚,清代学者嘉兴李遇孙辑《金石学录》,也将此记载辑入。1935年在殷墟安阳侯家庄1003号墓出土石刻石簋断耳,勒字两行,曰:"辛丑、小臣㠭、人㚔'音chī,吃'、圂'音yí,宜'、才甹、目(以)毇"被鉴定为殷商末期文物可证,商时确已有石刻存在。③ 即此,也在公元前一千年之前,距今也3000年了。

商朝有石刻又见于比干墓字,《水经注》录云:"有殷大夫比干冢,前有

---

① 徐自强、吴梦麟:《古代石刻通论》,紫禁城出版社2003年版,第2页。
② 《史记》卷五,中华书局2011年版,第174页。
③ 见高去寻《小臣㠭石簋的残片与铭文》,《历史语言研究所集刊》第二十八本下册605页,1957年;又见梁思永、高去寻《侯家庄第四本·1003号大墓》图版贰柒,台北"中央研究院"历史语言研究所,1967年。转引自王蕴智《殷墟出土商代玉石文及其释读》,《学灯》2013年第25期;毛远明《石刻文献学通论》,中华书局2009年版,第10页;徐自强、吴梦麟《古代石刻通论》,紫禁城出版社2003年版,第2页。

石铭,题隶云:殷大夫比干之墓。所记唯此,今已中折,不知谁所志也。"①《隶释》卷二十录为"朝歌县牧野有殷大夫比干冢,前有石铭,题隶云:殷大夫比干之墓。所记唯此,今已中折,不知谁所志也"②。传为孔子书,赵一清注《水经注》有辩说:"曹氏安太师《比干录》曰:'按卫辉府旧志云,殷少师比干墓在汲县西北一十五里,墓前有殷比干墓四字,碑年深石断,字画不全,世传以为孔子所书。今此碑见存,窃观其体势,与周穆王时书吉日癸巳石刻相类,其为古笔无疑。谨用摹锓以暴于世云。'叶氏奕苞《续金石录》曰:'比干墓碑在汲县,汉《隶释》文、汉《隶字源》辨其缪,然比干为三古杀身成仁之第一人,而尼父是其族孙,为之标识,宜也。'以疑传疑,存之亦无不可。洪氏曰:'大观中会稽石国佐有此四字,比《水经》又阙其三,字画清劲,乃东汉威灵时人所书。'……一清按:汉《隶释》文洪文惠公撰集,即叶氏所引之文是也,亦见《隶续》。汉《隶字源》乃宋樵李娄机彦发所纂,其言曰《水经》云朝歌县南牧野比干冢前有石铭,隶云殷大夫比干之墓,今只四字,复不完。石公弼跋云'殷比干墓'四字在今卫州比干墓上,世传孔子书。然隶始于秦,非孔子书必矣。字画劲古当是汉人书。"③

周朝石刻多记载周穆王作品。《穆天子传》卷二载周穆王"五日观于春山之上,乃为铭迹于县圃之上,以诏后世"。郭璞注云:"谓勒石铭功德也,秦始皇、汉武帝巡守,登名山所在,刻石立表,此之类也。"④《穆天子传》卷三载周穆王创有刻石:"天子遂驱升于弇山,乃纪丌迹于弇山之石,而树之槐,眉曰西王母之山。"郭璞注:"弇,弇兹山,日入所也。""纪丌迹于弇山之石",郭璞注:"铭题之。"⑤《文心雕龙》也说到周穆王弇山石刻说:"周穆纪迹于弇山之石,亦古碑之意也。"⑥ 另外,周穆王还有坛山石刻,欧阳修

---

① 郦道元著,陈桥驿注释:《水经注》卷39,浙江古籍出版社2001年版,第144页。
② 洪适:《隶释·隶续》,中华书局1985年影印版,第197页。
③ 赵一清撰:《水经注释》,华文书局股份有限公司1970年版,第532页。
④ 王贻梁、陈建敏选:《穆天子传汇校集释》,华东师范大学出版社1994年版,第110页。
⑤ 同上书,第162页。
⑥ 刘勰:《文心雕龙》卷3《诔碑第十二》,影印文渊阁《四库全书》本,上海古籍出版社1987年版,第1478页。

《集古录》卷一记载："周穆王刻石曰'吉日癸巳'在今赞皇坛山上。坛山在县南十三里。《穆天子传》云穆天子登赞皇以望临城,置坛此山,遂以为名。'癸巳'志其日也。《图经》所载如此……庆历中,宋尚书祁在镇阳遣人于坛山模此字,而赵州守将武臣也,遽命工凿山取其字龛于州廨之壁,闻者为之嗟惜也。"这大概在公元前 900 年以前,与商朝接近。宋人翟耆年《籀史》中《周穆王东巡题名一卷》也载有唐协律郎孟翔,记贾人于海洲得周穆王东巡题石字,云"周受命一百四九(缺字),余因东巡税于兹石"。① 这样,周穆王已有四处刻石。史前刻石且不说,即使刻石自殷商周期间计起,这应该是可证的,而今也已经有三千年以上的历史。《穆天子传》一般认为成书于战国期间,关于周朝的一些记载是有很大可信度的。

战国时有关石刻的记录则更是非常多,如《韩诗外传》有"孔子升泰山,观易姓而王可得而数者七十余氏,不可得而数者万数"。这与《庄子》所记相同。孔子"升泰山观易姓而王",所观当是石刻,而且一定是石刻,若是其他材质的记录,应该是容易腐烂的。是见先秦为王者有封禅刻石之风,可见秦始皇封禅不是首创,而是有先例的。② 又如《庄子·则阳》云:"夫(卫)灵公(前 500 年前后)也,死卜葬于故墓,不吉。卜葬于沙丘而吉。掘之数仞,得石椁焉,洗而视之,有铭焉:不冯其子,灵公夺而里之。"可见铭文是泐在石上的。③ 还有《水经注》载:"(魏)冉,秦宣太后弟也,代客卿寿烛为相,封于穰,益封于陶,号曰穰侯,富于王室。范雎说秦,秦王悟其擅权,免相,就封出关,轴车千乘,卒于陶,而因葬焉,世谓之安平陵,墓南崩碑尚存。"(《水经注》卷七)④ 这诸多的战国石刻记载,印证了战国石刻活动的普遍性。

战国时,石刻应该已经十分流行了,应用到了生活的各个方面,墨子既

---

① 翟耆年:《籀史》,清守山阁丛书本。
② 《韩诗外传》的"七十余氏"大概与《庄子》逸篇的记录等同。庄子云:"易姓而王封于泰山禅于梁父者七十有二代,其有形兆垠堮,勒石凡千八百余处。"(李贤注《后汉书》卷十七;马其昶撰《庄子故》卷八)《太平御览》卷 536《礼仪部》引桓谭《新论》亦云:"泰山之上有刻石凡千八百余处,而可识者七十有二。"
③ 郭庆藩辑:《庄子集释》,《诸子集成》,上海书店 1980 年版,第 393 页。
④ 郦道元著,陈桥驿注释:《水经注》,浙江古籍出版社 2001 年版,第 120 页。

曾从石刻中受惠。墨翟的《兼爱》下第十六说:"今若夫兼相爱交相利,此自先圣六王者亲行之,何知先圣六王之亲行之也?子墨子曰:'吾非与之并世同时亲闻其声,见其色也,以其所书于竹帛,镂于金石,琢于盘盂,传遗后世子孙者知之。'"(《墨子》卷四)墨子又对刻石的发生原因作出解释,《明鬼》下第三十一云:"古者圣王必以鬼神为其务。鬼神厚矣,又恐后世子孙不能知也,故书之竹帛,传遗后世子孙。咸恐其腐蠹绝灭,后世子孙不得而记,故琢之盘盂,镂之金石以重之。"(《墨子》卷八)① 李斯琅琊台刻石说:"曰'古之帝者,地不过千里,诸侯各守其封域,或朝或否,相侵暴乱,残伐不止,犹刻金石,以自为纪。'"(《史记》卷六)② 《吕氏春秋》第十卷《孟冬季》第十《安死》也记载说:"今有人于此,为石铭置之垄上。"应该是说战国时,墓前竖碑已经存在。

　　战国时期最为实证,最著名的今知今见的石刻,且在我国文化史上有重大影响的,是唐朝发现的十件《石鼓文》,又称《猎碣》,现藏于北京故宫博物院。③《石鼓文》载在十件天然鼓形的石头上,共载诗十首,发现时字画完好,韩愈描述其拓本说"公从何处得纸本,毫发尽备无差讹。辞严义密读难晓,字体不类隶与科"。④ 每件石以其形状如今见之鼓,所以称石鼓,而石鼓上刻诗歌的内容与形式为四言诗,与我们所熟读的《诗经》体式相近,韩愈《石鼓歌》云:"孔子西行不到秦,掎摭星宿遗羲娥。"是说这十首诗歌都是今《诗经》中所不存的优秀篇什,应当是《诗经》同时或时代更前的作品。

---

① 吴毓江校注:《墨子校注》,中华书局1993年10月第1版,第340页。
② 《史记》,中华书局2011年版,第246页。
③ 石鼓,唐代初期发现在陕西雍县,即今凤翔县,初名"周宣王猎碣",先置于陈仓云野,故也称"陈仓十鼓"。石鼓产生的年代有多种说法,唐代韦应物、韩愈皆以为发生在宣王时,韦应物说"宣王之臣史籀作,一书遗此天地间"。韩愈说"周纲陵迟四海沸,宣王愤起挥天戈……镌功勒成告万世,凿石作鼓隳嵯峨"。宋人董卣、程大昌等以为出于周成王时,宋代郑樵以为是秦物,金代马定国以为西魏大统十一年(545)刻,清代俞正燮以为北魏太平真君七年(446)刻,清代震钧以为秦文公时物,现当代马衡以为秦穆公时物,郭沫若以为秦襄公时物,唐则考为秦献公二十一年(前374)刻。欧阳修《集古录》疑其非古者三,一是史书不载,二是字画完好无损,三是《隋志》不录。(《集古录》卷一)。文取今人裘锡圭以为是战国文物说法,大概在秦襄公之时,也就是公元前500年。见裘锡圭著《关于石鼓文的时代问题》,《传统文化与现代化》1995年第1期,第40—48页。
④ 韩愈著,钱仲联集释:《韩昌黎诗系年集释》,上海古籍出版社1994年版,第794页。

若真是战国时作品，则这是迄今发现的先秦时期规模最大的、形式最可观的且又存世的石刻作品。从文学角度而言，可称是如今仅见的最早版本的诗歌集。石鼓文共包括《汧殹》《霝雨》《而师》《作原》《吾水》《车工》《田车》《銮车》《马荐》《吴人》等十诗。据可识文字判断，郭沫若以为"所叙述的内容主要是贵族阶级的田猎游乐生活"。①郭沫若以为石鼓载诗同于《诗经》，他说："（石鼓文）全诗格调与《诗经》中《秦风》及西周末年之二《雅》甚为接近。如《大雅》《车攻》《吉日》诸诗自来以为宣王时诗，无异说，举以《石鼓文》相比较，不仅情调风格甚相类似，即遣辞造句亦有雷同。"②而今这些石鼓上的字已经脱泐大部，从保留整理过的较完整的诗，可见规模与《诗经》的关系，如第四鼓《射猎鹿苑》："遄车既工，遄马既同。遄车既好，遄马既駒。君子员猎，员猎员遄。麀鹿速速，君子之求。牸牸角弓，弓兹以寺。遄敺其持，其来趩趩。趩趩襲襲，即遄即时。麀鹿趚趚，其来夹次。遄敺其朴，其来遭遭，射其豵蜀。"③

郭沫若因此给石鼓文极高的文学评价，他说："石鼓文……从文学史的立场来看，却当作不同的评价。《石鼓文》是诗，两千六七百年前古人所写所刻的诗遗留到现在，这样的例子在别的国家并不多见。它在诗的形式上每句是四言，遣辞用韵、情调风格，都和《诗经》中先后时代的诗相吻合。这就足以证明：尽管《诗经》可能经过删改润色，但在基本上是原始资料。因此，我们对于《诗经》的文学价值和史料价值便有了坚实的凭证。……故从文学史的观点来看，《石鼓诗》不仅直接提供了一部分古代文学作品的宝贵资料，而且更重要的贡献是保证了民族古典文学的一部极丰富的宝藏《诗经》的真实性。"④

---

① 本书所引石鼓文皆从郭沫若《石鼓文研究 诅楚文考释》，科学出版社1982年版。
② 郭沫若：《石鼓文研究 诅楚文考释》，科学出版社1982年版，第12—13页。
③ 王美盛：《石鼓文解读》，齐鲁书社2006年版，第11—12页。
④ 郭沫若：《石鼓文研究 诅楚文考释》，科学出版社1982年版，第16—17页。

第一章　石刻的发生与发展

石鼓文1，故宫石鼓馆

石鼓文2，故宫石鼓馆

发现于北宋的《诅楚文》,《集古录》有记载,苏轼、王柏等宋人有咏作,据说是秦楚战争时的作品。《诅楚文》全作因祀神不同分刻三石,包括《巫咸》《大沈厥湫》(《金石录》《周秦刻石释音》作《大沈久湫》)、《亚驼》。① 原石已经亡佚,但有完整的文字与复制拓片仍然在流传,内容以叙述秦穆公与楚成王曾经盟誓要戮力同心,强调两邦若一,以婚姻为纽带,求万世子孙不相为敌往事开端,主要是揭露楚王熊相之累累罪行,背叛前盟,文终秦王祈祷云"应受皇天上帝,及大沈厥湫之几灵德赐,克剂楚师,且复略我边城"。②《金石录》称"文词字札奇古可喜"(《金石录》卷十三),是较大篇幅的散文作品,应该说是一篇檄文。据元人吾衍撰《周秦刻石释音》,《大沉久湫》文三百一十八字,《巫咸》文三百二十六字,《亚驼》文三百二十五字。③

中国文字博物馆展览图片

---

① 郭沫若断定在楚怀王十七年(前312),三石中《亚驼》文郭沫若断定以为"宋人仿刻"。见郭沫若《石鼓文研究 诅楚文考释》,科学出版社1982年版,第291页。
② 郭沫若:《石鼓文研究 诅楚文考释》,科学出版社1982年版,第296—298页。
③ 吾衍:《周秦刻石释音》,中华书局1985年第1版,第4页。

1935年在河北平山县发现的《公乘得守丘刻石》，又名《河光刻石》，篆书，两行，十九字（一说二十字）。1974年被河北省考古队移至中七汲村第四发掘队保存，现藏河北省博物馆。据说也是战国时期中山国石刻作品。据李学勤释文云："监罟尤（囿）臣公乘得，守丘兀（其）曰（旧）囗（将）曼敢谒后未（俶）贤者。"意思是："为国王监管捕鱼的池囿者公乘得，看守陵墓的旧将曼，敬告后来的贤者。"① 这就是石刻的发生。

秦朝统一天下，延续了战国的刻石之风，刻石成为一件较为普遍的事情，《史记·秦始皇本纪第六》载："三十六年，荧惑守心。有坠星下东郡，至地为石，黔首或刻其石曰'始皇帝死而地分'。始皇闻之，遣御史逐问，莫服。尽取石旁居人诛之，因燔销其石。始皇帝不乐，使博士为《仙真人诗》，及行所游天下，传令乐人歌弦之。"② 宋人《舆地碑记目》卷三《贺州碑记》又有"龙母庙"条，记载苍梧有古碑刻，已远至极边，云"秦古碑，在苍梧门外，神乃秦人，碑备述灵异"。这说的是民间刻石，无事不可刻石。从宣扬朝廷意志看，刻石甚至是一件国家大事，秦始皇东游时李斯琅琊台立石，刻颂秦德，表达了对刻石的看法："古之帝者，地不过千里，诸侯各守其封域，或朝或否，相侵暴乱，残伐不止，犹刻金石，以自为纪。"③ 意思是说，如秦朝这样的拥有天下的第一帝国，天下一统，更应刻石彰显其功。虽然如此，但秦朝由于立国不永，留下石刻也不多，代表性作品不必说就是秦始皇东巡南巡刻石，有"峄山刻石"（前219）、"泰山刻石"（前219）、"琅琊刻石"（前219）、"芝罘刻石"（前218）、"东观刻石"（前218）、"碣石刻石"（前215）和"会稽刻石"（前210）七处，这是人们熟知的，司马迁《史记》秦本纪多有引用。今有拓片与残石留存。秦朝的石刻活动为战国的石刻活动画上了圆满的句号。

---

① 河北省文物管理处：《河北省平山县战国时期中山国墓葬发掘简报》，《文物》1979年第1期。
② 司马迁：《史记》卷6，中华书局2011年版，第259页。
③ 同上书，第246页。

李斯残刻,泰山岱庙

从现留存的石刻看,无论是从其规模,还是刻工技巧,抑或是石刻使用的范围看,至秦朝,可以说是完成了我国石刻发展的第一个阶段,也就是从无到有,从草创到形成了一定的规范;从石鼓文的形制看,其成就应该是全方面的,如选制石形、刻工技艺等。今学者赵超以为"当时石刻的技术与方法已经十分先进与普及了"①。但与后世石刻发展的成就比较,石刻的形制种类、文体形式、作家都比较少,总量也不多、地域范围也有限。从作者的角度看,知名作者也只有李斯一人而已,如《峄山刻石》,《水经注》记载说:"秦始皇观礼于鲁,登于峄山之上,命丞相李斯以大篆勒铭山岭,名曰昼门,《诗》所谓保有凫峄者也。"② 因之,我们且称为发生阶段。

石刻发生以后,从总的趋势来说是发展的,且发展成就渐趋增高,但是其发展有时受到人为干扰,又并非一帆风顺。比如秦朝取得了至今令人首肯的成就,发展甚至可以说达到了一个小的高潮。但是坑灰未冷,秦朝旋遭覆灭,石刻事业也几乎随之终止。西汉一朝,自高祖至新莽,前后二百多年,虽然留有一些大型石雕,如茂陵的石虎、石马等各类石像生(又称翁仲),但

---

① 赵超:《中国古代石刻概论》,文物出版社1997年版,第4页。
② 郦道元著,陈桥驿注释:《水经注》,浙江古籍出版社2001年版,第398页。

第一章　石刻的发生与发展

文字石刻几乎没有发展，欧阳修跋《宋文帝神道碑》说："欲求前汉时碑碣，卒不可得。"① 官制石刻未见一件，如封禅碑之类，人称有汉武帝登泰山留《泰山无字碑》，也只是传说。② 因此，今人赵超甚至这样认为："苛刻一点说，西汉没有石刻。"③

今天，人们一般论及西汉石刻者仅有《甘泉山刻石》（西汉昭帝元凤，前80—前75）、《五凤二年刻石》（西汉宣帝五凤二年，前56）、《麃孝禹刻石》（又称《麃孝禹碑》，西汉成帝河平三年，前26）等十数种而已。且此一阶段石刻的单篇作品字数不多，如《五凤二年刻石》："五凤二年，鲁卅四年，六月四日成。"④

五凤二年刻石，据北京图书馆藏中国历代石刻拓片汇编本

---

① 欧阳修：《集古录》卷四，影印文渊阁《四库全书》本，上海古籍出版社1987年版。
② 该碑或认为系秦碑，顾炎武云是汉碑，其《泰山立石》说："岳顶无字碑，世传为秦始皇立。按秦碑在玉女池上，李斯篆书，高不过五尺，而铭文并二世诏书咸具，不当又立此大碑也。考之宋以前亦无此说，因取《史记》反复读之，知为汉武帝所立也。"（《日知录》卷31，影印文渊阁《四库全书》，上海古籍出版社1987年版，第858册，第1096页）
③ 赵超：《中国古代石刻概论》，文物出版社1997年版，第84页。
④ 北京图书馆金石组编：《北京图书馆藏中国历代石刻拓本汇编》第1册，中州古籍出版社1989年版，第12页。毛远明定题为《鲁孝王刻石》，《汉魏六朝碑刻校注》，线装书局2008年版，第64页。

又如《麃孝禹刻石》："河平三年八月丁亥（卒），平邑侯里麃孝禹。"①从形式看，雕刻粗糙，品相简陋。当代学者华人德评价西汉石刻说："西汉刻石类别很杂，形制不固定，字数较少，石质粗砺，不甚磨治。书风皆雄浑朴茂，凝重简率，书写不注重款式，无挂无碍，一任自然。刻工都很粗率，锥凿而成，能表现笔意者较少。由于西汉刻石风气并未形成，故尚未有技艺高超的一批石工产生。"② 在所有西汉石刻中，文字最多、形制最大的应该是光绪二十七年九月出土在云南昭通的《孟琁残碑》（河平四年，前25），全碑据《北京图书馆藏中国历代石刻拓本汇编》标注：高130厘米、宽80厘米。隶书，12行，行21字，共252字。③ 但是，这件石刻已经被人考证为东汉作品。④

总而言之，西汉石刻无论从形制、数量、内容看，至今尚未发现能与秦朝，甚至战国时候取得的成就相比者，更不要说与其后的各朝代比较，因此我们将其与先秦石刻发展相提并论，这就是石刻的发生期。时贤赵超也有说："西汉晚期，碑仍处于初具雏形的萌芽状态，并未大量出现，这与考古发现的现状是吻合的。"⑤

第二节　东汉石刻之骤然兴盛

东汉的石刻发展骤然兴盛，后人有目共睹，成就之显著令人诧异。赵超说："碑作为一种形制独特的石刻，在东汉时期突然勃起，而且形制十分完

---

① 北京图书馆金石组编：《北京图书馆藏中国历代石刻拓本汇编》第1册，中州古籍出版社1989年版，第14页；毛远明：《汉魏六朝碑刻校注》，线装书局2008年版，第10页。
② 华人德：《中国书法史·两汉卷》，江苏教育出版社2002年版，第109页。
③ 北京图书馆金石组编：《北京图书馆藏中国历代石刻拓本汇编》第1册，中州古籍出版社1989年版，第15页。
④ 毛远明核定为东汉永元八年，见《汉魏六朝碑刻校注》，线装书局2008年版，第64页。
⑤ 赵超：《中国古代石刻概论》，文物出版社1997年版，第9页。

善，这是一个至今尚待解释的现象。"① 其实，这一现象也不难解释。

经过西汉的励精图治，社会经济取得了一定的发展，人们逐渐富足，国家有了兴旺的气象，这为石刻得以发展奠定了经济基础。先秦以来的石刻经验，为石刻的继续发展奠定了技术基础，也培养起了习俗。人们生活的改善，导致了民间厚葬风气的盛行。而厚葬又多与石刻发生联系，甚至石刻成为厚葬的一部分主要内容，对促进石刻的迅速发展起到了推波助澜的作用。《宋书·礼志二》说："汉以后天下送死者靡，多作石室、石壁、碑铭等物。"《后汉书》载崔寔为其父治冢，以至于倾家荡产，说"（崔）寔父死，剽卖田宅，起冢茔，立碑颂。葬讫，资产竭尽。因穷困以酤酿贩鬻为业，时人多以此讥之"。② 《水经注》转载《述征记》，说夏侯坞二十里东一里，有襄乡浮图，是"汉熹平中某君所立。死因葬之，其弟刻石，树碑以旌厥德"。③ 葬必树碑，可见刻石确实成为厚葬的一项重要内容。其实，厚葬这种情况大概从西汉末年就开始了，"新莽时期，墓葬渐趋豪华，墓室内开始用画像石装饰，石工技艺逐渐向工致精细方面发展。"④ 而到了东汉，刻石立碑发展到冗滥的程度，顾炎武说："又考汉末《蔡中郎集》中胡广、陈寔各三碑，乔玄、杨赐、胡硕各二碑，又袁满来年十五，胡根年七岁，各有碑。夫一人而至二碑三碑，冗矣；殇子而为之立碑，滥矣。"（《金石文字记》，卷二）所以，到了东汉，石刻事业可以说是有点突飞猛进的发展，形成一个大的发展时期。刘勰说"自后汉以来，碑碣云起"⑤ 是一个很好的描述。赵超称"东汉是中国古代石刻发展的第一个高潮"⑥。我们将东汉看作一个石刻大发展时期，在于多方面的表现。

其一，石刻发展地域范围的扩展。西汉以前，石刻的发展范围从浅陋所

---

① 赵超：《中国古代石刻概论》，文物出版社1997年版，第8页
② 范晔：《后汉书》卷82《崔骃传》附，中华书局1965年版，第1731页。
③ 郦道元著，陈桥驿注释：《水经注》卷23，浙江古籍出版社2001年版，第367页。
④ 华人德：《中国书法史·两汉卷》，江苏教育出版社2002年版，第109页。
⑤ 刘勰：《文心雕龙》卷3《诔碑第十二》，影印文渊阁《四库全书》本，上海古籍出版社1987年版。
⑥ 赵超：《中国古代石刻概论》，文物出版社1997年版，第9页。

知的情况看，主要零星分布在陕西（石鼓文）、四川（扬量买山刻石）、山东（泰山刻石、峄山刻石、邹山刻石、五凤二年刻石、麃孝禹刻石、上谷府卿坟坛、祝其卿坟坛等）、河北（群臣上醻刻石）等传统文化发达地区。及至东汉期间，石刻发展除了原有的几个发达地区得到了前所未有的繁荣，同时逐渐向边远的地区延伸。如东汉时甘肃的《河峪关驿颂德碑》摩崖、《西狭颂》，新疆的《敦煌太守裴岑纪功碑》《任尚碑》《焕彩沟汉碑》《刘平国碑》、班固的《燕然山铭》等，云南的《汉诸葛碑》《后汉太监碑》《汉诸葛八卦石》《汉孔明碑》《李元丰碑》等，贵州的《汉诸葛武侯碑》，内蒙古阿拉善的《通湖山摩崖》碑刻等。①

新疆师范大学藏裴岑纪功碑拓片，原碑藏新疆博物馆

---

① 内蒙古汉碑见孙危《内蒙古阿拉善汉边塞碑铭调查记》，《北方文物》2006 年第 3 期，第 20 页。

其二，这一时期石刻数量也有了大增。据毛远明近年完成出版的《汉魏六朝碑刻总目提要》录东汉石刻775件，加上近年在河北滦南县出土东汉石刻206块①，共计981件。而今可见拓片，据北京图书馆金石组编《北京图书馆藏中国历代石刻拓本汇编》第一册统计，东汉石刻还有160余件，毛远明《汉魏六朝碑刻校注》录164件，而河南美术出版社2006年出版的徐玉立主编《汉碑全集》则录包括黄肠石在内的石刻285件。这些都可视为今存的，相信还有更多是后人不知的。②

其三，石刻种类大增。从汉代开始，石刻应用范围扩大，种类也大增。如祠堂寺庙碑（东汉《李孟初神祠碑》）、墓碑（东汉《袁安墓碑》）、墓志铭（汉《贾武仲妻马姜墓志》，纪功碑（东汉《燕然山铭》）、契约碑（东汉《大吉》买山摩崖）、儒家经典碑（东汉《熹平石经》）、诗文碑（东汉《何君阁道碑》《鄐君开通褒斜道摩崖》《石门颂》、巩县的《诗说七言摩崖题记》）等。

燕然山铭

---

① 张驰：《河北省滦南县新出两汉石刻初探》，《文献》2015年第6期，第44页。未见原石，人或以为伪。

② 近年在河北滦南县出土了大量的两汉石刻，"河北省滦南县陆续出土了一批有明确纪年的两汉石刻，据笔者掌握的数据，共有206块，纪年从西汉昭帝元凤二年至东汉献帝初平四年，时间跨度272年。"（张驰《河北省滦南县新出两汉石刻初探》，《文献》2015年第6期，第44页）或以为伪。

在这些不同的种类中，表现最突出的种类是大型的群体石刻的出现，就是刻经，主要是儒家经典，为后世的经书刻石开了一个关键且很好的头。西汉以来，我国教育自董仲舒"罢黜百家，独尊儒术"之说兴，儒家经典就成了不可更易的学子、学校的教材。这些教材，古代由于印刷术的不发达以及纸张的缺乏，学生读书所用教材主要靠手录，时日渐久，转相传授，舛误增多，影响教学效果，因此《后汉书》记载："邕以经籍去圣久远，文字多谬，俗儒穿凿，疑误后学，熹平四年，乃与五官中郎将堂溪典、光禄大夫杨赐，谏议大夫马日䃅、议郎张驯、韩说、太史令单飏等，奏求正定《六经》文字，灵帝许之，邕乃自书册（丹）于碑，使工镌刻立于太学门外。于是后儒晚学，咸取正焉。及碑始立，其观视及摹写者，车乘日千余两，填塞街陌。"① 郦道元说："陆机言，《太学赞》别一碑，在讲堂西，下列《石龟碑》载蔡邕、韩说、堂溪典等名。《太学弟子赞》复一碑，在外门中。今二碑并无。《石经》东有一碑，是汉顺帝阳嘉元年立，碑文云：建武二十七年造太学，年积毁坏，永建六年九月，诏书修太学，刻石记年，用作工徒十一万二千人，阳嘉元年八月作毕，碑南面刻颂，表里镂字，犹存不破。"（《水经注》卷十六）这次刻经包括《周易》《尚书》《鲁诗》《仪礼》《公羊传》《论语》《春秋》等儒家著作整书刻作46件石碑立于太学。② 由于该石经始刻于东汉灵帝熹平四年（175），完成于光和六年（183），故又称"熹平石经"或"汉石经"。从此，历朝学校刻经于石，就成了绵延不断的、重要的经书宣传方式。石经刻写规

---

① 范晔：《后汉书》，中华书局2011年版，第1990页。
② 关于熹平石经的经书类、数与石数众说不一，朱剑心总结说："汉石经数，据《后汉书》《灵帝纪》、《卢植传》、《儒林传序》、《宦者传》，皆云五经；《蔡邕传》、《儒林传》、《张驯传》，则云六经；《隋书·经籍志》又云七经。其目，则《洛阳记》（《后汉书·蔡邕传注》引）举《尚书》，《周易》，《公羊传》，《礼记》，《论语》五种；《洛阳伽蓝记》举《周易》，《尚书》，《公羊》，《礼记》四种；《隋志》则有《周易》，《尚书》，《鲁诗》，《仪礼》，《春秋》，《公羊传》，《论语》七种。其石数，则《西征记》（《太平御览》卷五百八十九引）云四十枚；《洛阳记》云四十六枚；《洛阳伽蓝记》云四十八碑；《水经注·谷水篇》复以四十八碑为魏三字经；《北齐书·文宣帝纪》云五十二枚。此皆先儒所谓不可得而详者也。"（朱剑心著《金石学》，商务印书馆，1930年，17页）清人顾蔼吉《隶辨》以为："以愚论之，《灵帝纪》，《儒林传》，《宦者传》，《卢植传》，所云五经者，盖以《仪礼》《礼记》为一经，《春秋》《公羊》为一经，与《周易》《尚书》《鲁诗》而为五经，实则七经也。"（顾蔼吉《隶辨》卷七，《石刻史料新编》，新文丰出版公司印行，1979年，第二辑17册，第13059页）

模庞大，影响深远，成为推动石刻文化发展的一种有形样板。今仍有残片藏在西安碑林、洛阳博物馆、河南省博物馆、国家博物馆、上海博物馆等多处。

国博藏熹平石经残碑

其四，碑刻形成了一定的规范形式。西汉以前石刻多是就原石刊洌文字，无论石鼓文、秦始皇的泰山刻石、峄山刻石，还是西汉的《莱子侯刻石》《襃盗刻石》，甚至《大吉买山》契约等都是这样，形式上也无大讲究。东汉时，石刻制作开始注重形式，逐渐形成了一定的规范，注意精雕细刻，造就了汉碑的形制特色。如墓碑的形成。

碑在我国有一个形成的过程，本为标记日影①、拴系牲畜②、下葬引棺等

---

① 郑玄注《仪礼·聘礼》"上当碑""宾自碑内听命""宾降自碑"条目曰："宫必有碑，所以识日影，引阴阳也。凡碑引无者，宗庙则丽牲焉，以取毛血。"（郑玄注：《仪礼》，《四部丛刊》初编影宋本）

② 孔颖达疏：《礼记·祭义》"君牵牲……既入庙门，丽于碑"曰："君牵牲入庙门，系著中庭碑也。"

而设①，东汉时碑已经脱离了以上的原始用途状态，产生了如永元四年刻的《袁安碑》（92）等。《袁安碑》高 153 厘米、宽 74 厘米。徐玉立说法是："《袁安碑》给我们的启示是，当时的碑外观形制已基本成熟定型，只是碑文还未定型。类似的还有东汉安帝元初四年（117）《袁敞碑》。"②徐玉立所说的定型也就是规范，就是碑一定由碑首、碑身、碑座等三部分构成，这一点甚至成为后代石刻发展形式的基本规范。又，碑首形状有圭首，有穿。碑穿位置不定，或在碑身的上部，如东汉的《李孟初神祠碑》（永兴二年，154）、《娄寿碑》（熹平二年，173）等。或在碑身的中间，如《袁敞碑》（元初四年，117）、《袁安碑》（东汉永元四年，92）。碑首有晕纹等，这几乎成为后日辨认汉代石刻的一种标准。碑文有碑额、碑阳、碑侧、碑阴。碑额通常是大字深刻，作以篆书，世称篆额，所以，今天我们看到不少碑碑文涣漫，但碑额尚好，而碑阴内容多是书刻立碑人门生故吏的题名及捐助款项数额。碑阴通常无碑额（汉《孔宙碑》阴独有额"门生故吏名"五字）。同时，这时候出现了众多的大型摩崖也值得一说。上节我们已经说到摩崖，但数量有限，规模较小。东汉以后大型摩崖层出不穷，如中元二年（57）蜀郡太守《何君阁道碑》，拓片高 90 厘米、宽 94 厘米；永平九年（66）汉中《鄐君开通褒斜道摩崖》，拓片高 109 厘米、宽 250 厘米；建和二年（148）《石门颂》，拓片高 207 厘米、宽 182 厘米；建宁四年（171）甘肃成县的《西狭颂》，拓片高 156 厘米、宽 146 厘米；建宁五年（172）陕西略阳《郙阁颂》，拓片高 175 厘米、宽 113 厘米。③规模最大者是和平元年（150）张家川县恭门镇的《河峪关驿颂德碑》，拓片高 300 厘米、宽 150 厘米。④

---

① 刘熙《释名》："碑，被也。此本葬时所设也，施辘轳以绳被其上，引以下棺也。"（刘熙：《释名》卷六，《四部丛刊》初编影明翻宋本）
② 徐玉立：《汉碑说略》，《汉碑全集》，河南美术出版社 2006 年版，第 18 页。
③ 拓片数字据北京图书馆金石组编《北京图书馆藏中国历代石刻拓本汇编》，中州古籍出版社 1989 年版。
④ 见窦永锋《陇右摩崖石刻最古之珍——东汉和平元年河峪关驿颂德碑考释》，《书法赏评》2015 年第 4 期。

袁安碑，存河南省博物馆

其五，自东汉始，出现了作碑文的专业作家，且多大家，如蔡邕、孔融、班固等，其中蔡邕碑文为天下模范。刘勰论蔡邕作碑："自后汉以来，碑碣云起，才锋所断，莫高蔡邕'杨赐'之碑；骨鲠训典，陈、郭二文词无择言，周乎众碑，莫不精允。其序事也该而要，其缀采也雅而泽，清辞转而不穷，巧义出而卓立。察其为才，自然至矣。"又说"孔融所创有慕伯喈，张、陈两文，词洽之来，亦其亚也"。① 范文澜也说石刻"东汉则大行碑文，蔡邕为作者之首，后汉文苑之人，率皆撰碑"②。班固也有石刻文流传，司马贞作《史记索隐》注《史记》高祖本纪，云"贞时打得班固《泗水亭长》古石碑文，其字分明作'温'字，云'母温氏'。贞时与贾膺复、徐彦伯、魏奉古等，执对反复，深叹古人未闻，聊记异见于何取实"（《史记索隐》卷三）。这开了汉后文人为作碑而作碑的先河，如庾信《庾子山集》有四卷是与石刻有关

---

① 刘勰：《文心雕龙》卷3，《诔碑第十二》，影印文渊阁《四库全书》本，上海古籍出版社1987年版，第1478册第18页。

② 范文澜注：《文心雕龙注》，人民文学出版社1985年版，第232页。

的文字，韩愈更以作碑知名。

其六，这一时期产生了众多的名碑，特别是在书法与文字字形演进的研究历史方面。就我国金石学或者说石刻的研究状况而言，多是以唐前的碑刻为研究对象，但是，东汉的石刻以不可取代的价值而得名，我们且举例而言。

子游残碑，存安阳文字博物馆

以文字学名者。此类石刻在书法学意义上，也许可说或有或无，但对研究汉字字形的演进，却有不可取代的价值，许多文字学家以石刻研究文字字形的演进过程，如洪适作《隶释》《隶续》即收汉石刻以立论的专著。清人顾蔼吉作《隶辨》，以石刻研究汉隶字形的变化。康有为也借石刻研究字形发展，涉及多种汉石刻："盖中平三年者《子游残石》《正直残石》《孔彪碑》，亦与真书近者……与汉碑之《是吾》《三公山》《尊楗阁》《永光阁道刻石》在篆隶之间者正同，皆转变之渐至可见也。"[①]以书法艺术名者。东汉石刻的书法价值向来受到推崇，祝嘉著《书学史》说"光武中兴，武功既盛，文事亦隆，书家辈出，百世宗仰，摩崖丰碑，几遍天下，字大常一二寸，且多完好，有志者，俯拾皆珠玉矣。孙星衍《寰宇访碑录》所载及郦道元《水经注》所

---

① 康有为著，章锡琛校点：《新学伪经考》卷3下，古籍出版社1956年版，第108页。

引,皆达百余种"①。并举例有如《熹平石经》《尊楗阁道碑》《汉中太守鄐君开通褒斜谷道碑》《开母庙石阙铭》《敦煌太守裴岑纪功碑》《益州太守北海相景君碑》《司隶校尉杨君石门颂》、鲁相《乙瑛请置孔庙百卒史碑》②、鲁相韩敕造《孔庙礼器碑》《泰山都尉孔宙碑》等。

石门颂摩崖,《石门十三品》

以文学名者。东汉石刻对文学发展的贡献是十分清楚的,首先它为文学增加完善了多种文体,如墓志等。③ 这一时期石刻或诗或文,多是记事抒情的文学作品,也出现不少名作,如《石门颂》《西狭颂》《郙阁颂》。其中有些石刻对考察文体形式是十分有用的,如洪适《隶释》说其家藏《孔庙置守庙

---

① 祝嘉:《书学史》,成都古籍书店1984年版,第19页。
② 徐自强称赞"书势分纵横行,风神逸含,结构端谨严整,点画相宜,骨肉均匀。尤其落笔刚健,随势展开,既有丰韵,又有端劲秀丽之处"(徐自强、吴梦麟:《古代石刻通论》,紫禁城出版社2003年版,第30页)。
③ 滦南县出土的建武二十一年《墨祁冢志》被认为是最早的形式、内容最为完善的墓志。(张驰《河北省滦南县新出两汉石刻初探》,《文献》2015年第6期,第56页)或以为伪。

百石孔和碑》（全名为《鲁相乙瑛请置百石卒史孔和碑》，又名《乙瑛碑》或《孔和碑》）可见汉代文书格式云："予家所藏石刻可以见汉代文书之式者，有史晨祠《孔庙碑》，樊毅复《华租碑》，太常耽《无极山碑》，与此而四。此一碑之中凡有三式，三公奏于天子一也，朝廷下郡国二也，郡国上朝廷三也。"（《隶释》卷一）由此可见汉代奏牍的行文过程及文章程式。徐自强评"此碑是先叙以奏而附之赞，文章流畅，词汇文雅，气度高古，汉儒风采可见一斑"①。毛远明说《韩仁墓碑》（熹平四年）是上级下文表彰韩仁的文告，碑中全文转录司隶校尉下河南尹檄文，可见汉代公牍文的只鳞片爪。②又如《故冀州从事张表碑》建宁元年刊，碑作四言韵语，其末四句又五言，云："洪德宜演述，亿载弥以新。功烈不赞纪，后来无所闻。与《费凤碑》文相类。"（《隶释》卷八）《金乡长侯成碑》（建宁二年刊）《金石文字记》称："汉碑未有志其夫人者，此碑末云'夫人以延熹七年岁在甲辰十一月三日庚午遭疾终。又《郎中马江碑》云夫人宛句曹氏终温淑慎，咸曰女师，年五十五，建宁三年十二月卒'。此后人作碑并志夫人之始。"徐自强称赞《衡方碑》（建宁元年，168）"衡方卒，时年六十有三"。只讲年龄，不叙生、卒日等，表现了汉碑之例。③

第三节　魏晋南北朝禁碑与石刻发展

就在东汉石刻蓬勃发展之际，由于东汉末年战乱频仍，民生凋敝，再加上厚葬风气雕兽刻碑，浪费资材，直接对人民生活与国家稳定造成不良影响，致使有识之士认识到奢华应该得到抑制。因此，三国以至魏晋时期，统治者不断发布政令，提倡节俭，其中一项就是强调禁止刻石立碑。据记载，曹操已经立法禁碑，《宋书》卷十五记载说："汉以后天下送死奢靡，多作石室石

---

① 徐自强、吴梦麟：《古代石刻通论》，紫禁城出版社2003年版，第30页。
② 毛远明：《碑刻文献学通论》，中华书局2009年版，第254页。
③ 徐自强、吴梦麟：《古代石刻通论》，紫禁城出版社2003年版，第34页。

兽碑铭等物。建安十年，魏武帝以天下雕弊，下令不得厚葬，又禁立碑。"这直接影响到汉后石刻的发展。《宋书》卷十五接着说："魏高贵乡公甘露二年（257），大将军参军太原王伦卒，伦兄俊作《表德论》，以述伦遗美，云'祇畏王典，不得为铭，乃撰录行事，就刊于墓之阴云尔'。此则碑禁尚严也。此后复弛替。"

至晋朝，树碑之风被认为"妄媚死者，增长虚伪，而浪费资财，为害其烈"，因此，晋武帝咸宁四年（278）再次强调禁碑，又诏曰："此石兽碑表，既私褒美，兴长虚伪，伤财害人，莫大于此，一禁断之，其犯者虽会赦，令皆当毁坏。"（《宋书》卷十五）晋元帝时，碑禁有所放松："至元帝大兴元年（318），有司奏故骠骑府主簿故恩营葬旧君顾荣求立碑，诏特听立。自是后，禁又渐颓，大臣长吏人皆私立。"《晋书·孙绰传》说到孙绰专为他人作碑文，也可见碑禁的松弛："绰少以文才垂称于时，文士绰为其冠。温（峤）、王（导）、郗（鉴）、庾（亮），诸公之薨，必须绰为碑文，然后刊石焉。"① 至晋安帝时再提碑禁，"义熙中（405—418），尚书祠部郎中裴松之又议禁断，于是至今。"（《宋书》卷十五）裴松之（372—451）奏称：

> 碑铭之作，以明示后昆，自非殊功异德，无以允应兹典。大者道勋光远，世所宗推，其次节行高妙，遗烈可纪。若乃亮采登庸，绩用显著，敷化所茌，惠训融远，述咏所寄，有赖镌勒。非斯族也，则几乎僭黩矣。俗敝伪兴，华烦已久，是以孔悝之铭，行是人非；蔡邕制文，每有愧色。而自时厥后，其流弥多。预有臣吏，必有建立。勒铭寡取信之实，刊石成虚伪之常，真假相蒙，殆使合美者不贵，但论其功费，又不可称。不加禁裁，其敝无已……诸欲立碑者，宜悉令言上，为朝议所许，然后听之，庶可以防遏无征，显彰茂实，使百世之下知其不虚，则义信于仰止，道孚于来叶。②

---

① 房玄龄等撰：《晋书》卷56，中华书局2011年版，第1547页。
② 《宋书》卷64，中华书局2011年版，第1699页。

裴松之表奏后，立碑之事被国家禁断。据刘涛文《魏晋南朝的禁碑与立碑》推测，裴松之倡禁后，持续到南朝·梁沈约（441—513）之时。① 其时，大概在梁朝初年。《隋书·礼仪三》有云："（天监）六年（507），申明葬制，凡墓不得造石人兽碑，唯听作石柱，记名位而已。"顾炎武《金石文字记》卷二考证说："以故……齐建武（495—498）中，范云上表求为太宰竟陵王子良立碑，事竟不行。"至南朝陈，立碑之事尚未流行。陈宣帝（569—582）朝重臣度支尚书蔡景历死时没有立碑，直到后主时改葬，方"给鼓吹一部，于墓所立碑"。此时距隋朝立国已经不远了。

　　虽说曹操以来魏，晋与南朝君主不断提倡禁碑，但事实上，一些重大事件从未断过立碑之事。也就是说，南北朝的朝廷禁碑并未能彻底阻断石刻事业的发展，甚至还留下了一些重要的石刻作品。如三国魏的石刻事业发展是很有成就的，留下了名碑《受禅碑》《上尊号》碑（黄初元年，220）、《鲁孔子庙碑》（又称《孔羡碑》，黄初元年，220）、《曹真碑》（太和五年，231）、《范式碑》（青龙三年，235）、《王基碑》（景元二年，261）。这一时期，成就最著的是正始《三体石经》（正始元年—九年，240—248）。正始石经在开阳门外御道东侧，经由二十五碑构成，写《春秋》《尚书》二部，分别以篆书、科斗文、隶书三种字刻写，今仍有残碑流传。② 阎若璩作《尚书古文疏证》说："魏邵陵厉公正始中，邯郸淳书石经，亦立于太学，此所谓《三字石经》也。"魏国又将文帝曹丕的著作《典论》刻于六石，与三字石经一起并立在太

---

① 刘涛以为："'《宋书》卷15《礼志二》：义熙中，尚书祠部郎中裴松之又议禁断，于是至今。'按《宋书》作者沈约是梁朝人，此所谓'至今'的'今'，当指梁朝。"（刘涛《魏晋南朝的禁碑与立碑》，《故宫博物院院刊》2001年第5期，总第95期，第11页。）
② 《洛阳伽蓝记》记载："报德寺，高祖孝文皇帝所立也。为冯太后追福。在开阳门外三里。开阳门御道东有汉国子学堂，堂前有三种字石经二十五碑，表里刻之。写《春秋》《尚书》二部，作篆、科斗、隶三种字，汉右中郎将蔡邕笔之遗迹也。犹有十八碑，余皆残毁。"（杨衒之《洛阳伽蓝记》卷三，《四部丛刊》）这里是杨衒之误将魏石经作汉石经记述。

学，规模盛大。①《水经注》载："魏初，传古文出邯郸淳，《石经》古文转失淳法。树之于堂西，石长八尺，广四尺，列石于其下，碑石四十八枚，广三十丈。魏明帝又刊《典论》六碑，附于其次。"（《水经注》卷十六）刻私人整部著作如《典论》这样的事，更是三国时期的创举，在经部以外如此刻石，是历史上十分罕见的。

与曹魏同时，还有吴国的《葛府君碑》（全称《吴故衡阳郡太守葛府君之碑》凤凰元年，272）、《九真太守谷朗碑》（凤凰元年，272）、《禅国山碑》（天玺元年，276）、《天发神谶碑》（天玺元年，276）等，皆以书故为天下名碑。康有为《广艺舟双楫·宝南弟九》因此说"南碑当溯于吴"。②

蜀汉，一般认为是不存在石刻作品的，但是也有人议论说《张飞立马铭》的存在，认为张飞在八濛山以矛作书摩崖，曰："汉将军飞率精卒万人大破贼首张郃于八濛立马勒铭。"后日，摩崖壁毁字灭。今存据说有陕西岐山存碑，系光绪七年（1881）陕西岐山知县胡升猷依拓本重新镌刻，文后附跋胡升猷题识："桓侯立马勒铭。相传以矛刺石，作字在四川渠县石壁。今壁裂字毁。光绪七年六月，捡家藏拓本重钩上石。侯之精灵如在目前，非徒爱其书法之工也。"又有桂林独秀峰今存摩崖，是光绪辛丑（1901）九月大兴谢光绮据四川遂宁拓本刊刻，与胡升猷所刻碑体颇有不同（参见《桂林石刻总集辑校》）。还有1986年阆中修建嘉陵江大桥，也从江中打捞得同碑，今在阆中碑林。诸种碑书体写法的不同可见《张飞立马铭》的不可靠。

---

① 《傅子》曰：汉桓帝时，大将军梁冀有火浣布为单衣……至魏初，时人疑其无有。文帝以为火性酷烈，无含生之气，著之《典论》，明其不然之事，绝智者之听。及明帝立，诏三公曰："先帝昔著《典论》，不朽之格言，其刊石于庙门之外及太学，与石经并，以永示来世。"至是西域使至而献火浣布焉。于是刊灭此论，而天下笑之。臣松之昔从征西至洛阳，历观旧物，见《典论》石在太学者尚存，而庙门外无之，问诸长老，云晋初受禅，即用魏庙移此石于太学，非两处立也。窃谓此言为不然。（《三国志·魏志》卷4，中华书局，第118页）

② 康有为：《广艺舟双楫》，光绪本。

《上尊号碑》局部，原碑在许昌

晋朝禁碑的同时也留下了一些名刻。如《郛休碑》（西晋泰始六年，270）、《任城太守孙夫人碑》（西晋泰始八年，272）、《齐太公吕望表》（西晋太康十年，289）、《辟雍碑》（全称《大晋龙兴皇帝三临辟雍皇太子又再莅之德隆熙之颂》，西晋咸宁四年，278）等。西晋墓志也有《徐夫人菅洛墓碑》（永平元年，291）、《成晃碑》[元康元年立，291，1925年1月出土于洛阳县（今孟津县）刘家坡村]、《张朗碑》（永康元年，300，1919年河南洛阳出土）、《魏雏柩铭》（元康八年，298）等都作圭形、圆首，是典型的碑志合一的样式。又如《广武将军碑》（前秦建元四年，368）现存于西安碑林。碑四面刻，前面刻碑文，碑阴及两侧刻部将姓名，隶书。《枳杨府君碑》（东晋隆安三年，399）、《好太王碑》（东晋义熙十年，414）、《爨龙颜碑》（又称《宋故龙骧将军护镇蛮校尉宁州刺史邛都县侯爨使君之碑》，南朝刘宋大明二年，458）镌立，与晋之《爨宝子碑》（东晋太亨四年，405即义熙元年）合称"二爨"，为云南碑刻的代表性作品。阎若璩还说"晋裴頠为祭酒，奏修国学，刻石写经，是为《晋石经》。后魏孝明帝神龟元年，祭酒崔光请补汉所立《三字石经》之残缺，此魏立也，非汉"。①

爨龙颜碑拓片，曲靖

　　南朝承晋后，不断禁碑，但刻石事也有突破。一是边远地区，不为朝廷禁碑所限，产生了石刻，如广东有欧阳颁《德政碑》，广西有《欧阳景熙地券》《黄道安地券》《秦僧猛地券》《熊薇地券》《熊悦地券》等。二是碑禁以外的石刻，如梁的《瘗鹤铭》摩崖（天监十三年，514）原在今镇江焦山，以其书法成就与所记之事十分有情趣，为后世文人所珍。厉鹗说"我生好读浮邱经，焦山来访瘗鹤铭"，代表了文人对《瘗鹤铭》的评价。三是墓志在这一时期得以发展完善。

---

① 阎若璩撰，黄怀信、吕翊欣校点：《尚书古文疏证》，上海古籍出版社2010年版，第92页。

墓志虽有云始于东汉者①，但从名实相副的角度看，山东益都出土的方形石刻直题"宋故建威将军齐北海二郡太守笠乡侯东阳城主刘府君墓志铭"，作于南朝刘宋大明八年（464），志、颂俱全，于后日所存形式无二，是现在已知最早的以"墓志铭"标题的石刻。清代端方《陶斋藏石记》卷五称："刘怀民志作于大明七年，适承元嘉之后，此志铭文字导源之时代也。"而且在南北朝期间，墓志在朝野间的应用甚是盛行，因此，墓志大量发展，成为石刻中数量最多的一类。② 据1985年上海书画出版社出版的王壮弘与马成名合纂的《六朝墓志检要》统计，已经有墓志911件。此时朝廷也批准特立了一些碑，特别是梁朝特批立碑较多。刘涛研究这一现象指出："儒雅而佞佛的梁武帝宠信文士，常常出题要文臣和宗室子弟作碑铭一类的文字刻石立碑。如敕邵陵王萧纶制阿育王寺《大功德碑》、刘潜制《雍州平等寺金像碑》、萧洽制《同泰、大敬爱寺刹下铭》和《当涂堰碑》、谢兰制《兖州刺史萧楷德政碑》、宗懔制《龙川庙碑》。有时某一碑文由数人分别制作，然后择优录用。"并引《梁书·周兴嗣传》说："高祖（梁武帝）以三桥旧宅为光宅寺，敕兴嗣（周兴嗣，字思纂）与陆倕各制寺碑，及成俱奏，高祖用兴嗣所制者。"（《梁书》卷四十九）③ 因此，虽然南朝不断禁碑，但我们今天依然可以看到不少南朝的

---

① 王昶《金石萃编》以为汉为墓志铭发生时，说："《西京杂记》称前汉杜子春临终，作文刻石，埋于墓前。《博物志》载西京时南宫寝殿有醇儒王史威长葬铭，此实志铭之始，今皆不传。"（《金石萃编》卷27）1929年，洛阳东北郊出土的东汉延平元年（106）《贾武仲妻马姜墓记》，记死者姓名、家世、生平事迹及死葬日期甚详，被认为是我国发现的最早的用石头刻制的墓志。学者罗振玉曾为之题跋曰："汉人葬记前人所未见，此为墓志之滥觞。"（《辽居稿》）。马衡、赵万里等也都主此说。也有主张西汉说的，如近来滦南汉代石刻的发现，其中有墓志类的内容。

② 唐人封演《封氏见闻记》论《石志》云："古葬无石志，近代贵贱用之，齐太子穆妃将葬立石志。王俭曰石志不出《礼经》，起元嘉中。颜延之为王琳石志，素族（一本施）无名策，故以纪行述耳，遂相祖习。储妃之重，礼绝常例。既有哀荣（一本改策），不烦石铭。俭所著《丧礼》云：施石志于圹里，《礼》无此制。魏侍中缪袭改葬父母，制墓下题版文原此旨，将以千载之后，陵谷迁变，欲后人有所闻知。其人若无殊才异德者，但纪姓名、历官、祖父、姻媾而已。若有德业，则为铭文。按俭此说，石志宋齐以来有之矣。齐时有发古冢得铭云：'青州世（一作二十子）子，东海女郎。'河东贾昊以为司马越女嫁为苟晞子妇，检之果然。东都殖业坊十字街有王戎墓，隋代酿家穿旁作窖，得铭曰：'晋司徒尚书令，安丰侯王君铭。'有数百字。然（一本云乃）知古人葬者，亦有石志，但不如今代贵贱通为之耳。"（唐封演《封氏见闻记》卷六）

③ 刘涛以为："'《宋书》卷15《礼志二》：义熙中，尚书祠部郎中裴松之又议禁断，于是至今。'按《宋书》作者沈约是梁朝人，此所谓'至今'的'今'，当指梁朝。"（刘涛：《魏晋南朝的禁碑与立碑》，《故宫博物院院刊》2001年第5期总第95期，第9页）

优秀石刻作品。

石刻虽然在南朝被禁，但是作为一种研究石刻的学术，在这一时期却开始有了一定的发展，可以说石刻学在南朝已初步成形①，除《文心雕龙》专题研究外，主要表现在收录石刻的著述开始出现。梁元帝著《金楼子》卷五《著述篇》有"《碑集》十袟百卷"，并注"付兰陵萧贲撰"。《隋书》著录南朝石刻著述更是丰富，有《碑集》二十九卷；《杂碑集》二十九卷；《杂碑集》二十二卷（梁有《碑集》十卷，谢庄撰；《释氏碑文》三十卷，梁元帝撰；《杂碑》二十二卷，《碑文》十五卷，晋将作大匠陈勰撰；《碑文》十卷，车灌撰；又有《羊祜堕泪碑》一卷，《桓宣武碑》十卷，《长沙景王碑文》三卷，《荆州杂碑》三卷，《雍州杂碑》四卷，《广州刺史碑》十二卷，《义兴周处碑》一卷，《太原王氏家碑诔颂赞铭集》二十六卷；《诸寺碑文》四十六卷，释僧佑撰）。② 即是说，在南朝之间，人们对石刻有了更多的基本文献整理与学理的思考，石刻逐渐作为一种学问也开始得到学界认可，南朝成了石刻学发展的一个重要阶段。

焦山瘗鹤铭残石

---

① 石刻研究作为一种学术，始自何时，人们多有讨论。《四库全书总目》称梁元帝（508—555）开始集录碑刻之文成《碑英》一百二十卷，"是为裒辑金石之祖"。孙星衍以为金石之学可起自《汉书·艺文志》（《寰宇访碑录序》），陆和九以为萌芽于梁，说"金石学萌芽于梁唐，昌明于宋元，极盛于明清"（《中国金石学》，明文书局，1981年，第6页）。《晋书》卷五十郭象传有碑论十二篇，不知当理解为"《碑论》十二篇"，抑或"碑、论"十二篇。清人丁辰撰《补晋书艺文志》理解为前者，若是，当是最早专论石刻的著述。

② 《隋书》，中华书局2011年版，第1086页。

同一时期北朝石刻的发展则是一番蒸蒸日上的景象。

北朝包括北魏、东魏、西魏、北齐、北周等。在北朝期间，刻石之事比较自由，因此，碑刻成就显著，数量大增，是我国石刻的一个高速发展阶段。据毛远明近年完成出版的《汉魏六朝碑刻总目提要》，共录得石刻2563件，其中北朝期间就有1478件（军按：这些不包括各地的佛经刻石）。徐自强与吴梦麟著《古代石刻通论》对北朝石刻成就也有较高的评价，说："魏晋南北朝时期的石刻，历代研究者中，不少人的评价也是很高的，尤其对北朝时期的碑刻和造像等，更是十分赞誉。他们从书法艺术等方面，将该时期的碑刻、造像等石刻称为'魏碑'或'魏碑体'，加以专门的论述。总之，这时期的石刻已成为我国石刻发展史上三大阶段（即汉碑、魏碑、唐碑）的重要组成部分之一。"① 北朝时期石刻发展的成就，主要集中于北魏。

北魏（386—534）是石刻发展的兴盛阶段。康有为说："北碑莫盛于魏，莫备于魏。盖乘晋、宋之末运，兼齐、梁之流风，享国既永，艺业自兴。孝文黼黻，笃好文术，润色鸿业，故太和之后，碑版尤盛，佳书妙制，率在其时。延昌正光，染被斯畅。考其体裁俊伟，笔气深厚，恢恢乎有太平之象。晋、宋禁碑，周、齐短祚，故言碑者，必称魏也。"（《广艺舟双楫》，卷三，备魏第十，清光绪本）康有为对魏碑（主要指北魏碑）和南碑（主要指吴、东晋、南朝碑）给予极高的评价，称其有"十美"，说："古今之中，唯南碑与魏为可宗。可宗为何？曰有十美：一曰魄力雄强，二曰气象浑穆，三曰笔法跳越，四曰点画峻厚，五曰意态奇逸，六曰精神飞动，七曰兴趣酣足，八曰骨法洞达，九曰结构天成，十曰血肉丰美。是十美者，唯魏碑、南碑有之，齐碑惟有瘦硬，隋碑惟有明爽，自隽修罗朱君山龙藏寺、曹子建外，未有备美者也。故曰魏碑、南碑可宗也。"（《广艺舟双楫》，卷四，十六宗第十六，

---

① 徐自强、吴梦麟：《古代石刻通论》，紫禁城出版社2003年版，第43页。军按：徐自强总结我国石刻发展史为三大阶段（即汉碑、魏碑、唐碑）是不恰当的，忽略掉了赵宋及元明清的石刻发展成就，其实从文献的角度看，宋后才是石刻发展的繁盛时期。

清光绪本）康有为认为魏碑无不佳者，书法艺术以至于影响到清代后期碑派之势达到全盛。康有为在其书中评论说："迄于咸同，碑学大播，三尺之童，十室之社，莫不口北碑，写魏体。"（《广艺舟双楫》，卷一，尊碑第二，清光绪本）

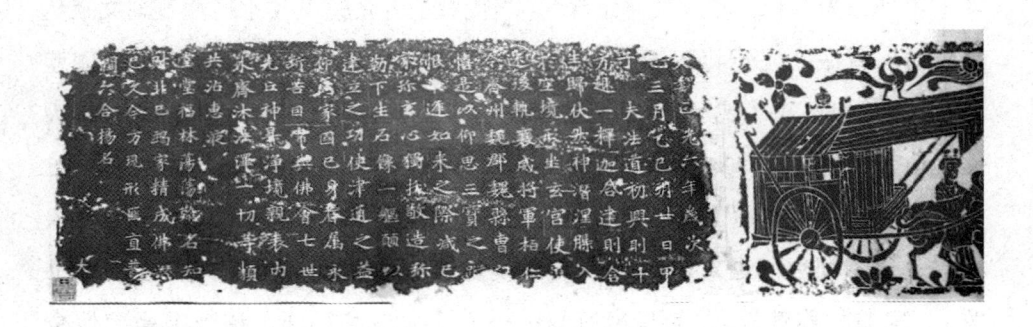

罗振玉藏北魏造像记拓片，旅顺博物馆展品

  北朝的石刻学术也得到发展。如郦道元作《水经注》大量采入汉、魏石刻。后人对郦道元《水经注》引用石刻文献已有研究，宋代洪适已经注意到《水经注》引汉碑魏碑的问题，及今人则专以为题作文，施蛰存撰《水经注碑录》（天津古籍出版社1987年版）十卷，论其共录碑278件，并高度赞扬《水经注》的碑版学价值，说："若刘熊碑云熊字孟阳，其阳字久已泐失，使无郦氏著录，则后世读此碑者，莫得而知矣。曹腾碑立于延熹三年，朱龟碑立于中平二年，宋人已不见其字，亦从郦氏书得之。杨叔恭、梧台里社二碑，皆宋人所未见，残石出土，迄今才五六十年，考古家亦征诸《水经注》而识之。凡此之类，皆郦书胜处，盖碑版之学所取资者，隋唐以前，宜以此书为渊薮矣。"[①] 陈桥驿著《水经注·金石录》论其收录357处。清人洪亮吉论郦道元能见石刻价值说："魏郦道元撰《水经注》四十卷，凡引汉碑百，魏碑二十，晋及宋、魏称是。窃尝谓金石之学，惟道元能见其大。今读其注，如华阴载祠堂碑，巨鹿载神坛碑，则祀典可定也；荥阳石门之铭，沛郡石坡之颂，

[①] 施蛰存：《水经注碑录·序》，《水经注碑录》，天津古籍出版社1987年版，第2页。

则水利可兴也;洛阳南界,冀州北界之石,则区域可正也;曲江泷中碑,新城大石山碑,则幽远可通也。"① 其他研究《水经注》中石刻者还有杨慎撰《水经注所载碑目》1卷,收录郦注所载167个碑目,洪适尝从《水经注》中集录其所载碑目,专门列《水经注碑目》1卷,得《司马迁碑》至《曹娥碑》共114处,为一卷,收入其《隶释》。当代有学者张鹏飞《水经注石刻文献丛考》等。罗振玉《重订汉石存目》两卷。其他如北魏杨炫之著《洛阳伽蓝记》,北齐魏收著《魏书》,也多引汉魏石刻,如卫操(北魏辅相)传引其为北魏桓帝所作长篇碑文(卷22)。

北碑兴盛是有原因的,首先在于北魏朝廷鼓励刻石事业,《魏书》赞人每以善作碑相称便是对当时官家的态度反映。如北魏大臣高闾,官至中书监,《魏书》称赞他:"为显祖所知……文明太后甚重闾,诏令书檄碑铭赞颂皆其文也……闾好为文章,军国书檄诏令碑颂铭赞百有余篇,集为三十卷。其文亦高允之流,后称二高,为当时所服。"② 《魏书》称赞光禄少卿邢虬"所作碑颂杂笔三十余篇"(卷六十五)。看得出,北魏一朝对碑刻之事,凡有大事必立碑以示,从魏初已是如此。如桓帝平匈奴刘渊后与司马腾结盟,在汾东立亭树碑。③ 桓帝死,卫操为撰碑文,后全文载入《魏书》。(《魏书》卷一)尒朱荣(字天宝)灭葛荣,破贼之后,也命立碑于其所,号"双兔"。(《魏书》卷七十四)因此许多文人以撰写碑文为长,甚至高祖还亲自为宠臣冯熙、冯诞父子作碑文铭志。(《魏书》卷八十三)这促使了北朝石刻事业的大进步、大发展。这种进步与发展,突出表现在两个方面:

其一,摩崖石刻在各地产生,规模宏大。北魏以来,留下许多大型的石刻造像,著名者如大同云冈石窟、洛阳龙门石窟、天水麦积山石窟等。河北

---

① 洪亮吉:《跋》尾,《关中金石记书后三首》之二,毕沅撰《关中金石记》,《丛书集成初编》,中华书局1985年版,第173页。
② 《魏书》卷五十四,中华书局2011年版,第1210页。
③ 《魏书》载:"刘渊反于离石,自号汉王。并州刺史司马腾来乞师,桓帝率十余万骑,帝亦同时大举以助之,大破渊众于西河上党。会惠帝还洛,腾乃辞师。桓帝与腾盟于汾东而还,乃使辅相卫雄段繁于参合陂西累石为亭,树碑以记行焉。"(《魏书》卷一)

峰峰响堂寺摩崖，河南万佛沟摩崖、巩义石窟、甘肃的炳灵寺等也都发生在北朝，嗣后才有了继续发展。

其二，大型的刻经作品频现。如北齐泰山经石峪的《金刚经》占地亩余，字径50厘米，至今尚存，无论是其规模还是艺术成就都震撼人心。北齐有河北涉县的娲皇宫摩崖刻经也十分辉煌，据说有165平方米，"可称天下第一壁经群"。① 又如北京房山著名的云居寺石经也是起源于北朝期间高僧慧思。北朝刻经除了大型刻经，还有一些片段佛经石刻，如北齐石佛寺迦叶经碑、王子椿造徂徕山摩崖刻文殊经、王子椿造徂徕山光华寺将军石摩崖刻经、北齐鼓山佛经刻石、文殊般若经碑、水牛山刻经摩崖，这些刻经作品集中在山东境内，当然他地也有，如北齐石刻安阳小南海有天保年间华严经摩崖等。叶昌炽称赞刻经："余尝怪释氏刻经遍天下，房山雷音洞二千三百余石，伟矣。中山之法果寺，宝山之万佛沟，或建石，或摩崖，莫不大书精刻。"②用于北朝亦无不可。

泰山经石峪

---

① 吴光田、李强编：《邯郸碑刻》，天津人民出版社2002年版，第12页。
② 叶昌炽撰，柯昌泗评：《语石 语石异同评》，中华书局1994年版，第184页。

经石峪字

佛教的经文刊刻在北朝确实成就非凡，同时，佛教影响石刻更多更普遍的是产生了经幢、造像记之类，如上海博物馆藏武定元年的四面造像石碑、北周大象二年周纪仁造释迦佛像等，都是甚为精致的作品。造像产量最丰富，洛阳龙门石窟等最为集中和具有代表性。柯昌泗在《语石异同评》中也论到北朝造像记成就的突出，说："后魏以降，碑版多不可数，世俗概目为魏碑。试以类分，造象最多，志铭次之，寺碑墓碑又次之，馀则为不数见之体制。"①

以文学名者，三国曹丕的《典论》规模多刻至六碑，自然也应是这一时期最重要的成就，可惜今日不传。

最后，总结南北朝石刻的发展，虽然国家不断有禁碑之举，但较前朝而言，还是多有进步。

一是石刻种类较汉代以来有所增加。有墓表（后燕《崔遹墓表》）、墓志铭（晋《左棻墓志》）、神道阙（东魏《杨阳神道阙》）、买地券（或称买地莂）、圹记（东魏《源磨耶圹记》）、药方（北齐《都邑师道兴造石像记并治疾方》）、造像记（龙门石窟等）等，其间墓志铭与造像记成就最突出。

---

① 叶昌炽撰，柯昌泗评：《语石 语石异同评》，中华书局1994年版，第16页。

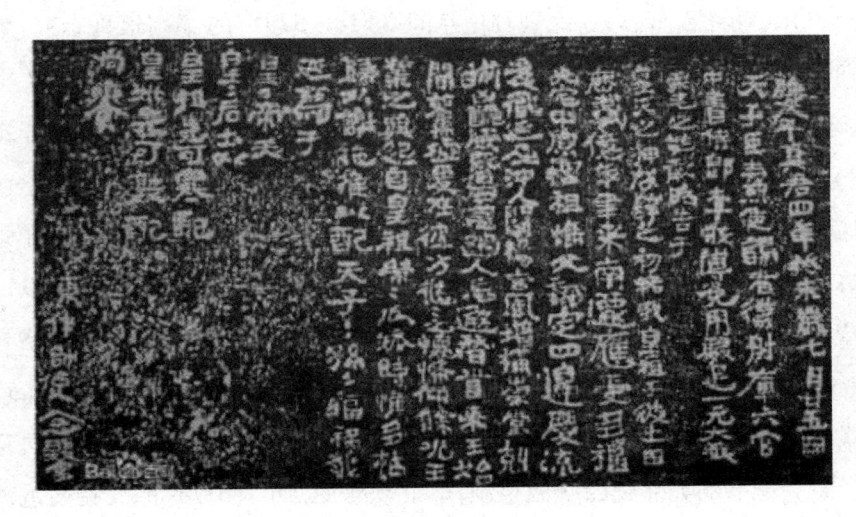

嘎仙洞摩崖拓片

二是石刻发生的地域范围较前朝更有逐渐的扩大。晋朝，广东有吴隐之《贪泉诗》碑。北朝时期，内蒙古有《嘎仙洞摩崖》石刻，新疆有《凉王大且安渠造像记》，甘肃有《梁舒及妻宋华墓表》，山西定襄也有北朝石刻。南朝广西发现有多种地券。总而言之，从东汉以至南北朝，石刻的发生范围扩展到了全国的几乎所有地区，甚至极边远地区。而如陕西、山东、河南、安徽、四川等原本文化发达的几个省区的石刻发达就不必举例了。

三是产生了大量的名碑，特别是在书法与文字字形演进的研究历史方面，就我国金石学或者说石刻的研究状况而言，多是以此一时期的碑刻为研究对象。如书法名碑在南北朝，特别是北朝为多，康有为将之分类论述：赞为神品的有南朝宋孝武帝大明二年（458）的《爨龙颜碑》、北魏太安二年（456）的《灵庙碑阴》、北魏宣武帝永平二年（509）的《石门铭》；赞为妙品的有北魏宣武帝永平四年（511）的《郑文公碑》四十二种、北魏太和十二年（488）的《晖福寺碑》《梁石阙》、东晋隆安三年（399）的《枳阳府君碑》《梁绵州造像》、南朝梁天监十三年（514）的《瘗鹤铭》、北齐天保年间的《泰山经石峪》；赞为高品的有三国吴的《谷朗碑》《葛祚碑》、北魏太安二年（456）的《嵩高灵庙碑》、北魏太和十八年（494）《吊比干文》、北魏正光四年（523）《鞠彦云墓志》、北魏神龟年间（518—520）的《高植墓志》；赞为精品的有北魏正光三年（522）的《张猛龙清德颂》、北魏正光六年（525）的《李超墓志》、北魏神龟二年（519）的《贾思伯碑》、北魏延昌元年（512）的《杨翚碑》（西河魏碑）、南朝梁普通三年（522）《始兴王碑》（始兴忠武王萧淡碑）、北魏普泰元年（531）的张黑女碑（《魏故南阳太守张玄墓志》）、东魏元象二年（539）的《高湛墓志》、东魏武定八年（550）的《吕望碑》，赞为逸品的有北齐武平二年（571）的《朱君山墓志》（朱岱林墓志）、东魏兴和三年（541）的《李仲璇修孔子庙碑》、北齐武平五年（574）《灵塔铭》、北魏孝昌三年（527）的《刘玉墓志》（魏故咸阳太守刘府君墓志铭），赞为能品的如北魏的《温泉颂》、北魏熙平二年（517）的《崔敬邕碑》、北魏永平四年（511）的《司马元兴碑》、北魏正光四年（523）的《马鸣寺碑》等。① 其他又见《司马芳残碑》（北魏太武帝至文成帝兴光初，424—454）、《元偃墓志》［北魏太和二十二年（498），1926年河南洛阳出土］，《韩显宗墓志》［北魏太和二十三年（499），清乾隆二十年（1755）河南孟县出土］、《奚智墓志》［正始四年（507）］等碑。

以此看来，南北朝时期，虽然朝廷不断禁碑，但是，石刻的发展依然不断取得进步，且成就可观。

第四节　隋唐石刻的全面发展与文学石刻之兴起

一　隋唐石刻发展概述

隋朝继北朝而来，统一中国，但因国祚较短，留下的石刻是可以数得清的。《北京图书馆藏中国历代石刻拓片汇编》搜录隋朝石刻最多，共得

---

① 康有为：《广艺舟双楫》卷4，光绪刻本。

347件。《金石萃编》录30件；《八琼室金石补正》录162件；《石刻题跋索引》99件。其间多是造像记、墓碑志铭之类。历来为人称道之碑，多是书法名刻《龙藏寺碑》（开皇六年，586）、《曹子建庙碑》（开皇十三年，593）、《贺若谊碑》（开皇十六年，596）、《孟显达碑》（开皇二十年，600），又有道光年间在广西钦州发现的《宁越郡钦江县正议大夫碑》（大业五年，609）等。当然也有优秀的记事碑，如晚近发现的会州摩崖（今在四川省西北部之阿坝藏族自治州理县，人称《隋会州通道记》），文云："通道记。自蜀相姜维尝于此行，尔来三百余年，更不修理。山则松草荒芜，江则氵凶沤出岸，猿怯高拔，鸟嗟地险，公私往返，并由山上，人疲马乏，筋力顿尽。大将军开府仪同三司总管二州五镇诸军事会州刺史永安郡开国公姜须达，愍人生之荼苦，报委寄之天恩，差发丁夫，遂治旧道，开山栈木，不易其功。遣司户参军事元博文、县丞郭子鸿、王文诚、吴荣、邓仲景监督。大隋开皇九年九月廿三日记。"该摩崖对治三国时期蜀汉史、治隋史有一定的文献意义。①

隋朝僧人静琬在房山云居寺刻经方面的开创之功也不可没②，促成了云居寺自唐直至明代的佛经刻写的巨大成就。安阳的万佛沟也有隋时的造像记。但是，总的来说，隋朝石刻成就远不能与北朝相比，即使南朝也一样。隋朝石刻只是向唐朝发展的一个过渡阶段，如叶昌炽论隋朝书法特点说，"隋碑上承六代，下启三唐"。③ 叶昌炽的说法是就书法而言，但是就整个石刻历史的发展而言，也可作如是观。

---

① 李绍明：《四川理县隋唐二石刻题记新证》，《思想战线》1980年第3期，第44页。
② 见辽释智光《重修云居寺碑记》，闫凤梧主编《全辽金文》，山西古籍出版社2002年版，第120页。又见刘侗、于奕正《帝京景物略》："北齐南岳慧思大师，虑东土藏教有毁灭，时发愿刻石藏阁封岩壑中，以度人劫。岳座下静琬法师承师付嘱，自隋大业迄唐贞观，《大涅槃经》成。其夜山为三吼，为生香树三十余。"（《帝京景物略》卷八，中国书店2014年版）
③ 叶昌炽撰，柯昌泗评：《语石 语石异同评》，中华书局1994年版，第20页。

隋朝宁赞碑，今存广东博物馆

　　唐朝是我国历史上一个政治、经济、文化大发展的时期，也是石刻大发展的时期。石刻发展至唐，延续北朝、隋朝石刻的进步态势而继续发扬光大。朱剑心说："至于立碑之盛，过于后汉。其所撰书，皆出名笔，真行篆隶，各极其至。"① 唐朝成为我国石刻史上第一个全面发展的时期，取得了前无古人的成就。从数量看，据吴钢主编《全唐文补遗》一至九册（三秦出版社1994年至2007年陆续出版）统计，除去其他载体的文字，存石刻文作者1950多人，各体文6400多篇。周绍良、赵超等编《唐代墓志汇编》录墓志3676件。《唐代墓志汇编续集》收墓志1564件（1984—1996年所见），两集合计5240

---

① 朱剑心：《金石学》，文物出版社1940年版，第265页。

件，也是一个巨大的数字。① 这个巨大的数字足可代表唐代石刻的成就（其间尚不包括众多的佛教经典石刻）。这一唐代石刻的数字还要继续增长，因为仍然不断有唐代石刻出土，如 2013 年 8 月陕西省考古研究所发现出土的上官婉儿墓志等。

唐代是一个石刻大发展的时期，成就这样的巨大，源于唐代石刻风气的大盛，形成了自上而下的一种乐于刻石的社会氛围。首先是帝王刻石成风。金其桢说："不少帝王都亲撰亲书，勒石立碑，涌现出了许多在中国碑文化发展史上具有独特地位的御碑。在清以前，御碑最为兴盛的是唐代。"② 如太宗李世民有《晋祠铭》《秦王告少林寺教主碑》《温泉铭》《祭比干文》《大唐三藏圣教序》（李世民撰序，李治撰《大唐皇帝述三藏圣教序记》，褚遂良书），高宗李治有《大唐纪功颂》《万年宫铭》《摄山栖霞寺明征君碑》《赠太尉扬州大都督英贞武公李绩碑》《孝敬皇帝睿德纪碑》，武则天有《升仙太子碑》开草书入碑先河，还有《唐天后御制诗碑》《述圣记》《夏日游石淙诗并序》等。唐中宗李显有书《述圣记》《赐卢正道敕》（碑存日本）。唐睿宗李旦有《武士彠碑》《孔子庙堂碑》《景龙观钟铭》。唐玄宗在唐代诸帝中书碑最多，典型的是《阙特勤碑》《石台孝经》与《纪泰山铭》摩崖等，皆丰碑巨制，影响广泛。与之相关，唐代宗室、大臣还喜欢造像并题记，如洛阳龙门石窟的造像多有皇子（如魏王李泰为文德皇后造像）、公主（豫章公主在宾阳南洞为家人造像、南平长公主在宾阳南洞为太宗造像）、妃子（如纪国韦太妃敬善寺造像）、宦官造像（如高平郡王武重规、宦官高力士）等，代表性造像卢舍那像，据造像记知为"大唐高宗天皇大帝之所建也"，是武则天"助脂粉钱"二万贯开凿。

---

① 周绍良、赵超等编：《唐代墓志汇编》，上海古籍出版社 1992 年版。《唐代墓志汇编续集》，上海古籍出版社 2001 年版。
② 金其桢：《中国碑文化》，重庆出版社 2002 年版，第 330 页。

唐太宗晋祠铭碑,太原晋祠

　　上有所好,下必甚之。帝王对刻石的喜好,影响了整个唐朝大地。在唐朝,几乎所有的地区都有石刻发展。陕西、山西、河南、河北、山东是唐代石刻集中发展的地区,且多有名碑传世,如唐太宗的《晋祠铭》《温泉铭》《秦王告少林寺教主碑》,唐玄宗的《纪泰山铭》《石台孝经》,武则天的《述圣记》《夏日游石淙诗并序》《升仙太子碑》。《大秦景教流行中国碑》最为名碑。河北有柳公权撰书《何进滔德政碑》,易县《道德经幢》、邢台《道德经幢》与颜真卿书写的《宋璟碑》等。就是边远之地也一样有石刻发生,如西藏的《唐蕃会盟碑》(或称《长庆会盟碑》),新疆的《大唐左屯卫将军姜行本勒石》(又称姜行本纪功碑,碑高1.8米,宽0.6米),广州的《南海神庙碑》,辽宁旅顺的唐鸿胪井刻石(唐开元元年,713,现藏日本),今存蒙古国的《回鹘毗伽可汗圣文神武碑》。就边远地区而言，广西唐碑最多，内容丰富，如桂林的《平蛮颂》《舜庙碑》，上林的《智城碑》《大宅颂》，柳州的《井铭并序》《罗池庙碑》等。上所述石刻系述唐朝石刻发生地域的普遍，唐朝石刻作者也非常普遍，帝王喜作石刻，名人喜作石刻，平民百姓也多喜作石刻，如各地多有的墓志铭、造像记、题名、诗文摩崖之类，多是普通百姓请人代作。人们的普遍参与，大力推动了唐朝石刻向深度与广度的发展，表现在如下多个方面。

从外形说，唐朝石刻向大形制发展。

唐朝多有巨制石刻，代表作如乐山佛雕，据唐人韦皋所作《嘉州凌云大佛像记》和明代彭汝实《重修凌云寺记》等有关记载：唐玄宗开元初年（713）开始兴造，至唐德宗贞元十九年（803）完工。建造了90年之久的乐山大佛，坐高71米，肩宽28米，头高14.7米，仅一只耳朵就有7米长。踏在江边石座上的佛足，宽达8.5米，一只脚上可以坐下几十个人。龙门石窟卢舍那佛像身高也达17米。唐代的碑刻也多巨制，路远、裴建平注意到了这一特点，将其与汉碑比较说："唐碑大都选材精良，碑体高大，可用'丰碑巨刻'来形容，将其与前朝石刻相比可见。汉碑的高度一般在2米左右，宽度在60厘米或70厘米，像《曹全碑》（东汉中平二年，185）、《鲜于璜碑》（东汉延熹二年，159）那样有2.4米高度的，已经算汉碑中的巨制了。唐碑基本上高都在2米以上，宽已达1.4米左右，著名的唐碑高度超过3米。"① 如刻于唐高宗龙朔三年（663）的《道因法师碑》，高3.1米；褚遂良书丹刻于同年的《同州圣教序碑》，高3.65米；乾陵的《无字碑》，高为4.12米。天宝三年（744）李林甫撰文，徐浩书的《大唐嵩阳观纪圣德感应颂碑》高9.02米、宽2.04米、厚1.05米；书刻于开元十四年（726）的唐玄宗《纪泰山铭》摩崖高13.2米、宽5.3米。开元二十三年（735）年前后刻《回鹘毗伽可汗圣文神武碑》高3.47米、宽1.73米。书刻于大历六年（771）的浯溪的《大唐中兴颂》拓本高4.166米、宽4.223米。

---

① 路远、裴建平：《石版文章——历代碑刻琐谈》，四川教育出版社1996年版，第106页。

纪泰山铭

唐代的墓志铭较其前所有朝代的石刻形制也大出了甚多，如《高力士墓志铭》长1.13米、宽0.79米、厚0.16米。河北邯郸七贤祠内邯郸碑林藏有1973年在大名县万堤农场出土的唐咸通年间的何弘敬墓志铭。墓志盖呈盝顶式，顶面边长1.00米，底边长1.9米，厚0.88米。铭盖篆"唐故魏博节度使检校太尉兼中书令赠太师庐江何公墓志铭"，被鉴定为国家一级文物。据称是我国出土的唐代形制最大的墓志铭，南北朝之间并没有。[①]

唐代石刻从单体看不仅发展了外形的规模，且制作工艺日渐讲究。石刻的制作者通常有意识地将雕刻、书法、文学等内容与形式融为一体。在雕刻方面，有透雕、浅浮雕、高浮雕、线雕、圆雕等，各类图形形象生动，形式

---

① 《北京图书馆藏中国历代石刻拓本汇编》第5册第12页有北魏《元熙墓志》注长宽均181厘米。毛远明《汉魏六朝碑刻校注》注《元熙墓志》作81厘米，当是。

精美，花样百出。如西安碑林唐玄宗《注孝经台》、南京栖霞寺《明征君碑》等。在书法方面，各逞其妙，有传统的篆书、隶书，更有行书、飞白书、草书、瘦金书等。唐太宗书《晋祠铭》《温泉铭》，人称为石刻中最早的行书典型。于是，精美的雕刻、造诣精深的书法、绝妙的文章常常萃于一石之中，人们称为三绝碑、四绝碑等。如成都武侯祠的《汉丞相诸葛武侯祠堂碑》，裴度作文，柳公绰书丹，鲁建雕刻。李华尝作《鲁山令元德秀墓碑》，颜真卿书，李阳冰篆额，后人则号为"四绝碑"。

从存在规模看，刻石群落庞大，如唐代的儒家经典石刻。石刻经典始于汉代的熹平石经（共刻七经四十六石），之后又有三体石经，或称正始石经（刻二经二十五石）。至唐文宗开成年间刻十二经（《周易》《尚书》《毛诗》《周礼》《仪礼》《礼记》《春秋左传》《公羊传》《谷梁传》《孝经》《尔雅》《论语》），外加《五经文字》《九经字样》等共14部著作，刻碑114通，字数650252。① 这已远多出熹平石经的总量，直接影响了乾隆石经十三经的刊刻，推进了十三经的普及。

唐代的佛教经典石刻群落一样巨大，如云居寺刻经。房山云居寺石经刻佛教经典，隋朝静琬开始刻经，唐开元十八年（730），玄宗的妹妹金仙公主曾送佛经4000余卷做石经底本，并以巨额资金资助刻经（见《金仙公主塔铭》）。至天宝十三年（754）已经将《摩诃般若波罗蜜经》《大方广佛华严经》《大般涅槃经》等重要经典刻完。以后虽然有安史之乱、藩镇割据等政治动乱，但刻经事业始终没有停顿，至唐代末年，便将《大般若经》刻至520卷。② 静琬死后，其弟子在皇室和地方官府的支持和佛徒施助下，继续他的刻经事业。终唐一代，先后刻经100余部，经石4000余块，共计400多万字。这些石碑分藏于以雷音洞为中心的9个山洞中。③ 在云居寺中，可宝贵的是还存有唐玄宗《御注金刚般若经》一部，体现了李唐王朝对佛教的重视。现在

---

① 赵超：《石刻史话》，社会科学文献出版社2011年版，第118页。
② 参见《云居寺大事记》，杨亦武著《云居寺》，华文出版社2003年版。
③ 路远、裴建平：《石版文章——历代碑刻琐谈》，四川教育出版社1996年版，第172页。

石经山顶上尚存有金仙公主塔，塔上有刻石记述了金仙公主资助刻经，施舍庙产的情况。

在唐代大规模的佛经石刻中，四川省安岳县卧佛院的佛经摩崖，规模也值得一说。这处佛教遗迹是西南地区唐代佛教艺术的代表，被确定为全国重点文物保护单位。卧佛院藏经洞有15个洞窟，在洞壁上集中镌刻的主要经目有《大唐东京大敬爱寺一切经论目序》《佛名经》《大般涅槃经》《般若波罗蜜多心经》《佛顶尊胜陀罗尼经》《檀三藏经》《妙法莲华经》等，均用楷书工整刻写。根据刻经题记的年月可知，这批佛经大多是在唐开元年间刻成。还有安阳的万佛沟的灵泉寺藏有大量的唐代石窟，被誉为"中原莫高窟"，遍题造像记。

许多修建于北朝的寺窟在唐代得到了更大规模的开发，如全国规模最大的洛阳龙门石窟，其间雕像及造像记作品，有三分之二出于唐代，数量庞大，且多为代表性作品。如卢舍那佛像，是龙门石窟中最大的一尊佛像，全高17.14米。

二 文学石刻的发达

以上我们说唐代石刻的发展，是基于形式与规模，唐代石刻作者的创作动机、内容与前朝相比也有大的不同，石刻成为文人创作的一种主动追求。

从石刻的创作动机看，唐前石刻的创作基本为实用而设，如墓碑、墓志铭之作是为了纪念先人，造像记之作，是为了护佑生命或求得心里得到安慰，题记是记作者的行踪，各种体裁的摩崖如《石门颂》《西狭颂》《郙阁颂》等，其创作都是记一时盛事。熹平石经、三体石经等作是为了宣传经典，弘扬教育。即是说在唐前若无事发生，即无石刻。及至唐代，石刻之作，从创作动机来看，大量的因事之作继续发生，且规模日趋庞大，作品日趋丰富。但是，一种崭新内容的石刻发生了，即为创作而创作的石刻发生了，文人开始将其作为一种创作追求。如书法家石刻、诗文作家石刻等，许多作品完全是为创作而创作，作者不为记事，专为抒情或炫艺扬名而作文刻石。

先说书法石刻。就唐前而论，人们盛称的石刻多是就书学意义而言，如熹平石经、三体石经、上尊号奏碑、受禅表碑、郛休碑、大小爨碑等，其实，这些石刻原本皆为事而作，非专为书法刻石，如蔡邕熹平石经等为教育而作，上尊号奏碑、受禅表碑为彰显曹氏政权合法而作，郛休碑、大小爨碑等乃是为墓主人而作。及至唐代，为书而作石刻者兴起，如僧怀仁以二十五年之久，集王羲之《兰亭序》中字，书为《集右军圣教序并记》（或称《怀仁集王羲之书圣教序》，又名《七佛圣教序》），又集王羲之书，刻《般若波罗蜜多心经》，这很明显是为了借唐太宗之手，宣传王羲之的书法成就，或者说怀仁自己的书法趣味。僧大雅集王羲之书刻《兴福寺碑》（又称《吴文碑》或《镇国大将军吴文碑》）也是以字为目的。又有似乎是因事而作之石刻，但见其专请善书者书丹，明显也是以书为主。如褚遂良书《三藏圣教序》（永徽四年，653），颜真卿的《大唐中兴颂》，李季卿撰李阳冰篆的《三坟记》，唐太宗于《晋祠铭》碑额作飞白书"贞观廿年正月廿六日"等，都在于借石刻展示自己的书法才情。后日的帖本大多出于唐代石刻，与书法作者的主观努力是分不开的。如虞世南的《孔子庙堂碑》（武德九年，626），欧阳询书《九成宫醴泉铭》（贞观六年，632）、《皇甫诞碑》（贞观初年），褚遂良书《伊阙佛龛碑》（贞观十五年，641）、《孟法师碑》（贞观十六年，642）、《房玄龄碑》（永徽三年，652），唐高宗书写的《万年宫序铭》（永徽五年，654），梁昇卿的隶书《御史台精舍碑》（开元十一年，723），史惟则的《大智禅师碑》（开元二十四年，736），韩择木的《告华岳文》（天宝元年，742），颜真卿《多宝塔感应碑》（天宝十一年，752）、《怀仁集王圣教序》（咸亨三年，672）。颜真卿《多宝塔碑》（天宝十一年，752）、《臧怀恪碑》（广德元年，763年）、《郭氏家庙碑》（广德二年，764）、《麻姑仙坛记》（大历六年，771）、《颜勤礼碑》（大历十四年，779）、《颜氏家庙碑》（建中元年，780），柳公权的《玄秘塔碑》（会昌元年，841）等。这些碑中多是撰、书作者分开，而今人们知道书写人的多，而不大关注文章的撰写者。

唐朝的诗文石刻，较书法石刻更为普遍，文人往往将其作为一种创作发表的形式或抒情的方式。如李世民作《温泉铭》（贞观二十年，646）等，王应麟《困学纪闻》载："郑毅夫谓唐太宗功业雄卓，然为文章纤靡浮丽，嫣然妇人小儿嘻笑之声，不与其功业称。甚矣，辞之溺人也。《神宗圣训》亦云：唐太宗英主，乃学庾信为文。《温泉铭》《小山赋》之可见。"① 唐代因抒情刻石，典型的是武则天游嵩山刻石（《金石萃编》卷六四）。久视元年（700）五月望日，77岁的"圣神皇帝"武则天，率16名近臣李显、李旦、武三思、狄仁杰、张易之、张宗昌、李峤、苏味道、姚元崇、阎朝隐、崔融、薛曜、徐彦伯、杨敬述、于季子和沈佺期等游登封石淙山，并在石淙河大宴群臣。武则天因兴即作《夏日游石淙诗并序》：

若夫圆峤方壶，涉沧波而靡际；金台玉阙，陟县圃而无阶。唯闻《山海》之经，空览《神仙》之记。爰有石淙者，即平乐涧也。尔其近接嵩岭，俯届箕峰，瞻少室兮若莲，睇颍川兮如带。既而躞崎岖之山径，荫蒙密之藤萝。汹涌洪湍，落虚潭而送响；高低翠壁，列幽涧而开筵。密叶舒，帷屏梅氛而荡燠；疏松引，吹清麦候以含凉。就林薮而王心神，对烟霞而涤尘累。森沈邱壑，即是桃源；淼漫平流，还浮竹箭。细薜荔而成帐，耸莲石而如楼。洞口全开，溜千年之芳髓；山腰半坼，吐十里之香粳。无烦昆阆之游，自然形胜之所，当使人题彩翰，各写琼篇。庶无滞于幽栖，冀不孤于泉石。各题四韵，咸赋七言：

三山十洞光玄箓，玉峤金峦镇紫微。均露均霜标胜壤，交风交雨列皇畿。万仞高岩藏日色，千寻幽涧浴云衣。且驻欢筵赏仁智，雕鞍薄晚杂尘飞。

同时，武则天命从臣16人奉和，诗题为《侍游应制》。诗成，由从游之书法家薛曜书写，工匠摩崖，至今保存尚好。嗣后，张易之又有《秋日宴石淙序》，同为薛曜书，历代书家称为"宋徽宗瘦金体之祖"，存世作品极少，

---

① 王应麟：《困学纪闻》卷14，《四部丛刊》三编影元本。

因而十分珍贵。而诗主要叙述石淙河的山水景物，补唐诗之缺，武则天的序，亦补唐文之轶。

武则天石淙诗并序摩崖，登封

唐代石刻即便是叙事或应用文，作者也都努力展示其文采，如唐太宗之《晋祠铭并序》：

> 夫兴邦建国，资懿亲以作辅；分珪锡社，实茂德之攸居。非亲无以隆基，非德无以启化。是知功侔分陕，奕叶之庆弥彰；道洽留棠，传芳之迹斯在。惟神诞灵周室，降德酆都。疏派天潢，分枝璇极。经仁纬义，履顺居贞。揭日月以为躬，丽高明之质。括沧溟而为量，体宏润之资。德乃民宗，望惟国范。故能协隆鼎祚，赞七百之宏基；光启维城，开一

匡之霸业。既而今古革运，陵壑潜迁。虽地尽三分，而余风未泯；世移千祀，而遗烈犹存。玄化旷而无名，神理幽而靡究。故歆祠利祷，若存若亡；济世匡民，如显如晦。

临汾川而降祉，构仁智以栖神。金阙九层，鄙蓬莱之已陋；玉楼千仞，耻昆阆之非奇。落月低于桂筵，流星起于珠树。若夫崇山亘峙，作镇参墟；襟带边亭，标临朔土。悬崖百丈，蔽日亏红。绝岭万寻，横天耸翠。霞无机而散锦，峰非水而开莲。石镜流辉，孤岩霄朗。松萝曳影，重溪昼昏。碧雾紫烟，郁古今之色；玄霜绛雪，皎冬夏之光。其施惠也，则和风潯露是生，油云膏雨斯起。其至仁也，则蜕裳鹤盖息焉，飞禽走兽依焉。其刚节也，则治乱不改其形，寒暑莫移其节。其大量也，则育万物而不倦，资四方而靡穷。故以众美攸归，明祇是宅。岂如罗浮之岛，拔岭南迁；舞阳之山，移基北转。以夫挺秀之质，而无居常之资；故知灵岳标奇，托神威而为固。加以飞泉涌砌，激石分湍；萦氛雾而终清，有英俊之贞操。住方圆以成像，体圣贤之屈伸。日注不穷，类芳猷之无绝；年倾不溢，同上德之诚盈。阴涧怀冰，春留冬镜；阳岩引溜，冬结春苔。非疏勒之可方，岂瀑布之能拟？至如浊泾清渭，岁岁同流；碧海黄河，时时一变。以夫括地之纪，横天之源，不能泽其常，莫能殊其操。信乃兹泉表异，带仙宇而为珍；仰神居之肃清，想徽音其如在。是以朱轮华毂，接轸于坛衢；玉币丰粢，连箱于庙阙。氤氲灵气，仰之而弥高；昭晰神光，望之而逾肃。潜通玄化，不爽于锱铢；感应明征，有逾于影响。惟贤是辅，非黍稷之为馨；惟德是依，岂筐筥之为惠。

昔有随昏季，纲纪崩沦，四海腾波，三光斁曜。先皇袭千龄之徽，号膺八百之先期。用竭诚心，以祈家福。爰初鞠旅，发迹神邦。举风电以长驱，笼天地而退掩。一戎大定，六合为家。虽膺箓受图，彰于天命，而克昌洪业，实赖神功。故知茫茫万顷，必俟云雨之泽；巍巍五岳，必延尘壤之资。虽九穗登年，由乎播种，千寻耸日，本藉崇基。然则不雨不云，则有炎枯之害；非尘非壤，则有倾覆之忧。虽立本于自然，亦成功而假助。岂大宝之独运，不资于灵福者乎？故无言不酬，无德不报。所以巡往跡赛洪恩，临汾水而濯心，仰灵坛而肃志。若夫照车十二，连城三五，币帛云委，珍羞山积，此乃庸鄙是享，恐非明神所歆。正当竭丽水之金，勒芳猷于不朽；尽荆山之玉，镌美德于无穷。召彼雨师，弘兹惠泽，命斯风伯，扬此清尘，使地祇仰德于金门，山灵受化於玄阙。括九仙而警卫，拥百神以前驱。俾洪威振于六幽，令誉光于千载。岂若高唐之庙，空号朝云；陈仓之祠，虚传夜影？式刊芳烈，乃作铭曰：

  赫赫宗周，明明哲辅。诞天降德，承文继武。启庆留名，剪桐颁土。逸翮孤映，清飚自举。藩屏维宁，邦家攸序。传晖竹帛，降灵汾晋。惟德是辅，惟贤是顺。不罚而威，不言而信。玄化潜流，洪恩遐振。沉沉清庙，肃肃灵坛。松低羽盖，云挂仙冠。雾筵霄碧，霞帐晨丹。户花冬桂，庭芳夏兰。代移神久，地古林残。泉涌湍萦，泻砌分庭。非搅可浊，非澄自清。地斜文直，涧曲流平。翻霞散锦，倒日澄明。冰开一镜，风激千声。既瞻清洁，载想忠贞。濯兹尘秽，莹此心灵。猗欤胜地，伟哉灵异。日月有穷，英声不匮。天地可极，神威靡坠。万代千龄，芳猷永嗣。（《全唐文》卷10；《金石萃编》卷46）①

  晋祠在太原西南方悬瓮山下，最初为唐叔虞祠。《晋祠铭并序》是贞观年间唐太宗李世民为祭祀李唐发迹之地的先祖唐叔虞而作，行文容易趋向多颂扬、多典故，文字风格易于陷入板重、沉闷。但《晋祠铭并序》，特别是《序》文部分，却写得文采飞扬。《序》文虽然说到叔虞的渊源与影响及唐高祖李渊之发迹，但大部分文字，则是在描写晋祠所在的地理环境的瑰玮与雄奇。写晋水之澎湃与晋山之巍峨，写山水之冬夏，居无常资，灵岳标奇。写圣母泉日注不穷，年倾不溢。委实是一篇绝妙的游记上品。清人朱彝尊，称赞《晋祠铭》文字，集杜甫诗句"文章千古事，社稷一戎衣"镌刻于祠。王

---

① 原碑在山西晋祠贞观宝翰碑亭，字迹多漫漶，已不堪读。又有乾隆三十七年（1772）太原县令周宽据拓本重刻碑可读。

芑孙《跋唐太宗晋祠铭》说:"太宗书此铭,超轶中自有淳质之趣,文亦鸿丽,已变六朝妍婧之习,后来燕许诸臣多不及也。予尝有志欲以唐人碑版在今世者次录之,以补《唐文粹》之所未备,如此文及魏公《醴泉铭》皆初唐杰制,所谓'不废江河万古流'者也。"① 当代人金其桢称赞道:"碑文最为精彩的是序文的中间四段,情景交融,以景抒情,在对景物作优美的描绘中,寄寓了作者的治国理想,抒发了一个伟大政治家坚如崇山,洁如清泉的博大胸怀和人生追求……在碑文中,唐太宗将山水人格化,以极为优美动人的文笔,对晋祠所在的悬瓮山和晋水进行了尽情描绘和赞颂,形象地写出了悬瓮山的四种品格。"② 都是跳出了金石学的圈子而从文章方面对《晋祠铭并序》的不俗评价。

唐朝的诗文石刻在全国各地大为发展,如:山西介休绵山抱腹岩云峰寺的贺知章诗摩崖;绍兴市禹陵乡望仙桥村西宛委山南坡飞来石上贺知章《龙瑞宫记》摩崖;湖南祁阳浯溪的元结《浯溪铭》《浯台铭》《㡣尊石》诗摩崖,皇甫湜的《无题诗》(唐宪宗时);四川中江有郭延行书、赵演文、崔文邕作诗的《石亭记》《千秋亭记》。《语石》又载杜甫在巴中县南龛的《判府太中严公九日南山诗》(人或称为伪刻)③;陕西富平县韦元旦序、贾言淑诗、尹元凯篆的《美原神泉诗序碑》(现存陕西省博物馆);湖北省鄂州市有裴鹨建李阳冰命名的怡亭,裴虬撰《怡亭铭》;河南有武则天撰《升仙太子碑》,及碑阴之游仙诗,登封令傅梅撰《嵩山六十峰诗》;广东有李邕《端州石室记》;江苏连云港《东海县郁林观东岩壁记》摩崖等;浙江有处州郭密之《石门山诗刻》、张愿《石门山瀑布八韵》;唐人诗文石刻最集中之处是桂林摩崖,如南溪山李渤的《南溪诗并序》,李涉的《南溪玄岩铭并序》,隐山李渤的《留别隐山诗》,吴武陵的《隐山游记》,叠彩山元晦的《于越山记》《四望山记》,龙隐洞张浚、刘崇龟的《得杜鹃花唱和诗》等。桂林郑叔齐撰

---

① 王芑孙:《惕甫未定稿》卷25,《渊雅堂全集》,嘉庆刻本。
② 金其桢:《中国碑文化》,重庆出版社2002年版,第334页。
③ 高文、高成刚编:《四川历代碑刻》,四川大学出版社1990年版,第110页。

《独秀山新开石室记》是一篇不错的文章：

> 城之西北维有山，曰独秀，宋颜延年尝守兹郡，赋诗云："未若独秀者，峨峨郛邑间。"嘉名之得，盖肇于此。不籍不倚，不骞不崩。临百雉而特立，扶重霄而直上。仙挹石髓，结而为膏。神凿嵌窦，呀而为室。嚣滓可远，幽偏自新。胜概岑寂，人无知者。大历中，御史中丞陇西公保鄣南服，三年政成，乃考宣尼庙于山下，设东西庠以居胄子，备俎豆仪以亲释菜，虽峻址可寻，而蓁薄未剪。公乃自常从以上，刃指荒榛而授事，为力无几，得兹穴焉。閟而外廉，隘以傍达，立则艮其背，行则踬其胕，于是申谋左右，朋进畚锸，壤之可跳者布以增径，石之可转者积而就阶，景未移表，则致虚生白矣。岂非天赋其质，智详其用乎？何暑往寒袭，前人之略也？譬由士君子韬迹独居，懿文游艺，不遇知己发明，则蓬蒿向晦，毕命沦悟，盐车无所伸其骏，和氏不得成其宝矣。篆刻非宠，庶贻后贤。建中元年八月廿八日记。

唐较前朝各代，确实是一个石刻大发展的时代，是石刻全面发展的时代，为宋代石刻的繁荣奠定了基础。

第二章　石刻的发展与繁荣

第一节　宋代摩崖的发达与文学石刻的繁荣

一　宋代石刻发展概说

宋朝是我国历史上文化最为繁盛的时代。石刻文化继唐代高速发展后，处在这样一个时代，同样取得了令人瞩目的成就。历史上发生过的各种形式的石刻在宋代都有继续发展，如墓表、墓志铭、神道阙、买地券、圹记、造像记（大足石刻）、祠堂寺庙碑、药方、记功碑、契约碑、修路碑（《朱方新砌十字市街起初并记》）[①]、盆铭（元丰元年《莲盆铭》）[②]、题名题记、榜书、儒家石刻、佛教石刻、道教石刻等，且都取得了明显的成就。从数量看，据杨殿珣《石刻题跋索引》统计，墓碑199件，墓志235件，刻经168件，造像（画像）141件，题名题字（题名碑、神位题字、食堂题字、石人题字、石盆题字）3981件，诗词936件，杂刻1817件，共得各类石刻6541件。杨殿珣《石刻题跋索引》是目前收录石刻数量最集中的一个石刻

[①] 见《北京图书馆藏中国历代石刻拓本汇编》第37册，第200页。原编标注"朱方新砌十字市街起初井记"，误。
[②] 见《北京图书馆藏中国历代石刻拓本汇编》第39册，第96页。

索引，收录对象兼顾了金石著述与方志著录，范围相对宽。当然，即使这样，这个数字距离真实完整的统计，也还是差很远。我们今天整理的石刻中有很多是未曾包括在《石刻题跋索引》中的，仅笔者整理的《桂林石刻总集辑校》已有宋代石刻522件，《广西石刻总集辑校》也有235件，即是说广西一地就有宋代石刻757件，湖南的祁阳浯溪一地也有石刻116件。这些石刻大部分是出于《石刻题跋索引》之外的。因此，宋代石刻的总数至少当在万件以上。

泰山岱庙大观圣作之碑额

宋代大量石刻中有不少杰作，如河北平乡县等地的《大观圣作之碑》[①]，又称"御制八行八刑条制"，当时遍刻天下学宫。碑文内容为宋徽宗颁发的孝、悌、睦、姻、任、恤、忠、和等"八行"取士的诏旨，共1021字，现残存729字，李时雍奉敕仿宋徽宗"瘦金体"摹写而成，碑额"大观圣作之碑"

---

① 现存6通，分别在河北省赵县文庙内、河南省新乡市红旗区南院、山东省泰安岱庙碑林中、陕西省兴平县文庙、河北省平乡文庙和陕西省西安碑林中。（包泉万、王春英：《中国碑刻的故事》，山东画报出版社2007年版，第127页）景定《建康志》，正德《武功县志》《历城县志》《山左金石志》载临朐、菏泽、诸城、城武等。

六字由蔡京题写。

桂林龙隐岩今存《元祐党籍》摩崖，则以记录北宋党争史实而知名。[①] 宋熙宁二年（1069），神宗用王安石变法，遭到司马光等旧党的强烈反对。元祐年间，哲宗任司马光为相，于是废除新法，排除王安石新党。崇宁元年（1102）九月，宋徽宗令中书省进呈元祐中反对新法及在元符中有过激言行的大臣姓名。蔡京便将执政官文彦博、吕公著、司马光等二十二人，待制以上官苏轼、范祖禹、晁补之、黄庭坚、程颐等四十八人，余官秦观等三十八人，内臣张士良等八人，武臣王献可等四人，共计一百二十人，定为奸党，同时由宋徽宗御书姓名刻石于端礼门外，世称为"元祐党人碑"。嗣后更增"元祐党人"共为三百零九人。由蔡京手书姓名，即便是去世者也不放过（姓名后书"故"字），发各州县，仿京师立碑以张扬元祐党人之"恶"。《元祐党籍》碑至今仍存者，桂林龙隐岩摩崖之外，还有融水县博物馆藏沈暐刻碑（原在融水县真仙岩，国家博物馆展览其拓片）。《戒石铭》石刻从流行范围之广说，也是南北宋之间非常有名的石刻。《戒石铭》文出自五代蜀主孟昶之《令箴》，原本二十四句。宋太宗摘取其中"尔俸尔禄，民膏民脂，下民易虐，上天难欺"四句，颁行州县，敕令勘石于衙署官厅之前，以警戒天下各级官吏，又称《御制戒石铭》。小说《水浒传》第八回、第六十二回说到开封府、大名府都提及有戒石。戒石入小说，可见戒石铭的流行之广。黄庭坚元丰年间任泰和县令时也书有《戒石铭》立于泰和县。南宋绍兴二年六月，宋高宗重颁黄庭坚所书《戒石铭》于天下，此后，《戒石铭》几乎历代都有重刻，如嘉靖戊午年京山县知县重立等等，而今以之为帖刻。

[①] 庆元戊午（1198）间，元祐党人梁焘之曾孙梁律官静江府钤辖，因与同僚饶祖尧共摩崖《元祐党籍》于龙隐岩，是研究北宋历史的重要史料。

第二章 石刻的发展与繁荣

桂林元祐党籍摩崖

宋代的图文石刻也是杰作的一种重要形式，运用非常普遍。如杭州碑林有南宋绍兴二十六年（1156）刻的《李龙眠画宣圣及七十二弟子像赞》，北宋李公麟画，高宗赵构书，附有尚书左仆射同中书门下平章事秦桧记。共有15石，首石前5行刻宋高宗圣贤像赞之序，其余刻孔子坐像及两弟子站像。每像右上或左上镌刻石像的姓名、字、赠号等，其下刻宋高宗八句四言赞语，唯孔子之赞为四言十二句。末石刻昌平伯立像。[1] 宋理宗御书圣贤赞刻石，在杭州碑林，南宋淳祐元年（1241）刻，宋理宗赵昀撰文并书，正楷，字径约10厘米。碑原立于南宋太学高宗石经之末，初刻16石，其中13石为圣贤赞，上起伏羲，下迄孟子，3石为序。今存15石，缺原刻《伏羲》《禹》2石，但《文王》刻石有2石，其中一石为清光绪年重刻。圣贤赞每石首刻圣贤之名，

---

[1] 《两浙金石志》《金石萃编》《寰宇访碑录》均有记载。

继之刻赞2列，列4行，行4字。① 现存苏州碑刻博物馆的《平江图》（南宋绍定二年，1229）、《天文图》（淳祐七年，1247）、《坠理图》（淳祐七年，1247）、《帝王绍运图》（淳祐七年，1247）等，馆内号称"四大宋碑"，也非常著名。在广西则多是摩崖刻图，如宜州有《婺州双林寺善慧大士化迹应现图》（绍圣四年，1097）是傅大士的修行图，是佛教石刻。融水苗族自治县真仙岩有《融州老君洞图并赋》（淳祐五年，1245），是道教石刻。桂林的方信孺刊《米芾自画像记》（宋宁宗嘉定八年，1215），是文人石刻。鹦鹉山的章时发《静江府修筑城池记》（宋度宗咸淳六年，1270）《修筑桂州城图并记》（宋度宗咸淳六年，1270）更是桂林的筑城史。宋代图文并茂的刻石，从规模看，大概当说《静江府修筑城池记》摩崖，高273厘米、宽150厘米，是图文石刻中最大规模的作品。② 至今仍在桂林鹦鹉山上，是国家重点文物保护单位，有亭以遮风雨。

宋代的儒家经典刻石同样非常有成就，曾经数次刻石。如北宋刻经有"嘉祐石经"，以其始于仁宗庆历元年，成于嘉祐六年，故称。经成，置开封太学，故又称"开封府石经"、"国子监石经"、"汴学石经"，也称北宋石经。经文用篆、真二体书写，因又称"二体石经"。由杨南仲、谢飶、张次立、赵克继、章友直、胡恢等人书成。所刻经数，王应麟《玉海》以为是七经，周密《癸辛杂志》以为九经，元李师圣《修复汴学石经记》又以为八经。马衡在《中国金石学概要》裁定说："综合诸说观之，北宋石经实为九经。其目则为《易》《书》《诗》《周礼》《礼记》《春秋》《论语》《孝经》《孟子》。"③ 南宋绍兴十三年高宗赵构及皇后吴氏再次书刻。原刻立于南宋太学，因被称为《太学石经》，今在杭州碑林。现存85石，其中《周易》2石，《尚书》7石，《毛诗》10石，《中庸》1石，《春秋》48石，《论语》7石，《孟子》10石。每石尺寸不等，高约160厘米、宽120厘米、厚25厘米。

---

① 《两浙金石志》《武林坊巷志》《金石萃编》《寰宇访碑录》等有记载。
② 见《中国西南地区历代石刻汇编》第十册《广西桂林卷》，第142页。
③ 马衡：《中国金石学概论》，时代文艺出版社2009年版，第62页。

明正德十二年（1517）移存杭州府学（今杭州碑林）。儒家经典石刻在宋代有了一种新的刻石形式，即单刻一经，或选刻。如范祖禹刻《孝经》于大足北山，晁公武补刻蜀石经《古文尚书》等。如桂林弹子岩张栻书《论语·问政》摩崖，杭州南屏山司马光书《中庸》摩崖，融水真仙岩司马光书《易经·家人卦》。

张栻书《论语》问政章，桂林

佛教石刻在宋代最著名的当是大足石刻。大足宝顶山摩崖造像尊唐代柳本尊创建密宗，称其为"唐瑜伽部主总持王"。南宋间高僧赵智凤承柳本尊教，称"六代祖师传密印"，在大足创建了宝顶山摩崖造像，被认为是密宗道场，为密宗的传播做出了贡献。

道家石刻有《阴符经》《常清静经》《消灾护命经》《升天得道经》等。

宋代石刻的形制巨大，产生了不少国家级重点文物，也是石刻发展成就的体现形式。如山东曲阜寿丘之寺庙碑《万人愁碑》，本是未完成雕镌之碑，以形制巨大著称。宋徽宗宣和年间（1119—1125），因维护宋真宗大中祥符年间的景灵宫，事后立石纪念。该碑因形制巨大，难以移动，人称"万人愁碑"。初制作时，工程未竣为金兵至而辍工。李东阳《谒少昊墓》诗慨叹"丰碑不刻字，遗恨宣和年"。文中夹注道："宋徽宗造碑甚巨，值金乱不果立"。①《曲阜县志》记载说："清圣祖（康熙帝玄烨）东巡，山东大吏因碑无字，恐触圣怒，击碑埋土中。"今见之碑是1991年政府拨款修复，由三部分组成。碑首高5.8米、宽4.42米、厚1.2米；碑身高7.1米、宽3.72米、厚1.2米；龟趺高2.8米、座高0.75米。整碑高16.95米、宽3.74米、厚1.14米。该碑2012年被公布为济宁市重点文物保护单位，2013年5月被公布为全国第七批重点文物保护单位。又如韩世忠神道碑（或称"韩蕲王碑"，宋孝宗题额"中兴佐命定国元勋之碑"）。根据《金石萃编》的记载，该碑连额高二丈五尺七寸，广八尺九寸，正书八十八行，行一百五十余字不等，共一万三千九百余字，以篇幅规模知名，俗称"万字碑"。该碑宋孝宗书额，礼部尚书赵雄奉敕撰文。1939年6月，碑遭飓风吹倒碎裂。1946年当地山僧筹款用水泥生铁胶合支撑，分两段并列重新树立。今在苏州吴县灵岩山西麓，为省级文物保护单位。

当然，如果说宋代石刻较前代有什么可以特别称颂的，将宋代石刻成就放在石刻发展史上审视，宋代的石刻成就在继承前代的基础上有两个方面取得了大发展，可以说是宋代石刻的特色，一是摩崖石刻异军突起，二是文学石刻成为石刻发展的主流，需要特别看待。

二 宋代摩崖石刻之异军突起

摩崖石刻在我国发展甚早，应该说先秦时摩崖石刻已经存在，如泰山石刻（人称"刻石"）。汉代又有东汉时甘肃的《河峪关驿颂德碑》摩崖、《西狭颂》摩崖、班固的《燕然山铭》、内蒙古阿拉善的《通湖山摩崖》，北朝有郑道昭、郑述祖父子在山东登云山摩崖，唐代有韩云卿在桂林铁峰山摩崖，李渤在桂林隐山摩崖，元结在湖南祁阳摩崖等。进入宋代后，经济的繁荣，文化的进步，国家统治的完善，文人被委任至各地做官。这些人携家带口，

---

① 李东阳：《怀麓堂集》卷96，影印文渊阁《四库全书》本，上海古籍出版社1987年版。

抛离书斋，远赴他乡，社交范围扩大，游山玩水，所至见所未见，闻所未闻，往往或诗或文，抒发激情，或简单的题记，将其作为雪泥鸿爪的一种留念方式，镌刻在山石之上，促进了摩崖石刻的快速发展。

桂林龙隐岩

宋代石刻形制较前朝最大的发展，是摩崖石刻大幅度的增加，特别是文字摩崖。[①] 宋代的摩崖石刻较前朝有非常明显的发展与特点，成就异常突出，表现在：一是数量陡增，如桂林市内唐前仅有 29 件摩崖，而宋代增至 522 件。[②] 福建唐代有摩崖 2 件，宋代摩崖增至 328 件。[③] 湖南浯溪唐代有 17 件，宋代已有 116 件。更多的地区是唐代原本就没有摩崖，而宋代摩崖却一时丛生。二是地域范围向南方延伸。在宋代，虽然每一个省区多少都有摩崖石刻

[①] 在唐代以前，摩崖这种形制的石刻，主要应用在佛教造像方面，形成了大型的摩崖石刻群如洛阳龙门石窟、大同云冈石窟摩崖等，而纯文字摩崖是比较少的。即便有文字摩崖，也多零星地分布在人迹罕至之处，一般是为记事而作。

[②] 数字据《桂林石刻总集辑校》统计（杜海军辑校：《桂林石刻总集辑校》，中华书局2013年版）。

[③] 数字据清人陈棨仁《闽中金石略》统计（《石刻史料新编》第十七册，台湾新文丰出版公司1982年版，第2版）。

的存在，甚至有些十分著名的摩崖作品，但是由于各地方自然环境或者石头质地的不同，还有南宋疆域的限制①，应该说，除去山东泰山的宋代摩崖，最集中的多发生在长江以南地区，如安徽、江苏、浙江、福建、广东、广西、重庆、四川、湖南等一些山水奥区。在每一个省区，摩崖又主要集中在个别县市的山窟洞穴之间。如安徽的齐云山、天柱山，江苏的镇江焦山；浙江的杭州、丽水；福建的武夷山、泉州的九日山，福州的鼓山、于山、乌山，漳州的云洞岩；广东肇庆的七星岩、英德的南山、德庆的三洲岩、九耀石、连州大云洞；湖南的衡山、祁阳的浯溪、澹山岩、朝阳岩；重庆的大足、北山石刻、龙阳县的龙脊石摩崖石刻、长江中涪陵白鹤梁等。在各省间，宋代摩崖石刻发展最多最集中的是广西，如全州湘山寺、兴安乳洞、柳州的马鞍山、鱼峰山、立鱼岩、融水老君洞、宜州南山、贵港南山、桂平西山、玉林勾漏洞、都峤山、灵山县六峰山等。在广西最具代表性的摩崖石刻则在桂林。桂林应该说是宋代摩崖石刻的一个代表性发生区。在桂林市内有山有洞便有宋人摩崖，如七星岩、龙隐岩、龙隐洞、弹子岩、留春岩、隐山六洞、叠彩山、独秀峰、雉山岩、屏风山、会仙岩、西山、铁峰山、虞山、木龙洞、华景洞、南溪山、覃潭山、曾公岩、省春岩、清秀山、鹦鹉山、穿山、伏波山、象鼻山等。

  宋代摩崖题材内容十分丰富，生活中所有之事，石刻记载应有尽有。有造像记如在桂林有区八娘龙隐岩造象记、志华叠彩山造象记、张孝祥桂林刘真人赞、方信孺刊米芾自画像记，融水有多件道家的造像记，重庆的大足石刻是宋代佛教造像记的代表作。有药方如桂林刘仙岩的吕渭养气汤方。有儒家经典如桂林弹子岩的张栻书《论语·问政》摩崖，杭州南屏山的司马光书《中庸》摩崖，融水真仙岩司马光书《易经·家人卦》。有佛教故事如广西宜州的《新修五百罗汉佛像记》《供养释迦如来住世十八尊者五

---

① 宋人杨万里《初入淮河四绝句》有"船离洪泽岸头沙，人到淮河意不佳。何必桑干方是远，中流以北即天涯"。叶昌炽说："南渡以后，神州疆索，沦入金源。长淮大河以北，无赵家片石。"（叶昌炽撰，柯昌泗评：《语石 语石异同评》，中华书局1994年版，第47页）

百大罗汉圣号》。有告示如桂林龙隐岩的《元祐党籍》、清秀山的《靖江府给了达执护园照》（乾道八年，1172）、范成大在隐山的《谕葬文》（乾道九年，1173）。有修路记如柳州马鞍山《新开游山路记》（靖康改元，1126），桂林南溪山《修建穿云岩殿堂道路记》（淳熙二年，1175），广西灵川《康珉辅等人捐资修砌灵岩山路记》（淳祐四年，1244）。有祈雨石刻如广西灵川县海洋山摩崖《酌海阳山龙母泉水祷雨碑》（淳熙六年，1179），福建泉州九日山有大量的祈风摩崖。有理学家语如融水真仙岩《重刻明道先生语》（咸淳七年，1271）、桂林虞山朱熹撰吕胜己书的《虞帝庙碑》（淳熙三年，1176）。应该说，摩崖石刻反映了社会生活的方方面面，是一部厚实的历史记录。

从文学意义的角度看，摩崖石刻较人工制作的各形碑石而言，是最具文学意义的一类石刻。摩崖石刻多数是就较为规则平整的自然山石创作而成，制作所需时日有限，成本低廉，对于作者而言，即取材方便又廉价，且存日持久，易为人鉴赏，所以，成为文人，特别是行旅中文人创作的最佳选项，这促成了宋代摩崖的繁荣。因此，在摩崖石刻中，文学作品成为主体，各种文学体裁，各个阶层的作家，无不具备。从作者的成分构成看，有帝王之作，如宋真宗撰书的《登泰山谢天书述二圣功德之铭》《龙门铭》，也有牧羊人记录牧羊情形的作品。① 但就整体说来，作者基本是以一般的官员文人幕宾为主体。这些文人官员多数是远离家乡异地为官，或被朝廷贬谪流徙之人。这些人对故乡的思念，对新天地新见闻的好奇，促起了创作的热情。他们据一时的感受，写下了大量的文字，也因此留下了大量作者的名字，留下了著名作家的名字，如欧阳修、王安石、司马光、蔡襄、苏轼、黄庭坚、秦观、张孝祥、朱熹、方信孺、张栻、陆游、范成大等，更留下了大量的一般的、影响较小的作者的名字，丰富了文学史的研究文献。

---

① 孙继民《鹿泉牧羊人题记：宋代罕见的"草根"摩崖石刻》："牧自己羊，因记。/田村明玉（或为'五'）番化之与子姪。/庆历五年后五月十二日。"《光明日报》2014 年 3 月 12 日第 16 版。

陆游题名，焦山

摩崖因此成为最具影响的一类石刻，摩崖也因此成为一种文学传播的重要媒介，也因此，宋代的文人最喜欢石刻，将自己的文字作品刻至各类石物之上，将自己喜欢的他人文字摩崖，全国各地无处不有文人石刻，繁荣了宋代文学石刻甚至文学的世界。

三 文学石刻成为宋代石刻发展的重要方向

文学石刻在宋代成为石刻发展的重要方向，显示在多个方面，比如直接将人们的文学作品入石成为流行趋势，或者借石刻的形式，表现各种与文学有关的活动等。

将文学作品入石，自古已有，如先秦的石鼓文刻石，汉代的《西狭颂》，三国魏的《典论》，北魏郑道昭、郑述祖在云峰山摩崖诗文等。到了唐朝，更有武则天率群臣游嵩山，作《夏日游石淙诗并序》刻石。但是，应该说，在唐以前，包括唐朝在内，刻石作品多是因事而作，是以记事为目的的应用文居多，所以，在存世的石刻中，基本是以墓碑、墓志铭之类为主流，或者是摩崖造像，或者是儒道佛的经文刊刻。到了宋代，这种情形大为改观，文人刻石的积极性空前高涨，石刻成了文人有意识以之传播文学、扩散作者文名的一种基本手段,与唐代的作者以石刻书法传播书名略有不同。我们注意到,现存宋代文学类石刻尤其是诗词散文类,数量远比唐代为多。金其桢《中国碑文化》注意到这一现象,他举例说:"根据对历代碑刻的考察,现存宋代诗词碑尤其是词碑,数量比唐多。就拿浯溪碑林这一汇集我国古代摩崖诗碑最多的举世闻名的'诗海'来讲,唐刻仅有浯溪碑林开创者元结、'五言长城'刘长卿、韩愈高足、古文运动家皇甫湜、'神童诗人'郑谷等少数几人在其中留有摩崖诗碑;而宋刻则有黄庭坚、潘大临、陈与义、杨万里、汪藻、徐照、戴复古、张孝祥、秦观、李清照、范成大、张栻、吴儆、陈从古、臧辛伯、吴潜、夏倪、米黻(即米芾)、邢恕、易祓、张耒、王安中、王炎、王叔瞻、赵汝谠、毛抗、杨异等大批骚客名士,都在其中留有摩崖诗碑……则大多是诗碑和词碑,其中有许多精彩的佳作。"① 金其桢以这一段文字为例对宋代文学石刻的发展评价应该是对的,是可以应用在评价宋代文学石刻发展成就的,只是如果他看到桂林石刻的摩崖诗文之多,可能就不会再以浯溪为例,也即是桂林石刻更可见一代文学石刻的发达。

方信孺作,桂林

---

① 金其桢:《中国碑文化》,重庆出版社2001年版,第1028页。

在宋代，石刻的体裁是非常全面的，有榜书，有对联，有题名（题记）、有诗词，有散文，有辞赋、颂，有书信，有小说、墓碑、墓志铭、祭文等，而文人最喜欢的是将自己的纪念性文字、抒情性文字，一般是或诗或文，或榜书，或题名等，不厌其烦刻之石上，将石作为一种文学发表的基本园地。例如，著名者如欧阳修撰《昼锦堂记》（安阳）、《会真宫题跋》（山东）、《常乐院敕牒碑》（鄞县）、《丰乐亭记》（江西）、《和韩学士襄阳闻喜亭诗》（襄阳），《至和元年梅欧唱和诗》（滑县）、《韩中令像赞》（泉州）、《真如禅院敕牒》（潞城）。梅尧臣有《种放会真诗题后三十二则》题名"宛陵梅尧臣览"，欧阳修也有同时题名（《八琼室金石补正》），曾巩在福建有《道山亭记》（《福建金石志》卷八），王安石在鄞县有《众乐亭唱和诗》（同刻有武进钱公辅、涑水司马光、安陆郑獬、丹阳邵必、渤海吴中复、建安吴充等十数人），在山东有《灵岩寺敕牒碑》题名（《山东金石志》卷十六）、《王安石见李翱习之题名》《王安石六言诗》（安徽潜县石牛洞，《安徽通志稿》）。蔡襄有《径山游记》与郑戬南屏山题名（余杭，《两浙金石志》卷六），《黯淡院题名》（《舆地碑记目》），《万安桥记》（泉州，《金石萃编》），《太平圣惠方后序碑》《福州庙学记》（福州《福建金石志》），书《苔泉》《伏虎石》（福州《福建金石志》），福州鼓山题名、榜书"忘归石"、"国师岩"，泉州九日山题名（《闽中金石略》）。据《福建金石志》称，蔡襄在泉州就有六十三处石刻。司马光也有《韩魏公祠堂记》（《金石萃编》卷一三八），《乐记摩崖》（杭州南屏山），《众乐亭唱和诗》，《耆英会序》又作《耆英图会并诗石刻》（《山右石刻丛编》卷十四），书《家人卦》，《吊夷齐诗碣》（永济县，《山右石刻丛编》）。秦观在郴州有《踏莎行》。张孝祥在桂林有《朝阳亭诗并序》，范成大有《复水月洞铭》，梁安世有《西江月·七星岩词》，朱希颜有《南歌子·水月洞词》，方信孺有《古相思曲》等，此类例子不胜枚举。

范成大水月洞铭，桂林

题记是文人石刻的基本作品，且以其形式简捷，内容丰富，刻写容易等特点，为作者所喜爱，因此，题记在各地最为普及。如岱顶大观峰有赵明诚等题名云："太原王贻公□与天水赵明诚德父，政和三年（1113）闰正月八日同登。"长清县万德镇灵岩寺题名云："东武赵明诚德甫，东鲁李擢德升、曜时升，以大观三年九月十三日同来，凡宿两日乃归。后四年，德父复自历下将如奉高，过此。政和三年闰月六日，丙申三月四日，复过此，德父记。"赵超指出："宋代以降文人在山间题名、题记的风气较盛，现在各地存留的题名、题记大多为宋以后的铭刻。内容以游人的留言为主，形式多样，其中也包含了一定的史料，有些材料甚至极为珍贵。如福建南安县九日山关于海外交通的题记（原注：吴文良《泉州九日山摩崖石刻》，《文物》1962年第11期）、长江中关于水文记载的石鱼题刻（原注：龚廷万《四川涪陵'石鱼'题刻文字的调查》，《文物》1963年第7期）、四川万源关于茶叶种植的题记（胡平生《北宋大观三年摩崖石刻〈紫云坪植茗灵园记〉考》，《文物》1991年第4期）等。"[①] 文人每到一地常常会留下题名，如沈括等在浙江丽水仙都仙水洞、石门洞、高阳洞等地摩崖题名，方信孺在广东、湖南、桂林等地有

---

① 赵超：《中国古代石刻概论》，文物出版社1997年版，第5页。

摩崖题名,这也就是他们活动的足迹,如文学意识甚至技术的播种机。

李纲等鼓山题名,福州

在文学石刻中,成就表现最突出的是苏轼。叶盛《水东日记》说:"东坡居士书崖镌野刻,几遍天下。予尝戏谓东坡平生必以石工自随,不然何长篇大章,一行数字,随处随有,独异于诸公也?"① 苏轼石刻的诗词之多,据王星与王兆鹏统计有明确记载的苏轼诗、词类石刻67种,超过140篇。包括《游三游洞》《苏文忠独游南山诗》《石林亭唱和诗》《东坡书上清词》《天和寺诗刻并记》《怀贤阁诗》《楼观诗》《苏轼宝成院赏牡丹诗刻》《孙莘老求墨妙亭诗》《苏轼赠文长老诗刻》《盐官绝句》《出颍口诗》《与毛令方尉游西菩提寺二首》《金山寺与柳子玉饮大醉卧宝觉禅榻夜分方醒书其壁》《南乡子·春情》《于潜僧绿筠轩》《苏轼径山诗刻》《苏轼雪夜书北台壁诗》《虔州八境图诗》《苏子瞻诗刻》《和孙同年下山龙洞祷晴》《苏子瞻海棠诗断石》《万松

---

① 叶盛:《水东日记》,中华书局1980年版,第41页。

亭并引》《谢陈季常惠一揞巾》《苏轼归去来兮辞集字诗及赤壁赋石刻》《岐亭五首》《水调歌头》《题西林壁》《金山妙高台》《归宜兴留题竹西寺》《宋苏东坡醉道士石刻》《苏子瞻海市诗刻》《西蜀杨耆二十年前见之甚贫……乃作一诗今以赠杨君》《武昌西山并引》《苏轼游虎跑泉诗刻》《定风波（六客词）》《九仙山诗刻》《东坡别参寥长短句》《半月泉诗》《小饮西湖怀欧阳叔弼兄弟赠赵景贶陈履常》《苏子瞻蜀冈诗刻》《寄馏合刷瓶与子由》《寓居合江楼诗》《苏子瞻浴日亭诗刻》《苏子瞻诗赋并帖》《苏东坡峡山寺诗碑》《蒲涧寺诗》《苏子瞻雪堂词刻》《东坡手书词》《永嘉禅师证道歌》《归园田居六首》《海上道人传以神守气诀》《郁孤台诗二首》《端明苏公留题妙高台诗》《何公桥诗》①《次周焘韵并引》《五绝句》《送杨孟容》《次京师韵送表弟程懿叔赴夔州运判》《泗州除夜雪中黄师是送酥酒二首，章钱二君见和复次韵答之，正月一日雪中过淮谒客回作二首、书刘君射堂》《眉子石砚歌赠胡誾》《泗州南山》《大寒步至东坡》《送程七表弟知泗州》《次韵钱穆父韩康公挽词三首登望谼亭》《月夜与客饮杏花下》《别子由三首兼别迟第二》。②

除去这些诗词石刻，苏轼在各地还留有榜书、题名以及散文之类也不少。如榜书有"九折岩"（临安玲珑山，《两浙金石志》），"读书堂"（山东历城，熙宁十年），"无极而太极"（庐山）。赋有《中山松醪赋碑》（《八琼室金石补正》卷一百八）。文有《表忠观碑》（元丰元年，1078，《金石萃编》卷一百三十七）、《宸奎阁碑》（元祐六年，1091）、《上清储祥宫碑》。柳州有《罗池庙碑》，齐州有《长清真相院舍利塔铭》，《虔州八景图八首并序》（《赣石录》），山东诸城有《苏子瞻书读书堂石刻》（《山左金石志》卷十六）《苏子瞻天堂山残刻》《苏子瞻题布袋真仪石刻》（《山左金石志》卷十七），韶州有

---

① 洪迈《容斋三笔》云："英州小市，江水贯其中，旧架木作桥，每不过数年辄为湍潦所坏，郡守建安何智甫始甃石为之，方成而东坡还自海外，何求文以纪。坡作四言诗一首，凡五十六句。……予侍亲居英，与僧希赐游南山，步之桥上，读诗碑。希赐云：'真本藏于何氏，此有石刻，经党禁亦不存，今以板刻之，乃希赐所书也。'"（《容斋随笔》下册《容斋三笔》卷11，上海古籍出版社1978年版，第550页）按：洪迈以为此诗刻石在建中靖国元年间，误。同一地点有苏轼与苏过题名，时间为绍圣元年，当以绍圣元年为是。

② 王星、王兆鹏：《苏轼诗词类作品石刻的数量统计与分析》，《长江学术》2012年第3期。

《苏文忠九层台铭》《苏文忠书九层台额》《苏文忠卓锡泉铭》(《粤东金石略》卷五)。题名有绍圣元年与三子苏过过英德碧落洞题名,武昌西山有与杜沂等四人题名、与李婴等六人题名。据王星王兆鹏统计,苏轼在各地参与题名的作品有 21 种。① 苏轼可以作为宋代文学石刻发展的一个标志性人物,但应该指出,苏轼这些石刻有经他人他时刻者,与作者本人即时即地刻者,意义有大的不同,又不可同日而语。

宋代文学石刻的发展,还体现在石刻成为一种流行的文学活动,文人集体游山玩水的刻石之作大增,少则两人,多则十数人,这种作品摩崖最普遍,如苏轼三人于英德碧落洞题名:"蜀人苏轼子瞻南迁惠州,舣舟岩下,与幼子过同游圣寿寺,遇隐者石君汝砺器之,话罗浮之胜,至莫乃去。绍圣元年九月十二日书。"(《广东通志·金石略》)张维、张孝祥等六人刘仙岩题记:"提点刑狱公事延平张维、经略安抚使历阳张孝祥,以会庆节祝圣寿于西山资庆寺。饭已,登超然亭,遂游中隐岩、白龙洞、刘公岩以归。客长乐郑颢、江文叔、黄杲、临川吴镒俱来。"范成大等七人酹别碧虚题名:"范至能赴成都,率祝元将、王仲显、游子明、林行甫、周直夫、诸葛叔时酹别碧虚。淳熙乙未廿八日。"桂林的文人题名最集中,可说是有石即有题名。文人集体旅游又促进唱和之作大增:如刘敞与苏轼嘉祐六年的《石林亭唱和诗》刻在陕西麟游县。吴中复、陈述古《游柏谷山寺唱和诗》(《山右石刻丛编》)。鄞县的《众乐亭诗》唱和者有钱公辅、王安石、司马光、郑獬、邵必、吴中复、吴充、马浩、王益柔、陈汝义、张伯玉、□□□等十二人诗作。(《两浙金石志》)桂林唱和之作摩崖更多,如刘谊、彭次云、齐谌、刘宗杰、苗时中、曾布、陈倩等七人曾公岩唱和诗(治平四年,1067),章岘、崔静伏波岩唱和诗(熙宁二年,1069),米黻、程节龙隐岩唱和诗(崇宁元年,1102),张洵、尚用之、吕源、李升之、叶宗谔五人蒙亭唱和诗(靖康元年,1126),秦光□、李师中、曹辅、梁子美、刘仙岩唱和诗(绍兴十九年,1149),朱希颜、胡长

---

① 王星、王兆鹏:《苏轼题名、题字及文类石刻作品数量统计与分析》,《湖北大学学报》2013 年第 3 期,第 62—66 页。

卿、刘褒千叶白梅唱和诗（乾道二年，1166），张孝祥、张维水月洞唱和诗二首，登七星岩唱和诗二首（乾道二年，1166），张维游朝阳洞次孙机宜诗二首（乾道三年，1167），朱希颜与胡长卿刘褒南溪山唱和诗（庆元元年，1195），李曾伯、丰蘁登千山五人唱和诗（景定元年，1260），张自明象鼻山次方信孺韵（嘉定七年，1214）。

我们这是说的传统的唱和或者说是狭义的唱和，若广而论之，凡石刻诗文，基本是一唱众和，或者说有唱即有和，今人以之比作古代的微信或互联网。作者跨越时代，跨越地域，跨越年龄、性别。次前韵是一种形式的和，见前人作品而起意成文另立音韵，甚至新的文体，也应该是对前作形式的和。如湖南祁阳的浯溪石刻一旦有了《大唐中兴颂》，宋代作者迭出不穷，便有了周敦颐、黄庭坚、米芾、张孝祥、范成大、狄青、杨万里、易祓等作品。这种唱和作为文学发展的表现形式，如滔滔江河，推动了文学石刻的迅猛发展与繁荣。

书他人名作入石也是一种文学活动，或刻前人诗文，或刻当代诗文。刻前人诗文如熙宁四年九月河北完县刻《木兰辞》（唐韦元甫撰，钱景初书，郭寅立石）①，国子堂前刻魏文《典论》（魏明帝年间），蒋时在独秀峰刻杜甫诗句（乾道九年），张埏在桂林水月洞题集李白句成一绝"明月出天山，月明秋水寒。观心同水月，镮白坐相看"（庆元四年）。李元瑜刻杜甫诗《玉华宫诗》于坊州宜君县（至和元年），李恺书杜甫三诗《彭衙行》《白水县崔少府十九翁高斋三十韵》《九日杨奉先会白水崔明府》于陕西白水县（熙宁九年），苏轼书韩愈《柳州罗池庙碑》（又称《荔枝丹碑》《罗池庙迎享送神诗碑》《柳州罗池庙碑》）等。对于宋人刻前人诗文入石，叶昌炽与柯昌泗论述较多，如《大唐中兴颂》一刻于剑州、再刻于资州，资阳王褒墓前刻《圣主得贤臣颂》二十余石，柳宗元《永州八记》前后有孙可之、宋延伯、吕简修于元祐七年、政和三年、隆兴甲申三刻②，足见刻前人诗文入石的做法在宋代的流行。

---

① 见《北京图书馆藏中国历代石刻拓本汇编》第39册，第47页。
② 叶昌炽撰，柯昌泗评：《语石 语石异同评》，中华书局1994年版，第222页。

苏轼书三绝碑，柳州

刻当代诗文入石者，如苏轼书苏辙的《超然台赋》置于诸城县，书苏辙《黄楼赋碑》在徐州，书欧阳修《醉翁亭记》在琅琊山，书欧阳修《丰乐亭记》《醉翁亭记》在吉安，书《归去来兮辞集诗》（《八琼室金石补证》卷一百八），苏唐卿书欧阳修的《醉翁亭记》在费县，蔡襄书欧阳修《昼锦堂记》在安阳，杜思恭跋刻陆游诗札在桂林，浙江宁波象山县有黄庭坚书《赤壁赋》（《天下金石志》卷下）。更有如岳州有宋滕谅刻石《岳阳楼古今诗》（《天下金石志》卷下），宋湘潭有《草衣岩诗刻》（《六艺之一录》卷九十六），陆子履以欧阳修诗十三篇《思颖诗》刻石等。

蔡襄书欧阳修《昼锦堂记》，安阳

这些石刻诗文活动，影响到了一般的文人甚至普通百姓，于是刊石刻文成为一个时代一个朝代的风潮，人们所到之处，只要有石的地方，总会留下一些文字，哪怕一些人迹罕至处如广西宜州的《铁城颂》《铁城记》之类，极大地促进了文学石刻的繁荣。

宋代石刻的繁荣，催生了一种重要的学术门类，即是金石学，产生了多个金石学家及多部石刻学著作，如欧阳修的《集古录》，赵明诚的《金石录》，洪适的《隶释》二十卷、《隶续》二十一卷，王象之的《舆地碑记目》，陈思的《宝刻丛编》等。石刻著述虽然兴起甚早，南朝期间已经有《碑英》等存在，但是有录无书，而宋朝的著述，则是今人能见到的最早的石刻著述。这些著述集中著录了我国历史上发生过的有代表性的石刻作品，通过这些著述，我们看到在宋代，石刻研究建立了基本的学术研究规范，并为后代石刻研究者所遵从。王国维充分肯定了宋代在金石学中的地位与贡献："宋人治此学，其于搜集、著录、考订、应用各方面无不用力，不百年间遂成一种之学问。"①

第二节　辽夏石刻之贡献

辽（907—1125）、西夏（1038—1227）两朝是与宋（北宋、南宋）对峙的同时段朝代，时间点相近或相同。这两个朝代的相同点在于同是以汉族以外的民族治国，这样，在文化的发展方面与汉族统治的时代便有所同异，因而我们在此同说。

辽、夏在我国石刻发展史上，无论与唐、宋比较，还是与明、清比较，应该说是一个趋于低潮的时段，石刻数量较少，地域也主要限制在北方。

西夏石刻主要分布在甘肃、宁夏二地。西夏石刻存量，据魏灵芝《党项与西夏碑石刻叙录》、陈永耘《西夏碑（石）刻述要》等文著录仅有十多种。②

---

① 王国维：《宋代之金石学》，《王国维论学集》，中国社会科学出版社1997年版，第201页。
② 魏灵芝：《党项与西夏碑石刻叙录》，《西北第二民族学院学报》（哲学社会科学版）2007年第5期；陈永耘：《西夏碑（石）刻述要》，《文博》2010年第5期。

西夏石刻数量虽少，也有其不可磨灭与替代的成就，是具有独特价值的石刻文献。比如《凉州重修护国寺感应塔碑》，西夏崇宗天祐民安五年立石。碑高250厘米、宽90厘米。碑阳刻西夏文，碑额西夏文篆书"敕感应塔之碑铭"。碑阴刻汉文，碑额篆书"凉州重修护国寺感应塔碑铭"。① 碑文中涉及西夏国名、帝号、纪年、官制、农耕、工商等方面的材料，对西夏学研究非常有价值。该碑原藏凉州（今甘肃省武威市）大云寺，现藏武威市文庙内。碑由武威人清代史学家张澍1804年发现，黎大祥总结论证了该碑存在的重大意义，包括对西夏学研究的重大意义，使人认识到西夏文字的存在，开启了西夏学的研究之门，为西夏学研究提供了重要的文献。②

辽国石刻较西夏要多出不少，但存量依然不大，只是对于辽代文献建设却有不一般的意义。一是辽国现存纸本文献少，石刻文献便显得突出。辽国由契丹族统治，统治地域主要是今内蒙古、河北及辽宁等地，居民以游牧为生，"建国初期，崇尚勇武，连妇女都会骑射，对文学并不十分重视，跟中原地区的重文轻武，形成各自不同的习俗"③。因此，辽代在我国历史上，虽然创有契丹大字、契丹小字，但由于习俗所至，留下的文献便极其少见，特别是"契丹书禁甚严，传入中国者，法皆死"（《梦溪笔谈》卷十五）的规定，限制了辽国文献的传播，也就导致存量的稀少，导致今能见到的文献与其他朝代比较，更不甚多。刘达科《辽代文学史料整理的回顾与思考》也说到辽代文献稀缺这一问题："由于辽代书禁甚严，加之易代之际的战乱兵燹，使大批文献毁之殆尽。迄今辽人诗文别集原本荡然无存，散佚作品也屈指可数。长期以来，辽代文学成为中国文学史链条上一个残缺的环节。"④ 二是与其他朝代比较，石刻对于辽国的文献建设比较更见有重要的意义，在于本朝文献整理的滞后，其他朝代的传统文献建设从本朝看就要好于辽代，如宋有《宋

---

① http://andonglaowang.blog.163.com/blog/static/8448753220148925354587/
② 黎大祥：《武威西夏碑的发现对西夏学研究的重大意义》，《发展》2008年第9期。
③ 游国恩等：《中国文学史》，人民文学出版社1964年版，第182页。
④ 刘达科：《辽代文学史料整理的回顾与思考》，《山西师范大学学报》2003年第2期。

文鉴》，明有《明文衡》，清有《皇清文颖》。每个朝代的总集，皆有总录一代文章，许多文章得以及时地受到整理而流传，其作者、其作品皆不必待石刻而自现。而辽代既无本朝人总录一代文集，而后代人的整理起步也晚（光绪年间），因多散遗。而石刻以其质地坚硬或深埋地底得以独存，便成为后人认识辽代文事的一项重要文献。

辽代石刻对于辽代文献建设的成就，在后人的辽代文献整理中更可看得清楚。如缪荃孙拓碑志作《辽文存》、韩小亭作《辽文存》（佚）、王仁俊《辽文萃》、黄任恒《辽文补录》、罗福颐《辽文续拾》，《北京图书馆藏中国历代石刻拓片汇编》有120件，《海东金石苑补遗》记录辽代石刻20件等，皆将石刻文字作为收录的重要对象。据2002年出版的《全辽金文》统计，《全辽金文》共收得石刻作者228人，作品810篇。其中有姓氏石刻作者140人，作品154种，无名氏作品243种，共收得石刻397种，占《全辽金文》中所收全辽文的近半。① 然而，这还不是辽代石刻的全部，2010年辽宁人民出版社出版《辽宁石刻续编》又收《大王记结亲事碑》以下194篇，而且如今还不断有新的辽代石刻发现，比如，新华网呼和浩特2015年9月24日专电（记者勿日汗）报道：内蒙古发现辽代第六位皇帝辽圣宗的贵妃墓，墓中有墓志铭出土。这些都可见石刻文献在辽代文献中存量比例之重要。

辽代石刻文献内容独特、世间稀载，从而对研究辽代文史发挥着非常重要的作用。

从内容看，辽代石刻在日常生活中应用广泛，有事即刻石，墓志铭、墓碑、各类记事碑、造像记、造塔记等的普遍存在不必说，其他如结亲事石刻有《大王记结亲事》（天赞二年），造棺铭如开泰四年的李进石棺铭，开泰七年的孙允中石棺题铭，乾统七年的傅章石棺题铭，大安三年萧仪造门枕石等，浚井事有"太平年造天井"，造桥事有王鼎《固安县固城村谢家庄石桥记》② 等。

---

① 参见闫凤梧主编《全辽金文》，山西古籍出版社2002年版。
② 同上书，第367页。

这些内容，可补时事政治记载之阙，这一点，学者研究成果已经不少。如辽天赞二年（923）的《大王记结亲事碑》，人称这是迄今发现的最早的辽代石刻。① 记载了奚族大王勃鲁恩口述结亲事，此事在正史无载，可补辽人初期发展记载之阙，对于辽国前期发展的研究甚为有用。又如 20 世纪 20 年代在内蒙古巴林右旗辽代庆陵出土的、石形巨大的道宗哀册、道宗宣懿皇后哀册、圣宗哀册、圣宗仁德皇后哀册、圣宗仁懿皇后哀册、圣宗钦爱皇后哀册等，今藏辽宁省博物馆。这些哀册以汉文与契丹文对照写就，其内容多于史无载，是研究辽代政治、经济、文化及各民族关系的第一手资料。

辽宁博物馆藏哀册，沈阳

辽代石刻对研究辽宋战争也有一定的价值，如《文武大孝宣皇帝哀册文》载辽宋战争："惟彼中土，曩岁逾盟。自汴宋而亲驱蛇豕，取并汾而来犯京城。绝信弃义，黩武穷兵。盖先朝之积忿，须再驾以徂征。七德制胜，千里横行。戈戟霜攒而蔽野，鼓鼙雷动於连营。逢大阵而皆克，攻边垒以旋平。凋瘵户民，尽离居而失业；伤残将卒，竟闭壁以偷生。遂仗黄钺，直抵洪河。

---

① 李义：《内蒙古宁城县发现辽代〈大王记结亲事〉碑》，《考古》2003 年第 4 期。全文见本节附录。

会若林之锐旅,挥却日之雕戈。我欲济以焚舟,彼方危於累卵。乃命使轺,叠伸诚款。恳求继好,乞效刑牲。贡奉金帛,助赡甲兵。尊圣善而庶称儿侄,敦友爱而愿作弟兄。"① 描述了宋辽战争的起因在于宋人渝盟,绝信弃义,最终以辽人获胜而作结。赵学岩撰《耶律仁先墓志铭》记其使宋事:"重熙十一年大兵南举,宋国遣奏乞旧好。……王至宋廷,甚承礼敬。宋帝与大臣议,著信誓,书纳每岁添纳金帛二十万。永愿鸣好。书报,上悦之。"② 传统学者对辽宋战争的了解多数是借助宋人文献,知道的是宋人的立场与观点,而辽代石刻却为我们提供了辽人眼中的辽宋关系与因果。

在辽代石刻中,有不少墓碑及墓志铭之类的作品,对丰富辽史的私人记载最为有用。如释子文秀乾亨三年撰《刘继文墓志铭》。刘继文本北汉世祖刘旻嫡孙,曾于汉天会七年十二月出使辽国,被辽穆宗扣留。十多年后,辽景宗放刘继文回国,任同平章事。因受大臣诬陷,出任代州刺史。北汉亡,刘继文投奔辽国。辽国封他上柱国、彭城郡王、知昭德军节度事,食邑八千户。去世。据研究,刘继文于《五代史》缺载,《辽史》仅录其名,该墓志铭对于研补五代史极其有补。③

其他石刻也记载不少人物事迹,如朱彝尊《吉金贞石记》载天禄三年(辽世宗年号)刊释子志愿撰《葬舍利佛牙石匣记》记载达摩禅师远涉流沙,登雪岭,将佛牙交予释清珣。清珣临逝将佛牙交与仙露寺建塔,并得到辽帝降宣头一道,同时赐钱三百贯资助事。对于此事,各种史乘均缺载。辽释智光《重修云居寺碑记》记载隋和尚静琬、静菀在云居寺刻经,得到隋炀帝、帝后,以及萧瑀等臣子资助之事,也颇为鲜见。研究辽史人物者对石刻颇多借鉴,陈述撰《辽史补注》,便大量地据石刻补充人物传记。

从文学价值着眼,石刻也是辽代文学研究的重要遗产。由于辽代文献的稀缺,辽代文学史的修撰历来是一件极难的事,所以,如皇皇巨作游国恩著

---

① 参见闫凤梧主编《全辽金文》,山西古籍出版社2002年版,第184页。
② 同上书,第401页。
③ 同上书,第81—83页。

《中国文学史》、袁行霈著《中国文学史》等述及辽代成就，皆不足千字。即便黄震云教授的专著《辽代文学史》所论著名作家、作品也一样屈指可数，这样，石刻在辽代文学研究中便找到了自己的用武之地。

辽代石刻在文学研究方面比较明显的价值是，为我们保留了众多的文人作者的姓氏与事迹，至少有140人名字为我们所知。众人都知道辽代立国200年，有名可数的文人固不当如今知的这样稀少，在辽人的墓志或碑铭中有不少记载云逝者少既有文，因知应该有不少文人是因记载不足而佚名。且举数例。如南抃撰《王师儒墓志铭并序》记载王思儒参与修国史事说其"少以种学绩文业其家……其誉霭霭"，"编修所申，国史已绝笔。宰相耶律俨奏拟公再加笔削。上从之"。①能对国史"再加笔削"，可见王思儒文名之盛，文事之显。又如释恒劭撰《灵岩寺碑铭碑阴铭》议及耶律劭，"于是，郡守耶律劭作文，沙门恒劭书篆。余（释恒劭）兄文学之外，尤精小篆，得秦相李斯洎唐李阳冰之法。"②再如乾统三年杨丘文撰《柳溪玄心寺洙公壁记》，比较详细地记录了释了洙的姓氏事迹③，并称赞释了洙在文学方面颇有主张与创作成就，说："乃卜居丰阳玄心寺，研探六艺子史之学，掇其微眇，随所意得，作为文辞，而缀辑之。积十数岁，不舍铅素，浸然声闻，流于京师。其党闻之，怼其委彼而适我，绳绳而来，扣诸门而诘之曰：'子其服吾徒之佛，隶吾徒之业有日矣，然不能专气彻虑，泰然泊虖玄妙之阃，而反愤悱笃思虔儒学，一何累哉。矧吾之为道，其视天地万物蔑如也，又奚以其文为。'公妥然不顾，第以钻仰而为事也。今年春。仆以乘传，距邻宋回走易水，枉道下柳溪，即公候起居。既见，握手道旧，出新文若干以以示仆。"④观了洙《范阳丰山章庆禅院实录》之作，叙述有法，文采斐然，的确不愧其文名。这些文人都是

---

① 参见闫凤梧主编《全辽金文》，山西古籍出版社2002年版，第605页。
② 同上书，第649页。
③ 杨丘文撰：《柳溪玄心寺洙公壁记》："佛之徒曰洙公者，吾友人也，字涣之，姓高氏。世籍燕，为名家。生而被诗书礼乐之教。生而被《诗》《书》《礼》《乐》之教，固充饫虖耳目矣。然性介絜，自妫偶然有绝俗高蹈之志。一日，嗜浮图所谓禅者之说，乃属其徒遁林谷之为瓶盂之游，日灼月渍，不数岁，尽得其术。"（闫凤梧主编《全辽金文》，山西古籍出版社2002年版，第590页）
④ 参见闫凤梧主编《全辽金文》，山西古籍出版社2002年版，第590页。

不见于《辽史》的。

辽代石刻对于辽代文学的研究还有一种不容小觑的文献价值，即是石刻为辽代文学研究保留了不少文体。在《全辽金文》中我们可以看到，共录得文体有记（造像记）、墓志、墓志铭、石棺题名、碑铭、幢铭、塔铭、石铭、地券、诏、牒、奏、疏、敕、表、书、序等。诏、奏、疏、敕、表、书、序等多是从传统纸质载体文献中搜寻到的，而记（造像记、造幢记、造塔记）、墓志、墓志铭、石棺题名、碑铭、幢铭、塔铭、石铭、地券等，则完全是从石刻中抄录而来。而这些文体在其他朝代的文集中不乏存在，独辽代由于向无文集，所以，在后人搜集辽代文集的时候，便主要从石刻中搜寻轶文，这样，石刻便成为《全辽金文》中某些文体的主要来源，向无石刻，则不见此体。这与叶昌炽说过的石刻中保留文体的价值是一样的，叶昌炽《语石》说："石刻诗文，有不经见之体。如实录……行迹记、状迹记（勤迹碑）……成道记……开堂疏……以上诸体，皆所稀见，惟石刻时时有之。此文体之异也。"①石刻文体对有些同名的以纸质为载体的常用文体作了改进，比如"实录"体。传统的实录体主要是用来记录人物行事的，按班固在《汉书》中对实录的描述就是："其文直，其事核，不虚美，不隐恶，故谓之实录。"后世历朝皇帝皆有实录，成为修史的重要文献。辽代为先人作墓志铭也时时称实录，如《大辽国燕京涿州前左都押衙郑公实录铭记》（《全辽金文》卷十一），又见于天津市武清县高彬乡李老村出土，辽墓志《燕京武清县张东周母天水郡故赵氏夫人之实录并序》等。然而，释了洙的《范阳丰山章庆禅院实录》则完全是一篇写景寄情的文章。

辽代石刻同时保存了辽代口语体文学，如辽天赞二年（923）的《大王记结亲事碑》，该碑由两件构成，是1974年由内蒙古赤峰市宁城县金沟乡喇嘛沟门村民发现，人称这是迄今发现的最早的辽代石刻。② 记载了奚族大王勃鲁

---

① 叶昌炽撰，柯昌泗评：《语石 语石异同评》，中华书局1994年版，第388页。
② 李义：《内蒙古宁城县发现辽代〈大王记 结亲事〉碑》，《考古》2003年第4期。全文见本节附录。

思口述结亲及求婚事数件,是一件少见的白话体文学作品,对文体学研究有重要的意义。

辽代石刻的文学研究价值,归根结底在于其本身具有一定的文学鉴赏意义。

辽代石刻大多数是碑志文,一般而言属于记事体,在言情与写景方面通常甚少甚至不主张着笔。如曹丕《典论·论文》说:"盖奏议宜雅,书论宜理,铭诔尚实,诗赋欲丽。此四科不同,故能之者偏也。"《文心雕龙》有《诔碑第十二》篇论碑文作法与风格云:"夫属碑之体,资乎史才。其序则传,其文则铭,标序盛德,必见清风之华;昭纪鸿懿,必见峻伟之烈,此碑之制也。"无论"铭诔尚实"还是"资乎史才"都不及言情。但是,辽代的许多碑文常常是抒情、描写多于记事。如《仁懿皇后哀册》因景而抒情:"风云黯黯以凝愁,水石潺潺而漱咽","音尘漠漠兮悲人间,星汉迢迢兮还不还?银凫海冷兮愁空山,玉鸾匣晓兮辟玄关。松楸有恨兮烟色碧,苔藓无情兮雨点斑"①。《圣宗钦爱皇后哀册》:"呜呼哀哉。水逝悲川,花愁泣露。顾繐幄以凝恋,对练衣而增慕。去复去兮天上侣,远复远兮人间路。追末命兮如在,怅慈颜兮何处。呜呼哀哉。长天惨兮笳动,悲风起兮林麓闲。当夏天之炎燠,变秋日之凋残。将临乎玄阙,将届乎阴山。望神座兮徒有恨,痛仙軿兮不可攀。惟贞节兮确然金石,惟淑誉兮蔼若椒兰。虽女史兮有彤管,纪清芬兮靡殚。"② 这些哀册文,本应以宣扬功德为主,但却是抒情与写景并生,文笔凄婉,让人有读《离骚》的感觉。

一些与佛教建筑有关的石刻也是写景多于记事,如《碳石山青莲寺上方院铭记并序》写青莲寺的地理位置及其自然环境:"于是,寺居幽邃,掩映林峦。观双峰之崱势,上接云烟;睹远岫之屈盘,下生瑞气。东窥藏阴之峭,次化三泉;西眺中录之山,连其师谷;南接伏牛之峤,圣迹可量;北望礼浮,

---

① 参见闫凤梧主编《全辽金文》,山西古籍出版社2002年版,第347页。
② 同上书,第463页。

久钦灵德,异境多端,难期具载。"① 姚君健《创建佛顶尊胜陀罗尼经幢记》:"伏维州牧使君千里分福,□天播德。竹马通少大之敬,薄鞭存宽厚之诚。至烛□□,□明明若三秋之月。情澜激漕,已汪汪如万顷之波。伏维县宰百里置风,一同布政。弹瑟彰清扬之风,载星表□王之节。潘花影里,政科洽于驱鸡;楮柳阴中,治不闻于喧□。"② 这些石刻看标题是为置兰若、建经幢为布道而设,文章也该着重为说教而作,或写其建设福报的前因后果之类。但是,有些文章却也写得可读性极强。李仲宣统和五年《祐唐寺创建讲堂碑》写景便颇具文采:"夫幽燕之分,列郡有四,蓟门为上。地方千里,籍冠百城;红稻香粳,实鱼盐之沃壤。襟河控岳,当旌戟之奥区,于古堞之外,西北一舍,有盘山者,乃箕尾之巨镇也。深维地轴,高阙天门;燠碧凝霄,寒青压海。珠楼璇室,仰窅窱于昆丘;宝洞琼台,耀磅礴于衡岳。崆峒左倚太行,右连怀珠之水派其阳,削玉之峰峭其后。岭上时兴于瑞雾,谷中虚老于乔松。奇树珍禽,异花灵草。绝顶有龙池焉,向旱岁而能兴雷雨;岩下有潮井焉,依旦暮而不亏盈缩。于名山之内,最处其嘉此境。"③ 写景多于记事的佛家石刻,最美的文章是了洙散文《范阳丰山章庆禅院实录(乾统四年)》:

郡城西北两舍之外,峰峦相属,绵亘百有余里。有山崷崒,俗曰太湖。诘其得名之由,验诸图牒,则无考焉。固弗之取也。三峰叠秀,远望参差,巊然不倚,状如丰字,因号曰丰山。盘陛修阻,疏外人境,岭屼幽阒,雅称静居。翠微之下,营构新宇,题曰函虚殿。以其无经像之设,彩缛之繁,豁然虚白,况诸道也。树石之间,庵庐星布,采橡茅茨,示朴质也。居人无系,任其去来,示无主宰也。土厚肥腴,中树丛灌。泉清而甘,饮之无疾。春阳方煦,层冰始泮。异花灵药,馥烈芬披。溪谷生云,林薄发吹。夏无毒暑,在处清凉。怪石巅顶,蠹莎叠藓,谈道之者,匡坐其上,横经挥麈,议论哓哓。奇兽珍禽,驯狎不惊。秋夕云

---

① 参见闫凤梧主编《全辽金文》,山西古籍出版社2002年版,第833页。
② 同上书,第307页。
③ 同上书,第97页。

霁，露寒气肃，岩岫泊烟，松阴镂月。猿声断续，萤光明灭。□崖结溜，冬雪不飞，长风吼木，居实凛然。

一径东指，旁无枝歧。度石梯，下麻谷，縣□院道南陟长岭，西南趣柳溪，至玄心，则下寺也。又道出甘泉村南，并坟庄，涉泥沟河水，东南奔西冯别野，则辗庄也。又东北走驿路，抵良乡，如京师，入南肃慎里之高氏所营讲宇，则下院也。是三者，皆供亿厥处，暨迎候往来憩泊之所耳。

是山也，顷岁贼攘庵宇，旷然殆累年矣。今上龙飞，天下谧清，始复其居。乃营而补葺之，岚气增润，林影稠密，泉池不涸，譬夫病者新愈，气备裁固，神渐邕而色益舒也。噫。处之于人，果相待也。人之于处，又乌异哉。

夫境静心谧，处繁情扰，人孰弗若是乎？苟欲布设景物，高树亭观，絜朋命侣，以骋游燕者，此非其处也。或欲聚徒百千，来施委积，轰轰阗阗，溪谷成市者，则又非其处也。惟是外形骸，忘嗜欲，恬於执利，高尚其事，耽味道腴者，乃从而栖邂焉。古之所谓隐山者，则其类欤？其经始再造之年月。忆具别载。非此所要，固略而不书云。（拓本）[①]

文从章庆禅院所在丰山名称之来，及其地理位置写起，继写了其春夏秋冬的四季气候，及异花灵药馥烈芬披的植物的状态，亭台馆驿的布置，珍禽异兽的亲人，山水的四季情形，人与物的互待等。又写地的不宜"絜朋命侣，以骋游燕"，意在于突出章庆禅院养禅的地理氛围，以及作者外形骸，忘嗜欲，任其去来的隐于山林的自我追求。此《实录》是一篇养心悦目的游记散文。

又，就辽代文本的整理看，由于辽代无人整理本朝总集，因此，后人整理辽代文集，多数都是从其他文献如类书（《册府元龟》）、史书（《五代史》《宋史》《辽史》《通鉴》《高丽史》）、方志（《宣府镇志》）、笔记（《洛中纪异》）中辑录而成，断章残简，常常不具备鉴赏的价值，而石刻文章则基本上

---

① 参见闫凤梧主编《全辽金文》，山西古籍出版社2002年版，第578页。

是完整的篇章，具有鉴赏的意义便比较明显，从而有利于后人对辽代文章的全面认识与理解。

石刻内容中也有论及艺文者，如乾统三年杨丘文撰《柳溪玄心寺洙公壁记》论文道关系曰："夫道之在心，不言则不谕，故形之言而后达之也。言不及远，又不能人人乎教之，故载之文而遍天下，历后世而无不至也。然文之于道，为力莫甚焉，固可得而闻焉。昔吾先师孔子知道之极，乃著之《易》，以神其天地之蕴，万物之变也。传之其孙曰子思。子思为之作《中庸》，以明诚性之德，不虑而会不营而功也。子思传之孟子。孟子得之，曰'吾善养我浩然之气'，以配之道义，不为万物之所梏也。列之编籍，以传之徒。是后千有馀年，诸子燧涌，而有捭阖之辩，刑名之说，纷纶虖其间，故是道寂无传焉。至汉有扬子云，奋然特起，发孔孟之奥，草之《太玄》，以天下之所无，待天下之所有，乘其数，演其德，以觉后世之恋恋也。然则文果累诸道乎，抑闻彼之所谓佛者，乃尔党之所师也。倡之五教之说，以溢编轴，而后其徒若灿肇、融觉、观密之辈，比比而作，皆尔党之秀杰者也。率有辩论篇藻以翼其术而拊之世也，不亦谓之文乎。是皆得吾仁智相养之道也。噫！颛颛虖一介之谓猥，旁魄四达之谓圣。由猥僻之轨而欲之圣人之域，则是犹北走而求越，不其邈哉。故为吾子辩之。以质其来者之诜诜也。（拓本）"①该文高度肯定了文对于传道的正面作用，也高度肯定了扬雄在儒家发展过程中的地位，与同时代的北宋众学者孔孟之后道统中绝的观点是俨然不同的，更不同于程朱理学文害道的文道观。

总而言之，辽代石刻对于研究辽代文学是有价值的，只是辽代石刻在以往文学史研究中极少受到注意，这导致了研究者不能对其成就有一个全面客观的评价，是一种遗憾。而今我们高兴的是，当代的文献整理者已经有了关注，在整理文集时多已将石刻收入，除去专集的石刻整理，诗文总集如《全辽金文》《全辽金诗》等也有注意。但不可否认的是，这些文集收入的多是易见者，而石刻多在偏远地区或乡村僻野之处，人多难见，所以还有很多石刻

---

① 参见闫凤梧主编《全辽金文》，山西古籍出版社2002年版，第591页。

没能收入一定的全集中，因此，对辽代石刻的整理还需做更多的工作。

辽代石刻的价值还有很多，如对文字学研究的价值，人称是研究契丹小字文的第一手资料之类，我们便不再一一举例。

附录：

大王记结亲事

天赞二年五月十五日，记穪免下娉女及求妇据。下却羊、马、牛等具随头下，分别（别，古都本作剔）如后：」大王言：我年老，我从十六上别父，我弟穪吒年小，并不得父母悉（媳）妇。我成长后，遂与弟」下羊、马、牛等，求穪免并儿郎悉妇。并是我与六畜求到。其弟把父母大帐有好弱物，并在弟处，我处无。」

记娉安祖哥女与契丹素舍利。所得诸物并在弟穪吒处，合与他者，并还他讫。」

又记与娄呵阿拨（拨，古都本缺）作亲，先娉与女掘劣，所得羊、牛、马头疋，并是弟穪吒受却据。女掘劣死后，」弟穪吒合更与他续亲女，又为自无续亲女与他，我虽是弟兄，我另坐其，娄呵阿不欲绝亲情，」遂言：与大王羊三百口、牛、马卅头疋，求女苏乎酌。大王言：所与我羊、马，便准取（娶）前掘劣女奥渠吕，」元如此言定。昨赤眼年举去来。娄呵阿言：不曾与大王羊、马、牛，遂却。右赤眼年举与来人」眼年窨舍利，同去问苏古阿拨。其苏古阿拨言，实与他大王羊三百，牛、马卅头疋。寻大王实言」折取（娶）前女奥渠吕，今回何讳称不知，如此政对定，遂拈鼻子与瞎年窨舍利把为据。」

又记娉穪免女挠回折与袍都夷离已，得羊六伯口、牛、马六十头疋，寻与他金腰带及较具银，衣服绫彩并」随女去，诸物并一一还足，并不欠少一件。」

又记娉啮遏者女与如乎礼太糯羊，得羊五百，牛、马五十头疋，合与伊硬软物，衣服绫彩并」还足，一无欠少。」

□□□□□□□□□下却羊三百口，牛、马卅头疋，合得金腰带一，较具二，衣服绫絓廿件，并不缺。」

□□□□□□□求穪免下却羊三百，牛、马卅头疋。合得金腰带一条，较具二，衣服绫絓廿件，并不缺。」

又记与儿□□□□（古都本多一□）妇，与奥辈（辈，古都本作"辇"）卖羊七百口，牛、马七十头疋，元商量却还川锦五疋，银」（古都本多出"又银五疋"）链银五定（锭），脚银一定（锭）、较具二副、重绫一十疋，吴绫一十疋，襖子卅领，并冬夏衣。并不得来。不依元商」量事□□□□□□□（古都本此处有"于"）辖剌辖处求到。用却大王屎（糜）子买到牛卅。」

又记与同□（同□，古都本作□□□□）舍官人求妇于阿束乎处，下却羊五百口，牛、马五十头匹（以下"疋"字皆从古都本）。」弟二□于□□□哥处用却大王屎（糜）子买到牛廿头，求朝拨。」

又记□□□□□□□袍古舍利处，下却羊三百口，牛、马卅头匹。欠金腰带一，较具二，衣服一十件。」

又记□□子□之初，于□□□舍利处，下却羊三百口，牛、马卅头匹。」

又记与□□□□□□运□作亲，得羊三百口，牛二头。应合与硬物三件，衣服绢帛廿件。并与他足。」

又记与□□□□□□活（活，古都本作"得"）羊、牛，应合与他硬软物，并还他。后与伊别肠女。」

又记大王阿□没□官人下羊、马、牛等与实失狼王下拨（的，古都本无）蟒官人求葛扬徒处苏母名掘」劣免。其指疑官人偷的（的，古都本无）。皇帝言着藏（赃）（言着藏，古都本作'审着软'）物。与自家充下羊马酬答。遂破车帐。子孙莫忘。」据此事，我也眼（眼，古都本作'言'）不见，身（心）不泛（烦）来。只是我母曾向我道，我肚里不忘却，遂记石上。①（军按：《大王结亲记》辽中京博物馆李义有两个整理本，一、《中国古都研究》第十八辑下册《辽代奚"大王结亲记事"碑》，国际华文出版社 2001 年版；二、《内蒙古宁城县发现辽代"大王记结亲事"碑》，《考古》2003 年第 4 期。二本虽一人整理，文字有不同，因以《考古》载文作底本，以《中国古都研究》载文（简称古都本）随文对校。原录文不分段，此段落系笔者为阅读方便而分）。

第三节　金元之道家石刻

金代（1115—1234）统治的时间较长，所占地域相对宽阔，涉及河南、河北、山东、山西、内蒙古、辽宁、吉林等省，石刻相对较丰富。据王新英《全金石刻文辑校》一书说明统计，共录得石刻八百七十余篇。② 但这也肯定不全，《山西戏曲碑刻辑考》所录多篇便未入载。

金代留下了不少名刻，如金代天会十一年（1133）《襄垣县修城记碑》，记载金国立国之初的红巾军的鲸吞虎噬（《山右石刻丛编》）。吉林省海龙县女真文摩崖，是研究女真文的珍宝。大定二十五年（1185）《大金得胜陀颂碑》（在吉林省松原市扶余市德胜镇石碑崴子屯），是金世宗完颜雍为追记先祖完颜阿骨打建国功业而立之碑。文人名碑有乾州中统五年元好问撰、姚燧书并篆额的《杨奂碑》，大定年间许安仁重刻的唐德宗诗碑（《金文最》卷七十一）③，翰林修撰王庭筠撰刻在林县等地的《黄花老人诗刻》。明昌年间党

---

① 朱士光、高延青、赵慧等主编：《中国古都研究》第十八辑下，国际华文出版社 2001 年版，碑文中换行符号"｜"据李义文补。
② 王新英辑校：《全金石刻文辑校》，吉林出版集团、吉林文史出版社 2012 年版。
③ 金代大定十六年济源县有许安仁作序刻《御题寺重建唐德宗诗碑》，有《金文最》据石刻拓本录文："高僧居净域，客子恋皇宫。试访毘耶室，旋游方丈中。禅林吹梵响，忍草散香风。妙说三元意，能谈不二宗。色空双已泯，内外两缘同。识尽无生理，乃觉出樊笼。"（《金文最》卷三十六）而今人《全唐诗补编》，有功于唐诗。

怀英书《王安石诗》于山东济宁等。王庭筠、党怀英在金代都是著名的书法家，留下了不少碑刻。王庭筠书丹，党怀英篆额，王去非、王遵古撰文的《博州重修庙学记》《熊岳王遵古记》，时号"三绝碑"。西安碑林存金代正隆五年刻任询书杜甫诗《古柏行》也是名碑。

在金代石刻中，更多是保存了普通作家的生平史料。石刻作家中多是不以文名为务的地方官员如地方县令、儒学教谕之类，或者无官无位的地方读书人，或者衲子羽流等。如金代长清灵岩寺有皇统七年《观音菩萨托相圣迹序》，署名"济滨老人陈寿恺"。① 济源有正大五年间《通修济渎庙记》，署名"种竹老人"。② 这些人不见史传，也很少有他们自己的文集。但这些人的活动与百姓生活密切相关，在地方上影响较大，常常因生活需要为人邀请作文刻石纪念，诸如墓志铭、修建寺观以及其他建筑记等。这些在文学史上可算是百姓身边的文学，是推动文学发展的基础的重要因素，是一个时代文学活动的基本组成部分，是文学史研究者应该关注的对象，后人得知他们的名字与作品完全是靠石刻一途。石刻为普通文人保存了作品，延续了普通文人的文命。这正是石刻的重要功能之一。

金代石刻保存了一些重要作家的史料，如金代人杨奂。杨奂，又名知章，字焕然，乾州奉天人。元好问曾为之撰《金故河南路课税所长官兼廉访使杨君神道之碑》(《关中金石志》，《金石萃编》卷159)，由姚燧篆额。③ 元好问在碑中称杨奂"秦中百年以来号称多士，较其声闻赫奕，耸动一世，盖未有出其右者，前世关西夫子之目今以归君矣"。元人赵复作《杨紫阳文集序》称杨奂"沈浸庄骚，出入迁固，然后折衷于吾孔孟之六经。其言精约粹莹而条理肤敏"。(《元文类》卷32) 四库馆臣赞及杨奂文采："奂诗文皆光明俊伟，

---

① 王新英辑校：《全金石刻文辑校》，吉林出版集团、吉林文史出版社2012年版，第66页。
② 王昶：《金石萃编》卷158，嘉庆十年刻，同治钱宝传等补修本，《续修四库全书》，上海古籍出版社2002年版。
③ 姚燧，柯昌泗考当作姚枢，说"杨奂碑，著录皆以为姚燧，评审拓本，实为姚枢。牧庵为公茂从子，世祖末年，出仕显名。此碑既非追立，以其时考之，自为公茂，而非牧庵"(叶昌炽撰，柯昌泗评：《语石 语石异同评》，中华书局1994年版，第57页)。

有中原文献之遗，非南宋江湖诸人气含蔬笋者可及。"① 杨奂著作据本人死前一年自著《臂僮记》述及，有兵火流离中仅存的《还山前集》八十一卷，《后集》二十卷，《近鉴》三十卷，《韩子》十卷，《概言》二十五篇，《砚纂》八卷，《北见记》三卷，《正统书》六十卷等，(《还山遗稿》卷上) 如今这些著述多已经散逸。《元史》所称"有《还山集》六十卷，《天兴近鉴》三卷，《正统》书六十卷行于世"，不知从何而来。我们现在可见到的只有《四库全书》所收的《还山遗稿》上、下两卷。对杨奂著述的记述，元好问的碑文可以补充甚多。如《还山集》一百二十卷，《概言》十卷，《近鉴》三十卷，《正统》六十卷，而且碑文中还保存着杨奂已经散逸著作《正统》的大概情节。元好问是杨奂的好友，所记必有所本。对元好问所记，《四库全书总目》给予极大的肯定："考《集》中《臂僮记》称所著有《还山前集》八十一卷，《后集》二十卷，《近鉴》三十卷，《韩子》十卷，《概言》二十五篇，《砚纂》八卷，《北见记》三卷，《正统记》六十卷。所载与碑详略不同。然则当撰碑时，奂所著书已多亡逸也。《正统记》虽亡，幸碑载其序例可以得其大指。《近鉴》一书，碑传卷数悬殊，至其纪号《碑》曰'正大'，《传》曰'天兴'，天兴距金亡仅三年，若正大以来尚得十年。据碑称正大初，朝廷一新敝政，君草万言其指陈时病，后知直道不容，浩然有归志，然则《近鉴》一书因不上策而成者，似碑所载为确也。"②

又如金代完颜璹。完颜璹是金代一个较有影响的文学家，《金史》卷八十五本传称其为金哀宗的叔父，进封密国公，著有《如庵小稿》。元好问《中州集》称完颜璹"百年以来宗室中第一流人也，少日学诗于朱巨观，学书于任君谟，遂有出蓝之誉。文笔亦委曲能道所欲言"③。但，完颜璹《如庵小稿》等已遗失，人们要了解完颜璹文，今周至县却存有其撰写的《全真教祖碑》《长真子谭真人仙迹碑》，补了完颜璹文章之缺失。

---

① 永瑢等撰：《四库全书总目》卷 166，中华书局 1965 年版，第 1430 页。
② 王昶：《金石萃编》卷 159，《石刻史料新编》4 册，台湾新文出版公司 1982 年版，第 2953 页。
③ 元好问：《中州集》卷 5，《四部丛刊》影印元本。

王重阳撰《挂金灯词》拓片，拓片汇编46册，198页

柯昌泗还议及石刻补元好问文集，说："不见（元好问）本集者，为陈仲谦墓志铭，在山西昭晋。五峰山重修洞真观碑，五峰山崔先生像赞，在山东长清。张石舟以杨碑补入集中，张碑《山右石刻丛编》初录其文。《山左访碑录》有齐河刘氏先茔碑，在山东齐河。予访得拓本。碑逾千言，文未传录。遗山壬辰以后，为太行左右豪帅家所撰碑版，当时无不伐石镌勒。倘能悉心搜访，仍当不少也。其余名家撰碑，能据以补全集、辑佚文者，就著录之目而言，已可裒然成帙。"① 上论皆补名家例，可见金代石刻的文献价值。

元代（1271—1368）由于国家持续统治时间长，且统治地域辽阔，石刻

---

① 叶昌炽撰，柯昌泗评：《语石 语石异同评》，中华书局1994年版，第56页。

的发生范围增大，据文献统计可见。《山左金石志》收元代石刻 474 件，《山右石刻丛编》收元代石刻 277 件，《江苏省通志》收元代石刻 156 件，《常山贞石志》收元代石刻 104 件，《两浙金石志》收元代石刻 94 件，《福建通志》收元代石刻 76 件，蔡彪美的《元代白话碑辑录》收元代石刻 111 件，桂林元代石刻 34 件（据《桂林石刻总集辑校》统计），广东元代石刻 37 件（据翁方纲著，欧广勇、伍庆禄补注《粤东金石略补注》统计），《海东金石苑》与《海东金石苑补遗》收录元代石刻 18 件等。《广西石刻总集辑校》收录桂林以外元代石刻 55 件。这就涉及了全国的主要地域。文人增多，石刻数量也有了很大增加。柯昌泗认为"元人极重碑志，苏慈溪（天爵）选《元文类》以此为主"①，据杨殿珣《石刻著述叙录》统计，元代墓碑 444 件，墓志 74 件，刻经 20 件，造像 44 件，题名题字 301 件，诗词 154 件，杂刻 1335 件，共计 2372 件，在辽夏金元中石刻数量可说最多。

  元代石刻留下许多名人名作，如 1818 年发现的《移相哥石碑》（1219 年刻，现藏圣彼得堡美术博物馆），被认为是最早的元代石刻作品。又如云南大理的程文海撰书的《元世祖平云南碑》（大德八年，1304），内蒙古康里巎巎撰书的汉、蒙两种文字的《张氏先茔碑》（元统三年，1335），钦州范椁（元延祐三年，1316）刊的《海角亭记》，伯颜（元延祐四年，1317）刊的《海角亭记》，散曲家张养浩的作品等。②

  元代名家中赵孟頫留下的石刻最多，如《大报国圜通寺记》《竹公神道碑铭并序》《孙氏先茔碑铭》《姚氏先茔之记》《梁天翔碑》《襄陵牛氏墓碑》《利津县新建庙学碑》《淄川县重修先圣庙碑》《济阳县重修庙学碑》《棣州三学资福寺藏经碑》《东华帝君碑》《崇福寺碑》《元积庵记》。赵孟頫书碑更多些，如曹植《洛神赋》、苏轼《赤壁赋》、方回《居竹记》、陈俨《鱼庄记》等。赵孟頫还有诗刻："抱膝独对华不注，孤衿四面天风来。泉声振响暗林

---

① 叶昌炽撰，柯昌泗评：《语石 语石异同评》，中华书局 1994 年版，第 57 页。
② 胡德琳修：《（乾隆）历城县志》卷 24，《续修四库全书》，上海古籍出版社 2002 年版，第 694 册，第 10 页。

壑，山色滴翠落莓苔。散发不冠弄柔翰，举杯白月临空阶。有时扶筇步深谷，长啸袖染烟霞回。竹林深处小亭开，白鹤徐行啄紫苔。羽扇不摇纱帽侧，晚凉青鸟忽飞来。"署名"同知济南路总管府事赵孟頫题"。①

　　石刻保存这些时代名家、大家，或者显宦的作品，充实了他们的文集。这些人虽然有官位、有文集、有名气，但可能出于各种原因导致文集散佚，也可能文集已然流传，却收录不全。还如元代诗人"四大家"之一的范梈。范梈，元代清江人，《元史》有传，称其京师有声，曾为翰林院编修官，擢海南海北道廉访司照磨，充翰林供奉御史台，又改擢福建闽海道知事，授湖南岭北道廉访司经历等官职，有《范德机诗集》流传。但其《东坡祠记》《海角亭记》等文，今存广东儋州以及广西钦州合浦县的石刻却未入其集。②柯昌泗充分肯定石刻补文集的作用，说："不见本集者，……倘能悉心搜访，仍当不少也。其余名家撰碑，能据以补全集、辑佚文者，就著录之目而言，已可裒然成帙。"③柯昌泗的说法是对的，石刻的补遗作用随着大家对石刻文献的整理，会越来越显现得明白，因为没有著录的要比著录的石刻多不知多少倍。

　　以上所说是元代石刻保留了当代的文献，其实，元代石刻还为我们保存了一些前朝作者的作品。

　　在元代石刻中，重刻了许多前贤作品与纪念前贤的文章。纪念前贤者如广西柳州陈懋卿至元二十六年（1289）刊《校刻柳州文宣王新修廟碑》，李□□至元二十六年（1289）刻《柳宗元像跋》，刘跃至大二年（1309）作《重建灵文庙记》。广东有元延祐丁巳曾三省撰记并书的唐张九龄祠碑④，儋州有延祐己未范梈撰刻《东坡祠记》⑤。武功县有元代正大四年《重摹唐太宗

---

　　① 毕沅：《山左金石志》卷22，《石刻史料新编》19册，台湾新文丰出版公司1982年版，第14740页。
　　② 杜海军辑校：《广西石刻总集辑校》，社会科学文献出版社2014年版，第195页。
　　③ 叶昌炽撰，柯昌泗评：《语石 语石异同评》，中华书局1994年版，第56页。
　　④ 翁方纲著，欧广勇、伍庆禄补注：《粤东金石略补注》，广东人民出版社2012年版，第176页。
　　⑤ 同上书，第368页。

慈德寺诗》①，广东清远灵峰山有元泰定二年张拱辰摹刻苏轼诗碑"前世德云今我是"②，至元十八年白某人在广州刻苏轼浴日亭诗碑③。潮州有元至正丙午刻苏轼《韩文公庙碑》④，至正丙戌周伯温撰书表彰韩愈碑⑤。这些重刻为我们不经意间保留了一些前人的文献。

《金石萃编》又录有元代正大四年武功县刻的唐太宗《贞观六年幸慈德寺旧宅四韵》："新丰停翠辇，朝邑驻鸣笳。园荒一径断，台古半阶斜。前池消旧水，昔树发今花。一朝离此地，四海遂成家。"以及《贞观十六年重幸慈德寺故宫十韵》："寿丘唯旧迹，酆邑乃前基。粤予承累圣，悬弧亦在兹。弱龄逢运改，提剑郁匡时。指麾八荒定，怀柔万国夷。梯山咸入款，驾海亦来思。单于陪武帐，景逐卫文槛。端扆朝四岳，无机任百司。霜节明秋景，轻冰结水湄。芸黄遍原隰，储峙积京坻。共乐还谯燕，欢比大风诗。"这些诗写唐太宗登极后，忽夜梦太后，越翌日于庆善宫侧创寺一所，用答太后劬劳之德，于是命名慈德。贞观六年幸慈德寺，因燕群臣题诗屋壁，至十六年重过慈德寺，复题诗十韵。元代正大丙戌，中顺大夫前平阳府判上骑都尉陇西郡开国子食邑五百户赐紫金鱼袋李文，见石刻受到风雨侵蚀，字画剥裂，再次跋刻。此诗在《全唐诗》有载，不为佚诗。但将其与《全唐诗》比较，石刻文字有很多不同，王昶做了比较说："《唐书·太宗纪》贞观六年九月己酉幸庆善宫，十六年十一月甲子幸庆善宫，与碑合。其六年幸旧宅诗，《全唐诗》载二首，碑所刻祇五言四韵，尚有五言七韵一首碑所未刻。盖正大丙戌得于县令卢公者佚其次首也。以《全唐诗》校之与碑异者：'谯邑驻鸣笳'，碑作'朝邑'；'一朝辞此地，四海遂为家'，碑'辞'作'离'，'为'作'成'。十六年《重幸故宫诗十韵》，《全唐诗》亦有与碑异者：'日逐卫文槛'，碑作'景逐卫文貔'；'无为任百司'，碑作'无机禾颖积'；'京畿'，碑作'储峙积京

---

① 王昶撰：《金石萃编》卷158，嘉庆十年刻，同治钱宝传等补修本，《续修四库全书》，上海古籍出版社2002年版。
② 翁方纲著，欧广勇、伍庆禄补注：《粤东金石略补注》，广东人民出版社2012年版，第94页。
③ 同上书，第134页。
④ 同上书，第333页。
⑤ 同上书，第347页。

骶'；'共乐还乡宴'，碑作'共乐还谯谦'。似《全唐诗》别有所本，不从碑录也。"（《金石萃编》卷158）这确实看出唐太宗之诗来自两个版本。私见以为，石刻之作，较《全唐诗》录文应是唐太宗所作的初稿。一般而言，要人、名人所作会被人急于勒石，不暇润色，因此保存了初作面貌。及至后日润色，已经上石者便成为草稿，是一种更本色的作品，而《全唐诗》无疑是经过润色之作，两者比较，可见唐太宗的本初想法。这类文献也应该是金元石刻的贡献。

石刻反映的社会内容也比较丰富，如北京国子监有元代进士题名碑、桂林广西府学有《元文宗封孔庙碑》《臧梦解重镌桂林府学记》等，反映了元代的文治一隅。广西贵港南山寺有元文帝天历九年书"南山寺"三字，并由屈少英作记，又有李震孙作《广西道平蛮记》，云南有《世祖皇帝平云南碑》，这些石刻可见元代的武功。元代石刻还有广西全州的萧泰登赋《使安南过清湘一首》，记录作者至元年间过清湘栈道云："至元甲午奉使安南，以仲冬望日過清湘栈道，偶成唐律一首。石壁千寻仰面看，崔巍势钦压江干。南來已度湘源险，西望浑忘蜀道难。万里瘴烟添老色，一川风雨送新寒。圣朝自有平蛮策，未许诸君上将坛。庐陵方后萧泰登则平书。清湘县丞陈远大刻石。"成为我国历史上涉及外交事务的元代与安南（今日越南）关系的见证。①这些石刻为元代研究提供了丰富的文献。

金元石刻最突出的价值在于道教石刻。

道士热衷文事，喜欢作歌宣教，赋诗言志，或记录道士的升仙逸事等，因此，道士多有诗文集流传，如金元时候的王重阳有《重阳全真集》《重阳教化集》，刘处玄有《仙乐集》《无为清静长生真人至真语录》，马丹阳有《洞玄金玉集》《渐悟集》，丘处机有《磻溪记》《明道集》《长春真人西游记》，王处一有《云光集》，郝大通有《太古集》，孙不二有《元君法语》等。道士们想成仙，恐自己声名难以传远，也喜欢将自己的作品刻石留念。《山右石刻丛编》载平遥有元代《青和真人石刻》说："真人年老倦于批

---

① 杜海军辑校：《广西石刻总集辑校》，社会科学文献出版社2014年版，第186页。

写，又虑纸墨历以□易为腐□，遂将真人亲书仙号手字刻诸翠琰，□立于长春宫□，以遗将来成不朽之计也。"据陈垣撰《道家金石略》统计，明代（包括明代）以前石刻1500余件①，金、元两朝达到882件，其中全真教石刻有374件，真大道12件，太一道28件，正一道154件，不明派别314件，明代119件。

  金元时期道教石刻的发展在两地最为集中，一是山东掖县，一是陕西户县重阳宫。山东掖县是全真派的发祥地，陕西户县重阳宫是全真道祖师王重阳修道与归葬的地方，是全真道三大祖庭之一，与北京白云观、山西芮城永乐宫齐名。重阳宫中道教碑林（祖庵碑林），是全国集中道教经典碑刻的场所，尤其多元代之碑。其中《大元敕藏御服之碑》（元延祐二年，1315）、《皇元孙真人道行碑》（元元统三年，1335）为元代大书法家赵孟頫所书，殊为珍贵。还有《皇帝玺书碑》（元延祐元年，1314）等5通蒙汉文对照碑，碑文为八思巴蒙古字与汉字合刻。

  全真教是金代方兴起的一道教门派，与其他道家门派相比较，全真教在道教派别中留下石刻最多，在金元文学中比较，全真教对文学的影响也最大。道士所到之处，多留刻诗文作品，如掖县《王重阳画像诗刻》（《山左金石志》卷一九，第23页；《道家金石略》第431页）、掖县大基山有《刘长生大基山灵虚宫刻诗》（《道家金石略》第436页）、掖县《长春子梨花诗词石刻》（《山左金石志》卷二一，第17页；《道家金石略》第449页），泰安县有《长春子谷山诗刻》（《山左金石志》卷二十，第38页；第440页），潍县谭长真有《昆嵛山白骨图并诗》（《道家金石略》第432页）、丘处机书《丹阳马真人琴曲归山操》（《道家金石略》第434页）、马钰在潍县刻《满庭芳》（《道家金石略》第435页），终南山有《如梦令》（《道家金石略》第439页），丘处机有《海蟾公入道歌》（《道家金石略》第449页），嵩阳有《蒲察大使索海市诗》（《道家金石略》第449页），泰山有徐世隆作《岱庙诗刻》

---

① 陈垣编纂，陈智超、曾庆瑛校补：《校补前言》，《道家金石略》，文物出版社1988年版，第6页。

(《山左金石志》卷二十一，《道家金石略》第626页）等。

道教人士通常做些集体的唱和活动也会刻石。大定二十九年三月范怿与刘处玄、孛术鲁有在灵虚宫唱和，孛术鲁立石。刘处玄题诗《上孛术鲁骠骑节使》："离城甲丙藕花乡，池畔初暄台榭凉。一郡欢游垂柳岸，万华春赏杏花岗。依山临水亭前碧，耸桧攒筼轩外光。世梦不侵真得趣，欢来云步访蓬庄。"范怿和诗："亭轩巧构水云乡，吟赏风来拂袂凉。眼界宽闲铺□景，地形雄秀枕高岗。露浓花锦堆红艳，烟敛山屏滴翠光。绿桧垂杨相掩映，路人遥指是仙庄。"范怿又特著《刘处玄范怿灵虚宫唱和诗跋》叙述活动的缘由与过程："大定己酉四月十二日，大行皇帝百日，骠骑节使自出己财，同郡中□首于□□刘□真□道佑德观起明真大醮，以报先皇遗恩。排□精严，灵感孚应百□散。十有七日，节使随诣长生先生□醮众斋于德池临城亭阁。会罢，移坐纵步□池，先生题诗一章，辞意清逸，怿不揆继韵，先生因书之，笔力遒劲，节使命工刻之上石，用传不朽耳。"这次唱和活动，还刻了王重阳的《挂金镫》词，范怿又著刻《王重阳挂金镫词跋》。[①]

道教石刻中多有奇思妙文，体现了其文学价值。《山左金石志》载掖县大基山有刘处玄大定二十九年与范怿摩崖题诗："闲来慧目视灵峰，冷笑人间万事空。昔日文公忘世贵，如今德裕悟真雄。丹成跨鹤青霄里，行就携云碧落中。谭马邱刘归去后，大罗朝圣谒仙宫。"

道教石刻对文学贡献有别于前朝的是道教人物传记石刻。如《全真教祖碑》《长真子真人仙迹碑》等。

《全真教祖碑》是石刻中少有的奇文，叙述了全真教创始人王重阳真人的成仙过程，全文净数2528字，是鸿篇巨制。碑文作于金代大定年间，在陕西周至（盩厔）县，而再勒石于元代元世祖至元年间，所以，今见碑文撰者被称为"前金皇叔开府仪同三司上柱国密国公金源璹撰"。[②] 完颜璹，是金代一

[①] 毕沅辑：《山左金石志》卷20，嘉庆刻本。
[②] 《北京图书馆藏中国历代石刻拓本汇编》说明撰者名为"金源涛"，误。见北京图书馆金石组编《北京图书馆藏中国历代石刻拓本汇编》第48册，中州古籍出版社1989年版，第65页。

个较有影响的文学家，喜欢创作，与当代文人多有交游，《金史》本传称其"资质简重，博学有俊才，喜为诗，工真草书……正大初进封密国公……奉朝请四十年，日以讲诵吟咏为事，时时潜与士大夫唱酬……与文士赵秉文、杨云翼、雷渊、元好问、李汾、王飞伯辈交善"。《金史》又说他"居汴中，家人口多，俸入少，客至，贫不能具酒肴，蔬饭共食，焚香煮茗，尽出藏书，谈大定、明昌以来故事，终日不听客去，乐而不厌也……薨年六十一。平生诗文甚多，自删其诗，存三百首，乐府一百首，号《如庵小稿》"。①

完颜璹所撰《长真子真人仙迹碑》，也是道教中名碑，叙述的是谭处端的生平事迹，系谭处端死后，以至数十年，弟子欲将其改葬，完颜璹应道士李志源、于善庆、王志渊、陈无染之邀而作。谭处端，字通正，本山东宁海州人，"幼而秀发，声韵琅然"。谭处端从王重阳学，六十三而卒，有文集传世。

与他石刻比较，王重阳、谭处端等碑虽然所写人物属于历史真实，但是讲述其生平事迹却多采用小说笔法，比如写王喆本居住在咸阳大魏村，得母亲怀孕二十四月又十八日方生，是按二十四气余土气而成真人。这显然悖于生育常理，自然属小说家言。说其为小说家言者，主要就是道家碑文多善于虚构故事。凡王重阳及其弟子的生平多是虚构而成，大概有：

一能预知后事。如王重阳于大定丁亥四月有歌，云"三年之后，别有人来修此庵"，并写下诗句"修庵人未比我风流"以为应验，后来果然如所云。道士们甚至可以预知生死，如写谭处端六十三岁而死，碑文记云"昔尝画龟蛇者，盖巳年巳月巳日，归真之预知也"。

二能水火不侵。如王重阳于"大定丁亥四月，忽自焚其庵，村民惊救，见先生狂舞于火边"。谭处端于"六岁因戏堕于井中，人急下井救之，见公安坐水上，随挚而出，略无伤焉。又所居遗火，巨栋碎于榻前，公方寝熟，呼而起之，神情自若，盖有道之士非水火所能陨越也。"

三能形往神留。如《长真子真人仙迹碑》载谭处端居住在河朔获鹿县府

---

① （元）脱脱等修：《金史》卷85，中华书局2011年版，第1904页。

君庙新庵,有一天锁庵赴卫州。至晚上,管理府君庙的温姓官员看到谭处端庵中依然光辉照映,照见谭处端近火而坐。温知谭处端已去卫州,心中疑惑不解,便悄悄遣人赴卫州察看谭处端是否到了卫州,又见谭处端在卫州卧内还未起床。探视人回到获鹿,再看谭处端庵中火仍然在燃烧。又如写王重阳欲度脱马丹阳,马丹阳在宅中门户扃闭,拒绝见王重阳。王重阳却能在夜中破户而入,当面对谈,不知王重阳从何而入。

四是往往有奇遇。如云谭处端酒醉遇雪,卧于雪中,因此感染风痹,自己知道药物难以治疗,于是暗诵北斗经以求救济,忽然梦见有大席横空飞起,见北斗星君冠服坐在上面,便叩首行礼。谭处端忽然有所醒悟,从此向道之心更切。至大定丁亥年仲秋,谭处端求得王重阳度脱为弟子,此时正值严冬季节,王重阳伸出两只脚要谭处端抱起,于是谭处端抱在怀内,顿时汗流浃背。王重阳又以盥洗后的脏水给予谭处端洗脸。谭处端相继洗脸一月有余,风痹遂好。

五有不可测的力量。如王重阳在昆仑山凿洞采石为用,意外之间有巨石飞落,见者皆胆战心惊,王重阳振威大喝,飞落的滚石屹然而止。山间的樵夫见此情景,欢呼行礼。王重阳曾至登州至蓬莱阁下观海,忽然被风吹入海中,顷刻之间便能从海中跃出,仅仅遗失了簪冠。

六能不饮不食而生。如写王重阳筑全真庵,锁门百日,化之或食或不食。又绝水火。然有时却又能啃食砖瓦。

总之,道教石刻描写道家仙人总是能度人,能变化,能见常人不见,能先知,能生死,因此说多事虚构,多小说家言。道教对文学史影响最大的就是道教的小说故事。如《全真教祖碑》《长真子谭真人仙迹碑》《四仙碑》等所记载的人物、故事,在元代成为神仙道化剧取材的主要来源,成为元明戏曲中最有特色的一类题材,朱权《太和正音谱》"杂剧十二科"将其列为第一科,称作"神仙道化"。著名元杂剧作品如《风月七真堂》《马丹阳三度任风子》《马丹阳度脱刘行首》《马丹阳三化刘行首》《吕洞宾三度城南柳》《吕洞宾三醉岳阳楼》、元杨暹《王祖师三化刘行首》、范康《陈季卿悟道竹叶舟》等。杂剧名家马致远就是一个十分善作神仙道化剧的人,贾仲明称作"万花丛里马神仙"。道家人物进入戏曲情节,也是有原因的,那就是道士对戏曲的喜欢。20世纪在永乐宫旧址发掘全真道士宋德方、潘德冲两座元代墓葬,发现两个石椁,上面精美的线刻杂剧演出图案可见,徐苹芳撰文《关于宋德方和潘德冲墓的几个问题》描述说:"潘德冲石椁前端,刻出一座门楼,门右侧立一女婢,左侧立一男侍,门上为三间门楼,有平座及栏杆,两次间装格子门,中心间立四人,左起第一人,头裹软巾,身着长衫,口含右手的拇指和食指,正在吹哨,左手撩着衫襟。左起第二人,戴展脚幞头,穿圆领大袖袍,双手抱笏。左起第三人,头戴尖帽,着长衫,敞怀露腹腰束带,右手作指点的手势,左手上举,肘间挂一布袋,撇着嘴正和吹口哨的人相召呼。左起第四人,头戴卷脚幞头,穿长袍,双手叉拜。这四个人,毫无疑问,正是一场杂剧。"①

道家人物和故事,甚至现在还活跃在当代的武侠小说之情节中,如王重阳、马丹阳、丘处机、周伯通等,这应该也算作金元石刻对文学的影响吧。

金、元二朝不仅道家碑刻用虚构法作碑,常人作碑也有如此。如张翥撰《大元赠银青荣禄大夫江浙等处行中枢省平章政事上柱国追封越国公谥荣愍方公神道碑铭》描写方国璋父亲道德感人的场景:"(方国璋父)通阴阳历数之说,乐善好施。家隶尝以小斗出米以予人,公闻立剖而遣之。人以贫投者必周之。尝道遇群龟,□跚秽坎中,延颈仰望,公亟以版度之出,是夕梦玄衣人来谢。其潜德多类此。"② 元代以后,小说发展取得了前所未有的成就,碑志类石刻的虚构创作当可看出一定的倾向所自。

元代石刻是有成就的,柯昌泗也曾予以肯定:"元碑文字,远轶辽金,缀轨赵宋。遗山之文,松雪之书,主持一朝风会。"③ 柯昌泗从文与书法贡献的

---

① 徐苹芳:《关于宋德方和潘德冲墓的几个问题》,《考古》1960年第8期,第43—44页。
② 黄瑞撰:《台州金石录》卷5,嘉业堂刊本。
③ 叶昌炽撰,柯昌泗评:《语石 语石异同评》,中华书局1994年版,第342页。

角度肯定元代石刻的价值与地位，应该说是确实有道理的，只是元代的石刻在以往文学史研究中极少受到注意，这导致了研究者不能对其成就有一个全面客观的评价，是一种遗憾。而今我们高兴的是，当代的文献整理者已经对石刻有了关注，在整理文集时多已将石刻收入，除去专集的石刻整理，诗文总集如《全金元词》《全元文》等，也有注意。但不可否认的是，这些文集收入的多是易见者，而石刻多在偏远地区或乡村僻野之处，人多难见，所以还有很多石刻没能收入一定的全集中，比如元代石刻，愚以《广西石刻总集辑校》与《桂林石刻总集辑校》与全元文比较比较可见，在广西有元代石刻60多件，如燕帖木儿在贵港南山寺的摩崖《重修南山寺记》，燕山在融水真仙岩的摩崖《游真仙岩题诗》，黄仪国在融水真仙岩题诗3首，屈少英在贵港南山寺的《记元文帝御书南山寺碑》等。因此，对辽金元石刻的整理还需做更多的工作。

第四节　明朝石刻的复兴

一　明代石刻发展概说

明代在辽夏金元统治以后，重新恢复由汉族人治国，疆域广大，时间从朱元璋洪武元年（1368）开始，经明惠帝、成祖、仁宗、宣宗、英宗、代宗、宪宗、孝宗、武宗、世宗、穆宗、神宗、光宗、熹宗、思宗（1644）等16帝共276年的时间，汉文化得以大力推广，石刻的发展也进入一个由元到清之间的复兴阶段。金其桢《中国碑文化》称其为"亦衰亦盛的明代碑文化"，大概说的是由衰趋盛（元衰清盛）吧，如果说明代的石刻发展呈衰相的话，从发展规模看，则是不符合历史事实的。

明朝石刻自朱元璋时期已开始有所发展，这源于朱元璋喜欢书法。石刻自秦汉以至唐宋都是书法家的阵地，留下大量书法的名作，有不少人或者文字因石刻书法价值而成名,如三老日记、校官之碑、鲜于璜碑、爨宝子碑之类。因此朱元璋重书法,曾经赐第十四子肃庄王朱楧宋拓本《淳化阁法帖》。《淳化阁法帖》至第八代肃王朱绅堯时最终刻石148件,就是明刻的《淳化阁法帖》。朱元璋以下仁宗朱高炽、宣宗朱瞻基、孝宗朱祐樘、世宗朱厚熜都在书法史上有一席之地。承继中国注重书法的石刻传统,这就使得皇帝们如朱元璋之流十分喜爱石刻,并为我们留下了一系列名作。如安徽凤阳有朱元璋亲撰的《大明皇陵碑》《龙兴寺碑》《敕僧文》,南京的《御制中山王神道碑》,还有庐山牯岭御碑亭的《周颠仙人传》,其他多地刻的《大明诏旨》碑、太学的《敕谕》文等。永乐皇帝朱棣也喜爱刻石,留有《燕王告天文》《大明孝陵神功盛德碑》(南京明孝陵)。朱棣的《御制弘仁普济天妃宫之碑》(南京市鼓楼区静海寺内),是永乐十四年(1416)四月初六,因为郑和第四次下西洋归来而亲自撰写,对于研究郑和航海有着重要的价值。朱棣又有永乐十六年御制《姚广孝神道碑》(北京门头沟区戒台寺),伊斯兰教《敕谕》碑(在泉州)。又,自朱棣登基后笃信道教,每当新帝登基,必至武当山祭拜立石,至今武当山留有宣宗朱瞻基宣德元年(1426)御制碑、英宗朱祁镇正统元年(1436)御制碑、英宗朱祁镇天顺元年(1457)御制碑、宪宗朱见深成化元年(1465年)御制碑等。有人甚至说武当山有御制碑文近百件。其他地方也留有不少明帝制文刻石,如北京有宣宗朱瞻基《御制大觉寺碑》,英宗朱祁镇撰《御制新建太学之碑》《御制重修大觉寺之碑》《御制东岳庙碑》,宪宗朱见深有《御制山水图歌赐悟玄阐道真人阮永清》《御制重修大觉寺碑》,湖北襄阳有崇祯十二年九月崇祯皇帝《赐杨嗣昌诗》等。帝王撰碑对明代石刻的发展起到了推波助澜的作用,甚至是奠定了方向。洪武二年朝廷颁旨《学校格式》便命各地刊刻石上。洪武六年,礼部又有榜谕郡邑学校生员《谕众通知》刻石国子监。因此,明代石刻二百七十年的发展已甚有成就,成为由元到清石刻发展过程中走向繁荣的一个重要阶段:数量较元代有了大的增加,地域更加扩大,内容也更加广泛。

从石刻数量看，学界对明代的石刻至今缺乏完整的整理，自然也无完整的统计数字，中国历代石刻文献总集《明清石刻文献全编》也仅收录包括清代石刻在内的明清共有石刻3000多件。① 但据笔者抽样统计，明代石刻仅广西一地据《桂林石刻总集辑校》《广西石刻总集辑校》二书合计就有819件。山西省的洪洞县、灵丘县、高平市、灵石县、寿阳县、左权县、盂县7县也有658件。据此数字折中估计一下，假如我国每一个省均有石刻400件，全国30多个省区便将有15000件左右，这个估计数字应该说不高，但已经比整理较完善的宋代要多，比较之下，可见明代石刻的增长情况。

从各地历代石刻数字的不断增长比较，也可见明代石刻的发展趋势，如南京市据《南京历代碑刻集成》统计南齐12件，宋代7件，元代5件，明代81件。② 据《广东摩崖石刻》统计，唐代12件，宋代65件，元代4件，明代73件。③ 据《陇西金石录》统计，宋元70件，明124件。④ 据《孟子林庙历代石刻集》统计，宋代5件，元代31件，明代201件。⑤ 据《武当山碑刻》统计，宋代23件，元代19件，明代245件。⑥ 据《庐山历代石刻》统计，宋代67件，元代6件，明代68件。据《广西石刻总集辑校》（不包括桂林石刻在内）统计唐代8件，宋代235件，元代55件，明代360件。这每一个地区石刻的数字的递增，印证了明代石刻的发展是在上升阶段，成为清代石刻繁荣的前奏。

---

① 明代以后的石刻从来缺乏整理，这是人所共知的。如叶昌炽说："明初距今，将六百年。不啻欧公之视六朝也，岂可以近而贱之？乾嘉诸老如毕中丞、王侍郎，皆以天水为断，至仪征阮氏，阳湖孙氏始推广其例至元末。翁覃溪辑《粤东金石略》，兼收明碑。"（叶昌炽撰，柯昌泗评：《语石 语石异同评》，中华书局1994年版，第159页。朱剑心《金石学》同此）
② 南京市文化广电新闻出版局编著：《南京历代碑刻集成》，上海书画出版社2011年版。
③ 曹腾騑、黄道钦主编：《广东摩崖石刻》，广东人民出版社1998年版。
④ 汪楷主编：《陇西金石录》，甘肃人民出版社2010年版。
⑤ 刘培桂编著：《孟子林庙历代石刻集》，齐鲁书社2005年版。
⑥ 姚天国主编：《武当山碑刻鉴赏》，北京出版社、北京美术摄影出版社2007年版。

李棠等龙隐洞唱和诗,桂林

从发展地域看,全国各地县市应该说都有了石刻的存在,根据历代石刻史料文献汇编明清卷统计,明代南至琼州(海南岛),北至海参崴(永宁寺碑)等地各省县市无处不有,如:广东省的广州、番禺、南海、佛山、顺德、龙门、新宁、东莞、增城、香山、新会、清远、赤溪、肇庆、高要、开平、德庆、恩平、罗定、南雄、始兴、乐昌、海阳、茂名、电白、化州、吴川、石城、阳江、廉州、琼州、琼山、儋县、感恩、安定;江苏省的金陵、江宁、上江、丹徒、京口、溧水、江浦、丹阳、溧阳、上海、松江、华亭、法华、江湾、南汇、金山、川沙、嘉定、宝山、月浦、吴中、苏州、琴川、吴县、武进、无锡、宜兴、荆溪、江阴、清河、扬州、江都、瓜洲、甘泉、兴化、高邮、泰州、宝应、徐州、沛县、邳州、睢宁、海州、云台、赣榆、阳羡;浙江省的杭州、仁和、钱塘、海宁、余杭、临安、新登、昌化、嘉兴、石门、平湖、桐乡、吴兴、归安、湖州、乌程、长兴、德清、安吉、孝丰、勤县、慈溪、奉化、镇海、剡源、象山、定海、会稽、绍兴、山阴、萧山、诸暨、余姚、上虞、嵊县、新昌、台州、黄岩、倦居、宁海、太平、衢县、金华、浦江、汤溪、建德、温州、永嘉、处州、青田、缙云、云和、景宁、平阳、南田、溪县；四川省的成都、华阳、简州、简阳、什邡、双流、金堂、灌县、彭县、新津、龙安、彰明、茂州、绵阳、崇庆、罗江、巴县、江津、永川、涪州、夔州、奉节、云阳、开县、渠县、达县、大竹、黔江、夹江、乐山、峨眉、洪雅、望都、犍为、荣县、威远、邛州、大邑、泸县、叙州、宜宾、富顺、筠连、合江、纳溪、资州、仁寿、资阳、井研、叙永、保宁、南充、岳池、广安、潼川、三台、射洪、中江、蓬溪、乐至、安岳；河北省的上谷、顺义、保定、永清、香河、昌平、平谷、青县、盐山、南皮、献县、交河、宁津、吴桥、东光、迁安、昌黎、文安、大城、满城、徐水、定兴、新城、完县、雄县、清苑、高阳、正定、获鹿、栾城、平山、元氏、无极、广昌、唐县、定县、曲阳、深州、大名、长垣、邢台、广宗、唐山、广平、河朔、永年、邯郸、成安、威县、清河、柏乡；山东省的历城、章邱、邹平、新城、济阳、长清、泰安、阳信、无棣、青城、济宁、滋阳、曲阜、宁阳、邹县、峄县、嘉祥、临沂、费县、城武、巨野、东昌、清平、高唐、德县、陵县、临邑、东平、东阿、范县、登州、福山、莱阳、宁海、牟平、肥城、掖县、平度、胶州、青州、益都、临淄、寿光、昌乐、临朐、诸城；河南省的祥符（开封）、尉氏、鄢陵、禹州、新郑、归德、鹿邑、淮阳、西华、太康、许昌、武陟、安阳、林县、新乡、获嘉、德庆、滑县、河内、修武、孟县、阳武、洛阳、陕县、嵩洛、宜阳、登封、渑池、阌乡、巩县、宝丰、信阳、南阳、汝阳、正阳、光山、息县；山西省的太谷、清源、介休、临县、潞安、长治、长子、襄垣、潞城、泽州、凤台、武乡、代州、繁峙、平阳、临汾、乡临、虞乡、临晋、解县、绛州、绛县、闻喜、永和、蒲县、武州；陕西省的西安、咸宁、长安、兴平、鄠县、蓝田、辋川、泾阳、渭南、富平、醴泉、耀州、同州、澄城、韩城、华州、宝鸡、扶风、郿县、淳化、乾州、洋县、延安。其中许多偏僻的县乡地区原无石刻，明代也都发生了，即是说，明代的石刻发展已经到了十分普及的历史阶段。

  从内容看，明代石刻内容丰富，涉及的范围也更加广泛。政治、军事、经济、文化、教育、农田水利等，无所不在其中。有些内容涉及国家大事，如：桂林市的《平怀远叛碑》《督府刘公平蛮碑》摩崖，阳朔县茅坤的《摩崖府江纪事》摩崖，永福县的俞大猷《古田纪事碑》摩崖，融水县龚大器的《大征古田捷书至诗志喜有序》摩崖。四川兴文县有《功宗小记碑》，李长春《平蛮碑》，陈瀚《平蛮碑》，周爻《平蛮颂》等。① 西安碑林藏有崇祯十六年（1643）立《感时伤悲记》叙述当地百姓被迫于动乱的颠沛流离等，多涉及国家大局的稳定。又如而今在俄罗斯境内的奴儿干、永宁寺两碑也因历史价值而广为人知。② 有些内容具体而微，如戴琥于成化十二年（1476）在绍兴作《水则碑》，刘天和治理黄河嘉靖十五年镌《黄河图说》等，说的是水利建设。万历庚辰（1580）春月奉训大夫知州黄河汉施银在广西崇左建"上帝碑"，反映了天主教在某一个区域的发展状况。泉州也有不少明代的伊斯兰教石刻。陕西西安有嘉靖四十一年孙应鳌撰书《讲院种柏记》《菊记》，《东莞县志》金石略七载崇祯三年柯呈秀撰张有岩书丹《树木记》，南京有崇祯间《永禁开窑采凿碑》等，体现了当时当地一定的环保意识。四川南充与黔江发现婚俗石刻，体现了当时人对早婚习俗的反对态度。③ 在石刻中量最大的是墓碑与墓志铭、建学碑、修庙碑、建书院碑，这些都从具体的事件反映了国家发展的历史，为认识历史文化提供了珍稀的文献。但，明代石刻发展最集中的有两类，一是教育类石刻，一是文学类石刻。

二 明代的教育石刻与文学石刻

在内容丰富的石刻中，明朝石刻产生了一些石刻经典，一是教育类石刻中量大、内容真实而具体的进士题名碑，二是文学类石刻。

进士题名碑是中国教育史上的一种特有现象，其兴起本于科举教育。科

---

① 参见高文、高成刚编《四川历代碑刻》，四川大学出版社1990年版。
② 柯昌泗说："不徒以撰书为墨林之宝者，则有奴儿干、永宁寺两碑。一为永乐十一年，一为宣德八年……文纪太监亦思哈抚谕奴儿干东海苦夷事。苦夷即库页之对音，与三宝太监下西洋同时。《明史》未载。其价值又在和林阙特勤等碑以上矣。"见叶昌炽撰，柯昌泗评《语石 语石异同评》，中华书局1994年版，第60页。
③ 白彬：《四川明代万历年间禁止早婚碑初探》，《四川大学学报》1990年第4期。

举教育是选拔人才的一种特有方式,这种方式兴起于隋唐,终结于清亡,在我国延续了一千多年。科举教育的最好成绩是通过考试获取进士名位,对于获取进士之人而言,直接带来的,对于一个人甚至一个家庭而言,是政治地位、经济地位的瞬间提升。因此,进士的获得者便有鲤鱼跃龙门之感觉,朝为田舍郎,暮登天子堂,其兴奋可想而知。也就要以之炫耀,以之纪念,所以,唐代便有雁塔题名的故事,但这时候尚是个人的临时起意之举。[①] 至宋代,绵延不衰,记载渐多,如周密《武林旧事》"唱名"条记载:"上御集英殿,拆号唱进士名,各赐绿襕袍白简黄衬衫,武举人赐紫罗袍镀金带牙笏,赐状元等三人酒食五盏,余人各赐泡饭……侍从已上及馆职皆与知举官押宴,遂立题名石刻。凡费悉出于官及诸闱馈遗云。"[②] 明人《菽园杂记》更说得宋人题名事具体:"近得晦庵先生同年录,因得以知宋科举之制。绍兴十八年……四月十七日,皇帝御集英殿唱名,赐状元王左以下及第、出身、同出身……赴国子监谒谢先圣先师邹国公,立题名石刻于礼部贡院。"[③] 可惜唐宋所留进士题名形式与内容如何,今已无石刻实物存在。今可见进士题名碑实物,是元代所遗三件(据说原来共有16件),存北京文庙,也已经字句漫漶,难以辨识。而明朝进士题名碑却是今日保留比较完整的进士题名碑,有些字句还如新镌。

明朝进士题名碑由朝廷统一制作,一科一制作(制作时间不定),现集中存放在北京文庙内。从永乐十三年开始(永乐十年以前的进士题名碑或说在南京,未见),至崇祯十五年"赐特用题名记"止,共有77件(据《北京图书馆藏中国历代石刻拓片汇编》),成系列,完整记录了明朝明成祖及其以后历代的明朝进士及第的录取人数、姓氏、籍贯,考官构成的规模、职位与具体参与者的参与事项等,是研究明朝教育制度史的一手特殊文献,

---

① 五代王定保《唐摭言》记载"慈恩寺题名游赏赋咏杂纪"云:"进士题名,自神龙之后过关宴后,率皆期集於慈恩塔下题名。"(王定保撰,姜汉椿校注:《唐摭言校注》卷三,上海社会科学院出版社2003年版,第55页)

② 泗水潜夫辑:《武林旧事》,浙江人民出版社1984年版,第28页。

③ 陆容:《菽园杂记》卷14,中华书局1985年版,第159页。

今人整理入《明清进士题名碑录索引》。① 题名碑撰写形式如正统十三年《赐进士题名记》：

> 进士题名记。
>
> 嘉议大夫兵部右侍郎兼翰林院侍读学士臣苗衷奉敕撰。
>
> 中书舍人黄采奉敕书并篆。
>
> 国家兴太平之治，以隆亿万年之鸿业，天必笃生贤才，以为国家之用焉。盖贤才者治化之所由盛也，治化之盛，本于得贤之多，而得贤之多必由于作养之久，岂偶然致之哉？《诗》曰："思皇多士，生此王国。"又曰："岂弟君子，遐不作人。"然则，开太平悠久之治者，良以此欤。我朝太祖高皇帝，混一寰宇，汲汲以建学养贤为首务，列圣相承率用是道，故科目得人之盛，古莫能及。皇上嗣统以来，夙夜兢惕，用弘化理，迨此十有三年，而大比取士于此又五开科矣。乃正统戊辰三月庚子，礼部奏请天下贡士凡百五十人，皇上临轩策试之，问以爵赏刑罚，内治外攘之道。明日亲定其文之高下。又明日，上御奉天殿，传胪擢彭时等三人为第一甲，赐进士及第。余出身有差。是日，在廷文武群臣，以得人为贺。呜呼，盛哉！夫士子平居，矻矻问学，修之于家，体之于身，出而又幸遭际文明之运，一旦光荣有如此，何其幸耶。故事，太学立石题名，永昭厥美。皇上命臣衷为文。臣惟天朝取士非一途，而于科目之选尤注意焉。繇是，贤才应期而至，争欲效用于时者，有蔼蔼济济之盛，

---

① 朱彝尊《北京国子监进士题名碑跋》说："唐人及第书名雁塔，未必锓诸石也。明自永乐二年命工部建进士题名碑于南京国子监，记者翰林侍读学士王达也。十三年会试天下贡士于北京登科考，谓是岁即命立石国子监，然今无有。有之，自宣德五年林震榜始也。由宣德迄崇祯十三年，碑凡七十一通。思陵厌薄进士故将下第举人与廷试贡士史惇等百六十三人，又吴康侯等百人，尽留特用。于是惇等请援进士例谒孔庙，行释菜礼，并立石题名。帝如所请。大学士周延儒奉勅撰文，太仆寺少卿翰林院侍书朱国诏奉勅书石篆额，工部营缮司郎中王灏监工，立于进士题名之次。而十六年杨廷鉴榜遂无隙地可树碑矣。予辑《日下旧闻》，既撮其大略笔之于卷，康熙辛未秋八月上丁，天子命大学士代祀孔子，彝尊充十哲，分献官礼毕，偕祭酒汪霦毫采，司业吴涵容大遍览诸碑，其初释褐即撰记立石，后乃有迟一二十年始立。又或有题名无记，兼踣于地者多有之！明之祖宗待进士可谓隆矣。苟不由是出身选人，辄投之僻左荒远之地，士大夫论资格日严。而万历以后，题名之石不师旧典作记，登第者罕有拓而传示子孙，徒僵立于风雨冰雪之中，信其剥蚀，不亦可叹也夫？爰属二公扶其踣者并揭之。"（《曝书亭集》卷52，跋11）

诚非偶然。盖必由甄陶教养，积以岁月之久，有以成就之也。譬之深山大谷，良材丛生，其间雨露滋培，大至合抱，高可干云霄。采而用之，构明堂，栋清庙，为舟为楫，皆在是矣。诸士子毓秀学官，明经致用，沾被化泽于此有年矣。今既登名进士，骎骎显融，他日享有名爵，布列中外，其不思所以报称为科目得贤自重耶。正统十三年七月日。

赐进士及第第一甲三名：彭时，江西……；陈鉴，直隶……岳正，顺天……。

赐进士出身第二甲五十名：万安，四川……。

赐同进士出身第三甲九十七名：高崇，山东……。

读卷官：资政大夫吏部尚书王直，甲申进士。提调官……。监试官……。受卷官……。弥封官……。掌卷官……。巡绰官……。印卷官……。供给官：……礼部精膳清吏司主事何瞻，监生。①

进士题名碑，北京文庙

这是一篇格式完整的进士题名记，为我们展现了进士题名记的内容及其撰写格式。进士题名记通常分为三大段落：首段交代奉敕撰"记"，与奉敕篆

---

① 北京图书馆金石组编：《北京图书馆藏中国历代石刻拓本汇编》第51册，中州古籍出版社1989年版，第156页。碑阳为进士题名，碑阴为参与考试官员题名。

书者官职、姓名，第二段交代大比的成果，写出赐进士及第三人名字，赐进士出身、以及赐同进士出身以下共多少人，这是碑阳内容。碑阴写出参与科举考试的其他官员名字，有读卷官、提调官、监试官、受卷官、弥封官、掌卷官、巡绰官、印卷官、供给官等。其他题名碑的撰写格式大体如此。当然，也有的直接写三甲进士名字与籍贯，省略去撰碑人与参加考试官员的名字，如嘉靖二十年进士题名碑。题名记中有许多的信息，通过进士题名记还可见到教育发展的状况，比如进士大家都知道三年一大比，但天顺年间却是四年一大比。又包括生员的地域来源，还有每一年的录取情况等。

以上说的是国子监进士题名碑，另外，各地又有本土的进士题名碑。与国子监进士题名碑一科一题不同，各地的本土进士题名碑多是数科一题，如天顺六年开镌的《广州府学进士题名碑》，即有洪武十八年、永乐二年、永乐十三年、永乐十六年、永乐二十二年、景泰六年、天顺元年、天顺八年、成化二年科的进士名字。《永嘉县志》所载成化年间镌《乡贡进士题名碑》也包括洪武庚戌科、甲子科、丁卯科等三十五科进士名字。又如据《安徽通志稿》《南陵县学进士题名记》更是从唐代进士开题，并列有宋代进士、元代进士与明代嘉靖前进士。《句容金石记》载《儒学进士题名记》也包括唐进士、宋进士与明进士。本土的进士题名碑有如一部地方教育史，有其特殊的意义。

还有同类的是乡试题名碑。如《海阳县志》载《嘉靖辛卯乡试题名记》《嘉靖甲午题名记》《嘉靖丁酉题名记》《嘉靖癸卯题名记》等。乡试题名碑陕西做得最好，比较系统与完整，体现在进士题名的前一年一定有乡试题名。《北京图书馆藏中国历代石刻拓本汇编》收录如"正德八年乡试题名碑""嘉靖十三年乡试题名记""嘉靖十六年乡试题名记""嘉靖十九年乡试题名记""嘉靖四十年乡试题名记""隆庆四年乡试题名记""万历四年乡试题名记""万历七年乡试题名记""万历十年乡试题名记"，都是教育史的珍贵文献。

明代文学类石刻成就也比较突出，许多文人喜欢刻石镌名，因此也留下不少名人名刻，可为文学史研究增光。如朱有燉的《兰亭图并序》，杨慎的

《禹碑歌》（汤阴）、《重修曹溪寺记》（集李邕书，萧杶镌刻，人称三绝碑，在昆明），杨上林撰文征明书的《辞金记》《两桥记》（碑在嘉业堂），徐阶撰文征明书的《疏凿吕梁洪记》（徐州），温景葵撰文征明书的《苏州府学义田记》，祝允明撰文征明书的《香山潘氏新建祠堂碑》（在吴县），董其昌书撰《题孟庙古桧一首》（山东邹县孟庙）、《少林禅师道公碑》（河南少林寺）、《秣陵旅舍送会稽张生诗》（西安碑林），李东阳撰书《南溪赋刻石》（曲阜），题诗《唐贾岛墓》（北京），王守仁的《祷雨题记》（福建上杭）、《诗与跋》（济南），严嵩的《寻愚溪谒柳子庙》（零陵），程敏政的《谒亚圣祠林》（孟庙），湛若水的《宜兴甘泉精舍记》（宜兴），海瑞的《管子·牧民篇》（琼州），杨慎的《新都县八阵图记》（四川），张溥撰文震孟书的《五人墓记》（苏州），归有光撰吴承恩书的《圣井铭并叙》《梦鼎堂记》（浙江长兴博物馆）等等。

　　明代石刻文学发展最好的地区应该是桂林。桂林是天下山水奥区，是靖江王府的所在地，也是当时朝廷通往西南以至南方云南、贵州、广东、南海、南宁甚至越南的交通要道。商旅发达，桂林因此成为一个文人聚集之地，包括历代靖江王及其子孙、门客，靖江王府的官员以及各地的文人游士。也因此，产生了大量的文人如靖江庄简王朱佐敬、端懿王朱约麒，太监陈彬、傅伦，官员周进隆、杨芳、王世科、汪道昆，地方官绅包裕等创作的石刻，这些人在桂林的山水间每每徜徉玩乐，及时题咏刊刻，多达几百件，若将所有石刻共算，今计有459件，这在城市石刻发展中，是无处可比的，其数量、其作者成分、其内容等，都可以作为明代石刻发展的一个缩影。包括记事碑、墓志铭、神道碑，诗文、辞赋无体不备。名作如《孝母皇太后父母诰封碑》、张居正《吕调阳墓志铭》、庄国祯《右江北三平寇记》、汪道昆《督府刘尧诲平蛮碑》摩崖等。桂林石刻中多数为摩崖，当地或者流寓官员文人经常泐文其间，最多的是靖江王以及宗室与文人的唱和作品。如庄简王朱佐敬在桂林有摩崖石刻《游独秀岩记》《独秀岩西洞记》《独秀嵩记》。九代靖江王朱经扶在独秀峰有正德元年观学题诗一首，正德二年游春题诗一首，正德九年避暑题诗一首，正德十四年《造仙像记》《造石盆记》《秋夜玩月》各一首，题《清闲快乐》四字，在虞山有嘉靖二年《论尧舜之道并诗》。广西布政使周进隆有二十四件石刻作品，太监傅伦有十六件作品。在桂林石刻中，明代石刻最具文学价值的是味玄道人靖江恭惠王朱邦苧悼念其结发妻子悼妃滕氏的刻石《明故悼妃滕氏石刻》（今在靖江王陵），全文五千多字，是一篇血泪控诉的文字，反映了一代靖江王在家庭生活中的无可奈何，也应是地方诸王政治处境的反映。

朱邦苧有妃一人，妾二人。妃滕氏是桂林清湘（今全州）人，父亲北城兵马指挥滕榆，母亲张氏，是千户张升的女儿。滕氏从小读《孝经》《论语》，受到良好的教育，十五岁归朱邦苧为妃，知书达礼，勤敬节俭。还亲自将侍女郑氏选入宫内侍奉朱邦苧。妾刘氏乃指挥刘经之之女，因滕氏无后，朱邦苧为母亲强迫纳妾，刘氏以权谋入选。刘氏入王室骄悍少礼，却因其为王室早生承嗣贵子，便是有恃无恐，蔑视尊长，致使母妃疾病中，迁居他处；忤逆丈夫靖江王，"不敬不逊，靡所不至，屡犯不悛，致愤恚成疾"；欺负妃滕氏，"悍妾恃势，恣横用言，訾妃为民间所出，吹求龃龉不绝"，滕妃最终"含气无言"而逝，年仅二十五岁。刘氏仍"自以为得计，略无惧色"，不遵礼数，视王室法度儿戏，"凌蔑奸巧，不能尽述"，与滕氏贤惠判若天壤，其罪"虽置彼以极刑，亦不足以谢妃矣"。但因其有"主器之子"，遂难以奈何，"予讣奏于朝，但云中气而薨，未敢直陈幽愤，恐上干宪典而下拂慈命也……乃屈法以全恩，姑为是不得已之计"。《明故悼妃滕氏石刻》全文以"妃"称滕氏；以"悍妾"称刘氏。颂扬滕氏礼数周到，尊老爱幼，委曲求全；控诉刘氏张扬跋扈，肆无忌惮；写自己对刘氏无可奈何，文章爱憎分明，声泪俱下，是一篇难得的，或者说舍此而不可得的情真意切的王爷的哀祭文章，透露出虽贵为王爷，其生活却如此不幸福的一面。①

---

① 靖江王府石刻的论述，见杜海军《论桂林石刻的文献特点与价值》，《广西师大学报》2010年第3期。

靖江王悼滕妃石刻，桂林

这是靖江王的生活，或者也可以说是当时所有王爷的爱情、家庭生活，以及王府与地方官员关系的一个侧面，是在其他文献中从未得见之文，令人耳目一新，足可以弥补其他载体史料及文学作品的不足。

明代文学类石刻中最有特色的作品，是朱元璋的碑文创作。

朱元璋所撰石刻，作为皇帝有些行文中规中矩，如传统碑文，有些则是新意迭出，可称千古奇文，对于语言学及其文学研究都有特殊意义。

一是口语石刻，人们一般称其为白话文石刻。朱元璋皇帝的白话文石刻，郑振铎有甚高的评价，说："明初的朱元璋，也是一位写作白话文的大家。他是一位彻头彻尾的流氓皇帝，什么话都会说得出口。所以他的白话诏令，常有许多好文章。……《皇陵碑》却是篇皇皇大作，其气魄直足翻倒了一切的记功的夸诞的碑文。他以不文不白、似通非通的韵语，记载着他自己的故事。颇具着浩浩荡荡的威势。……很有趣味。"[①]

[①] 郑振铎：《插图本中国文学史》，人民文学出版社1957年版，第766页。

朱元璋的白话碑文是纯口语，非书面语，是正宗的汉语，与今日口语甚至地方话并无任何距离，易晓易懂，确实是一个时代少有的流传的口语文章。如山东孟庙现存的与衍圣公对话碑，北京国子监洪武三十年《敕谕》碑等。且以北京国子监的洪武三十年《敕谕》为例：

恁学生每听着：先前那宋讷做祭酒呵，学规好生严肃，秀才每循规蹈矩，都肯向学，所以教出来的个个中用，朝廷好生得人。后来他善终了，以礼送他回乡安葬，沿路上着有司官祭他。近年着那老秀才每做祭酒呵，他每都怀着异心，不肯教诲，把宋讷的学规都改坏了，所以生徒全不务学，用着他呵，好生坏事。如今着那年纪小的秀才官人每来署学事，他定的学规，恁每当依着行。敢有抗拒不服，撒泼皮，违犯学规的，若祭酒来奏着恁呵，都不饶！全家发向武烟瘴地面去，或充军，或充吏，或做首领官。今后学规严紧，若有无籍之徒，敢有似前贴没头帖子，诽谤师长的，许诸人出首，或绑缚将来，赏大银两个。若先前贴了票子，有知道的，或出首，或绑缚将来呵，也一笾赏他大银两个。将那犯人凌迟了，枭令在监前，全家抄没，人口发往烟瘴地面。钦此！

碑中文字与今日口语，并无任何差异，如"恁""先前""好生""中用""得人""都不饶"等。口语贴切，这样的文字对于读者学子而言，如促膝而谈，又如耳提面命，相信对读书士子有深切的震撼力量。

朱元璋所撰碑文影响更大的是叙事碑，如《皇陵碑》（今仍在凤阳明皇陵）、《朱氏世德碑》（见《七修类稿》）、《周颠仙人传》（在庐山顶，又见《庐山志》《江西通志》）等。这些石刻至今仍完好存在，与传统叙事碑文不同，如《周颠仙人传》。

《周颠仙人传》长达两千余言，文叙元代南昌有周姓人，因患癫疾，父母无暇拘管，所以常至市中乞讨度日。周颠之奇在于能预知未来，至元年间，凡有新官到任，必前往拜谒，告诉三个字曰"告太平"。周颠第一次见朱元璋也是告知"告太平"，预示天下将乱。然而有些人，周颠是不会告知的，陈友谅率乌合之众以入南昌,周颠即不曾告知。周颠能预知胜负,朱元璋欲征讨九江陈友谅,惧其实力雄厚,问周颠未来。周颠预言可胜。能预知自然风雨,朱元璋曾经将行船至皖城而无风,舟师难行,向周颠请问。周颠说"只管行,只管有风。无胆不行,便无风"。于是军士牵舟逆流而上,不二三里,微风渐起,又不十里,大风猛作,扬帆长驱。周颠能不饮不食,尝与和尚争,怒而绝食一月,朱元璋亲验其事。又能水火不侵、刀枪难入,朱元璋多次欲验其实,置之水火间,毫发无损。能医人病,朱元璋曾病将去世,有僧呈周颠药,一曰温良药两片,一曰温良石,使得朱元璋起死回生。细读其碑,所叙事多荒诞不经,虚构过于写实,大概是朱元璋渲染自己是君权天授,有神人相助而已,是一篇小说奇文。

朱元璋敕谕白话碑,北京文庙

朱元璋的白话碑文与元代的白话碑有很大不同。元代白话碑一般是将原有的蒙语翻译作白话刊刻,与当时流行的汉语并不完全一致,再加上一些蒙语中的专有词汇,今人甚难通读。①

朱元璋的白话碑近于口语,对于我们理解明人的表达方式,以及书面语

---

① 蔡美彪编著:《元代白话碑集录》,科学出版社1955年版。

与口语、文言文与白话文的差异却很有用。在历史上，历代皇帝多有石刻文流传，但如朱元璋全用白话为文，则是独一无二的。虽然白话石刻在石刻史上为数太少，但却有非常的意义。明代俗文学大兴，从文言小说发展为白话小说与民歌，朱元璋的影响或许已在其中了。同时，朱元璋也为石刻发展增加了新的内容。

第五节　清朝石刻的繁荣

清朝立国自 1644 年崇祯皇帝殉明算起，至 1911 年辛亥革命废除帝制结束，统治中国共有 267 年，经历了康乾盛世，学术也得到极大的发展，金石学成为学术研究领域的一个重要组成部分。梁启超《清代学术概论》将清代学术发展分为四期：启蒙期、全盛期、蜕分期、衰落期。至论全盛期时说："其治学根本方法，在实事求是，无征不信；其研究范围，以经学为中心，而衍及小学、音韵、史学、天算、水地、典章制度、金石、校勘、辑逸等等。"① 而金石学中的石刻更是在继承明代石刻成就的基础上，进一步取得了前无古人的成就，正如金其桢论清代碑学："到清代乾嘉时期……被冷落了百年之久的'碑学'重新得到提倡并复兴，出现了自唐以后从未有过的兴盛局面。"② 金其桢说的碑学是对石刻的研究，我要说的是清代石刻的兴盛，是碑学的一部分。清代石刻的兴盛，是前逸古人，后无来者：数量前所未有，规模前所未有，内容前所未有。

先从清代石刻的数量说起，这是质量的基础，是清代石刻繁荣的显著表征之一。

清代石刻的全国数量至今未有完整的整理与统计，我们只能如前节所论

---

① 梁启超：《清代学术概论》，岳麓书社 2010 年版，第 5 页。
② 金其桢：《中国碑文化》，重庆出版社 2002 年版，第 798 页。金其桢论清碑兴盛是对的，但说明代碑学被冷落则是有些偏颇。

明代石刻成就方法一样，就民国以后整理的总集数量与其前朝的石刻数量的比较，从某个地域获得的完整数据前后比较，从某一类石刻的规模与数量比较，以小见大，体悟清朝整体石刻发展取得的成就。这种思路来自小学算术中的取样法。比如《北京图书馆藏中国历代石刻拓片汇编》包含了来自全国各地的石刻拓片，在一定程度上可看作中国历代石刻发展的总结性成果，从中看录入石刻，明代1586件，清代4493件，多出2907件。广西石刻清代1567件，较明代的819件多出748件。[①] 广东摩崖石刻明代73件，清代91件。[②]《陇西金石录》宋元70件，明124件，清代196件。[③] 以上是西北与东南三个省石刻的发展状况。《庐山历代石刻》统计，明代68件，清代124件。[④] 北京佛教石刻明代79件，清代140件。[⑤] 这是一个山区、一个类别的石刻发展状况。这些例子有可以视作全国性的例子，是面上的例子，如《北京图书馆藏中国历代石刻拓片汇编》，当然，虽然涉及全国的石刻，但是，由于仅录所见拓片，便肯定与石刻发生的实际数字相差还远，只是可从比例方面见到清代较前代石刻的增长比例。还有点上的例子，如广西石刻、广东摩崖石刻、《陇西金石录》《庐山历代石刻》、北京佛教石刻等，这些属于一个地区，或者一个领域的点上的例子，应该说就搜集涉及的范围而言，都应该是相对完整的，至少广西石刻是一个比较完整的搜集，因为这是笔者亲访亲录的，应该是能够作为样板代表清代石刻在历史上某个地域的发展成就。我们观察这几个例子可以看得出来，就数量比例而言，清代的石刻，较明代石刻的增长几乎到了翻倍的程度。这两个朝代统治天下的时间几乎相当，而石刻的数量有这样一个差距，可见清代石刻发展增长比例之高。

清代石刻不仅数量在石刻史上处于一个绝对的高值，而且质量也可以说代表了我国石刻发展史上的最好成就。标志性的成就，是朝廷以国家意志实

---

① 其中《桂林石刻总集辑校》录清代640件，明代459件；《广西石刻总集辑校》录清代1567件，明代360件。
② 曹腾騑、黄道钦主编：《广东摩崖石刻》，广东人民出版社1998年版。
③ 汪楷主编：《陇西金石录》，甘肃人民出版社2010年版。
④ 陶勇清主编，王忠芳副主编：《庐山历代石刻》，江西美术出版社2010年版。
⑤ 佟洵主编，孙勐编著：《北京佛教石刻》，宗教文化出版社2012年版。

行了三大工程,这些工程造就了一些前无古人的大的石刻群落或者系列。

一是镌刻乾隆十三经(又称乾隆石经),是儒家经典的总成,是在乾隆皇帝亲自授意与主持下完成的一项大的标志性工程。

乾隆石经,北京文庙

乾隆石经《春秋左传》,北京文庙

在我国历史上,大规模镌刻儒家石经有熹平石经、三体石经、开成石经、嘉祐石经、赵构书的太学石经等,乾隆石经是各朝代中最后一次镌刻儒家经典,也是总结性的规模最大的一次镌刻。乾隆石经之成,得力于乾隆的好大喜功,得力于他的不世之功的文治武功的追求。直接因素有二:一是乾隆皇帝对石刻经典的挚爱;二是贡生蒋衡独立完成的十三经手书。

乾隆对石刻经典的挚爱体现在他对石鼓文的钟爱。乾隆称石鼓文为"千秋法物",因此,曾经一字一句对应,专门研习石鼓文字,每读有感,作下了乾隆十四年《御制石鼓诗》《御制石鼓歌》(梁国治《国子监志》卷六,四库本),乾隆五十四年冬《再题元拓石鼓文》,乾隆五十五年《重排石鼓诗得句》《再题石鼓》《集石鼓所有文成十章,制鼓重刻序》《观张照草书韩愈石鼓歌长卷作歌》等。而且乾隆下旨复制石鼓两套,一置国子监,一置承德以扬石德。① 乾隆对石的感情实际上是根植于他对石刻的天然喜爱,他将自己的作品遍刻天下所到,是历史上个人留刻最多的作家。据笔者统计,各地乾隆诗文刻石有361件。而蒋衡手书《十三经》则更加直接地促使乾隆将十三经付诸刻石工程。

蒋衡(1672—1742),江苏金坛人,原名振生,字拙存,号湘帆,晚称江南拙叟、潭老布衣、拙老人、函潭老人等。蒋衡是清代著名书法家,《艺舟双楫》将其入"佳品上"二十二人。蒋衡在西安见开成石经出于"众手杂书,文多舛错参差,心实悼之",便于雍正四年至乾隆二年(1726—1737年)花费十二年时间,手书《十三经》(《跋十三经残字册》)。书《经》完毕,装为三百本五十函。乾隆五年(1740)河道总督高斌更将其进呈乾隆御览。乾隆五十六年(1791),钦命和珅、王杰为总裁,董诰、刘墉、金简、彭元瑞为副总裁,并派金士松等八人校勘,"刊之石版,列于太学,用垂永久"。乾隆五十七年为御制《石刻蒋衡书十三经于辟雍序》以为表彰。乾隆五十九年(1794)完成,作为国子监监生的标准范本,列于国子监,供监生学习用。《乾隆石经》共189石,63万字,加上"谕旨"告成碑文一石,共得190石。

---

① 参见施安昌《乾隆与石鼓文》,《故宫博物院院刊》2012年第3期。

包括《周易》《尚书》《诗经》《周礼》《仪礼》《礼记》《左传》《公羊传》《谷梁传》《论语》《尔雅》《孝经》《孟子》。又配石刻《蒋衡写经图并诗》,这是今存最为完整的石刻儒家经典,今存北京文庙,1988年列为全国重点文物保护单位,与乾隆书十六件石刻布在同一展室。这是一部雕刻与书法作品发展史,也是一部十三经发展的总成。

清代进士题名碑,北京文庙

清朝石刻的第二大功是一个系列工程,即持续镌刻进士题名碑。该项工程由清朝的历代政府共同完成。进士题名碑之作前节我们已经有所论述,北京国子监今立有元、明、清三代,共198件。而其中清朝自顺治三年,至光绪三十年(1646—1904)间的进士题名碑,即有118件,凡清代进士如刘墉、纪昀、林则徐、曾国藩、李鸿章、翁同龢、康有为等人皆可于其间寻至姓名,囊括了有清一朝所有的历次科举成就,而这些石刻之成完全由朝廷出资,直到最后一次科举，也就是光绪末（光绪三十年）的进士题名碑，由于国力衰微，方由进士自己捐资自建，其中有中华人民共和国全国人大常委会副委员长沈钧儒的进士题名。清朝进士题名碑是清朝的一部完整的科举史。且凡题名碑的撰书人选皆由钦定，肯定是文章与书法的大家或名家，因此又可以说是一部文章史或书法史。

  清朝石刻的第三大工程也是一个系列工程，在清朝持续了康雍乾等数个朝代。在清朝，凡国家有大事，必由当朝皇帝御撰文章，昭告天下，这是朝廷的规定。如平定各地叛乱之类，一定是镌石太学，康熙《平定朔漠告成太学碑》云："廷臣请纪功太学，垂示来兹。朕劳心于邦本，尝欲以文德化成天下，顾兹武略，廷臣佥谓'所以建威消萌，宜昭斯绩于有永也'。朕不获辞，考之《礼·王制》有曰：'天子将出征，受成于学，出征执有罪，反释奠于学，以讯馘告。'而《泮宫》之诗亦曰：'矫矫虎臣，在泮献馘。'又《礼》，'王师大献，则奏凯乐，大司乐掌其事'。则是古者，文事、武事为一，折冲之用，具在樽俎之间，故受成献馘，一归于学，此文武之盛制也。朕向意于三代，故斯举也，出则告于神祇，归而遣祀阙里……于六经之指为相符合也。"① 在这一思想的指导下，同时各地的府学与县学也要镌刻，与朝廷一致，现此类石刻仍多存在，如：康熙四十一年《平定西藏告成太学碑》，康熙四十三年《平定朔漠告成太学碑》（广州府学、桂林广西府学），《平定西藏碑》（康熙五十九年，立于雍正二年）；雍正三年《平定青海告成太学碑》（苏州、溧阳县学、昆山县学、桂林广西府学）；乾隆十四年《平定金川告成太学碑文》（苏州府、桂林广西府学），乾隆二十年《御制平定准噶尔告成太学碑文》（苏州、桂林广西府学、潜江县学），乾隆二十四年《御制平定回部告成太学碑文》（苏州府、潜江县学、广州州学）；乾隆三十一年《平定回部告成大学碑文》《平定金川告成太学碑文》（昆山县学），承德普陀宗乘庙有乾隆三十六年《土尔扈特全部归顺记》，拉萨有乾隆五十七年的《御制十全记碑》，乾隆四十一年《高宗御制平定两金川告成太学碑》（广州州学）；道光九年《平定回疆告成太学碑文》。

---

① 杜海军辑校：《桂林石刻总集辑校》，中华书局2013年版，第834页。

国家的其他重大活动也由皇帝制文镌碑，如：顺治九年在全国各地刻石学宫碑，规定学子们的学习规范及处罚条例，孔庙大成门内有康熙二十五年《御制至圣先师孔子赞碑》、康熙二十八年有《御制四子赞》（张玉书奉敕书丹），邹县有《御制孟子庙碑》（康熙二十六年）；雍正六年《仲丁诣祭文庙敬成》诗；乾隆四年（1739）《临雍纪事碑》、乾隆三十四年《重修文庙御制文碑》，乾隆六十年《御制丁祭释奠诗》（北京孔庙）等。

平定金川告成太学碑，桂林

在此三大工程的影响下，清朝各种形制、各种内容的石刻跟风一样快速全面而深入地发展，尤其是受到社会发展的影响，三类石刻发展成就尤其突出：一是会馆类石刻；二是政府告示及乡规民约石刻；三是文学类石刻的大规模发展。

会馆兴起于明朝，刘侗与于奕正著《帝京景物略·嵇山会馆唐大士像》记载京都会馆所自："尝考会馆之设于都中，古未有也，始嘉隆间……用建会馆，士绅是主。凡入出都门者，藉有稽，游有业，困有归也。"①会馆类石刻也

---

① 刘侗、于奕正：《帝京景物略》，中国书店2014年版。

因之开始出现。明代的会馆石刻今知有南陵县万历年间南陵县事林鸣盛撰《太学会馆碑记》(《安徽通志稿》),但是,大量的会馆出现、会馆石刻的出现并被记录,则是进入清朝以后的事情。会馆的发展得力于商业贸易的兴盛,主要是行商异地的商人们(有些是异地做官的地方官员)自行组织建设的联络乡谊的馆所,崇左有乾隆四十四年粤东会馆碑说得清楚:"郡邑之有会馆,亦犹乡之有社,族之有祠。盖所以联情敦本,得以溯所自来,不致涣漫无稽,此昔人所以重乡谊而崇敬也。"① 因此,会馆与会馆石刻所在,多是在通都大邑,至少也在县级以上官府机构的所在地,如开封有山陕会馆,南京有福建会馆、浙江会馆、湖广会馆,桂林有湖广会馆、粤东会馆、安徽会馆、江南会馆、江西会馆、福建会馆、庐陵会馆,百色有粤东会馆等。据《北京石刻撷英》说北京有会馆石刻 700 多处②,应该是全国会馆建设最集中的地方,也可以作为会馆石刻发展的一个缩影看待。

告示石刻在清代大量出现,甚至是前所未有地突然大量增加。告示石刻从发表人看,有朝廷甚至是皇帝发出的,如北京康熙二十四年《御制万寿寺戒坛碑记》、康熙三十一年《遵旨永禁碑》等。有地方官府发出告示,如顺治十三年苏州《奉宪禁革首名役累碑》,道光二年的《桂林府为端午节赛事禁令》,咸丰二年的《丽江县永禁赌博告示》,同治年间的《临桂县禁牧告示碑》。有乡民自行的一村或几户人家共议拟定的告示,人们称为乡规民约,如广西灵川县公议乡约《禁止容留游匪窝窃聚赌》,崇左的《众村合禁碑款》等。告示类石刻也因地区不同发展程度各异。经济发达的地区,告示类石刻发展比较充分,如苏州地区。据《苏州石刻·苏州碑刻博物馆馆藏碑名录(部分)》统计,从顺治七年至宣统末年,也就是整个清朝帝国,该馆共藏各种告示及约定石刻有 160 多件。而落后的边远地区的告示石刻就偶尔存在一些。告示及民约类石刻因地区的不同,涉及的内容也不同。经济发达地区的告示文多涉及本地区的经济活动,如康熙四十年《苏

---

① 杜海军辑校:《广西石刻总集辑校》,社会科学文献出版社 2014 年版,第 647 页。
② 肖纪龙、韩永:《北京石刻撷英》,中国书店 2002 年版,第 15 页。

州府约束踹匠碑》、苏州府嘉庆八年禁放高利贷告示（1803），苏州府嘉庆十四年严禁私押告示，苏州府嘉庆十七年禁止地保验尸官讹诈。吴县有同治八年（1869）江苏巡抚告示碑，禁止当地税收机构巧立名目，向过往船只乱收税费，可见苏州工商业在清代的存在现状。而经济欠发达地区则多是治安类告示，如山西高平市康熙三十二年告示《正堂柯老爷除害安民记》，乾隆八年禁樵采的《紫峰山禁约碑记》，广西恭城县道光三十年的《悔罪碑》，龙胜光绪二十四年《奉宪章程碑》、宣统二年《征官租粮米碑》。因此，这些告示碑等，实可示研究者不同地区不同历史阶段的不同民风、不同政治、经济的发展状况。

文学类石刻，拙文主要是指那些作者专为，或者主要为抒写一时一地一己情志而作的作品，我们以下试论。

文学类石刻，就体裁而言，主要包括诗歌、散文、榜书、题记（题名）等（榜书、题记的文学意义在本论文有专论）。这些石刻，即作者而言，整个清朝，自上而下，凡识文者皆乐此不疲，与明人对石刻的态度相比较，显得更为热衷。首先是皇帝的亲自参与。自皇帝康熙便喜作文镌石。除去御赐褒奖的文字，康熙兴致所至，或者出巡各地，每到总会留刻，现在流传的可以看得到，如散文有《御制万寿寺戒坛碑记》（门头沟区戒台寺，康熙二十四年）。诗歌有康熙五十二年《文光果寺》诗刻（北京石刻艺术博物馆），《康熙甲子过阙里》诗碑（曲阜，康熙二十三年），《为考试叹》（南京），苏州虎丘也有康熙诗一首。擘窠书有"空林"（成都文殊院，康熙三十年），"宁静致远"（西安碑林），"治隆唐宋"（明孝陵，康熙辛未年），"江天一览"（镇江，康熙二十六年），"松风水月"（吴县，康熙二十八年），"花港观鱼"（杭州，康熙三十八年），"兰亭"（绍兴，康熙三十二年，同时有康熙帝御笔《兰亭序》及书写《兰亭序》序言一篇）。康熙还有书法作品，临摹有《大学》石刻七件（北京文庙）、米芾《赐吴赫书》（西安碑林）、董其昌书"舞鹤赋"（西湖孤山北麓的放鹤亭）等。

康熙仿董其昌书舞鹤赋，杭州

皇帝石刻创作成就最突出的是乾隆。乾隆可以说是清朝最具代表性的石刻作家，在中国历史上也是最具代表性的石刻作家。据《北京图书馆藏中国历代石刻拓片汇编》《北京石刻撷英》《岱庙碑刻》《南京历代碑刻集成》《焦山碑林名碑赏鉴》等石刻文集，以及笔者到各地采访到的现存石刻统计，乾隆皇帝产量史上最富，包括诗歌、散文、擘窠书等，乾隆皇帝一生刻石有361件，不包括各地重复镌刻的平定碑。其中较集中的存在地有北京148件，浙江79件，河北70件，江苏42件。由此看来，乾隆在清代，可谓石刻的代表作者，前无古人，后无来者，也是清代石刻繁荣发展的象征。

在皇帝的影响下，文人名士也无不热衷作文镌刻。如康熙三十五年王士禛题、陆弘承书的《游城南》诗（西安碑林）。康熙三十五年宋荦作《沧浪亭记》（苏州）。乾隆年间毕沅在陕西刻《唐宣宗晁后庆陵》《马嵬咏古》《喜雨诗》。潍坊有郑板桥书《城隍庙碑》（乾隆十七年，1752）。袁枚乾隆元年在桂林题《咏独秀峰》《游风洞山登高望仙鹤明月诸峰》。乾隆三十六年翁方纲在广州有"拜石"擘窠书、视学题记，五十八年六月在山东济南有《雪泉功德水记》。嘉庆年间钱大昕书《海涌峰》（苏州），作《毕沅墓志》。阮元有桂林摩崖、永州摩崖，济南《小沧浪亭雅集诗序》碑，曲阜题《谒孟庙》。

洪亮吉、张问陶在镇江焦山题记。道光年间梁章钜在桂林系列题名，林则徐《游华山》诗。同治年间永州何绍基有《同治壬戌于桐轩大令陪游浯溪》《初春游朝阳岩》《游朝阳岩和山谷老人诗韵》，吴大澂有《雨中游浯溪》《浯台铭有叙》《浯亭铭叙碑》。光绪年间倪文蔚在象鼻山书《皇清中兴圣德颂有序》，康有为在桂林题"素洞""康岩"榜书，唐景崧在桂林书《奎光楼记》等。名人刻石，在清代确实成为一个比较普遍的现象。

乾隆诗，桂林

当然，就清代石刻存在的整体看，多数作者是进士与举人。这些进士举人至各地为官，所到之处多喜欢留下文字，时间充裕的，留下较有篇幅的诗文篇章，时间不足的也会留下简单的题名或者几个字的榜书。如康熙年间柳城县令朱英在桂林题诗，康熙二十一年钦差署管定南王官兵工部郎中舒书在桂林作《象山记》，广西考试官翰林院编修乔莱在桂林作七星岩诗歌，康熙五年广西柳州参议戴玑撰《重修罗池庙记》，道光年间知廉州府事厉同勋在灵山县题诗，知北流县事邓云祥在北流勾漏洞摩崖等。这些作者通常无文集流传，也没有显赫的文名，但作为一个群体，他们却是石刻作者的主体，是石刻繁荣的真正创造者。他们来自天南地北，异地做官，发现所到之地的自然山水之美，人文风情之美，传播文化与文学，将文明播撒到最基层的民众之间，推动了石刻发展的繁荣，更推动了文明的进步。

倪文蔚作、书《皇清中兴颂》，桂林

关于清朝石刻的繁荣，最后还需说到的是清代石刻学的兴盛。自明末开始，特别是进入清代后，学者对石刻的整理与研究迅速发展起来，石刻几乎成为所有学者的关注对象，大多学者都有金石学著述，金石学似乎成为一时的显学。如黄宗羲的《金石要例》、顾炎武的《金石文字记》、钱大昕的《潜研堂金石文跋尾》、毕沅的《山左金石志》、阮元的《两浙金石志》、翁方纲的《粤东金石略》、武亿的《授堂金石文字续跋》、谢启昆的《粤西金石略》等。更有学者以治金石而成名,产生了金石学的集大成的著作。如王昶的《金石萃编》,陆增祥的《八琼室金石补正》。康有为有鉴于此说:"乾嘉之后,小学最盛,谈者莫不藉金石以为考经证史之资,专门搜辑著述之人既多,出土之碑亦盛于是。山岩屋壁,荒野穷郊,或拾从耕父之锄,或搜自官厨之石,洗濯而发其光采,摹搨以广其流传。若平津孙氏,侯官林氏,偃师武氏,青浦王氏,皆缉成巨帙,遍布海内。其余为《金石存》、《金石契》、《金石图》、《金石志》、《金石索》、《金石聚》、《金石续编》、《金石补编》等书,殆难悉数。故今南北诸碑,多嘉道以后新出土者,即吾今所见碑亦多《金石萃编》所未见者。出土之日多可证矣。出碑既多,考证亦盛,于是碑学蔚为大国。"(康有为《尊碑第二》,《广艺舟双楫》卷一)

上论所见,清代石刻在整理以及研究方面取得了全方位的发展,成就也是前所未有的,在我国石刻发展史上,足可以称为一个发展高潮,同时,伴随着封建社会的结束,新时代的到来,也可谓一个非常完美的结尾。

第三章 石刻的社会功用及其文献与文学价值

第一节 石刻之社会功用

石刻自其发生，因材质易得，风雨不侵，外力难坏，经久耐磨，可传久传远，作为信息传播的一种方法，遂受到人们的青睐，在社会上、日常生活中得以广泛普遍的应用，成为记事、抒情、推动文化传播的重要手段，在传递信息方面发挥了无可替代的功用，成为我们今日认识历史过程的一项重要的历史文献。

长期以来，人们对石刻研究的青睐在金石学，对石刻的社会文献功用注意不够，影响了人们对石刻文献价值的认识及石刻文献价值的充分开掘与发挥。当然，也有学者对此早有认识，如欧阳修已关心到石刻的证史功能，"乃撮其大要，别为录目，因并载夫可与史传正其阙谬者，以传后学，庶益于多闻"（《集古录·序》）。也有学者试图全面总结，如叶昌炽总结石刻功用四点：一曰述德崇圣，二曰铭功，三曰纪事，四曰纂言，并各举数例。柯昌泗批评说叶昌炽列目有缺漏，举例有未合。[1] 杨殿珣《石刻题跋索引》将石刻分为墓碑、墓志、造像记、刻经、诗词、题名和杂刻七类[2]，系就体裁而言。

---

[1] 叶昌炽撰，柯昌泗评：《语石 语石异同评》，中华书局1994年版，第181—182页。
[2] 杨殿珣：《石刻题跋索引》，商务印书馆1990年版。

毛远明总结为记事赞颂、哀诔纪念、祠庙寺观、诗歌散文、图文碑刻、应用文碑刻、石经、题名题记、几种特殊碑刻等，这种总结，体裁、题材不分，论述较为混乱。

关注石刻的功用，有助于加深学界对石刻文献价值的认识与开发和利用，有助于充分发挥石刻的文献价值，有助于学界对人类发展史各项研究的深入开展。笔者以为其功用大者盖在七端，包括昭告国家大事、助理民生日用、推动教育发展、传播宗教文化、记录私人事迹、推广文学创作、传播书法艺术等。

石刻在传播书法艺术方面发挥的功能，大家看得清楚，论述也多，在此不赘，此处且粗分六类以次。

一 昭告国是

古时信息传播手段甚少，国家要事或者政策欲广泛告知，刻石就成为一个重要手段选项。借此选项者，如记录帝王行程有：周穆王"纪迹于弇山之石"[①]，秦始皇巡游泰山等地留下碑刻至今可见。秦后，几乎每个朝代皆有此类存碑。如山东汉武帝登泰山留《泰山无字碑》，魏太武帝拓跋焘太延三年（437）过易州（河北易县）与群臣赛箭石刻《皇帝东巡碑》（1927年发现）。唐开元十四年（726）唐玄宗封禅泰山，摩崖岱顶大观峰《纪泰山铭》。康熙皇帝在曲阜有《过阙里》碑，乾隆皇帝在浙江有《阅海塘记》（乾隆二十七年），嘉庆皇帝在河北围场县有《木兰记碑》（嘉庆十二年）等。关系国政者更多，如河南临颍县繁城镇存东汉延康元年（220）华歆率公卿将军上奏请曹丕即位的劝进文，三国魏黄初元年曹丕即位昭告天下取代汉室立魏。[②] 鄂伦春嘎仙洞北魏太平真君四年（443）魏世祖拓跋焘委派李敞祭祖摩崖[③]。唐代长庆三年（823）西藏拉萨大昭寺立唐吐蕃会盟碑。云南曲靖一中所存明政三年大理国段氏与三十七部会盟碑。唐玄宗开元二十年（732），因突厥阙特勤去

[①] 刘勰著，范文澜注：《文心雕龙注》，人民文学出版社1960年版，第214页。
[②] 欧阳修《集古录》卷四、洪适《隶释》卷二十三、王昶《金石萃编》卷二十三皆收录。
[③] 该摩崖1980年7月由内蒙古呼伦贝尔市文物工作站的米文平先生发现（见米文平《鲜卑石室的发现与初步研究》，《文物》1981年第2期，第1—7页）。

世,玄宗派使者前往吊唁并制御书刻《阙特勤碑》(光绪十五年)在鄂尔浑河上游呼舒柴达木湖畔的喀拉和林遗址,即今蒙古国林赛因诺颜部哲里,发现的唐玄宗开元二十年(732)刻《阙特勤碑》,同时发现的还有《九性回鹘可汗碑》《苾伽可汗碑》。① 唐肃宗安禄山叛乱平定,唐代宗大历六年(771)元结特撰《大唐中兴颂》摩崖于湖南祁阳浯溪。河南濮阳的景德元年(1004)澶渊之盟《回鸾碑》。云南大理的《元世祖平云南碑》(元大德八年,1304),山西、陕西交界处黄河龙门口禹王庙存元代圣旨碑,北京大学图书馆藏元代的立皇后玉册文拓片,桂林中学现存元至顺帝封孔庙碑②,还有各类保护佛教、道教、景教圣旨碑刻。明代朱元璋统一天下宣扬天命依归,御书《周颠仙人传》置于庐山之巅。清朝定例,每次平叛昭告天下,必泐碑于太学及各地府学、县学等,如康熙四十三年平定厄鲁特噶尔丹(存桂林)、六十年平定西藏(存拉萨),雍正三年平定青海(存桂林),乾隆十四年平定金川皆有御书(存桂林),还有承德普陀宗乘庙的《土尔扈特全部归顺记》《优恤土尔扈特部众记》(乾隆三十六年,1771)等。

汉藏和亲碑,拉萨,西藏大学博士生于素香代访碑

---

① 金其桢:《中国碑文化》,重庆出版社 2001 年版,第 437 页。
② 凡引桂林之石刻皆见杜海军辑校《桂林石刻总集辑校》,中华书局 2013 年版。

朝廷法规政令通常也借勒石告示天下，特别在清代法制渐明，更为普遍，桂林一地此类碑刻已多不胜数，内容无有不及。涉及治安交通者如《桂林石刻总集辑校》所载的道光年间桂林府有《为端午节龙舟赛事禁令》《严禁匪盗赌碑》《禁止容留游匪窝窃聚赌》，咸丰年间《广西巡抚禁封船只布告碑》《严禁盗卖盗葬等告示碑》，临桂县《限制义渡勒索行人告示》《广西按察使司告示禁止毁树碑》《临桂县禁牧告示》等几十件；涉及工业发展以及贸易者如《广西石刻总集辑校》所载乾隆六十年（1795）的《灵川县示谕贸易碑记》，富川县告示《奉县封禁坑场碑》，广西巡抚告示《贵县廪生请抚宪封禁开矿》。著名的还有苏州所藏康熙四十年（1701）的《苏州府约束踹匠碑》，雍正二年（1724）苏州的《奉各宪永禁机匠叫歇碑记》等。

地方各级政府有要事通常也刻石记录，如曲阜孔庙存汉碑《孔庙置守庙百石卒史碑》记述为祭祀孔庙设官事[①]，陕西华阴西岳庙《西岳华山碑》记述设祭祀官事[②]；北魏宣武帝永平二年（509）摩崖于陕西汉中褒斜古道的《石门铭》记录了我国最早在当地开通以及续修栈道的过程，南宋度宗咸淳六年（1270）章时发作《静江府修筑城池记》摩崖在桂林鹦鹉山，记述了修建桂林城的过程以及使用的人力物力，有公示之用。

这些碑刻记事有大有小，多与国事有关，成为政府与百姓沟通的重要方式，反映了一定时期国家的治理现状。

二 燮理民生

石刻作为一种信息载体，对于民生的正常运行曾发挥很大的信息沟通作用，几乎成为社会运行不可缺少的组成部分，具体体现在：

一是记事。古人有大事则记，如地震碑刻，是不常见，常见者大概包括以下方面：兴办维护公益事业，彰善瘅恶。如汉中《何君阁道碑》摩崖，贺

[①] 王昶：《金石萃编》卷8，嘉庆十年刻，同治钱宝传等补修本，《续修四库全书》，上海古籍出版社2002年版。

[②] 王昶：《金石萃编》卷11，嘉庆十年刻，同治钱宝传等补修本，《续修四库全书》，上海古籍出版社2002年版。

州市玉坡村乾隆四年（1739）刊《龙珠庙记》，鄂昌乾隆十一年（1746）兴安县秦堤龙王庙刻《重修龙王庙碑记》，杨仲兴兴安县乾隆十二年（1747）刊《重修分水龙王庙碑记》，杨锡□横县乾隆四十一年（1776）刊《重塑满堂神将碑记》。又有龙胜县江底乡泥塘村嘉庆元年（1796）刊《建桥集资碑》，平乐县榕津村嘉庆十一年（1806）刊《鼎建戏台碑记》。桂林同治八年（1869）立《重修龙泉井并井边街碑记》，桂林东安街圣母祠同治十二年（1873）刊《黎庶椿等重修古井碑记》，桂林光绪十八年（1892）《唐启藩开井碑记》，桂林光绪五年（1879）《宝积山植树碑》，桂林光绪十六年（1890）《曹谨堂植树题名》。桂林叠彩山木龙洞雍正十年（1732）刊刘崛起大任《收埋棺柩碑记》。

何君建设阁道摩崖，《石门十三品》

他如懿行碑、德政碑属此类。恶行碑是后起者，如桂林兴安县灵渠四贤祠内有民国5年（1916）公立《吕德慎劣政碑》："浮加赋税，冒功累民，兴安知事吕德慎之纪念碑。"指斥吕德慎不法行为。

二是传播生活常识。如北京1971年发现的宋代天圣年间刻针灸图经碑，明刻陕西药王山《海上仙方碑》与摘录孙思邈《千金方》的《千金宝要碑》，西安有张旭书草书刻的《肚痛帖》，桂林刘仙岩刻吕渭宋徽宗宣和四年（1122）刊《养气汤方》，乾隆年间刻于拉萨的《劝人种痘碑》等。这些碑对推广医学知识应该是发挥了作用的。吴仲复宣统三年在桂林木龙洞摩崖《崇华医学会》碑，推动了现代医学观念的普及。

传播天文知识如河南登封唐僧一行刻《周公测量台》，传播地理知识如苏州博物馆所存南宋黄裳制《地理图碑》也当属此类，且世有名作。

三是通过刊石宣传各种政策规约，约束人群间不适宜行为，倡导正义，打击邪恶，维护百姓日常生活的正常有序进行。此类碑刻最普遍，如维护地方安全的乡规民约，广西罗城县康熙五十八年（1719）刊《小长安何家众立禁碑》①，道光年间合街公立《公议禁约》碑，《萧家里等七村公议禁约碑》，恭城县上炉村乾隆四十四年（1779）刊《众立禁碑》，光绪年间桂林阳家村《公议禁条碑》、桂林八街《公议禁约》、东郊阳家村《公议禁约》碑，光绪三十三年（1907）立临桂县判决毛村、大宅江、钩鱼山村、桑林村、石家渡村、新宅村、陇上村七村《灌溉用水事布告》等。

规矩集团内部的人际关系，如北京马甸伊斯兰教清真寺存康熙十一年（1672）《公议整顿寺规碑记》，山东济南府礼拜寺内存康熙九年刻薛宗俊撰《永禁三掌教世袭序》②，广西富川县乾隆三十四年（1769）刊《传芳堂族规条列》。

刻石契约告知邻里，以发挥契约约束力者也甚多。如：河南偃师县存东汉建初元年（76）《大吉买山地记》③，建初二年（77）《汉侍廷里父老僤买田约束石券》记载买田事④。山东莒县西孟庄庙墓出土《宋伯望买田记》，东汉

---

① 凡引广西诸县石刻，皆见杜海军辑校《广西石刻辑校》，社会科学文献出版社2014年版。
② 金其桢：《中国碑文化》，重庆出版社2001年版，第1148页。
③ 陆增祥：《八琼室金石补正》卷八，吴兴楼氏希古楼刊本，《续修四库全书》，上海古籍出版社2002年版。
④ 毛远明：《碑刻文献学通论》，中华书局2009年版，第259页。

建安三年（198）刻。晋咸康四年（338）刻《朱曼妻薛买地宅券》。桂林乾隆五年（1740）临桂县颁发钵园四至地界摩崖，标明买地与卖地之人。乾道八年（1172），桂林靖江府给僧人了达颁发护园执照摩崖，批准了达管理桂林青秀山僧舍。道光四年（1824）桂林阳文宗《卖房契碑》，僧维昆道光十九年（1839）夏月刻《钵园四至地界碑记》，同治年间桂林董福弟等人为《木龙洞义渡具结碑》，民国时候龚仲英《卖屋契约》也刻在石。桂林阳家村道光二十九年（1849）立《众议拨税碑记》、商会会馆碑等属此。总而言之，买卖契约石刻代代皆有。

三 推动教育发展

刊刻教育政策、规章制度以及教材，石刻在中国的教育进步史的发展中发挥了举足轻重的推动作用。

其一刊刻教育政策，宣传教育规章制度，为学子指明努力方向。政府有关教育的法规首先是刻石学校，如宋代文彦博作《京兆府小学规》，按年龄严格规定学生的学习功课[①]，《大观圣作碑》《耀州淳化县御制学校八行八刑之碑》记载"八行八刑"，规定了当时人才的选拔条件以及选拔等级等。柯昌泗《语石异同评》论石刻典章又以为宋徽宗《御制政和五礼新仪》，颁行天下，最合此例。[②] 又如光绪八年（1882）刊《广西巡抚为各书院膏火定例碑记》记载"膏火向有定额，边课本较内地诸生有增。卷查太、泗、镇三府属边生来省肄业，考列超等者，每名月给膏火银二两。考列特等者，每名月给膏火银壹两。由府汇同各书院生童膏火具文，请领给发"，则更详细地规定了边地学生在内地学习期间，享受国家优惠的待遇，以及根据学习成绩定级别领取膏火数额的规定，有利于鼓励边地的教育发展。

又有各类学校自我规程刻石学府，著名者如南宋时朱熹有《白鹿洞书院

[①] 王昶：《金石萃编》卷134，嘉庆十年刻，同治钱宝传等补修本，《续修四库全书》，上海古籍出版社2002年版。

[②] 叶昌炽撰，柯昌泗评：《语石 语石异同评》，中华书局1994年版，第212页。

揭示》。《白鹿洞书院揭示》出，南宋理宗遂诏颁各州府县，令立石刻于学宫。教学的礼仪制度、行施程序也刻在学府，如大德元年（1297）将释奠图刻于桂林府学，供学子模仿学习。杜与可元仁宗皇庆元年（1312）刊《静江路修学造乐记》也直接与府学教学有关，至今碑刻犹在。

  其二是刊刻教材，汉代以来各级学府多将儒家经典刻石供学子抄录习读。我国教育自董仲舒"罢黜百家，独尊儒术"之说兴，到清朝末年，儒家经典就成了不可更易的学校教材。这些教材，古代由于印刷术的不发达以及纸张的缺乏，学生读书主要靠手录，时日渐久，转相传授，这不免出现一些舛误，影响教学效果，因此便有了东汉太学奉旨刊刻五经之事。《后汉书》记载："邕以经籍去圣久远，文字多谬，俗儒穿凿，疑误后学，熹平四年，乃与五官中郎将堂溪典、光禄大夫杨赐，谏议大夫马日䃅、议郎张驯、韩说、太史令单飏等，奏求正定《六经》文字，灵帝许之，邕乃自书册（丹）于碑，使工镌刻立于太学门外。于是后儒晚学，咸取正焉。及碑始立，其观视及摹写者，车乘日千余两，填塞街陌。"① 从此，历朝学校刻经于石，就成了绵延不断的、重要的教材颁授方式，从汉朝六经直刻至清朝的十三经，阎若璩这样总结："汉灵帝熹平四年，蔡邕书六经于碑，使工镌刻，立于太学门外，此所谓《一字石经》也。魏邵陵厉公正始中，邯郸淳书石经，亦立于太学，此所谓《三字石经》也。晋裴頠为祭酒，奏修国学，刻石写经，是为《晋石经》。后魏孝明帝神龟元年，祭酒崔光请补汉所立《三字石经》之残缺，此魏立也，非汉。唐文宗开成二年，国子监《九经石壁》成，从宰相领祭酒郑谭之请也，今尚在。孟蜀广政十四年，镌《周易》，至宋仁宗皇祐元年《公羊传》工毕，是为《石室十三经》。仁宗庆历初，命刻篆隶二体石经，后仅《孝经》《尚书》《论语》毕工，是为《嘉祐石经》。高宗绍兴间，亲书《易》《书》《诗》《左氏传》《论语》《孟子》及《礼记》五篇刊石（杜按：《武林金石志》卷二载，共七十八碑），孝宗淳熙四年，诏建阁以覆之，是为《绍兴御书石经》。

---

① 范晔：《后汉书》，中华书局2011年版，第1990页。

盖古来凡七刻矣,为附其说于此。"① 阎若璩未及总结的还有其后乾隆五十六—五十九年（1791—1794）续刻的《清石经》（又称《乾隆石经》）。这套石经规模庞大,包括乾隆谕旨与和珅奏表（1795）多达 190 件石,当时立于国子监（今藏北京）,全刻包括《周易》《尚书》《毛诗》《周礼》《仪礼》《礼记》《春秋左氏传》《公羊传》《谷梁传》《论语》《孝经》《尔雅》《孟子》,共十三经,成为权威的儒家教材。

其实,刊刻儒家经书不仅是在太学,其他各地方也多有散刻。如西安碑林存《石台孝经》,四川遂宁摹刻的宋高宗书《真草孝经》,重庆大足刻古文《孝经》,羑里城有嘉靖刻文王《易》,乾隆《山东通志》载长青雉兔屯石刻《孝经》等。还有将经文片段刻于各地者,如南宋司马备刻《易经·家人》于融水、陈邕刻张栻书《论语·问政》于桂林弹子岩等。石刻为天下学子求学进身提供了极大方便,也反映了我国教育史进步的阶梯性成果。

其三是修建学校与学记的碑刻。据我们对欧阳修《集古录》以及王昶《金石萃编》、陆增祥《八琼室金石补正》等金石录的研究发现,学记类石刻当始于宋代。宋代以后,学记石刻数量剧增,量大文美,一定程度上反映了教育的进步,有力宣传推动了教育事业的发展。

学记内容十分丰富,或阐述建学的重要性,如绍圣元年（1094）吴柔嘉撰《高陵重修县学记》说"学者之性如泉源,导之为江河,塞之为污池"。②或记述学校发展过程,道光六年（1826）李士林刊《粤西康大中丞广秀峰书院肄舍碑记》,记述桂林秀峰书院增建学舍事,说原有讲堂五楹、厅舍五楹、东西厢各十五楹;嘉庆五年（1800）增修寝室五楹、东西厢各三楹,立汉司空南阁;道光四年（1824）,大中丞兰皋康公莅任,又在院内大门之旁,增舍七椽,又捐金二百余两购顾氏居,前后增建凡三层,层各若干房的事迹。曹驯光绪二十一年（1895）刻《逊业堂记》,唐景崧光绪二十二年（1896）刻《奎光楼记》等皆记学校的兴建。或记述学校学生、老师的日常生活待遇,如

---

① 阎若璩撰,黄怀信、吕翊欣校点：《尚书古文疏证》,上海古籍出版社 2010 年版,第 92 页。
② 王昶著：《金石萃编》,《续修四库全书》,上海古籍出版社 2002 年版,第 466 页。

柳州市柳侯祠乾隆十三年（1748）夏四月刻《龙城书院碑》，乾隆四十七年（1782）桂林朱椿刊《秀峰书院经费记》等皆是如此。这些石刻成为今日研究我国教育史的稀见资料。

四 传播宗教信仰

宗教在我国历史上发展是比较全面的，有本土产生的道教，有外入的基督教、伊斯兰教、佛教等，这些教在中国都得到过断续的却非常大的发展。作为宗教实践的重要形式或发展过程，石刻文献中都有非常充分反映。石刻记载了各类宗教发展的起始，如唐刻记录景教在中国发生的《大秦景教流行中国碑》自明代被发现即驰名中外，它是有关唐德宗李适建中二年（781）为传入我国的基督教（聂斯脱利派）而刻的一件名碑，用中文和叙利亚文载明了景教从波斯传入中国后在长安建寺和传教的情况。又如陕西户县重阳宫碑林集中了众多的元代以来的道教碑刻，其中《十方重阳宫万寿记》《全真教祖碑》《重阳祖师仙迹记》等成为研究道教全真派的创立者、教义思想的最珍贵资料。桂林南溪山刘仙岩宋高宗绍兴二十二年（1152）刊《畲先生论金液还丹歌诀》是道教炼丹的重要文献。陈智超、曾庆瑛抄于四川灌县文管所拓本的《敕赐玄教宗传之碑》是虞集奉敕撰文，赵孟頫奉敕书丹、撰额的记载正一派大宗师张留孙以前的八代本师及陈义高的事迹，是元代道教正一派的重要史料。[①] 还有广西宜州存宋代元符元年（1098）刊的图文并茂的《供养释迦如来住世十八尊者五百大罗汉圣号》，广西宜州宋代绍圣四年（1097）刊的《婺州双林寺善慧大士化迹应现图》，描写梁武帝时傅大士在双寿树下修行的过程。广西崇左明万历年间知州黄河汉立《上帝碑》，虽然只有"上帝碑"三字与年月落款，已可见天主教在中国明代传播的深入。

宗教在中国历史上得到大发展的主要是道教与佛教，这从经文的刊刻可以见得。如唐代河北易县龙兴观一经幢刊刻《道德经》，而佛教石刻在所有宗

---

① 陈智超：《校补前言》，陈垣编纂，陈智超、曾庆瑛校补《道家金石略》，文物出版社1988年版，第5页。

教石刻甚至所有石刻中都是最有成就、数量最大的一类,在佛教石刻中成就最为惊人的是佛经石刻,叶昌炽对佛经刻石之多很是惊讶,他说:"余尝怪释氏刻经遍天下,房山雷音洞二千三百余石,伟矣。中山之法果寺,宝山之万佛沟,或建石,或摩崖,莫不大书精刻。"① 佛教的经文刊刻确实成就非凡,如北齐泰山经石峪的《金刚经》占地亩余,字径每个50厘米,至今仍有字存,可谓奇观。还有山东邹县摩崖岗山、铁山,河北邯郸唐刻维摩经等。特别值得注意的是叶昌炽所说的房山石经。北京的房山石经刊刻始于隋朝,终于辽、金。几个朝代的持续刊刻,完成了《法华经》《华严经》《涅槃经》《维摩经》《胜鬘经》《金刚经》《佛遗教经》《无量义经》《弥勒上生经》等15060件的刊刻②,成为我国文化的一大奇观,印证了中国佛教史发展之辉煌。

婺州双林寺善慧大士化迹应现图,宜州

  石刻文献对于宗教研究的价值,已经为学者注意,当代著名学者陈垣搜集辑纂《道家金石略》,借助石刻文献研究道教发展,为学界做出了很好

---

① 叶昌炽撰,柯昌泗评:《语石 语石异同评》,中华书局1994年版,第184页。
② 徐自强、吴梦麟:《中国的石刻与石窟》,商务印书馆1996年版,第88页。

的榜样。

习俗几近宗教，是人们生活的重要组成部分，石刻也起到了一定的宣传推广功能，如桂林泰始六年（470）刊《欧阳景熙地券》、永明五年（487）刊《秦僧猛地券》、正统四年（1439）刊《靖江王府内使张法禧地券》，反映的是丧葬习俗。龚翔麟康熙五十四年（1715）刊《伏波祠迎送神歌》反映的是祭祀习俗。泉州宋代众多的祈风摩崖题记，陕西华山汉代以来的祈雨碑等，反映了不同地区人与自然的关系，及自然与人类生活的关系。吴元臣康熙五十九年（1720）刊《新建痘神庙碑记》（桂林）反映了人们对疾病与神灵关系的认识。此等碑刻内容多不入正史，价值也是别具。

五　记录私人行迹

石刻最普遍的应用在于墓铭或志，无论地位高下贵贱，为去世者立碑作墓志在东汉以后就特别普遍，直到今天这种风气依然在延续，这大概来源于国人讲究三不朽的传统，所谓立德、立功、立言者是。然无论立德、立功还是立言，其实只为一个立名而已。如《后汉书·窦宪传》载窦宪公元89年在燕然山打败匈奴，勒石纪功而还。《晋书》杜预传称杜预好为后世名，为自己刻碑，"常言'高岸为谷，深谷为陵'，刻石二碑，纪其勋绩，一沉万山之下，一立岘山之上，曰：'焉知此后不为陵谷乎！'"① 无非是说不管将来天地如何反复，自己的名字总会显耀于世，这是人们立碑留名的一个最典型实例。由于古人这种立名观念的强烈，所以我国二十四史也就做成了一部人物传记大集结，但能进入史书的人物多王侯将相非常之人，普通人要传名后世就只能自想办法。由于石料容易获得，不受任何限制，使用方便，所以借助石刻立名便成了众人的选择，或埋地为志为铭，或置墓前为碑为碣，标明自己的姓氏履历业绩，或将姓氏业绩直接摩崖山石彰显所到等，以求与天地同寿，与日月同辉。因此我国历史方留下无数的各种形式的石刻碑铭，我们仅以所发现墓志铭唐代之多就可见一斑。上海古籍出版社1992年出版周绍良等编《唐

---

① 房玄龄等著：《晋书》，中华书局2011年版，第1031页。

代墓志汇编》一书录墓志3676方，2001年上海古籍出版社又在《唐代墓志汇编》的基础上作《唐代墓志汇编续集》，续收墓志1564件，两编合起就有5240件，想必这只是部分，是唐代的部分，更是历史上的部分。如果设想将历史上所有朝代曾经发生过的墓志铭完全统计，不知将是一个何样的数字，因为宋代以后的石刻发展更为普遍与繁荣，反映社会生活的程度也必更深入更广泛。

数量众多是一个方面，重要的是这些墓志铭作者多有名人与显要，所铭之人也往往成绩可为世道。如"《东观汉记》曰，窦章女，顺帝初入掖庭为贵人，早卒。帝追思之，诏史官树碑颂德，章自为之辞"；又言"蔡邕撰碑文之多，范晔《后汉书》曰郭林宗卒，同志者乃共刻石立碑，蔡邕为其文。既而谓卢植曰，吾为碑多矣，皆有惭德，惟郭有道碑无愧色耳"。① 东汉时孔融等人撰碑文多以蔡邕碑为模范："后汉以来碑碣云起，才锋所断者，莫高蔡邕杨赐之碑，骨鲠训典，陈郭二文句无择言，周乎众碑莫非精允，其叙事也核而要，其缀采也雅而泽，清辞转而不穷，巧义出而卓立。察其为才，自然至矣。孔融所创有慕伯喈，张、陈两文辨给足采，亦其亚也。及孙绰为文志在于碑，温、王、郗、庾词多支离，桓彝一篇最为辩才矣，此碑之所致也。"② 东汉以后，为人作墓志铭就成了文人的一项重要创作内容，如韩愈为人写墓志铭、墓碑等在李汉编《昌黎先生集》八卷中就占有二卷之多。

碑志在文人著作中成为重要的组成部分，是二十四史人物传记的一个大的补充。

对于个人行迹的记载，除去碑志是专为记录个人行迹的一种文体，而人之所至，留题诗文、题名等石刻作品也是个人行迹的最具体的记录，不过，是片段的记录，但这些片段远较碑志更为具体、真实、细腻、直观，这些片段的集合，如串珠一样将人生的轨迹呈现在后人眼前。

---

① 李昉等编：《太平御览》卷589，文部50，《四部丛刊》三编影印宋刊本。
② 同上。

六　观社会风俗

观婚俗。如靖江恭惠王朱邦苎纳指挥刘经之女刘氏为妾，屈从于民俗必以赐槟榔求取方可等说："刘氏虽中选，奈其父母尚未欢从，须要降尊徇俗，赐以槟榔求之，庶几少慰其心"；"母妃以逾礼弗从。得屡强启，始以槟榔遣彼往赐，渠回即称其家已从之矣。识者讥之，而复憾其蒙蔽之深，莫克以讨其罪焉"①。今崇左江州区嘉庆六年录乾隆四十六年（1781）碑有《奉宪州批照碑记》规定"土官接婚先任随各村头人赠槟榔钱文，今朱票混派倍取，乞照前例"②。可见广西聘婚以槟榔的婚俗之要已久远。

观葬俗。南宋乾道年间，范成大赴静江府路经略安抚使任，欲改革当地习俗，从桂林之俗或不葬所亲，寓其骨于浮屠习俗入手，命当地人张仲宇代作《谕葬文》，说当地人不葬父母骨肉的借口有："妄称……风水不吉、日月未利、兄弟相妨之类，只将棺柩寄留寺舍，或置嵓穴，或藁殡于荒园林木之间，少者五年、七年，多者二三十年，不与安厝。又信于巫卜，因生事，小不如意即归罪坟陇，不问□又便行□掘，棺柩破毁，骸骨暴露，或弃草野。"③至今广西仍可见此葬俗。

观商俗。灵川县公议乡约碑道光五年（1825）刊有《禁止容留游匪窝窃聚赌》碑，共有公议乡约十一项，其中一项是"一两里杀猪人不得灌水，头脚下水，不许搭肉同卖。即外乡人来卖干肉亦不得，搭水肉更不得卖。如违，拿肉议罚"。④这让今人看到不良的商业欺诈习俗其来有自，并非今日方生。

观生产习俗。石刻又记载不同地区的不同生产习俗，如泉州九日山多种祈风题名有宋代嘉定癸未孟夏二十六日戊戌东阳章持敬则等十六人祈风于昭惠祠下的题名，陕西华阴庙有《述圣颂》碑侧的张唯一乾元年间刻《祈雨记》等。靠海的祈风，反映了泉州作为海上丝绸之路及出海捕鱼行船的需求，

---

① 杜海军辑校：《桂林石刻总集辑校》，中华书局2013年版，第592页。
② 杜海军辑校：《广西石刻总集辑校》，社会科学文献出版社2014年版，第759页。
③ 杜海军辑校：《桂林石刻总集辑校》，中华书局2013年版，第206页。
④ 杜海军辑校：《广西石刻总集辑校》，社会科学文献出版社2014年版，第811页。

而关中祈雨则反映的是靠天吃饭的农业生产的艰辛。

七　记载与传播文学

石是重要的文字载体，在传播方面，以其不易腐朽与损坏而可以持久的特质为文人所喜爱，所以，文人所到或为人邀请，或自我冲动，多喜欢留题石上。以此，石刻为推动与记载文学进步的历程发挥了重要的作用。在石刻中，有各种各样的文体，如常见的诗词散文、碑记，还有较少受到文学研究者关注的题记（题名）、榜书、造像记等。从创作主题来看，人人可得而为作者，有重要如帝王者如李世民作的《晋祠铭并序》、李隆基的《纪泰山铭》，朱元璋、康熙、乾隆等圣主也是所到刻石。而硕儒名士刻石更是普遍，如韩愈、柳宗元、元结、颜真卿、欧阳修、王安石、"三苏"等。但石刻作者更多的是那些无意为文、偶一为文而不以文人自居的作者，其数量可以说多不可数。因此，石刻为后世记载下了巨额数量的作品，成为文学发展的基石，《中国金石总录》给出的数字总量约 30 万种 40 万件（军按：这一数字肯定不是完全的数字，因为石刻总在不断被发现中），石刻成为记载文学作品的大宗。当然，这也为文学的传播做出了贡献。

铁城颂，宜州

文学的传播包括作品传播、作者传播，文学理念与创作方法的传播。作者作品得到传播，文学理念与创作方法自然也将随之得到传播，因此我们论述作品传播、作者传播，文学理念与创作方法的传播也自然就在其中了。在古代，文学的传播就方式而言，无外乎口头传播或将文字书于竹简、木牍、丝帛、纸张、金石等。在这些方式中，比较而言，纸张、竹木寿命皆短且易损，更有者受到经济力量或社会地位的限制，因此，文学的传播人群也就是在文人或者官员富人的圈子内，一般百姓或无意受其影响，或无力受其影响，文学的传播因此而受到限制。然而，石刻这种矗立通衢，或摩崖名山，多在公众易到易聚之处，受众范围大，传播人群无拣择，时间持久，在诸多传播方式中，成为传播文学的重要方式，也成为人们不经意间最易接受的一种方式。

就作者传播而言，许多人借碑刻得扬文名，晋人戴逵作郑玄碑，为文自镌，时人莫不惊叹，以为"词丽器妙"。吴郡人陆云制《太伯庙碑》，吴兴太守张缵罢郡，途经读其文，叹美以为"今之蔡伯喈也"，至都言于高祖，高祖召陆云兼尚书议郎。唐人李邕长于碑颂，虽贬职在外，中朝衣冠及天下寺观多持金帛往求其文，受纳馈遗至于巨万，时议以为自古鬻文获财未有如邕者，其《韩公行状》、洪州《放生池碑》为人推重，以恩例赠秘书监。唐长庆年间工部尚书冯定作《黑水碑》《画鹤记》名驰新罗。孙兴公作永嘉郡，有《敬夫人碑》因得到郡人尊重。张说文章构思精敏，长于碑志，为世认可。宋人李瀚代杨凝撰吴越王钱镠《神道碑》，文采遒丽，时辈咸称。任谅为怀州教授，徽宗见其作《新学碑》，赞美其文，擢提举夔路学事。金人韩昉作《太祖睿德神功碑》当世称之。元人揭傒斯撰《明宗神御殿碑》，获赐楮币万缗，白金五十两。此为列举，皆是言碑刻对作者扬名的作用。

鉴于碑刻有助于扬名，名家也多喜为之，如唐太宗李世民撰五言诗《帝京篇》《晋祠铭》，唐明皇李隆基撰书《鹡鸰颂》《送李邕赴滑州诗》。李白撰书《隐静寺诗》刻于繁昌，《题安期生诗》刻于掖县。颜真卿撰书《宋璟碑侧记》刻于沙河，又有《唐开府仪同三司行尚书右丞相上柱国赠太尉广平文贞公宋公神道碑铭并序》。元结的《大唐中兴颂》、皇甫湜撰《浯溪诗》刻于祁阳。韩愈书《白鹦鹉赋》刻于海阳、《送李愿归盘谷序》在孟州济源,《徐偃王庙碑》在衢州,《南海庙碑》在广州,《罗池庙碑》在柳州。柳宗元在桂林有《訾家洲记》、柳州有《柳州山水记》《重复大云寺记》、柳州《并铭》《文宣王庙碑》。白居易撰《香山寺碑》《修香山寺诗三十韵》《醉吟先生传》《八节滩诗并龙门二十韵》《醉吟先生白公西北岩石碣》《白乐天游济源诗》。李商隐撰《白居易碑》、冯道撰书《晋移文宣王庙记》刻于大荔。欧阳修撰《醉翁亭记》刻于滁州、鄢陵,《丰乐亭记》刻于滁州,刻《思颍诗》等三十篇在颍水。苏轼《表忠观碑》在临安,《昌黎庙碑》在潮州,《伏波庙碑》在雷州,《峻灵王庙碑》在昌化。以上所论是名人,其实,以总量而言,文刻流传最多的还是那些不太著名的甚至是文学史或历史上根本没有地位没有留名的文人,如张世南《游宦纪闻》载一刻于进贤,再刻、三刻于德兴的无名氏诗歌,这些碑刻在文学的传播过程中发挥了重大作用。

人借碑扬名,碑因人传文。碑刻所至泽及地方,而文学遂得以弘扬光大,碑刻的传文之功至是而得见。

碑刻在文学方面的传播之功又表现在对文学创作活动直接的推动。一是兴起即时唱和的集体创作,此类碑刻如唐代汝州刻石《武则天幸流杯亭宴诗》,记录武则天圣历三年(700)幸汝州,宴饮于州南流杯亭,与群臣分韵赋诗,参与者有吴泽塔、武三思、李峤等人。他如宋咸平年间永州摩崖《送新知永州陈秘丞瞻赴任》,有朱昂等五人唱和。太平天国十年(1860)宜州有石达开与部下十多人在宜州白龙洞唱和摩崖。民国间北流勾漏洞刻时任县长关锡琨因募捐修葺勾漏洞竣,复作诗文记其事,征获诗赋歌词记序等一千二百五十一首,以其中七首并序刻石。桂林此类摩崖最多,如唐人张浚、刘崇龟的杜鹃花唱和诗。宋人有章岘、崔静唱和诗,刘谊曾公岩记与陈倩等七人唱和诗,米黻、程节唱和诗,张洵、尚用之等五人蒙亭唱和诗,任续还珠洞唱和诗,张孝祥、张维七星山唱和诗,朱希颜与胡长卿、刘褒千叶白梅唱和诗,朱希颜与胡长卿、刘褒南溪山唱和诗,李曾伯、丰葅登千山唱和诗。明人陈辉、胡智七星岩唱和诗,胡智、陈辉、王骥三人虞山唱和诗,彭琉、李棠等四人谒虞帝庙唱和诗,李棠、夏埙等十一人龙隐洞唱和诗,林维翰、龙鲤等五人七星岩唱和诗,包裕与陈阳等四人唱和及哀挽胡宪副诗,徐翊、黄一隆等四人叠彩山唱和诗,周进隆、翁茂南等四人唱和诗,沈林、周进隆等五人唱和诗。清人胡文华、彭而述七星山唱和诗,黄赐骥、吴允言独秀峰唱和诗,吴邗、蕙竹道人刘仙岩唱和诗,夏仪、喻元准等叠彩山唱和诗。

二是前后相继唱和的创作,如唐人元结在湖南祁阳作《大唐中兴颂》摩崖浯溪,自此以后,历代名人追随,留下了宋人黄庭坚、米芾、秦少游、李清照、杨万里、范成大,明代解缙、董其昌,清代何绍基、袁枚等人的题刻,虽非全为唱和而作,但明显受元结前作的影响,人云若无《大唐中兴颂》,也可能便无今日的浯溪摩崖群。又如桂林独秀峰太平岩,明代正统十二年(1447)庄简王朱约麒摩崖《独秀岩记》附诗有"碧峰禹迹几经今,上接云霄匪不钦。绝顶两轮乌兔跃,幽禽齐奏管弦音。无时树木冬森翠,最喜林峦夏有阴。每展黄庭岩畔玩,默知天地化工深"。此后相继步韵的作者有正德六年(1511)朱约麜,嘉靖十二年(1533)张经、靖江庄惠王朱邦苎,嘉靖十五年(1536)诸演等二十四人的唱和诗,前后相继持续近百年时间。又如清人谢启昆在桂林南溪山有《和元人韵四首》《题龙隐岩和方信孺韵二首并记》《栖霞寺和陈文简公诗二首》等。这些前唱后和之作无疑对文学的发展起到了促进的作用。

碑刻在文学传播方面最直接的功用是传播文学作品,彰显文学的观念和魅力。如晋戴延之撰《西征记》记载魏明帝在国子堂前见有列碑南北行三十五枚,其间刻有魏文《典论》系传播文学观念,而欧阳询书行书《九歌》刻于丰州、润州,《兰亭序》感事兴怀太悲,萧统《文选》不取,唐太宗得右军《兰亭序》真迹,在定武刻以玉石,成为最受推崇之文本,其意虽在传书,文也因此得传。许多文章因石刻而广为人知,元结的《大唐中兴颂》、梁安世的《乳床赋》、题云华阳真逸的《瘗鹤铭》等皆是如此。

许多石刻在历史上一刻再刻,跨越时间与空间,如陶渊明的《归去来兮辞》、苏轼的《赤壁赋》等,成为历史上传播文学的一种持续不衰的特别有效的方式。

大唐中兴颂拓片局部,摩崖在祁阳

人们从石刻接受文学熏陶也成为习惯,如:《世说》载曹操与杨修行军曾读《曹娥碑》。《三国志》载王粲与人共行,读道边碑,人使背诵不失一字。邓艾随母至颍川,因读陈实碑文"文为士范,行为士则",遂改名曰"范",字曰"士则"。祢衡于章陵见蔡伯喈所作石碑,因叹其好,而过目不忘。韦绚撰《刘宾客嘉话录》记载欧阳询行见古碑,由索靖所书,驻马观之良久方去,数百步复还,以至于布毯碑下坐观,甚至因宿其傍三日而去。到了宋代,名人也多借碑学文,如王禹偁《送同年刘司谏通判西都》"见碑时下岸","几处古碑停马读"。欧阳修也喜读碑,他自己说读《后汉樊常侍碑》清楚:"余少家汉东,天圣四年举进士,赴尚书礼部道出湖阳(一本作间),见此碑立道左,下马读之,徘徊碑下者久之。后三十年始得而入《集录》。盖初不见录于世,自予集录古文,时人稍稍知为可贵,自此古碑渐见收采也。"① 又说其寻《后汉玄儒娄先生碑》曰:"今光化军《乾德县图经》载此碑。景祐中余自夷陵贬所再迁乾德令,按《图》求碑,而寿有墓在谷城界中,余率县学生亲拜其墓,见此碑在墓侧,据《图经》迁碑还县,立于敕书楼下,至今在焉。"② 范成大《风月堂》"读碑索句仍投辖,谁是扬州控鹤仙"。刘过《聿追庵》"摩挲墓铭看,久立读碑阴"。刘克庄《忆毛易甫薛子舒》"春风萧寺同登塔,落日荒台共读碑"。这些例子可见文人爱石刻是多么时尚,从这个意义上说,石刻在宣传文学方面也是功不可没。

以上我们从七个大的方面论述了石刻的历史功能,这仅是根据存量多的石刻立类,他如水文碑、地震碑、路标碑、地界碑等数量少者或可就近归入他类,就不再专门论述。可以这样说,石刻在中华文明的发展史上,曾发挥过无可替代的功能,更无可替代者是,发挥不同功能的同时,石刻作为文献形式保留至今,又显示了文明发展的足迹,值得爱护,值得开发。我们今日探讨石刻在历史进步中发挥的功能,目的是要很好地开发、利用石刻的历史文献价值,以便更好地认识文明的进步。文献与文学仅是石刻在历史发展过程中发挥的一部分作用,但一斑窥豹,希望能借此展示石刻在历史发展中的功绩所在。

第二节　石刻补正文献之功

石刻是我国现存发生最早、使用时间最长,而且仍在广泛使用,且是有些场景建设必用的一类文献,是一种独特形式、普及形式,一种重要存在形式的文献,为后世留下了一些稀缺的记载。③ 石刻的文献价值因此得到学界公

---

① 欧阳修著,李逸安点校:《集古录跋尾》卷3,《欧阳修全集》五册,中华书局2001年版。
② 同上。
③ 杜海军:《论石刻对文学传播的贡献》,《陕西师范大学学报》2015年第5期,第61页。

第三章 石刻的社会功用及其文献与文学价值

认,且越至后世,人们在此方面的认知越趋明确与深刻。

我国石刻自先秦发生,《汉书·艺文志》著录"奏事二十篇"便有刻石文。南朝学者开始作专业的搜集整理,至赵宋时期金石学大发展,欧阳修作《集古录》、赵明诚作《金石录》,开始从理论上肯定石刻的学术意义。郑樵《金石略序》更将金石存在的意义说得明白:"盖闲习礼度,不若式瞻容仪,讽诵遗言,不若亲承音旨。今之方册所传者,已经数千万传之后,其去亲承之道远矣。惟有金石所以垂不朽,今列而为《略》,庶几式瞻之道犹存焉。且观晋人字画,可见晋人之风猷,观唐人书踪,可见唐人之典则,此道后学安得而舍诸!"① 清人钱大昕说"惟石刻出于当时真迹"与郑樵说相应②。当代学者饶宗颐于 20 世纪 80 年代初在所撰《法国远东学院藏唐宋墓志拓本图录》引言一文中进一步阐释标举了石刻的文献价值,他说:"向来谈文献学(philology)者,辄举甲骨、简牍、敦煌写卷、档案四者,为新出史料之渊薮,余谓宜增入碑志为五大类,碑志之文,所与史传相表里,阐幽表微,补阙正误,前贤论之详矣。"③《石刻史料新编》编者出版说明表述越加明白与直接:"研究历史最重视史料,尤其重视第一手史料,不管哪个时代的石刻,都是当时人留下来的原始资料,不仅可以补史传记载的不足或订正谬误,而且有资考究文物制度或辨章学术源流之处也很多,实是研究历史的珍贵文献,其价值不下于甲骨文于殷商史和流沙坠简之于汉史。"④ 而将石刻文献用于治学,则可更为久远地追溯至汉代司马迁作《史记》。《史记》利用石刻文献为史证作秦史,这是史学界对石刻文献的重视。⑤ 其后有郦道元《水经注》、洪适《隶释》、都穆《金薤琳琅》、康有为《广艺舟双楫》等,将石刻应用到地理学、文字学、书法艺术、书法史等研究方面。相比较而言,说到石刻在文献学、

---

① 郑樵撰,王树民点校:《通志二十略》,中华书局 1995 年版,第 1843 页。
② 钱大昕:《特勤当从石刻》,《十驾斋养新录》卷 6,嘉庆刻本。
③ 饶宗颐著:《饶宗颐史学论著选》,上海古籍出版社 1993 年版,第 545 页。
④ 新文丰出版公司编:《石刻史料新编》,新文丰出版公司印行 1977 年版。
⑤ 《史记》卷六《秦始皇本纪》称"三十七年十月癸丑,始皇出游。左丞相斯从……上会稽,祭大禹,望于南海,而立石刻,颂秦德。其文曰:皇帝休烈,平一宇内,德惠修长……"(中华书局 2011 年版,第 260—261 页。)

文学方面的研究，则是有些做得不够，甚至可以说是没有基本的关注，从众多文献学史、文学史的编著缺乏石刻一章便可见一斑。但是，实际情况是石刻对文献学、文学的研究价值原不比石刻对其他学术的研究价值低，甚至远远高于在其他方面研究者价值。因此，这是一个值得讨论的问题。研究文献学史、文学史应该充分认知石刻的价值之处，那就是欧阳修早就说过的"可与史传正其阙谬"两个方面：一是正其谬，二是补其阙。欧阳修所指虽在史传，其实，在文献学以及文学研究方面何尝不可以如此说？我们试分而论之，先说石刻的正谬之功，再说石刻的补阙之功，以及其在文学史研究方面的贡献。

一　石刻的正谬之功

石刻的正谬之功无处不在。在古代，书籍刊刻出版甚为不易，每一种著述都可能会因创作者主观意志的强加、手民的失误、保管的不善，或政治、社会的原因，时地的变迁、载体的衰变腐朽而散佚，或因反复抄写而鲁为鱼亥成豕。种种不测，导致文集刊刻或者流传过程中，逐渐发生错讹变异，给文献传承保真增加了变数。石刻以其刻写日早，存著述之旧，对著述刊刻，或日后抄写中形成分歧的校勘纠谬之功，非常明显。赵明诚在《金石录·序》中这样说："余之致力于斯可谓勤且久矣，非特区区为玩好之具而已也。盖窃尝以谓：《诗》《书》以后，君臣行事之迹悉载于史。虽是非褒贬出于秉笔者私意，或失其实，然至于善恶大节有不可诬，而又传之既久，理当依据。若夫岁月、地理、官爵、世次，以金石考之，其牴牾十常三四。盖史牒出于后人之手，不能无失，而刻词当时所立，可信不疑。"[①] 大概是说石刻可以校正载籍中的岁月、地理、官爵、世次记载的错谬，这应该是赵明诚概括而言，举例以印证。

正岁月记载之谬者。如：汉《郃阳令曹全碑》记有灵帝中平二年十月丙

[①] 赵明诚撰，金文明校证：《金石录校证》，广西师范大学出版社2005年版，第1页。

辰，正《后汉书·灵帝纪》纪年之误。①《魏大飨碑》载曹丕以延康元年八月辛未南征，《金石录》据以正《魏志》载曹丕延康元年夏六月南征之误。②《晋太公碑》（《齐太公吕望表》）载汲冢竹书发掘在太康二年，与荀勖校《穆天子传》说法同，正《晋书·武帝纪》咸宁五年说之误。③陈尚君据《寰宇访碑录》《武林金石记》《两浙金石志》载"天柱山监察御史源少良等题名"，考得崔颢为开元十一年进士，纠正了《直斋书录解题》卷十九著录崔颢为开元十年进士的错误记录，也解决了徐松《登科记考》对究竟该作十年还是十一年的疑虑。④《山右石刻丛编》卷八载韩愈承天山长庆二年二月十五日题名，正《通鉴》载韩愈宣谕王廷凑为三月之误。陶敏据《金石萃编》卷七十九《王宥等谒岳祠题记》载题名"上元元年冬十有二月十一日，同诣岳祠书记……处士王季友、张彪……"⑤考得唐诗人张彪在上元元年在陕西，纠正了元人辛文房《唐才子传》记载张彪上元元年在嵩阳的错误说法。⑥

正地理记载之谬者。如：赵明诚据熹平四年《汉堂溪典嵩高山石阙铭》载"中郎将堂溪典伯并，熹平四年来请雨嵩高庙"，正《汉书》记"嵩高"为"崇高"之误。⑦汉代韶州有山名"曲红"，两《汉书》皆记作"曲江"。《水经注》云："泷水，又南径曲江县东。又言县昔号'曲红'。'曲红'山名也，东连冈是矣。"赵一清以《汉周憬碑阴》为证，以"曲红"为是。因为在《汉周憬碑阴》题名中，自"县长区祉而下凡十七人，皆书为曲红人，则是当时县名'曲红'无可疑者"。⑧《潜研堂文集》也以"曲红"为是。王安石《游褒禅山记》以仆碑，得褒禅山原名"花山"之实，后作"华山"乃音

---

① 钱大昕：《潜研堂金石文跋尾》卷一二十六，《历代碑志丛书》影印清长沙龙氏家塾重刊本，江苏古籍出版社 1998 年版，第 3—141 页。
② 赵明诚撰，金文明校证：《金石录校证》，广西师范大学出版社 2005 年版，第 338 页。石刻原文见《隶释》卷十九。《魏志》说见《三国志·魏书二〈文帝纪第二〉》。
③ 赵明诚撰，金文明校证：《金石录校证》，广西师范大学出版社 2005 年版，第 344 页。
④ 傅璇琮主编：《唐才子传校笺》，中华书局 1995 年版，第 35 页。
⑤ 王昶：《金石萃编》卷 79，《续修四库全书》，上海古籍出版社 2002 年版，第 888—485 页。
⑥ 傅璇琮主编：《唐才子传校笺》，中华书局 1995 年版，第 91 页。
⑦ 赵明诚撰，金文明校证：《金石录校证》，广西师范大学出版社 2005 年版，第 280 页。
⑧ 赵一清：《水经注释》卷 38，华文书局股份有限公司 1970 年版，第 22 页。

谬流传，亦见石刻证地名之处。

正官爵记载之谬者。如：李渤在桂林期间的官职，据吴武陵等人留隐山题名有"桂州刺史兼御史中丞李渤"之说①，可证《旧唐书》作"桂州刺史兼御史中丞充桂管防御观察使"与《新唐书》作"桂管观察使"之误。欧阳修据靖居寺《唐颜真卿题名》，辨得颜真卿未尝亲仕硖州员外别驾事以证史记之失，说："按《唐书》纪传，真卿当代宗时为检校刑部尚书，为宰相元载所恶，坐论祭器不修为诽谤，贬硖州员外别驾、抚州、湖州刺史。载诛，复为刑部尚书。而此题名云'永泰二年，真卿以罪佐吉州'，与史不同。据真卿湖州《放生池碑阴》所序云'贬硖州旬余，再贬吉州'，盖真卿未尝至硖，遂贬吉，而史氏但据初贬书于纪传耳。真卿大历三年始移抚州，当游靖居时犹在吉也。"②又如韦瓘在浯溪留题名："太仆卿分司东都韦瓘，大中二年（848）过此。余大和中以中书舍人谪宦康州，逮今十六年。去冬罢楚州刺史今年二月有桂林之命，才经数月，又蒙除替，行次灵川，闻改此官，分司优闲，诚为忝幸。"洪迈据以纠谬《新唐书》说："按《新唐书》：'瓘仕累中书舍人，与李德裕善，李宗闵恶之，德裕罢相，贬为明州长史，终桂管观察使。'以题名证之，乃自中书谪康州，又不终於桂，史之误如此。瓘所称十六年前，正当大和七年（833），是时，德裕方在相位，八年十一月始罢。然则瓘之去国，果不知坐何事也。"③

正世次之谬者，如《金石录》据《李绩碑》辨得李绩任职："按《唐史》，太宗属疾，出绩为叠州都督。高宗立，召授检校洛州刺史。今以碑考之，其除洛州乃在太宗朝。高宗即位，授开府仪同三司尔。"④又如《旧唐书》记载"天宝初，加力士冠军大将军右监门卫大将军进封渤海郡公"。（《旧唐书》卷184），而龙门石窟《大唐内侍省功德碑》却署名"弟子右监门卫将军

---

① 杜海军辑校：《桂林石刻总集辑校》，中华书局2013年版，第15页。
② 欧阳修著，李逸安点校：《集古录跋尾》卷七，《欧阳修全集》第五册，中华书局2001年版，第2238页。
③ 洪迈：《容斋随笔》卷八，上海古籍出版社1978年版，第104页。
④ 赵明诚撰，金文明校证：《金石录校证》，广西师范大学出版社2005年版，第418页。

知内侍省事上柱国渤海郡开国公内供奉高力士"。可知《旧唐书》记载世次之谬至少在30年。

以上为《金石录》所说石刻的纠谬之功,然石刻的纠谬之功并不止于此,再叙如下:

正姓氏记载之谬者。如:《金石录》据《汉宗资墓天禄辟邪字》《汉司空宗俱碑》,结合《后汉书·帝纪》《姓苑》《姓纂》等文献考得《后汉书》"宋均传"的"宋均",当作"宗均"。① 据《汉吉成侯州辅碑》,正《水经注》将汉故中常侍长乐太仆吉成侯"州辅"写作"州苞"之误。《后汉书·宦者传》有载州辅与曹腾等七人因策立桓帝而封亭侯事。② 据《汉车骑将军冯绲碑》记载冯绲字"皇卿",正《后汉书》冯绲字"鸿卿"之误,并补冯绲谥号"桓"等。③ 据《唐赠左仆射杨达碑》载杨达字字"壮",正《隋书》列传载杨达字"士达"之误,以为"当以碑为正"。(《金石录》卷24)武亿又以石刻纠《金石录》人名记载之谬,说《元(玄)宗御制诗石刻》:"后题'……前常州江阴县尉史叙书'。……史叙,《金石录》作艾叙,传写误耳。"④

正文辞之谬者。石刻原刻通常与后世流行纸本有非常大的不同,以其产生在前,多以其作为校勘依据校证文辞,是校勘学者历来使用的方法。柯昌泗说到宋人以石刻校对韩愈文集以正传写之讹的事:"宋贤校定韩集,参籍石本之异同,以正传写之讹。近年洛阳唐志为韩公所撰者二石,一为苗蕃志,一为李虚中志。取东雅本韩集勘之,颇有异同。"⑤ 宋人以石刻校韩文事欧阳修作了一些,如《集古录》以石刻校《唐韩愈盘谷诗序》说:"盘谷在孟州济源县。正(贞)元中,县令刻石于其侧。令姓崔,其名泳,今已摩灭。其后书云'昌黎韩愈知名士也'。当时退之官尚未显,其道未为当世所宗师,故但云'知名士也'。然当时送愿者为不少,而独刻此序,盖其文章已重于时

---

① 赵明诚撰,金文明校证:《金石录校证》,广西师范大学出版社2005年版,第313页—314页。
② 同上书,第253页。
③ 同上书,第269页。
④ 武亿:《授堂金石文字续跋》卷3,《历代碑志丛书》影印清道光二十三年授堂重刊本,江苏古籍出版社1998年版,第3—568页。
⑤ 叶昌炽撰,柯昌泗评:《语石 语石异同评》,中华书局1994年版,第261页。

也。以余家集本校之，或小不同。疑刻石误。集本世已大行，刻石乃当时物，存之以为佳玩尔，其小失不足较也。"① 校《唐田弘正家庙碑》："右《田弘正家庙碑》，昌黎先生撰。余家所藏书万卷，惟《昌黎集》是余为进士时所有，最为旧物。自天圣以来，古学渐盛，学者多读韩文，而患集本讹舛。惟余家本屡更校正，时人共传，号为善本。及后集录古文，得韩文之刻石者如《罗池神》《黄陵庙碑》之类，以校集本，舛缪犹多。若田弘正碑则又尤甚。盖由诸本不同，往往妄加改易。以碑校集印本，与刻石多同，当以为正。乃知文字之传，久而转失其真者多矣。则校雠之际，决于取舍，不可不慎也。"② 校韩愈《南海神庙碑》云："右《南海神庙碑》韩愈撰，陈谏书。以余家旧藏集本校之皆同，惟《集》本云'蜿蜿蜒蜒'，而碑为'蜿蜿虵虵'，小异，当以碑为正。今世所行《昌黎集》类多讹舛，惟南海碑不舛者，以此刻石人家多有故也。其妄意改易者颇多，亦赖刻石为正也。"③ 校韩愈《黄陵庙碑》云："右《黄陵庙碑》，韩愈撰，沈传师书。《昌黎集》今大行于世，而患本不真。余家所藏最号善本，世多取以为正。然时时得刻石校之，犹不胜其舛缪，是知刻石之文可贵也，不独为玩好而已。《黄陵碑》以家本校之，不同者二十余事。如家本言'降小君为夫人'，而碑云'降小水'之类，皆当以碑为正也。"④ 校《胡良公碑》云："右唐《胡良公碑》，韩愈撰。良公者名珦，韩之门人张籍妻父也。今以碑校余家所藏《昌黎集》本，号为最精者，文字犹多不同，皆当以碑为正，兹不复纪。碑云珦子逞、迺、巡、遇、述、迁、造，而《集》本无巡。他流俗所传本有云'遇'或为'巡'者，皆非。当以碑为正。"⑤ 校《张九龄碑》云："右《张九龄碑》。按《唐书》列传所载大节多同，而时时小异。《传》云'寿六十八'，而碑云'六十三'。《传》'自左补阙改司勋员外郎'，而碑云'迁礼部'。《传》言'张说卒，召为秘书少

---

① 欧阳修著，李逸安点校：《集古录跋尾》卷八，《欧阳修全集》第五册，中华书局2001年版，第2265页。
② 同上书，第2270页。
③ 同上书，第2271页。
④ 同上书，第2273页。
⑤ 同上。

监、集贤院学士、知院事'，碑云'副知'，至后作相迁中书令，始云'知院事'。其载张守珪请诛安禄山事，《传》云'九龄判守珪状'，碑云'守珪所请留中不行，而公以状谏'。然其为语则略同。碑长庆中立，而公薨在开元二十八年，至长庆三年实八十四年，所传或有同异。而至于年寿、官爵，其子孙宜不缪，当以碑为是也。"①

著名的以石刻校集的宋例，是方崧卿校韩昌黎文集作《韩集举正》用石刻，朱熹后作《韩文考异》也引石刻为据。清代阮元以唐石经校刻儒家经典作《十三经注疏》，更是典型的例子。赵明诚《金石录》以《汉无极山碑》论颜之推、陆德明对《诗经》的臆改，让我们看到石刻的校勘价值。"按颜之推《家训》曰：《诗》云：'有渰萋萋，兴云祁祁。'毛《传》云：'渰，阴云貌。萋萋，云行貌。祁祁，徐也。'《笺》云：'古者阴阳和，风雨时，其来祁祁，然不暴疾也。'按渰已是阴云，何劳复云'兴云祁祁'邪？云当为雨，俗写误尔。班固灵台诗云'习习祥风，祁祁甘雨'。此其证也。据此，则本作'云'字，之推改为'雨'耳。而陆德明《经典释文》亦云：本作'兴云'，非也。盖德明据颜氏说改之，故后来本皆作'雨'。今此《碑》铭文有云：'兴云祁祁，雨我公田，遂及我私。'乃知汉以前本皆作'兴云'，颜氏说初无所据，特私意耳。"② 今见《四部丛刊》影印宋巾箱本"兴云"仍作"兴雨"，清人多采赵明诚说，现代学者高亨《诗经今注》也主张"兴云"为是。

又如文豪苏轼有《壬寅重九以不与府会故独游至此，有怀舍弟子由》勒石在扶风，诗云："花开酒美曷不醉，来看南山冷翠微。忆弟泪如云不散，望乡心与雁南飞。明年纵健人应老，昨日追欢意已违。不向秋风强吹帽，秦人不笑楚人讥。"《东坡续集》卷二录作"壬寅重九不预会，独游普门寺僧阁有怀子由。花开酒美盍不归，来看南山冷翠微。忆弟泪如云不散，望乡心与雁南飞。明年纵健人应老，昨日追欢意正违。不问秋风强吹帽，秦人不笑楚人

---

① 欧阳修著，李逸安点校：《集古录跋尾》卷9，《欧阳修全集》第5册，中华书局2001年版，第2282页。
② 赵明诚撰，金文明校证：《金石录校证》，广西师范大学出版社2005年版，第296页。

讯。"纸本与石刻多有四处不同，主要在三，石刻"曷不醉"，纸本作"盍不归"；石刻"意已违"，纸本作"意正违"；石刻"不向秋风"，纸本作"不问秋风"。其中三不同，意义大有差别，王昶《金石萃编》肯定了石刻的价值，说："诗中与《集》本不同者'花开酒美曷不醉'，《集》作'花开酒美盍不归'，此显然是《集》误。是时文忠官府判不预府会，故云曷不醉，若云'盍不归'则无谓矣。'不向秋风强吹帽'，《集》作'不问'亦讹。"① 叶昌炽也肯定石刻的校勘价值："至若名家恒见之诗，亦可以石刻参校。东坡《独游南山寺寄子由诗》，首句'花开酒美胡不醉'，集本皆作'胡不归'，按题有'不与府宴'语，则石刻之'不醉'为是。此例甚多，校集部所宜知也。"② 柯昌泗也说："《独游南山诗》'花开酒美盍不归'，石刻作'不醉'，'归'字诚与韵协，然以当时情事言之，则醉字为是。"③ 此类例子甚多，不待多举。

上文以例论述石刻的纠谬之功，相信这类例子在实际的石刻文献中是普遍的，学界若能将其广泛应用于文集校勘之中，必将有大的收获。

还有一种情况是，石刻的文字通常较纸本丰富，有时大段溢出，未知是在入集时作者有意删去，还是后世传抄遗漏，此种情况也可作为纸本校勘时的参照。如查礼的《丽水龙神庙碑》今立在崇左左江边④，较其《铜鼓书堂遗稿》纸本多出几百字。又如王禹偁撰《大宋故承奉郎检校尚书膳部员外郎守泉州录事参军赐绯鱼袋赠太子洗马陈府君墓碣铭并序》(《小畜集》题作《故泉州录事参军赠太子洗马陈君墓碣铭并序》) 原有叙述陈仁璧家世一段："君讳仁璧，字象玄。其先颖川大族，今为闽人。曾祖讳晃，隐德不仕。祖讳枢，唐广州清远令。考讳沆，登进士第，时梁开平中也。尝从事大名府，睹梁政多僻，知中国必乱。且以清远府君旅榇在岭表，因弃官南走万里，负丧而归。葬毕，杜门坚拒王氏辟命，终身不为伪官所污，至今乡人以先辈呼其

---

① 王昶：《金石萃编》卷135，《续修四库全书》，上海古籍出版社2002年版，第890—372页。
② 叶昌炽撰，柯昌泗评：《语石 语石异同评》，中华书局1994年版，第224页。
③ 同上书，第397页。
④ 见杜海军辑校《广西石刻总集辑校》，社会科学文献出版社2015年版，第610-612页。

家君，即先辈之子以文行称于州里。……靖至道乙未岁得是碣于太原。元之时或有谓母氏存焉，置碣非矣。仰又分命南北，成立未遑。洎历郎署于五兵，改服色于三品，景德丙午十月二十一日，由史职闻先妣真定县太君（累封至真定也）哀讣，泣血京师有司，具奏旒扆。翌日，诏遣中贵宣谕赐钱十万，仍许奔丧而全礼制。大中祥符改元之戊申，皇上封泰山之岁十二月十日，迁先妣葬于军垒之北崇业乡宝峰里桃枝原。幸今福建路按察刑狱直集贤院丁逊礼丞为墓之志，焕乎其文章，昭然其事迹，且曰合葬非古也，故不祔左司之茔（先君亦累封至左司郎中）。越明年六月二十九日，树兹碣于城南五里长亭之右，先君郎中坟路之左。卫之以墙屋，期不朽于云来，临之以康庄，庶无隐于遐迩。靖亦以是日遵途而归阙故叙记于碣后，进士翁九成书，进士钱勋篆额，郑舜镌字。右陈仁璧墓碣铭王禹称撰，翁允成书。"① 这 500 多字的文章对了解陈仁璧的家世极有用，在纸本中却荡然无存。

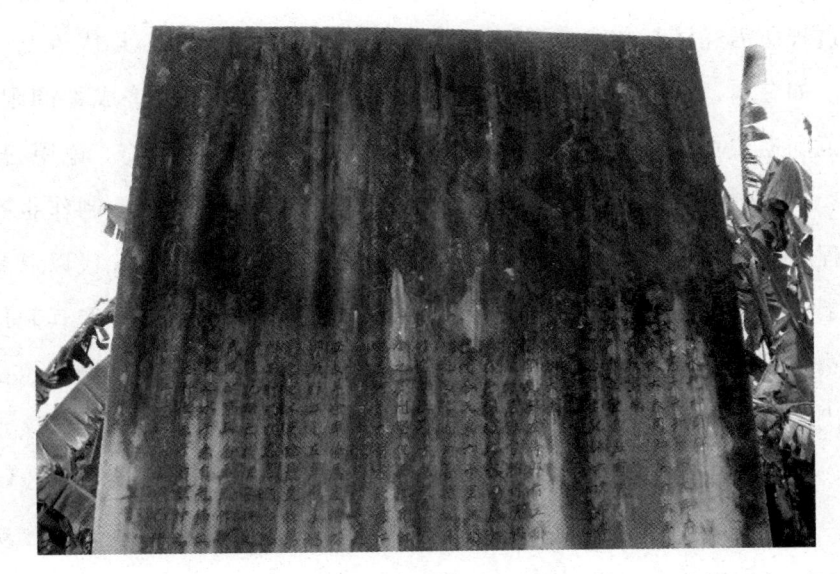

丽水龙神庙碑，崇左

以上我们以举例的方式，呈现了石刻的正谬之功，解决了许多疑难问题，

---

① 陈棨仁辑：《闽中金石略》卷 3，《历代碑志丛书》影印民国十六年菽庄丛书本，江苏古籍出版社 1998 年版，第 22—526 页。

这是众人不难明白的，值得肯定的，不待深论。然比较石刻正谬之功，其补阙之功更为显然，更加应该引起学界的关注，却甚少为人深论。

二　石刻补缺历史文献之功

石刻在习见类文献（纸质文献）的补缺方面作用是非常明显的，文字存世规模大，且内容丰富。今考石刻对文献的补缺之功，先须从石刻的存世数量说起。

石刻是史上存量巨大的，却未曾得到充分整理的一类文献。就文献存量看，若依载体分，石刻是我国文献发展史上至今所存的所有文献中，数量第二多的一类文献。在中国历史上，曾经流行以及正在流行的文献载体，主要的说来，有龟甲兽骨、竹简、木牍、植物叶片、丝帛、皮革、金属、纸张以及山石等，而除去山石之外的所有载体之用，因载体本身质地以及制作过程所需经济与技术条件的限制，都有一定的阶段性、局限性与使用范围。如金属，由于冶炼、制作文字的技术条件，以及经济成本的限制，使用范围据史而言十分有限，流行的时间也主要在商周以前。龟甲兽骨、竹简、木牍、植物叶片、丝帛等，虽然易得，但因易于腐朽，制作也有一定的程序繁难，所以至今能见到的文字也多是在汉代以前，汉代以后就甚少见了。而纸张虽然方便使用，且造价低廉，易于交流储藏，但其制作技术成熟时间较晚，据张秀民《中国印刷史》，今见最早的几件印刷物也都来自唐代，当然考古发掘也有证明汉代已有纸，而纸张的真正流行应该是在宋代。比较而言，就使用时段的延续长度或者范围的广度而言，在我国历史上，唯有石是天然生成，无技术、经济条件限制，又较易获得、较易制作而不易腐朽损毁的一种载体，因此，成为有史以来唯一一种在社会发展史上自始至终持续使用，及今不衰，且使用范围广泛的一种载体。所以，其所载文献存量日积月累，无意之间，成为直可与纸质文献数量比多少的一类，且无第三类文献能与之相比。

第三章　石刻的社会功用及其文献与文学价值

大唐嵩阳观纪圣德感应颂碑，登封

　　石刻的存量自先秦以至于今，在历史过程中究竟有多少，从来缺乏一个完整的统计①，而且日后也很难有一个完整的统计，毕竟总是不断有新的石刻文物出土或被偶然发现。② 但是，我们截取一个时段，或者一个区域石刻发展的完整统计，就可体会到石刻的产量之大。举时段为例，我们说唐朝。据吴钢主编《全唐文补遗》一册至九册（三秦出版社1994年至2007年陆续出版），除去其他载体的文字，存石刻文作者1950多人，各体文6400多篇。③ 这个数字究竟意义何在，陈尚君《唐代石刻史料简述》引毛汉光对唐代墓志的数量估算的说法可以看到："毛汉光先生进一步指出，在他所收唐代拓片中，百分之九十的碑铭中人物不载于正史，而且碑志中人物的数量是两《唐

---

① 甘肃省古籍文献整理编译中心完成的《中国金石总录》给出的总量数字是约30万种、40万件。此数字不知从何而来，想必有据。
② 比如学界久长以来叹息两汉石刻发展不足的时候（据毛远明近年完成出版的《汉魏六朝碑刻总目提要》统计，两汉期间有石刻812件），近年在河北滦南县却不经意间出土了大量形式完整、有明确纪年的两汉石刻，据称共有206块，纪年从西汉昭帝元凤二年（前79）至东汉献帝初平四年（193），时间跨度272年，此一发现使得汉代石刻数量陡增。（张驰：《河北省滦南县新出两汉石刻初探》，《文献》2015年第6期，第44页）
③ 周绍良、赵超等编：《唐代墓志汇编》（上海古籍出版社1992年版），全书录墓志3676件。《唐代墓志汇编续集》（上海古籍出版社2001年版）收墓志石刻1564件（1984—1996年），两集合计5240件，也是一个巨大的数字。

书》中人物数量的两倍,而且从字数上来看,碑志的字数甚至超过了两《唐书》的字数,而这在历代历朝之中,唐刻乃是独有的现象。所以就唐墓志而言,已不仅仅是以石刻证史了。"(陈尚君《唐代石刻史料简述》)我们再举区域石刻,且以广西为例。广西石刻存量据《桂林石刻总集辑校》加《广西石刻总集辑校》两书统计,共得4800多件。广西是一个传统文献十分匮乏的地区,据金鉷雍正年间《广西通志·艺文》统计,包括诏书、奏议及石刻,以及部分海南、广东界内的所有文字,才有31卷。据嘉庆年间谢启昆作《广西通志·艺文略》统计,有史以来至明末两千年间,共得经史子集各类文献74种,且广西籍作者只有28种。将74种或28种与4800这个数字比较,石刻在广西文献中分量的存在意义就不言自明了。① 其他地区作如是观,即便折半,亦可见石刻的总量如何。

以上我们从两个具体实例,说明石刻文献的存量之大,这虽然不是一个绝对完全的数字,但也可见石刻存量对文献史的研究有极大的补缺可能性存在。这种补缺,小者可补个人生平记载之缺,大者可补国家历史记载之缺。

补个人生平记载之缺。

石刻是一个档案大库,凡文人生平行事,大节小事无所不备。

人之一生三餐度日,并非有谁注定要名垂青史,或为青史垂名而用命。因此,正常情况下,人们对生活中发生的事情,多缺乏系统详细严谨的档案记录,包括事件的内容,及发生的时间、地点及参与人等,除去皇帝的起居注。及至某人自己意识到或被人认为有了历史地位,有详述生平的需要,再去回忆总结一生踪迹之时,时过境迁,经历之事不必说已是过眼云烟,许多事情早已被部分或全部忘却,再难准确地回忆。无论官员与学者、帝王与平民,莫不如此。这导致后世史书记载的信息残缺不全,或有失准确,或张冠李戴。而作为有意无意间记录的当时当地当事的石刻,其中字

---

① 参见刘楷锋著《论广西传统文献匮乏背景下石刻的文献价值》,《广西师范大学学报》2015年第6期,第6—11页。

字句句涉录到的时人信息，无疑之间，都成了极其宝贵的、不可替代的第一手文献，成为可弥补各方面载记之缺的珍贵材料。典型者，如明赵崡撰《石墨镌华》，载郑州有隋朝造像记《隋李渊为子世民祈疾记》称："此唐高祖也，记称郑州刺史李渊，为男世民目患，先于此寺求仙，蒙仙恩力，其患得损。敬造石碑像一铺，愿此功德资益弟子男合家大小福德兴足，永无灾障。弟子李渊一心供养。"后署"大业二年正月八日"。《石墨镌华》接着说："按：是时太宗才九岁耳，而史称高祖为谯、陇、岐三州刺史，不曰郑州。此亦可以证史之阙。"① 李渊、李世民于世都是最具影响的历史人物，生平事迹尚可于石刻中得补，此例成为石刻完善作者生平行迹有力的证据之一。② 又如唐久视元年（700）夏，武则天率群臣巡游中岳嵩山，避暑石淙河，曾在水漂石上大宴群臣。武则天即兴作诗《夏日游石淙并序》，命薛曜书写，让工匠刻于崖壁上。武则天在此宴请群臣一事，两《唐书》武后本纪失载，此摩崖可补其阙。又如朱元璋亲撰《皇陵碑》，亦可补其为何揭竿而起的辛酸生平，以及如何灭元建明的转战历史过程。石刻补缺个人生平事迹者甚多，补个人交游之缺，补个人仕履之缺、个人之游历及著述之缺，我们再例述如下。

补记载亲属姓名事迹之缺。

在石刻中，多有对作者亲属人员姓名事迹的详细记录。凡石刻，有墓碑、墓志铭两类文体必交代亲属关系。墓碑往往追述父祖，如东汉《尹宙碑》述其先人说："君讳宙，字周南。其先出自有殷，乃迄于周，世作师尹，赫赫之盛，因以为氏。吉甫相周宣，勋力有章……及其玄孙言多，世事景主，载在史典。……汉兴，以三川为颍川，分赵地为巨鹿。故子心腾于杨县，致位执

---

① 赵崡撰：《石墨镌华》卷一，《石刻史料新编》，新文丰出版公司1979年版，第25—18601页。今《中国西北地区历代石刻汇编》第一册126页收录有拓片，称在陕西户县草堂寺。观拓片，"目患"，当为囯患。苏澈有诗《荥阳唐高祖太宗石刻像并叙》，见《栾城集》卷150。

② 钱大昕：《潜研堂金石文跋尾》卷3云："《旧唐书·高祖纪》，大业初为荥阳、楼烦二郡太守。荥阳郡即是郑州，大业三年始改州为郡，刺史为太守。然则，未改以前应当云郑州刺史矣。石刻从当时本称，史据其改后称之，非有阙文也。"《历代碑志丛书》影印清长沙龙氏家塾重刊本，江苏古籍出版社1998年版，第3—171页。钱大昕说的是地名问题，而李渊父子的事件却是补缺无疑。

金吾，子孙以银艾相继。在颖川者，家于儇陵，克缵祖业，牧守相亚。君东平相之玄，会稽太守之曾，富波侯相之孙，守长社令之元子也。"① 如隋《宁越郡钦江县正议大夫碑》追述宁贙祖宁逵，父宁猛力。② 墓志铭则追述父祖外，还须交代后昆。如《柳子厚墓志铭》述及柳宗元有七世祖柳庆、曾伯祖柳奭、皇考柳镇。又有"子男二人，长曰周六，始四岁；季曰周七，子厚卒乃生。女子二人，皆幼。"因此，墓碑与墓志铭成为考证人们家庭成员的基本文献，专家深知此道。陈尚君据河北饶阳出土李百药祖李敬族墓志《隋故使持节开府仪同三司定瀛恒易四州诸军事定州刺史安平李孝公墓志》（《文物》1964年第10期），考知唐代诗人、史学家李百药六世祖至高祖李子固、曾祖李庆、祖李祥胤及其官职。③ 据严迪儿子撰《唐故冯翊严氏二子权厝墓文》（《考古》1985年第2期），考知严迪望出冯翊，延陵有祖坟，为兵部郎中严识玄子。④ 据《千唐志斋藏志》藏《大唐故瀛洲文安县令王府君墓志铭》考知王之涣祖父王德表；又有《瀛洲文安县令王府君周故夫人薛氏墓志铭》，志主为王之涣主母；有《唐故文安郡文安县尉太原王府君夫人渤海李氏墓志铭》，志主为王之涣妻。陈尚君还进一步推测说："《李氏志》为'大理丞王缙撰'，可推知之涣与王维、王缙兄弟也有过从。"⑤ 据《大周定王橡独孤公故夫人元氏墓志铭》，考知"元稹高祖以上三代事迹"。⑥ 据《八琼室金石补正》卷六十九载李绅为其异母兄李继作《唐故试太常寺奉礼郎赵君李府君墓志铭》，考知李绅有母亲裴氏、异母兄李继（字兴嗣），李绅曾为校书郎、太学助教等职。⑦

题名（或称"题记"），是石刻中记载家庭成员名字与事迹最集中的一类文献。在古代，凡官员无论赴任还是遭贬，多携一家老小甚至亲戚朋友

---

① 毛远明校注：《汉魏六朝碑刻校注》第二册，线装书局2008年版，第12页。
② 杜海军辑校：《广西石刻总集辑校》，社会科学文献出版社2014年版，第6页。
③ 傅璇琮主编：《唐才子传校笺》第5册，中华书局1995年版，第15页。
④ 同上书，第43页。
⑤ 同上书，第84页。
⑥ 同上书，第271页。
⑦ 同上书，第272页。

随行。这些人所到之处,留刻所有随行人姓名,冀以雪泥鸿爪,共垂青史,也是石刻中存量较多的一类。如宋人唐懋做广西转运判官,在桂林白龙洞、龙隐岩、雉山岩都留下家人的名字唐钢、唐铢、唐铨、唐锡。练山甫在伏波山题名有儿子宗衮、宗元、宗夔,还有孙子练应、外甥潘希孟的名。① 如宋人程琳在陕西华岳庙的两次题名,先后留下有儿子程嗣隆、程嗣弼、程嗣恭、程嗣先,侄男程嗣直等人名字。这样的题名在陕西的华岳、山东的泰山、河南浚县大伾山、江西的庐山、安徽的天柱山和齐山、浙江杭州、福建泉州和福州、湖南永州、广西桂林和融水等地都有大量的集中存在。如陕西华岳题名,欧阳修撰《集古录》,其卷五称,唐代自开元讫清泰(713—936)二百年间就有五百十一人,再题三十一人。题名以此成为考证作者家庭成员及事迹的一类重要文献。

补个人交游记载之缺。

题名之作更为普遍的是记录朋友间的游乐之事,可见作者之社会关系。凡题名,通常是记录文人雅士结伴而游,必示如王羲之的兰亭会所述"群贤毕至,少长咸集"的气象,每一件题名,就是一次集会的记录,少者几人,多者十几人,甚至几十人。如天柱山有宝历二年赵郡李德修等十三人题名,华山有民国三十二年韦云淞、蔡建伯等二十六人题名,融水真仙岩有绍定庚寅四月十日黄杞(黄庭坚孙子)等十六人题名等。其形式如桂林《赵庚徐伯嵩等十四人题名》云:"嘉泰元年秋七月二日,温陵赵庚西叔、徐伯嵩高叟、陈煇君显、陈次山景甫、延平廖视明甫、李之有叔则、钟安老定叟、三山王复古兴周、黄士特仲谊、莆阳傅诚至叔、顾樟韦叔、叶元泽季承、临汀吴雄梦锡、建安刘学裴傅之同游。"② 题名通常记录游人的姓名、字号,还有籍贯,出游日期,出游地点等,是作交游考的珍贵的不可多得的资料。

---

① 参见杜海军《论题名的文学研究意义》,《安徽师范大学学报》2017年第1期。
② 杜海军辑校:《桂林石刻总集辑校》,中华书局2013年版,第273页。

石曼卿书范仲淹等题名，摩崖在桂林

补个人仕履记载之缺。

凡石刻诗文署名或者题记，多标明作者撰著时的仕宦层级，如祁阳摩崖《大唐中兴颂》署名"尚书水部员外郎兼殿中侍御史荆南节度判官元结撰；金紫光禄大夫前行抚州刺史上柱国鲁郡开国公颜真卿书"。又如泉州九日山崇宁三年八月初浣题名"知州事方谷正叔，提举市舶章炳文叔虎，新下邳令林深之原然同游"等，这是一种文体特点，且是作者亲手随时随地所书，是最为真实的文献，要比日后的史书记录更为可靠。叶昌炽说石刻："撰书题额结衔，可以考官爵。碑阴姓氏，亦往往书官于上。斗筲之禄，史或不言，则更可以之补阙。"① 也因此，多有学者据石刻考证历史人物的仕履，史学家岑仲勉曾专以华山庙碑题名作《郎官石柱题名考》。石刻也确实为重新认识历史人物做出了贡献。如《金石录》卷十四载《汉张平子碑》补《后汉书》张平子曾为公车司马令。谢朓撰《南齐海陵王墓铭》，署名"长兼中书侍郎谢朓

---

① 叶昌炽撰，柯昌泗评：《语石 语石异同评》，中华书局1994年版，第398页。

撰",补谢朓尝为中书侍郎史书记载之缺。①《金石萃编》卷101载颜真卿著《颜氏家庙碑》:"天授元年,糊名考判入高等,以亲累授衢州参军,与盈川令杨炯、信安尉桓彦范相得甚欢。"②据此,陈尚君推断杨炯为盈川令在天授元年③。《金石萃编》卷79《崔徽等题名》:"前开州刺史崔徽,男蕻,前缑氏县令康洽,前乡贡进士侯季文。大历七年三月廿日西上。"④补康洽曾为缑氏县令一职⑤。开元三年龙门石窟有丘悦撰造像记,署职银青光禄大夫昭文馆学士,可补史传之缺。《宝刻丛编》卷三引《集古录目》记《唐社稷坛记》,谓"唐容管经略推官皮日休撰……以咸通十二年刻此记",补皮日休在广西的一段任职经历。⑥皮日休是晚唐著名诗人、文学家,于两《唐书》均无传,《广西通志》也失载皮日休之名。

补个人游历记载之缺。古人所至,喜欢题名留念,或题榜,或代人书碑,或留下诗文,时间清楚,内容明确,形式突出。如苏东坡所到,陕西凤翔、浙江杭州、江苏吴兴、湖北黄冈、广东广州、德庆、东莞等地都留有石刻文字。这些石刻存在不同地方,即表明作者足迹亲到,留下了名,留下了时间,留下了手迹,留下了感悟与心情,历史感最强,是研究文人的行旅图,每给读者以接前贤謦欬的感触。由崔珙书,僧人绍利立石,雕刻于崇宁年间的梅泽诗作《过草堂望终南山》《经樊川怀杜牧之》《行役述怀》三首,王昶读后,引明人安世凤撰《墨林快事》写其心生感慨道:"余既得珙书李驹诗,表而玩之,以为希有。其后又得所书吴郡梅说之《过草堂望终南》诗等四首,又题尾一段,津津然有味于山水之间思往而不可得者,梅之寄意不浅矣。使非珙为之书刻,后世之人何从而吊其遗踪焉。始知山川之奇,与人胸中之秀、腕笔底之神,率相待而成一时之盛,乃山川有更移,时世有隆窳,而人之心

---

① 欧阳修称:"此志题云'长兼中书侍郎',而据《传》,朓未尝为中书侍郎,史之阙也。"(《集古录跋尾》卷4)
② 王昶:《金石萃编》卷101,《续修四库全书》,上海古籍出版社2002年版,第194—889页。
③ 傅璇琮主编:《唐才子传校笺》,中华书局1995年版,第6页。
④ 王昶:《金石萃编》卷101,《续修四库全书》,上海古籍出版社2002年版,第489—888页。
⑤ 傅璇琮主编:《唐才子传校笺》第5册,中华书局1995年版,第184页。
⑥ 傅璇琮主编:《唐才子传校笺》5册,中华书局1995年版,第432页。

胸脉脉流行不绝,又相为灌注始终。不尔,犹归于变灭。悲夫! 谁为后来者,当与此心期已。"①

补个人字号记载之缺。石刻中不少作品是人名字号兼举,如桂林有宋代卢约等九人冷水岩题记:"卢约潜礼、胡田耕道、刘川子至、胡义修茂方、楼禹邻元弼、叶世隆振卿、阎淳质夫、傅谅友冲益、方元若允迪。"② 且不同石刻作品,同一人又会署名不同字号,如范成大或署至能、致能、石湖居士,朱晞颜署名希颜、晞颜、子渊、子因,傅伦署名素轩、傅湖南、湖南太监等。赵明诚因据熹平四年《汉堂溪典嵩高山石阙铭》载"中郎将堂溪典伯并,熹平四年来请雨嵩高庙",得知堂溪典字"伯并"(堂溪典曾经参与书写熹平石经)。③ 据徐浩撰《张九龄碑》补张九龄名"博物"。④ 又唐诗人李廓祖名字,《旧唐书》记为李鹬伯,陈尚君据《北京图书馆藏中国历代石刻拓片汇编》载《唐故洪州武宁县令于君夫人陇西李氏墓志铭》《匋斋藏石记》卷三四载《唐故万年县尉直弘文馆李君墓志铭》,考知应当作李鹬而非李鹬伯。又据《李昼墓志》考知《新唐书》载李廓子名李昼而非李书。⑤ 蒋寅以梁肃所撰戴叔伦神道碑,补唐诗人戴叔伦又名"融"。⑥ 方信孺,字孚若,《宋史》有传,以使北知名,广西摩崖可补其号紫帽山人、诗镜等。如此之类,不胜枚举。

补个人生卒时日记载之缺。石刻每作必录年月,墓碑、墓志铭所录逝者生卒及履历年月,为考证历史人物的生卒提供了一手文献。如《金石录》借《汉太尉郭禧碑》得太中大夫郭禧卒年为光和二年,补《后汉书》本传失载。⑦ 借高宗李治撰《唐李绩碑》辨唐代李绩卒年为七十六岁而非八十六岁⑧。陈尚君借《金石录》载吉中孚贞元元年十月撰《唐定光上人塔铭》事,

---

① 王昶:《金石萃编》卷143,《续修四库全书》,上海古籍出版社2002年版,第494—890页。
② 杜海军辑校:《桂林石刻总集辑校》,中华书局2013年版,第76页。
③ 赵明诚撰,金文明校证:《金石录校证》,广西师范大学出版社2005年版,第280页。
④ 赵明诚撰,刘晓东、崔燕南点校:《金石录》卷28,齐鲁书社2009年版,第236页。
⑤ 傅璇琮主编:《唐才子传校笺》,中华书局1995年版,第304页。
⑥ 蒋寅:《梁肃所撰戴叔伦神道碑的文献价值》,《文献》1991年第1期,第255页。
⑦ 赵明诚撰,金文明校证:《金石录校证》,广西师范大学出版社2005年版,第292页。
⑧ 同上书,第418页。

确认《唐才子传》载吉中孚贞元初在世。①

石刻记载个人生平事迹,具备个人的档案作用,对传统载籍记载有丰富或纠正之功,特别是考察人物生平轨迹方面值得研究者重视。研究者每每能从中搜寻到所关注者生平履历的蛛丝马迹。如唐玄宗开元十三年封泰山,途中曾顺道观看河南汜水(今荥阳)所存李治为唐太宗擒拿窦建德一事所制《纪功碑》并留题,但这件事《唐书》失载。② 典型的是宋人留元刚在编撰颜真卿年谱时候,特别注意到充分利用石刻为颜真卿生平系年。如天宝十三年有《东方先生画赞碑阴记》,乾元元年有华岳庙题名,乾元二年有《颜司徒碑铭》,宝应元年有《颜司业碑》,宝应二年有《李临淮碑铭》,永泰元年有《颜秘监碑铭》,大历元年有东林寺西林寺题名,大历二年有《鲜于少保碑铭》、靖居寺题名,大历三年有《麻姑华姑仙坛记》,并以之为据正"家谱误作二年"之误。大历四年有《魏夫人华姑仙坛碑》,大历五年有《丽正殿学士殷君碣铭》《宋开府碑铭》,大历六年有《颜公大宗碑》,大历八年有《追建放生池碑铭》,大历九年有《乞御书题额恩敕批答碑阴记》《妙善寺碑》,大历十年有《元次山表墓碑铭》《欧阳领军碑铭》,大历十一年有《康使君碑铭》,大历十二年有《项王碑阴》,建中元年有《颜少保碑铭》等。今日学者也注意到以石刻考古人的行迹,蒋寅撰《梁肃所撰戴叔伦神道碑的文献价值》,即据《戴叔伦神道碑》补充戴叔伦生平事迹多项。③

补国史记载之缺。石刻内容非常丰富,涉及广泛,举凡社会发展的各个环节无所不在其间有所反映,如教育政策、文化建设、宗教兴衰、农业旱涝、航海季风、工业发展、商业贸易、赋税徭役等。这些石刻都可在不同程度上弥补国史记载的不足,大概可分两类。一是绝对的补缺,说的是某些历史事

---

① 傅璇琮主编:《唐才子传校笺》,中华书局1995年版,第163页。
② 武亿:《元(玄)宗御制诗石刻》说:"行书,在汜水。五言诗一章,刻《纪功颂》碑阴。前有小序云:'行次成皋,途经先圣擒建德之所,缅思功业,感而赋诗。'后题'开元十三年十月十三日东封之岁,前常州江阴县尉史叙书'。《旧唐书》开元十三年十月辛酉东封泰山,发自东都是也。史叙,《金石录》作艾叙,传写误耳。中过汜水题诗。史盖以其事微不具录。"(《授堂金石文字续跋》卷3,《历代碑志丛书》影印清道光二十三年授堂重刊本,第3—568页)
③ 蒋寅:《梁肃所撰戴叔伦神道碑的文献价值》,《文献》1991年第1期。

件完全为他类文献失载,独赖石刻而传。如雍正七年宁远将军岳钟琪,在新疆发现的汉顺帝永和二年(137)为纪念太守裴岑战功而勒石在新疆巴里坤哈萨克自治县内的《敦煌太守裴岑纪功碑》,钱大昕说:"汉自安帝后,北匈奴呼衍王,常展转蒲类秦海间,专制西域,共为寇钞……敦煌太守率兵掩击于勒山……而岑能以郡兵诛之,克敌全师,纪功勒石,可谓不世之奇绩矣。而汉史不著其事,盖其时朝多秕政,妨功害能者众,而边郡之文薄壅于上闻故也。"① 如晋咸宁四年(278)十月二十日立《辟雍碑》述晋武帝及太子多次亲临太学(1931年在西晋太学遗址中出土),补晋武帝重视教育之举的记录。如1980年米文平发现的鄂伦春嘎仙洞北魏太平真君四年(443)魏世祖拓跋焘委派李敞祭祖摩崖,解决了鲜卑人的发源地问题:"结束了历史学界长期以来对拓跋鲜卑发源地和大鲜卑山方位的争论,解决了北方民族史上多年未决的一桩学术公案,为研究东胡系诸部族的地理、历史等问题,提供了一个准确的地理坐标和科学的依据。"② 如光绪初年吉林省集安县太王乡发现的晋安帝义熙九年(413)泐石的好太王碑反映了北方民族的发展问题。如明代天启三年(1623)在陕西周至县发现的唐代德宗建中二年(781)刊立的《大秦景教流行中国碑》,碑用中文和叙利亚文翔实记述了景教从波斯传入中国,在长安建寺和传教的情况,对于研究唐代基督教的传入中国,以及唐代的中西交通史都有独一无二的价值,被称为"中国景教之第一文献"。而今围绕《大秦景教流行中国碑》已形成了一门专学。③ 如1990年发现的西藏自治区日喀则地区吉隆县的《大唐天竺使出铭》(显庆三年,658),记载大唐使节出使天竺之事,是交通史、外交史研究的重要文献。④ 如嘉庆九年(1804)张澍发现的,刊刻于西夏天祐民安五年(1094)的,武威大云寺的《重修护国寺

---

① 钱大昕:《潜研堂金石文跋尾》卷1,《历代碑志丛书》影印清长沙龙氏家塾重刊本,江苏古籍出版社1998年版,第3—132页。
② 该摩崖1980年7月由内蒙古呼伦贝尔市文物工作站的米文平先生发现(见米文平《鲜卑石室的发现与初步研究》,《文物》1981年第2期,第1—7页)。
③ 杨共乐:《大秦景教流行中国碑若干史实考析》,《史学史研究》2009年第2期。
④ 西藏自治区文管会文物普查队:《西藏吉隆县发现唐显庆三年大唐天竺使出铭》,《考古》1992年第7期,第619页。

感应塔碑铭》,是迄今所见保存完整、内容丰富的唯一一件西夏文和汉文对照的西夏石刻。黎大祥说:"在 19 世纪初到 20 世纪中叶的一百多年中,是国内外学者了解西夏文字、探索和研究西夏学的唯一的重要实物资料。"① 如 1974 年内蒙古赤峰市宁城县金沟乡喇嘛沟门村民发现的辽天赞二年(923)刻立的《大王记结亲事》碑,记载了奚族大王勃鲁思口述结亲事的白话碑于史无载。②《完颜希尹碑》"碑文有些不见载于《金史》,有些叙事则较《金史》为详,可据 以补《金史》"③。又如今存俄罗斯境内的明代永乐十一年(1413)刊刻的《永宁寺记》(碑由汉、蒙、藏、女真四种文字组成)碑及宣德八年(1433)年间《重建永宁寺记》碑,记载了明朝政府派员远赴奴儿干都司管理的情况,反映了明朝政府对黑龙江流域及库页岛实行管辖的历史状况,是研究明代东北治理的重要史料。④ 此类补缺石刻每朝每地都有,例不胜举。

---

① 黎大祥:《武威西夏碑的发现对西夏学研究的重大意义》,《发展》2008 年第 9 期,第 156 页。
② 李义:《内蒙古宁城县发现辽代〈大王记结亲事〉碑》,《考古》2003 年第 4 期,第 92—95 页。
③ 张博泉:《金完颜希尹碑史事考辨》,《吉林大学社会科学学报》1987 年第 4 期,第 48 页。
④ 鞠德源:《关于明代奴儿干永宁寺碑记的考察和研究》,《文献》1980 年第 1 期,第 64—90 页。

新疆师范大学藏拓片局部，碑在西安

补缺的第二类是，许多史实在文献中本有简略的轮廓的记载，而石刻记载更翔实具体，有具体的数字、具体的地域、具体的人物。这些具体的文献，颇能从微观处表现一事，甚至一朝一代的大事，更能体现政绩及民生的兴旺与疾苦。此类石刻最多。比如：秦始皇、汉武帝、东汉光武帝、大唐玄宗，大宋真宗等泰山封禅，都有刻石为证。三国魏主曹丕以权力代汉，有《公卿将军上尊号奏》《受禅表》佐证。三国吴主孙皓荒唐治国，屡获"天瑞"，有《禅国山碑》《天发神谶碑》佐证。《北史》卷二魏本纪第二纪太武帝太延元年十二月癸卯遣使者以太牢祀北岳，易县有北魏《太武帝东巡之碑》可丰富其内容。① 此类石刻甚是量大。再举例著名者如：北齐《齐故假黄钺太师太尉公兰陵忠武王碑》（简称《兰陵王碑》）、北魏孝武帝《皇帝吊殷比干文》、唐玄宗开元二年崔忻奉诏册拜祚荣渤于旅顺的《唐鸿胪井刻石》、开元二十年（732）刊刻于蒙古的玄宗御书《阙特勤碑》②、桂林韩云卿撰的《平蛮记》（大历十二年，777）、唐穆宗长庆元年（821）立于拉萨大昭寺的《唐蕃会盟碑》（俗称《长庆碑》，又称《长庆舅甥会盟碑》或《唐蕃和盟碑》）。宋代太祖赵匡胤刻的《誓碑》、高宗赵构的《戒石铭》、狄青的《平蛮记》、佚名的《王坚记功碑》。金代的《大金得胜陀碑》（大定二十五年，1185）。③ 元朝《世祖皇帝平云南碑（碑额）》（大德八年程文海撰，1304）、《张氏先茔碑》（元统三年尚师简等撰，1335）。④明代朱元璋撰的《御制皇陵碑》《龙兴寺碑》《敕僧文》《周颠仙人传》，常熟碑刻博物馆藏万历十六年刻（1588）《税粮会

---

① 《太武帝东巡之碑》碑额"皇帝东巡之碑"，最早记载见于《水经注》，称《御射碑》："皇帝以太延元年十二月，车驾东巡，逸五回之险邃，览崇岸之谏峙，乃停驾路侧，援弓而射之，飞矢蹄于岩山，刊石用赞元功。"郦道元《水经注》之后再无记载，直到1936年故宫博物院院长徐森玉发现。

② 光绪十五年（1889）在鄂尔浑河上游呼舒柴达木湖畔的喀拉和林遗址，即今蒙古国林赛因诺颜部哲里，发现唐玄宗开元二十年（732）刻《阙特勤碑》《九性回鹘可汗碑》《苾伽可汗碑》。（见耿世民《古代突厥文碑铭研究》，中央民族大学出版社2005年版。）

③ 王仁富：《大金得胜陀颂碑文整理三得——兼对田村实造等有关文著的订正》，《黑龙江文物丛刊》1984年第1期；李秀莲：《大金得胜陀颂碑与出河店之战》，《北方文物》2016年第1期。

④ 王大方：《内蒙古赤峰市翁牛特旗元代"张氏先茔碑"与"住童先德碑"》，《文物》1999年第7期，第64—70页。

计由票长单式样碑》。清代康熙《平定朔漠告成太学碑》（1704）、雍正《平定青海告成太学碑文》（1725），乾隆《平定金川告成太学碑文》（1749）、《平定准噶尔告成太学碑》（1755），康熙四十年（1701）的《苏州府约束踹匠碑》，雍正二年（1724）苏州的《奉各宪永禁机匠叫歇碑记》，乾隆《御制十全武功碑》《御制平定金川勒铭噶喇依之碑》《虎神枪记》。清末贵港以及宜州关于石达开的石刻及石达开的摩崖诗歌等，皆是历史文物，与国史记载有补。

范仲淹义庄碑，碑在苏州

这些石刻的补充内容常常直接关系到国家政治经济发展状况的解读，意义重大。如常熟碑刻博物馆藏石刻《税粮会计由票长单式样碑》（万历十六年，1588）记载了明代赋税的种类（田亩税、内派米、起运兑军民运正米、岁用耗脚夫船米、解杠银、存留军储学俸米、练兵帖役银、坍荒粮拆银)、额度,印证了顾炎武《苏松二府田赋之重》较天下为多的说法,对研究明代赋税制度有重要的价值。① 又如宋代桂林鹦鹉山的《修筑桂州城图并记》记载宋代桂林城的旧城区、旧城壕的增修,新城区、新城壕的新建用工用人用料情况,以详细的数字勾画出了宋代桂林城多任官员任内大小新旧规模,城墙的高低厚薄,城门的开设,以及建城过程中各种花费,也可见当时的经济发展水平。桂林叠彩山下碑刻《广西巡抚为各书院膏火定例碑记》,记载了广西各地来省府读书之不同生员的不同待遇,以及生员等级的划分标准(前五十名为超等、前八十名为特等),银两的领取手续等,并明确规定膏火发放定额"边课本较内地诸生有增"的具体数字,体现了清朝政府对边穷地区考生的照顾政策。因此,石刻无论形式如何,其补缺作用价值都是值得重视的,值得挖掘。

当然,石刻作品中有时也会出现一些问题,主要出于作者的艺文不精带来的失误,或掺杂有撰写人的主观私愿,导致学界对其价值产生怀疑,如岑仲勉主张"不可执泥"。② 另外,还要除去造假石刻(这些多经辨别指出)。但是,就整体而言,石刻的价值在一些具体方面,永远都是值得肯定的,一如上引赵明诚说的:"若夫岁月、地理、官爵、世次……刻词当时所立,可信不疑。"③

第三节 石刻补文学史研究之功

对于石刻,研究者历来重视的是其文字学、书法、考古等方面,而其文学价值,研究者少有涉足,甚至有些学者倡论研究文学不是研究石刻的正道。如王鸣盛为钱大昕《金石文跋尾》序云:"下则至但评词章之美恶,点画波磔

---

① 金其桢:《中国碑文化》,重庆出版社2001年版,第640页。
② 岑仲勉以为不可信石刻,说"碑志之太半,皆假手于学术寡陋之士"。(岑仲勉:《贞石证史》,《金石论丛》,上海古籍出版社1981年版,第76页)
③ 赵明诚:《金石录》,原序,影印文渊阁《四库全书》本,上海古籍出版社1987年版。

之工拙，何裨实学乎？"叶昌炽说："吾人搜访著录，究以书为主，文为宾。文以考异订讹，抱残守阙为主，不必苛绳其字句。若明之弇山尚书辈，每得一碑，惟评骘其文之美恶，则嫌于买椟还珠矣。"① 在这种传统观念的影响下，研究者对石刻的文学贡献认识被抑制，再加上石刻散置各地，不易搜罗辨识以供集中深入研究，所以，文学研究者对石刻的关注至今不多，研究的成果也便有限。正是因此，石刻对文学史研究补缺的价值意义，较其他门类文献就更加显著，更需要在此特别拈出作论。

石刻对于文学研究的作用，比较在其他方面的研究而言，也如欧阳修所言可以补正阙谬，只是更为明显与突出。石刻对文学史研究有正谬之功，上节论述可见，我们该节主要论述其补缺之功。如石鼓文轶诗补战国诗歌之缺便是无可比拟的。世人对石刻在文学文献方面的补缺价值曾有零星的议论。如宋人王十朋云："盛山十二诗具在石刻，而不见于诸公集中，唱和之盛未有如西山者，旧轴既不知所在，后来跋语亦仅存录本尔。"② 清人朱彝尊在《词综》中这样说"计海内名山苔龛石壁，宋元人留题长短句尚多，好事君子，惠我片楮，无异双金也"③。唐圭璋接朱彝尊话也说："计天下名山石壁，纪游之作尚多，又岂仅此而已哉？所望词学同好，惠而见贻，则无异双金之赐矣。"④

就基本层面的补缺而言，石刻补文学研究之缺大概可总结为：补文集之缺，补文体之缺，补作品生成的史料之缺，补作品的题材之缺。

一 补文集之缺

石刻补文集之缺。叶昌炽这样说："大抵石刻诗篇，颇有世所不恒见，可以补历朝诗选之缺。"又说："余所见石刻赋，惟楼异嵩山《三十六峰赋》，僧昙潜书（建中靖国元年，1101），笔意逼肖长公。易祓《真仙岩赋》，在融

---

① 叶昌炽撰，柯昌泗评：《语石 语石异同评》，中华书局1994年版，第396页。
② 楼钥：《攻媿集》卷五，《四部丛刊》影印武英殿聚珍版本。
③ 朱彝尊：《词综·发凡》，《词综》，中华书局1981年版，第9页。
④ 唐圭璋：《石刻宋词》，《词学论丛》，上海古籍出版社1986年版。

县。梁安世《乳床赋》，在临桂之龙隐岩。并皆佳妙。此三人皆无集行世，赋选亦不收，赖石刻以传耳"。① 这里叶昌炽说的就是石刻可补文集之缺，说得非常到位。总的来说，石刻可补总集，也可补别集。补总集的"总集"，说的是读者可见诗文的总的集合。补别集，说的是补足完善名人的文集。研究文学史，文集是最基本的文献，不管是别集还是总集、选集，否则只能做无米之炊，显然是不可以的。

先说补总集之缺。

古人创作，大多数人，并非有字字流传之想，或句句流传之条件，大多数作者兴致所至，随写随弃，作品都被自己或他人有意无意间遗忘丢弃而根本未曾入集。即使已经入集甚至刊刻的诗文，也会因时日久远，保管不善，终归于散佚而不知所终，特别是那些不以文名为务的作者的作品。这种情况下，不少文字却以早年的入石，因远离喧闹的市井、政治的或者战争的风暴，又得石质的坚硬而存留。一些无文集之作者因借石刻存其文，如先秦石鼓文存诗十首，汉代杨涣、仇靖在汉中褒斜道、甘肃成县留摩崖，明代太监傅伦、梁义、陈彬等，在广西灵山、桂林留摩崖等。此类石刻对总集的补充之功有目共睹，王昶的《金石萃编》、陆增祥的《八琼室金石补正》、陆心源之《全唐文补遗》，及当代人编《唐代墓志汇编》所收多此类。严可均的《全上古三代秦汉三国六朝文》也多从石刻辑来。叶昌炽总结得好："以碑版考史传，往往抵牾，官职、舆地尤多异同。朱竹垞、钱竹汀皆为专门之学。然不徒证史也，即以文字论一朝总集，莫不取材于此。归安陆存斋观察辑《全唐文补遗》，余见其目亦取诸石刻为多。近时畿辅辽金碑先后出土，余欲辑金文以补张金吾之阙。又欲辑辽文，艺风以为先得我心，请割爱。余曰文章天下之公器也，遂辍业。"②石刻补总集之作甚多，拙文《从正谬补阙之功论石刻的文献价值》已经论及，不再赘言。

---

① 叶昌炽撰，柯昌泗评：《语石 语石异同评》，中华书局1994年版，第222页。
② 同上书，第396页。

第三章 石刻的社会功用及其文献与文学价值

龙图梅公瘴说，摩崖在桂林

　　我们再说石刻对名家别集的补充之功，柯昌泗于石刻可补名家文集感慨说："名家之文，见诸石刻，最可宝贵。"① 实际上，许多重要文人、传统的名家，多有石刻出其集外者。叶昌炽说石刻补名人集事："唐韩集之《五箴》《伯夷颂》，柳集之《永州八记》《罗池庙碑》，宋之永叔、子瞻、刘贡父、蔡君谟，元之姚燧、黄溍、柳贯、干文传、朱德润诸家，皆有碑版传世。以校集本，亦莫不有异同。山川桥梁，孔子之宫，二氏之居，其兴造古刻，或为图经所不载。宋郑虎臣《吴都文粹》以地为断，其所采不皆吴人之作。余欲取乡先贤之无集传世者，或有集而散佚者，都其文为一编。若陆长源之《景昭法师碑》《会善寺戒坛记》，顾少连之《少林寺厨库记》，孙翌顾方肃所撰

---

① 叶昌炽撰，柯昌泗评：《语石 语石异同评》，中华书局1994年版，第396页。

墓志，皆先哲遗文之仅存者也。钱竹汀举《云居寺》两诗为《全唐诗》所未收，不知东南摹厓唐人诗刻可采者尚不少。宋元名家，如石湖、剑南、遗山诸诗，零玑碎璧，亦可补全集之遗。金石文字有裨考古如此，岂得为玩物丧志哉？"① 柯昌泗又举例贺知章在山西《题抱腹寺诗》及注为例，以为"可为四明狂客又添一故实矣，不独补唐诗之逸也"。② 举补名作例杜甫诗《过洞庭》，王安石文《司马沂墓表》《李兴墓碑》为例等。陈尚君也强调石刻的补文集价值多举名人为例，说："新出碑志本身就是文学作品。20世纪出土的唐石刻，仅墓志一体，即可在陆心源《唐文拾遗》《唐文续拾》两书以后，再补录唐文约5000篇，约相当于《全唐文》所收唐文的四分之一左右，其中包括了近千名著名和不太著名作者的文章，包括唐五代重要文士如令狐德棻、上官仪、许敬宗、李义府、郭正一、李俨、杜嗣先、崔融、徐彦伯、卢藏用、李峤、岑羲、郑愔、李乂、韦承庆、崔沔、贾曾、卢僎、崔湜、薛稷、徐安贞、富嘉谟、吴少微、僧湛然、苏颋、贺知章、韦述、毋煚、郑虔、陶翰、姚崇、张九龄、苏预、颜真卿、徐浩、柳识、李华、萧颖士、柳芳、徐浩、吕温、吴武陵、崔群、令狐楚、宋申锡、李德裕、赵璘、南卓、裴度、郑畋、杨凝式、和凝等，都补充了新的文章。"③

　　石刻补名人文集例甚多，就拙见再举数例，如《宝刻丛编》卷十四据《访碑录》录唐代吴筠大历五年撰《天柱山天柱宫记》，《宝刻丛编》卷三载崔颢撰、王幼成书开元十五年立的《龙兴寺诵》，《宝刻丛编》卷八载武元衡兴元元年撰立《唐咸宜公主碑》，《金石录》载卢照邻的《唐黎尊师碑》（卷

---

① 叶昌炽撰，柯昌泗评：《语石 语石异同评》，中华书局1994年版，第396页。
② 柯昌泗录贺知章诗及注："唐人题诗石刻较多，其著录罕见者，为贺知章题抱腹寺诗，即刻抱腹寺碑右侧，传拓每不及之。诗前题'醉后逢汾州人寄马使君题抱腹寺□，四明狂客贺季真，正癫发时作'。诗凡六韵，十二句，诗曰：昔年与亲友，俱登抱腹山。数重攀云梯，□颠□□□。一别廿余载，此情思弥潆。不言生涯老，蹉跎路所艰。八十余数年，发丝心尚殷。附此一癫、此二州镇俯狂癫。第三韵下注云：'将与故人苏三同上梯，寺僧以两匹布（缺十字），然后得上，狂喜，更不烦人力直上，至今不忘。'忽逢彼州信，附此一首，以达马使君，请送至寺，题壁上幸。末署'庚辰岁首十二日，故人太子宾客贺季真敬呈'。"（叶昌炽撰，柯昌泗评：《语石 语石异同评》，中华书局1994年版，第224页）
③ 陈尚君：《新出石刻与唐代文学研究》，逢甲大学中文系主编《六朝隋唐学术研讨会论文集》，台湾文史哲出版社2004年7月版。

二十四），刘禹锡的《唐殿中丞侍御史韦翃墓志》（目录十），《北京图书馆藏中国历代石刻拓本汇编》载郑虔撰《大唐故江州都昌县令荥阳郑府君墓志铭并序》①，柳宗元的《张曾墓志》（见《古志石华》），贾岛的《唐新修紫极宫记》，皮日休的《唐社稷坛记》，宋人王安石撰司马光从父《司马沂墓表》（《山右石刻丛编》卷十三），汪藻撰《汪瀚神道碑》（胡韫玉辑录《泾县石刻纪略》，原刊于《国粹学报》第七十五期，1911年刊），杜敬叔象鼻山刊刻的《陆游诗札》，金华市太平天国侍王府藏陆游撰《重修智者寺广福禅寺记》，及陆游给方丈仲忋写的八封书札（为国家一级保护文物）等，都是名人得石刻补其文集所遗。

典型者，今所见前人文集有基本靠辑佚石刻而编成者。如颜真卿之《颜鲁公文集》的成书是如此。《颜鲁公文集》据《四库全书总目》称，《唐书·艺文志》记载有《吴兴集》十卷，《庐州集》十卷，《临川集》十卷，至北宋时都已经亡佚。遂有沈侯、宋敏求两家各辑佚成十五卷本。沈、宋两辑本不久也漫漶，南宋嘉定年间留元刚守永嘉，在宋敏求残本十二卷基础上重新补遗。四库馆臣又以"即元刚所编亦不免阙略"，继以石刻文补全，云"今考其遗文之见于石刻者，往往为元刚所未收。谨详加搜辑，得《殷府君夫人颜氏碑铭》一首、《尉迟迥庙碑钩》一首、《太尉宋文贞公神道碑侧记》一首、《赠秘书少监颜君庙碑碑侧记》《碑额阴记》各一首，《竹山连句诗》一首、《奉使蔡州诗》一首，皆有碑帖现存，又《政和公主碑》残文、《颜元孙墓志》残文二篇，见江氏《笔录》"。② 其实，四库馆臣所本之留元刚本《颜鲁公文集》的祖本宋次道本，也同样多采石刻入集，如《湖州石柱文》。朱彝尊说："《湖州石柱》在宋初字已漫漶。欧阳永叔谓笔画奇伟，非颜鲁公不能书。于是宋次道集鲁公文刻于金石者编为十五卷，则石柱记存焉。"③ 清人黄本骥

---

① 北京图书馆金石组编：《北京图书馆藏中国历代石刻拓本汇编》第22册，中州古籍出版社1989年版，第50页。

② 永瑢等撰：《四库全书总目》，中华书局1965年版，第1284页。

③ 朱彝尊：《颜鲁公石柱记释序》，《曝书亭集》卷三十五，《四部丛刊》上海涵芬楼影印原刊本。

更作《颜鲁公文集补遗》也基本是从石刻著述如《寰宇访碑录》《古今碑录》《宝刻丛编》《集古录》《金石录》《金石萃编》《石墨镌华》等所载石刻作补,其补作甚丰。即是说,若无石刻存,也就无《颜鲁公文集》存世了。

即今文献整理成果而言,许多学者整理古籍,石刻成为一个重要的辑佚文库,如《全宋文》之成,就从石刻中辑出许多的佚诗文。

二 补文体之缺

文体在文学史研究中始终受到关注,是文学研究的基本内容与着眼点。早从文章选集如挚虞《文章流别集》,到萧统的《文选》、姚玄的《唐文粹》、吕祖谦的《皇朝文鉴》、姚鼐的《古文辞类纂》,文学评论著述如《文心雕龙》《诗品》《文章辨体》《文体明辨》等,莫不是从文体入手。而今的各类各家文学史编撰,论诗论词论曲、论文论小说论戏曲,也莫不以文体阐释为策略。虽然如此,通过整理石刻,笔者发现,在文体研究方面,石刻中有多种文体尚未被议及,可以补充不少可供研究的文体。

从宏观而言,石刻本身即是一种独立文体,石刻与传统的纸质载体所存之文比较,区别特点明显。① 石刻文体有很多区别于其他文体的构成要素,从传递作者完整意思的角度考虑,石刻在文本之外,文体构成成分还有石头坚硬的本质属性、石刻的形态体制,石刻与空间、时间紧密联系,石刻存在的原始地理环境、石刻的刊刻时间等,都是石刻文体的要素,也具有很强的写实性。石刻的书写形式、书法艺术、雕刻艺术等也是石刻的文体要素。从行文形式看,石刻是以刀代笔,镌刻于石上的一种文体,其作者署名必冠职务、籍贯,行文必署创作岁月时日、必署书丹人姓名。石刻是一种综合性、直观性、文物性兼具的文体。(参见拙著《石刻之文体特性刍论》,《兰州学刊》2016 年第 11 期)

石刻中同时包含许多具体的文体,这些具体的文体,有多种文体是传统

---

① 叶昌炽也议及石刻文体,说"石刻诗文,有不经见之体"(《语石 语石异同评》,中华书局 1994 年版,第 388 页)。但从其举例看,如"实录"之类,在纸本中也常有,与拙著所论不同。

论文者所未曾议及者。在文体学史上，有多种文体原本就是因石而生，如墓志、墓碑、榜书、题记（题名）、造像记等，文体形式受到石材的限制。墓志、墓碑历来是文体研究者的研究对象，不论，但榜书、题记、造像记等，都有悠久的发展历史与大量的存世作品，应该引起文体研究者的关注。

榜书在我国应用广泛，是一种为大众喜欢而流传不衰的文学现象。榜书具有十分明显的文体特点。他以诗性语言、书法语言，境文的虚实相生，表达了作者对时事遭际、历史文化、草木山川、人文建筑的感受与评价，成为一种抒写情志的重要形式。这些榜书别集不载，总集不录，文论著述也很少议及。（参见拙著《论摩崖榜书的文学特性》，《求是学刊》2015 年第 5 期，又见人大复印资料《中国古代近代文学研究》2015 年第 11 期，第 15—21 页。）

张栻书，在桂林

题记又称题名，是摩崖于山体，或者镌刻于人制各类石形物件之上的、以记录人物信息（人名字号、出生地、官爵、游历地、游历原因，随行家庭成员、朋友等）为主体的文字，是石刻中一种特有的体裁，在我国有悠久的发展历史和大量的存在,具有文学的可鉴赏性,能为阅读者带来愉悦。题名还是文人的档案,对于文学家的生平事迹研究有不可取代的文献价值。(见拙著《论题名的文学研究意义》,《安徽师范大学学报》2017年第1期)

造像记作为文体,更有特定的内容,大多数作品与宗教有关,如佛教造像记、道教造像记、伊斯兰教造像记等,但也有神话造像记(汉代武氏祠画像石)、先人造像记(北魏《始平公造像记》)等。这些造像记,多为祈福保平安而作。从形制看,有的篇幅简短,仅述造像人的姓名及造像年月时日,或造像原因及目的。也有长篇大论颇具规模的文章。如陕西耀县药王山有北魏太和二十年(496)九月刻的《姚伯多造像记》。但是,无论简短篇还是长篇,造像记都有一个共同的最基本特征,就是像与文为一体,有文必有像,像文相应,这是古代其他文体所没有的。另外,造像记的行文也有长期发展而形成的近乎固定的格式,叶昌炽注意到这一现象说:"造象墓志,陈陈相因之辞。若四恩三有,同登觉岸。千秋万岁,永閟泉台。不啻有相传衣钵。隋舍利塔铭,岐山大荔诸刻,其文几不易一字,或有敕定颁行之体式,未可讥为蹈袭。"① 叶昌炽将造像记的写作格式推定为"敕定颁行之体式"的说法虽然不确切,但说到造像记文字有固定的格式,无疑是对的。关于造像记的文体特性,张鹏著《北朝石刻文献的文学研究》有过专门研究,从语音、语义、句法等方面给予界定,肯定地说:"北朝造像记作为一种独立的文体,有其明显的文体特征。"② 我甚是认同张鹏的观点,不仅北朝造像记是独立文体,各个历史阶段的造像记也皆是一样。

以上所说,是石刻作为独特的一种文体,以及石刻中的各类独有文体对文体研究之缺的补充之功。石刻中有些作品还可为论文者补充所论传统文体的文献之缺,比如奏议文书的行文样式,汉代石刻可称作化石标本。这一点,欧阳修、赵明诚著录汉碑时双双注意到。如《集古录跋尾》录《后汉修西岳庙复民赋碑》载樊毅上尚书奏议石刻原文:

---

① 叶昌炽撰,柯昌泗评:《语石 语石异同评》,中华书局1994年版,第393页。
② 张鹏:《北朝石刻文献的文学研究》,中国社会科学出版社2015年版,第42页。

第三章　石刻的社会功用及其文献与文学价值

南朝齐造像记，安阳灵泉寺

　　光和二年十二月庚午朔十三日壬午，弘农太守臣毅顿首死罪上尚书。臣毅顿首顿首，死罪死罪。谨按文书，臣以去元年十一月到官，其十二月奉祠西岳华山，省视庙舍及斋衣祭器，率皆久远有垢。臣以神岳至尊，宜加恭肃，辄遣行事荀班与华阴令先谠以渐缮治成就之。

　　谠言县当孔道，加奉尊岳，一岁四祠，养牲百日，用谷稿三千余斛。或有请雨斋祷，役费兼倍，小民不堪，有饥寒之窘，违宗神之敬。乞差诸赋复华下十里以内民租田口。臣辄听，尽力奉宣诏书，思惟惠利，增异复上。臣毅诚惶诚恐，顿首顿首，死罪死罪。上尚书。①

　　欧阳修跋尾接着评说道："汉家制度今不复见，惟余家集录汉碑颇多，故于磨灭之余，时见一二，而此碑粗完，故录其首尾以传。"② 又有《汉孔子庙

---

　　① 欧阳修著，李逸安点校：《集古录跋尾》卷3，《欧阳修全集》第5册，中华书局2001年版，第2138页。
　　② 同上书，第2138页。

置卒史碑》《鲁相晨孔子庙碑》等文式相同或相近作品。这类文式，往往是开篇先叙时日，再说"臣……顿首死罪上……。臣……顿首顿首，死罪死罪"，结语是"臣……诚惶诚恐，顿首顿首，死罪死罪"。赵明诚称《汉孔子庙置卒史碑》之类可见汉时奏记格式，云："其词彬彬可喜，故备录之，且以见汉时郡国奏记公府，其体如此也。"① 《容斋续笔》论《汉代文书式》，高度称赞石刻对文体形式的保存之功："汉代文书，臣下奏朝廷，朝廷下郡国，有《汉官典仪》《汉旧仪》等所载。然不若金石刻所著见者为明白。"② 洪适也说："石刻可以见汉代文书之式者，有史晨祠孔庙碑，樊毅复华租碑，太常耽无极山碑，与此而四。此一碑之中凡有三式，三公奏于天子，一也；朝廷下郡国，二也；郡国上朝廷，三也。"③

石刻补白话文文体之缺。在我国历代文集中，凡诗文都为文人作品，行文以文言，而石刻中却多有白话文存在。如曲阜今存孔庙有朱元璋与由元入明的孔子五十五代孙赐封衍圣公孔克坚的对话石刻，是典型的一段白话文对话：

> 洪武元年十一月十四日，臣孔克坚，谨身殿内对百官面奉圣旨："老秀才近前来，你多少年纪也？"对曰："臣五十三岁也。"上曰："我看你是有福快活的人，不委付你勾当。你常常写书与你的孩儿，我看资质也温厚，是成家的人。你祖宗留下三纲五常垂宪万世的好法度。你家里不读书，是不守你祖宗法度，如何中？你老也常写书教训者，休怠惰了。于我朝代里，你家里再出一个好人啊不好？"二十日，于谨身殿西头廊房下奏上位：曲阜进表的，回去。臣将主上十四日戒谕的圣旨，备细写将去了。上喜曰："道与他，少吃酒，多读书者。"前衍圣公国子祭酒臣克坚记。

此段文不杂一句文言，且是完全的口语，如"你多少年纪""如何中"

---

① 赵明诚撰，金文明校证：《金石录校证》，广西师范大学出版社2005年版，第251页。
② 洪迈：《容斋续笔》卷4，上海古籍出版社1978年版，第260页。
③ 洪适：《隶释》卷一，《石刻史料新编》，新文丰出版公司印行1977年版，第9—6764页。

"好人啊不好"等。此段对话又见载于《水东日记》卷十九。白话文在石刻中还有辽代的《大王记结亲事》碑等。元代白话石刻最多,蔡彪美《元代白话碑集录》即收录100多种。

石刻也可补小说早期发展史文体文献之缺,改变传统小说文体研究的发生观。比如对于文言短篇小说的发展,未尝见有举汉代有郭芝立《仙人唐公房碑》为例者,其实已颇具小说规模,云:

> 王莽居摄二年,君为郡吏,□□□□土域啖瓜。旁有真人,左右莫察。君独进美瓜,又从而敬礼之。真人者遂与□期堉谷口山上。乃与君神药曰:"服药以后,当移意万里,知鸟兽言语。"是时,府在西成,去家七百余里,休谒往来,转景即至。阖郡惊焉,白之府君,徙为御吏。鼠啮轺车被具,君乃画地为狱,召鼠诛之,视其腹中,果有被具。府君□宾燕欲从学道,公房顷无所进。府君怒,敕尉部吏收公房妻、子。公房乃先归于谷口,呼其师告以厄急。其师与之归,以药饮公房妻、子,曰:"可去矣。"妻子挛家不忍去。又曰:"岂欲得家俱去乎?"妻子曰:"固所愿也。"于是,乃以药涂屋柱,饮牛马六畜。须臾,有大风玄云来迎公房,妻子、屋宅、六畜,儵然与之俱去。①

这段显然虚构的文字,有人物、有故事、有对话,甚至人物有性格。如公房妻子对家庭财物的难以割舍,就是典型的女人恋家惜物的性格,俨然是一完整的短篇小说,叙述了公房成仙的过程与结果,足可见我国文言短篇小说文体在汉代发展已近完善,可证鲁迅主张"现存之所谓汉人小说,盖无一真出于汉人"的观点是有商榷空间的。②

石刻还让我们看到一些稀见诗体,如三言诗,《金石录》录《汉圉令赵君碑》后铭诗云:"天实高,惟圣同。戏我君,羡其纵。体弘仁,蹈中庸。所临历,有休功。追景行,亦难双。刊金石,示万邦。"赵明诚称赞"其词颇尔

---

① 王昶:《金石萃编》卷19,《续修四库全书》,上海古籍出版社2002年版,第887—149页。
② 鲁迅:《中国小说史略》,齐鲁书社1997年版,第31页。

雅，故录之"。① 此见三言诗在汉代民间的流行。

石刻对文体研究的贡献，还在于石刻有自己的语言风格。关于石刻文章语言特点方面著述，有徐志学的《魏晋南北朝隋唐五代石刻用典研究》，张鹏也在《北朝石刻文献的文学研究》论北朝墓志的用典特点，并以之分辨石刻文体与常见文体的相较不同特点。② 臧克和为徐志学《魏晋南北朝隋唐五代石刻用典研究》作序《凝固的形式动态地考察》更揭示石刻文字的固定格式，以及对传统文式的影响③，此处不再赘述。

总而言之，石刻为文体研究提供了新的研究对象，丰富了新的内容，也就因此扩大了文学史的研究思路与范围。

三 补文学史料之缺

凡史上所有发生过的社会现象、自然现象，无不可作为文学史研究的对象从而厕身为文学史料。传统的文学研究多是谈纸上之兵，特别是研究具体的诗文作品，一般仅是就纸上文字，探究作品曾经的发生缘起、过程、形态，文字的内容、艺术价值、社会影响等。这对文学而言，肯定不是一种完全的研究、客观的研究，因为很多的历史事实，仅凭纸上文字后人已经无从理解，无法理解作品发生的自然环境、社会环境等，也就无从正确理解作品的内涵及意义，所以才引起歧义，有了不少商榷的文章，才有了人们对二重证据法甚至多重证据法的重视。而石刻这种文体，为文学研究提供了其产生的历史背景、具体的作品发生场地，这是以石为载体的石刻文学为认识文学提供的独有形式的史料。

首先，石刻展现出一种集体创作的文学生成模式，与其他载体文学生成模式不同。

石，不仅是一种载体，提供了一种精神的寄托物质，形成了文学发生的一种自有形式，从而，为后人研究文学创作过程提供最原始的与其他载体不

---

① 赵明诚撰，金文明校证：《金石录校证》，广西师范大学出版社2005年版，第311页。
② 张鹏：《北朝石刻文献的文学研究》，中国社会科学出版社2015年版，第101页。
③ 徐志学：《魏晋南北朝隋唐五代石刻用典研究》，上海交通大学出版社2013年版。

同的一手资料，可使我们看到一种独特的文学生成方式、生成过程与形态。石更是一种文学创作的园地，是跨地域、跨时代的文人思想交流的园地。在这个园地中，所有参与者前者影响后者，同来者影响同来者，互相唱和成文，从而使石刻成为一种文学的集体生成模式。

　　石刻，除去如墓碑、墓志铭、政府告示、村规民约等应用文之作，是零星分布在村镇，或井旁，或墟墓，或衙署等不同的地方，而最具文学性的诗歌、散文、辞赋、题名、榜书等，则多集中发生于历史名胜所在，宗教建筑、高山大川及其洞穴所在。如太原的晋祠，华阴的华岳庙，曲阜的孔庙，洛阳的龙门，重庆的大足，陕西的华山，山东的泰山，祁阳的浯溪，泉州的九日山，福州的鼓山，杭州的孤山，桂林的七星岩、叠彩诸山，融水的真仙岩，宜州的南山寺等地。这些场所往往或者是举行祭祀的地方，或者是山水宜人，或者是邻近交通要道的商旅必经之地，是人们易到或必到，或向往一至，人流较为集中的地方，是容易引发文人情思，可借以传名的地方，也因此多有留题，成为石刻集中存在的渊薮。① 这些石刻作品虽为个体创作，但又皆是以群体作品存在为依托的整体中的一分子，并因此得以体现其存在的价值。

摩崖在玉林

---

　　① 后世搜集各地石刻而建成的博物馆如西安碑林、苏州石刻博物馆等，其中所存石刻虽集中不在此论之列。

作为整体形态看,石刻通常是跨越多个朝代,由不同地区、不同层次的作家,围绕相近或相同的主题创作而生成,给读者展示了石刻独有的文学生成模式,一种一唱众和的生成模式。这种生成模式又不与纸质文献记载的唱和之作相同。就其整体看,作者多是素昧平生的,不同时代不同区域的、走到同一地点的文人们,这些人前后相继地书写胸怀情志,前呼后应。这些前呼后应之作,从内容看,一定与所在地的人文地理环境有着紧密的关系。凡刻石之文,多具有强烈的时地针对意味,从而形成文字与历史、地理的互释性。石刻往往因一片山水、一个场景、一个事件,或者一人一件作品的刻石为诱因,前后相继,文人乘兴刊刻而作,押文步韵,再继续影响后到者。后到者复影响后到者,天长日久,旧作新作叠加,逐渐形成了规模,形成了有一定特色的一个整体。典型者如湘江之滨的祁阳,原来有溪有山,却未曾闻名于世,因元结至而名溪为浯、名山为峿等。① 峿山所在,有石天造地设,未曾知名,因元结撰、颜真卿书《大唐中兴颂》为倡,遂有后世名贤续作,镌泐不断。如宋人黄庭坚"三日徘徊崖次",有《书摩崖碑后》诗刻于《大唐中兴颂》旁:"春风吹船著吾溪,扶藜上读《中兴碑》。平生半世看墨本,摩挲石刻鬓成丝。……同来野僧六七辈,亦有文士相追随。断崖苍藓对立久,冻雨为洗前朝悲。"范成大继至"周遭岩壑寻胜迹,摩挲石刻立多时",也有《书浯溪中兴碑后并序》刻其后。清人阮元嘉庆间任湖广总督过浯溪题名:"大清嘉庆廿二年九月廿日,太子少保兵部尚书湖广总督扬州阮元阅兵衡永,舟过浯溪,登台读碑题字石壁而去。时林叶未黄,江波正渌,农田丰获,天下安平。"何绍基在同治间游浯溪,步黄庭坚韵,总述读唐宋摩崖感受,撰文刊刻其旁:"归舟十次经浯溪,两番手拓中兴碑。外观笔势虽壮阔,中有细筋坚若丝。咸丰纪元旧题在,时方失恃悲孤儿。次年持节使蜀西,剑州刻如饥鹤栖。(剑州有此碑翻□)既无真墨本上石,何事辗转钩摹为?唐人书易北碑

---

① 元结《浯溪铭有序》云:"浯溪在湘水之南,北汇于湘。爱其胜异,遂家溪畔、溪世无名称者也,为自爱之故,命曰浯溪。"(《元次山集》卷七)《舆地纪胜》云:陈衍题《浯溪图》云:"元氏始命之意,因水以为浯溪,因山以为峿山,作屋以为㟧亭。三吾之称,我所自也。制字从水、从山与广,我所命也。三者之目,皆自吾焉,我所擅而有也。"(王象之:《舆地纪胜》卷56)

法,惟有平原吾所师。次山雄文藉不朽,公伟其人笔与挥。当代无人敢同调,宋贤窃效弱且危。涪翁扶藜冻雨里,但感元杜颂与诗;公书固挟忠义出,何乃啬不赞一词?海琴、同轩喜我至,珍墨名楮纷相随。书律深处请详究,拓本成堆吁可悲!"吴大澂于光绪年间也有步黄庭坚韵刻:"潇湘奇气钟浯溪,次山文章鲁公碑。我喜涪翁诗律劲,石栏坐对雨丝丝。唐祚中衰寇患起,太息朔方无健儿。六龙远去蜀江西,鸾凤纷纷枳棘栖。灵武即位上皇复,歌功勒石臣能为。作者文雄书者健,忠清亮直皆吾师。若以墨本工磨刻,徒资文士霜毫挥。古今循吏为君国,身与磐石关安危。杜老书名吾未见,千秋犹颂春陵诗。元祐残碑未磨灭,吁嗟党祸起文词。宜州谪所去不远,清游时有高僧随。两碑读罢一慨叹,苍崖日暮啼猿悲。"这样,祁阳浯溪石刻从唐至民国间,先后相继,有显宦、著名文人、书法家等众人刻成的、内容相关的各体诗文作品近五百件。

与祁阳石刻一样,全国各地有不少石刻群落都是因此而形成:泰山围绕帝王文化形成的石刻,曲阜孔庙围绕儒家文化形成的石刻,镇江围绕《瘗鹤铭》书法文化形成的焦山石刻,洛阳龙门围绕佛教文化而形成的石刻,洛阳关林围绕关羽故事形成的石刻,铜川耀县的药王山围绕孙思邈及其《千金方》而形成的石刻,长江白鹤梁围绕石鱼而形成石刻,桂林围绕秀美山川而形成的石刻,户县重阳宫围绕道教而形成的石刻,还有泉州九日山的祈风石刻,苏州的园林石刻,杭州、汤阴的岳庙石刻,开封陈桥驿的石刻等,内容都各具特色。但其文学生成的模式一样,都是围绕一个主体延续多年创作而生成,这为文学创作的生成方式研究,提供了新的对象与思路。

我们再说石刻作为文学史料的另一种形态,即,石刻是一种文物文学(石刻是文物,这是全世界统一看法)。石刻提供了作者创作的具体环境遗迹,与纸本文学有根本的不同。[①] 石刻,作为一篇完整的作品,不但包括文

[①] 这里说的石刻,是作者亲到留下的初创初刻作品,不包括再刻,或者代刻他人、他人代刻,以及刻于创作在异地的作品。这一点,明人张鸣凤在作《桂胜》时,不录朱晞颜刻于龙隐岩的石曼卿董希文等16人巨鹿题记即是。

字,还包括文字的书法形式、雕工技艺,文字所在的石头形状、配制的图案雕塑,石刻所在的自然环境,如山石水土,及所附着的各类苔藓植物、风雨侵蚀痕迹,以及人文环境,包括石刻周边留有的前人刻石、建筑,今人耕作庄稼等。石刻之作,从作者目的而言,是做标志与纪念之用,如窦宪置石燕然、杜预置石岘山等,明示作者何时、为何来至此地,以及当时作者的所见所感所思等,而这些本在文字之外的信息,却稳藏在石刻之内。因此,石刻间镶嵌了作者欲以表达的诸多历史信息,是纸本间无论如何不能读到的。石刻是一种具体的文学、形象的文学、可触及的文学,甚至是一种有色有味道的文学,是一种情、景、文相统一的文学。也可以说石刻是立体的文学,是物之形与文之神的合一,是一种虚实相结合的文学。读者欣赏石刻,不仅是欣赏虚拟情景的文字,更能感受到实在的场景所蕴含的综合信息,而这种信息所自,与一般文物比较,又是有文字的、易懂易知的,会说话的文物;从文学的角度看,又是一种有物之实,有文之妙的文学,这就是文物文学。

四 丰富文学的题材

石刻之作所自,从地理范围说,涵盖区域至广,有自都城者,有自乡野者,东南西北,从中原到边疆无处不有石刻。石刻涵盖作者阶层广,有位极人臣甚至皇帝者,有穷困潦倒挣扎在社会底层者,士农工商三十六行皆有作品。也因此,石刻的题材内容十分丰富,使我们看到不少新颖的社会题材。如汉代新疆的裴岑纪功碑、汉代浙江的三老忌日文、北魏的耀县《姚伯多造像记》、宋代梁安世在桂林的《乳床赋》、清道光年间的无名氏《宜州壮字墓门文》等①,都是文学史上未曾见过之题材。尤其让人感到新奇的是帝王家的题材。

在我国,凡为帝王者,其家事身世,多经当时附上之人或后世好事之徒有意夸张,渲染虚构。凡帝王其出生也必生异象,龙凤呈祥,其行事也

---

① 杜海军辑校:《广西石刻总集辑校》,社会科学文献出版社 2014 年版,第 834 页。

如雷霆万钧,因此自命曰天子,不光彩之事或有损皇家威严之事,多不见记载。如汉高祖斩蛇起义而不及其无赖如《高祖还乡》描写之类。至明代朱元璋为先人御撰《皇陵碑》①,至今位于安徽省滁州市凤阳县,一反前人所作。朱元璋反感儒臣粉饰之文,说"皇陵碑记皆儒臣粉饰之文",不足为后世子孙戒,于是亲自撰文,详述朱氏一生艰辛,描写了朱元璋在践祚之前,从作为一个极普通的贫民自己的艰苦的身世经历,以至于父母死无葬身之地、殡无棺椁殓衣,恰"值天无雨,遗蝗腾翔。里人缺食,草木为粮",兄长去世,寡嫂携子弃家而去。朱元璋迫于生计为僧,又处世乱,身如飘蓬,无所依归,随人揭竿,被俘放归。及再次举义,征战四方,取蒙元而立朱明江山,家人逐渐归附的过程。全文一千余言,文字感情真挚充沛,没有文体形式约束,通俗易懂。写苦难令人唏嘘,述征战也见其驰骋豪举。与传统的帝王之兴必是生有异兆,龙凤呈祥大不相同。人称这是"第一篇皇帝自传"。②

又如前述桂林靖江王陵有味玄道人靖江恭惠王朱邦苧悼念其结发妻子悼妃滕氏的碑刻《明故悼妃滕氏石刻》,反映了一代靖江王在家庭生活中为妾刘氏挟持的地位尴尬。靖江王们或者说是当时所有王爷们爱情、家庭生活的一个侧面,与一般家庭也并无大的差异,是在其他文献中从未得见之文,令人耳目一新,为世人全面了解帝王的生活提供了真实可信的记录,足可弥补文学中帝王题材的不足。

再如唐朝期间的《暾欲谷碑》《阙特勤碑》《毗伽可汗碑》《翁金碑》《阙利啜碑》《磨延啜碑》《铁尔痕碑》《铁兹碑》《苏吉碑》等,为读者提供了突厥、回纥的兴衰过程及其与唐朝等其他民族部落的发展故事。其中尤以唐玄宗御制《阙特勤碑》为代表。

---

① 朱元璋撰《皇陵碑》今在凤阳县,文录入《明太祖文集》《七修类稿》等书,皆较原碑有缺。
② 金其桢:《中国碑文化》,重庆出版社2001年版,第612页。

新疆师范大学藏拓片上半部，碑在蒙古

《阙特勤碑》勒于唐玄宗开元二十年（732），镌有汉文和古代突厥文两种文字。碑为大理石质地，是唐朝政府应突厥的邀请雕琢碑文纪念第二突厥汗国重臣阙特勤（685—731）而立。① 该碑1889年发现于今蒙古人民共和国鄂尔浑河支流Kokshin—Orhon河谷的和硕柴达木地方，碑高335厘米，东西宽132厘米，南北宽46厘米。现仍矗立在原地。汉文为李隆基御笔书写，古代突厥文部分由药利特勤（yolligh tigin）书写。

突厥文部分为读者提供了新鲜的阅读题材。阙特勤为颉跌利施可汗（即骨咄禄）之次子，716年曾推翻默啜可汗之子匐俱的统治，推举其兄毗伽可

---

① "我从唐朝皇帝那里请来了画工，让他们装饰了（陵墓）。他们没有拒绝我的请求（直译：话）。他们派来了唐朝皇帝的宫内画匠。我令他们建造了宏伟的建筑物，我让他们在（建筑物）内外都绘上动人的画。我令他们打造了石碑，让他们刻写下了我心中（要说）的话。愿十箭的子孙和外族臣民（Tat）看到这个都知道。"（耿世民：《古代突厥文碑铭研究》，中央民族大学出版社2005年版，第120页）

汗为可汗。① 石刻以毗伽可汗的口吻叙述了突厥的远祖兴起：

1. 当上面蓝天、下面褐色大地造成时，在二者之间（也）创造了人类之子。在人类之子上面，坐有我祖先布民可汗和室点密可汗。他们即位后，创建了突厥人民的国家和法制。

2. （这时候）四方皆是敌人。他们率军征战，取得了所有四方的人民，全都征服了（他们）。使有头的顿首臣服，有膝的屈膝投降。并使他们住在东方直到兴安岭，西方直到铁门（关）的地方。②

叙述了突厥与唐朝的关系：

6. 由于其诸官和人民的不忠，由于唐人的奸诈和欺骗，由于他们的引诱，由于他们使兄弟相仇，由于他们使官民不和，突厥人民丧失了成为国家的国家，

7. 失去了成为可汗的可汗；高贵的男儿成为唐人的奴隶，清白的姑娘成了女婢。突厥诸官舍弃了突厥称号，亲唐朝的诸官采用唐朝称号，臣属于唐朝皇帝，

8. （并为他们）出力五十年：前面，在日出之方，一直打到莫离可汗那里，在西方，一直打到铁门（关），把其国家和法制交给了唐朝皇帝。突厥所有普通的

9. 人民这样说道："我曾是有国家的人民，现在我的国家在哪里？我在为谁获取国家？"——他们说。"我曾是有可汗的人民，（现在）我的可汗在哪里？我为哪家可汗出力？"——他们说。这样说着，他们就成为唐朝皇帝的敌人。③

叙述了突厥的开疆拓土：

---

① 耿世民：《古代突厥文碑铭研究》，中央民族大学出版社2005年版，第115页。
② 同上书，第121页。
③ 同上书，第122—123页。

15. 他出征了四十七次，参加了二十次战斗。由于上天保佑，使有国家的失去国家，使有可汗的失去可汗，征服了敌人，使有膝的屈膝，使有头的顿首（投降）。我父

16. 可汗这样建立了国家、法制以后就去世了（直译：飞去了）。为纪念我父可汗，首先把巴兹（baz）可汗立作杀人石（balbal）。依法制，我叔（在上）即位为可汗。我叔父继位为可汗后，重新组织和养育了突厥人民，使穷的变富，使少的变多。

17. 当我叔父即位为可汗时，我自己任达头人民上面的设。我同我叔可汗一起，前面（东面）一直征战到黄河（yasil oguz）和山东（san-tung）平原，后面（西面）一直征战到铁门（关），并越过曲漫山，一直征战到黠戛斯人的地方。

18. 一共出征了二十五次，参加了十三次战斗，使有国家的失去国家，使有可汗的失去可汗，使有膝的屈膝，使有头的顿首投降。突骑施可汗是我们突厥族，我们的（人民）。①

石刻还花费大量文字，叙述了阙特勤的屡屡英勇杀敌的故事直至阙特勤四十七岁去世等，此皆不见于他本记载。

在碑刻的外形雕琢方面，《阙特勤碑》碑首东面上方刻有一山羊线图，顶部为一给婴儿喂奶的母狼图。这体现了草原文化的特色，与中原地区的碑刻首部刻龙雕螭是完全不同的一种形式，而石碑的碑座为石龟又显示了唐朝与突厥之间存在一定的文化联系。所有这些，《阙特勤碑》为读者提供了鲜见的文献。②

另外，石刻体裁的丰富，也为文学内容的丰富做出不少贡献，如题记写作者之游历，榜书写作者之情志，造像记写作者之信仰等，都是其他载体中文学样式所无法比较的。

---

① 耿世民：《古代突厥文碑铭研究》，中央民族大学出版社2005年版，第125页。
② 同上书，第115页。

上文我们从正谬与补缺两个方面四个问题，论述了石刻对文献及文学研究的贡献。从存在的形式看，石刻是独特的；从内容看，是唯一的，没有可以替代的，因此，石刻对文学研究的贡献也是独特的无可取代的。

如此有着独特的内容，独特的文体，甚至独特的作者，规模庞大的一类文献，其学术含量不难估算。但是，对于它的文学贡献，至今尚未见到深入系统的研究，个案研究也不丰富。因此可以说，这是一个值得开发的文学研究领域，深入研究石刻文学，一定会为文学史增加新的研究方法、新的研究内容，使得我国的文学史呈现出更加完全、真实的发展规律与成就，展现更加迷人的光彩。

第四章　石刻的文体特性研究

重视文体是我国文学发展的传统，先秦时期已有左史记言，右史记事（《汉书·艺文志》）或左史记事，右史记言之分（《中论·虚道》），也就有了《春秋》与《尚书》的不同。显然在先秦时候已经意识到言与事如何记录成文是有别的。近年来研究文体更成为文学研究的时尚，正如吴承学说的"在新的学术意识推动下，文体学研究成为古代文学研究的新视角之一"①，也因此产出了一些代表性成果，如褚斌杰的《中国古代文体概论》、曾枣庄的《中国古代文体学》、吴承学的《中国古代文体学研究》、郭英德的《中国古代文体学论稿》等。什么是文体，褚斌杰概括指的是"文学的体裁、体制或样式"。又议及其形成，说"是在作家的艺术实践中逐渐形成和发展的，它与作品的思想内容一样，受着社会历史的制约，并且受着语言发展、作家创作才能等各种因素的影响"②。褚斌杰对促进文体形成原因的议论，触发了笔者对文体形成因素的思考，那就是褚斌杰所说的促成文体最终形成的"社会历史的制约"，到底有哪些"制约"呢？是自然的地理环境？是经济基础？是上层建筑？是书写工具？这使笔者想到，载体也应当是制约因素之一，也就是文学作品所赖以存在与传播的物质形式，对于文体的形成也应当是发挥过一定的作用。

---

①　吴承学：《中国古代文体学研究·绪论》，《中国古代文体学研究》，人民出版社 2011 年版，第 2 页。
②　褚斌杰：《中国古代文体概论·绪论》，《中国古代文体概论（增订本）》，北京大学出版社 1999 年版，第 1 页。

在中国，甚至世界历史上，每个时代限于地理环境，经济、技术、文化的发展水平，文字赖以存在传播都有其主流的物质形式。随着时间的推移，大概存在过的形式有龟甲、兽骨、石、金属、植物皮叶、动物皮革、竹简、木牍、丝帛、纸张，至今还有正在发生着的电子媒体等。这些载体因各自是否易于获得、易于书写，是否易于流布传播、易于为受众读取、可存世时间的长短等因素的制约，对文体的形成应该都发挥过大小不等、久暂不一的影响。比如以刻写的不容易，动辄数万数十万数百万字的长篇小说的诞生，一定不可能发生在甲骨文或者青铜器时代。阮元《揅经室三集》卷二《〈文言〉说》说："古人无笔砚纸墨之便，往往铸金刻石，始传久远，其著之简册者，亦有漆书刀削之劳，非如今人下笔千言，言事甚易也。"[1] 阮元的意思应当也就是要表达，铸金刻石的不易与技术的难以掌握，是影响创作的一个巨大的障碍，因此文不得不简，以至于成为影响古文发展的因素。不难理解，也就是说，载体的质地形态，在一定程度上影响到了文体的形成，包括文体的特点与规模体制。这又使我想到，石刻是否也应当说是一种文体呢？确实，在我国的学术史上是有作者研究石刻文体的，汉代刘熙的《释名》、南朝萧统的《文选》、元代潘昂霄与明代黄宗羲的《金石例》《金石附例》等，都说到了石刻的体例，但多限于墓碑、神道碑或墓志铭等体例问题。而晚清叶昌炽的《语石》卷六则从一些具体的用字特例研究石刻的文体意义，如说"碑文有通用之词，亦有标新之诣，如魏穆子容、太公吕望表、隋曹子建碑。其词曰，皆作其词粤，以粤为曰……凡碑志之文，葬于某乡某原，礼也，此通例也"[2]、"唐人应制碑文书撰皆称臣，称奉敕"[3]、"碑版书岁月时日，或系以甲子。月必谨朔，此通例也"[4] 等。但是叶昌炽关注点主要也是集中在墓志铭与墓碑两种文体之上，属于石刻中的个别现象，是个性，不足以支撑石刻作为整体的文体性质的论述。而元人王思明与当代人朱剑心所论似乎是总论石刻的文体

---

[1] 阮元：《揅经室三集》，中华书局1993年版，第605页。
[2] 叶昌炽撰，柯昌泗评：《语石 语石异同评》，中华书局1994年版，第394页。
[3] 同上书，第401页。
[4] 同上书，第422页。

特点。王思明序潘昂霄《金石例》云："后世之文，莫重于金石，盖所以发潜德、诛奸谀、著当今、示方来者也。"（潘昂霄著《金石例·序四》）朱剑心讲金石学有三大分支，其中之一即是说文学："金石文字，自成专门独立之学，可不待言，而其裨于他学者，亦有三焉。一曰考订，统经史小学而言；一曰文章，重其原始体制；一曰艺术，兼赅书画雕刻，而古董家之鉴赏把玩不与焉。"①更有黄公渚《两汉金石文选绪言》明确金石文体的性质：

> 文章有传世寿世之分，金石之文，尤与金石同寿；故作者于下笔时，必有空前绝后之想，非苟焉而已也。故写金石文章者，人不必舒、向、卿、云，而要有金玉黼黻之才；时不必虞、夏、商、周，而要有浑浑灏灏之气。有是才，有是气，而后纵笔所至，无不合矩。长至数千言，短或百余字，字皆有律有度，辞皆有律有脊。可以动天地，泣鬼神，固非轻才讽说之徒所能胜也。昔者齐桓公行而失道，管子请释老马而随之；樊迟请学稼，孔子使问之老农。韩昌黎曰："马之知不贤于夷吾，农之能不圣于仲尼。然且云尔者，圣贤之能多，农马之知专也。"余谓金石之文，亦惟其专而已矣。②

"惟其专而已矣"数字说得好。实际上，石刻确实是与众不同的一种专有文体，是以石为载体的多种文体的合称，是以刀代笔镌刻于石上的，与时、空紧密联系的一种文体。单从纯文本的角度看，无论是石刻的独有之文，还是人们熟知的常见文体③，都有一致的行文特点，比如：其一，石刻标注作者姓氏必冠时任职务或曾任职务，或实职或虚衔等，极少裸署名的；无职务者也要署名籍贯。其二，必署完成时的岁月时日。这是其他任何一种载体的文体都没有的，除去日记体文。其三，凡石刻多有书丹者，如若没有书丹人署名，通常也都是撰文人自书。其四，石刻纪实性最强，一如曹丕所说的"铭诔尚实"。

---

① 朱剑心：《金石学》，商务印书馆1930年版，第4页。
② 黄公渚选注：《两汉金石文选评注》，商务印书馆1935年版，第1页。
③ 石刻的独有之文如墓志铭、墓碑、造像记、牌坊、摩崖榜书、题名等，见于其他载体的有诗、词、歌赋、散文等。

石刻之所以可称为文体，除去以上文本的行文特点，还在于石刻有更多区别于其他文体的、显要的构成要素。作为文体，从传递作者完整意思的角度考虑，石刻在文本之外，大概还有五种最基本的因素，这五种因素就是石头、石刻存在的原始地理环境、刊刻时间、书法艺术、雕刻艺术与文本等。这六种因素在形成的石刻文体中，分别发挥着不同的作用，皆不可缺少。拙文拟通过对石刻文体要素、文体特点，以及石本与纸本文体的比较、古人对石刻文体的旧有认识的研究，来一探石刻的共性以见石刻是可以被视为文体的。

第一节　石刻文体的构成要素

说石刻文体的构成，我们必须先从石说起。石，是诸种文字载体中的一种，在历史上，与天地同生同在，无处不有，人人可得而用之，有甲骨、植物皮叶、皮革、竹简、木牍、丝帛、纸张等获取之方便，而无其易腐易败之缺点；与金属相较，有其风雨不侵、经久耐用之优点，又有不必冶炼、容易刊刻的相对便利。石以此得到广泛的、永久的使用，在某种程度上对文体的形式与形成造成了影响。这种建立在石这种载体基础上的文体，与石密不可分，是一种不同于以其他材料为载体的"文学的体裁、体制或样式"的文体，我们称之为"石刻"，传统学术称之以金石。①

从文体的角度说，石刻经过长期的发展，石头作为一种载体，其所承刻之文字，有独有之文，如墓志铭、墓碑、造像记、牌坊、摩崖榜书、题名等，也有人们熟知的见于其他载体的诗、词、歌、赋、散文，甚至小说等常见文体。但不管独有之文还是人们熟知的文体，只要刻在石上，它们之间就有了统一的特点，那就是石刻的综合性特点，换言之就是石刻是一种综合性文体。这种文体，从作者完整的意思传递角度考虑，大概含有六种最基本的因素，

---

① 石刻有广义、狭义之分，广义的石刻包括文字与雕塑，我们取狭义之说，主要讨论文字的石刻。

这六种因素就是石头、石刻存在的原始地理位置、刊刻时间、书法艺术、雕刻艺术与文本等。

这六种因素在形成的文体中分别发挥着不同的作用，也就是文本是核心，这毋庸赘言。因为有了文，其他的因素方能产生明确的意义，比如泰山有了李斯之文，后人便得知秦始皇曾封泰山；有了唐玄宗书刻的《纪泰山铭》，才知道泰山与唐皇帝的本有因缘，山石也因之而具有了不同于他石的文物价值。本是同山之石，其价值却因文本不同而两分。再者，石刻文本与其他载体或者说纸质载体的文本在结构形式字词使用上原本有一定的不同，叶昌炽说的"碑文有通用之词，亦有标新之诣，如魏穆子容、太公吕望表、隋曹子建碑。其词曰，皆作其词粤，以粤为曰""唐人应制碑文书撰皆称臣，称奉敕""碑版书岁月时日，或系以甲子。月必谨朔，此通例也"等便是。其他还有凡诗多有序文以叙事由，凡文必缀作者、书丹者籍贯与职衔等，特别是文缀作者职衔都是其他载体所没有的。又有一些石刻文刊刻碑额更是有别于其他载体的文本。

但这并不是说其他因素都是附属的或者说可有可无的，实际上其他因素有时也决定了石刻文的形式与价值。我们且说其他因素对石刻的价值。

首先我们说石作为载体在石刻文体中的价值。石以其质地坚硬、经风雨、耐腐蚀、宜暴露、宜收藏等特点，被选为载体，于存在过的诸种载体中，成为我国使用时间最早、持续使用时间最长、使用地域范围最广的一种。① 因此，石在文体的发展中影响也最大，甚至是决定性影响，从而使石刻有可能成为一种独立的文体。

一般而言，石于文体都有着直接的关系，有些文体甚至可以说是因石而生，如墓志铭、墓碑、造像记、石牌坊、摩崖榜书、题名等，这些文体的产生首先是用来刻石的。墓志铭、墓碑几乎还成为历代文体研究中的最重要一类，文人创作大多涉及的一类。但是，我们所说的石对石刻文体的决定性作用除了包括石质与文的关系密切，不可分割，从文物的角度说（石刻是文物的一类，这在世界各国都是一样的规定），石刻在原生的状态下，石的形状、

---

① 参见杜海军《论石刻对文学的传播贡献》，《陕西师范大学学报》2015 年第 5 期，第 61—67 页。

石的组成部分（如碑首、碑座、碑身）、字体的形状、雕琢技艺的精粗、刻工的刀法等，都体现着或多或少的文体信息。

其次，我们说石刻存在的原始地理位置在石刻中的价值①。地理位置似乎与行文无大联系，但从文物的角度看，其意义则可见得清楚。凡刻石之文，多具有强烈的针对性，从而形成对地理位置的依附性，如《燕然山铭》《裴岑纪功碑》。对人物的针对性如墓碑、墓志铭、石牌坊，对事件的针对性如各种平蛮碑、记事碑等。凡文物依据定义分为可移动文物与不可移动文物，石刻即属于不可移动文物，如若位置移动，价值也便改变或消失。考石刻之作，从作者目的而言，有标志性石刻，有纪念性石刻，有标志性与纪念性兼具石刻，还有宣示性石刻等，皆与地理位置有密切关系，在一定的地理位置上，其联带物对于彰显石刻意义而言，是有作用与价值的。这样，石刻的地理位置的固定在文体中的价值就十分具体了。当然，我们分标志性、纪念性、标志性与纪念性兼具等三类石刻，是从石刻制作的主要目的而言，是从各自的侧重点而言，其实，标志性石刻与纪念性石刻之间，不可能截然分开，分而言之也只是为了论述的方便。所谓标志性石刻，有地方区划界碑。地方区划界碑在我国早有发生，如连云港市岛镇东连岛村1987年、1998年分别发现的西汉《羊窝头刻石》《苏马湾刻石》，《金石录》卷一著录第八十九东汉延熹四年（161）《河东地界石记》等。此类石刻汉至民国代有存留，主要表示地域分界，如连云港市苏马湾界石："东海郡朐与琅琊郡柜为界，因诸山以南属朐，水以北属柜。西直况其，朐与柜分高陌为界。东各承无极。始建国四年四月朔乙卯，以使者徐州牧治所书造。"②"始建国"为王莽时期的年号，始建国四年为公元11年。据此推断，此刻石距今已有两千多年。这是我国迄今发现的较为完整的、有确切纪年的西汉晚期地方区划石刻，也是我国迄今发

---

① 美国人韩文彬说："虽然这些刻石的文本和书法可能早已被临摹并传播开来，我关心的则是在这些文本原始的语境中阅读它们的经验，在这些它们被撰写、雕刻然后期待着被读到的地方。"［美］韩文彬 著/徐胭胭译：《文字的风景——早期与中古中国的摩崖石刻》，《艺术设计研究》2011年第2期。

② 连云港市文管会办公室、连云港市博物馆：《连云港市东连岛东海琅邪郡界域刻石调查报告》，《文物》2001年第8期，第22—30页。

现最早的保留在原址界域石,有助于后人了解王莽时期的有关行政区划,解决历史上难以决断的有关行政边界的议题。该类石刻的信息直接与原发生地相联系,如果移出原地,其信息可以说完全丧失。墓碑与墓志铭是大家最常见的标志性石刻,而且标志的意向、意义最明显,就是告知世人该处埋葬的已故者为谁。不同的除了文章写法不同,主要是墓志铭埋藏在地下,墓碑则矗立在地面上。墓碑的标志性容易想得明白,如看到陕西乾陵武则天撰写的《述圣记碑》,便知墓中人身份。墓志铭的标志功能则较隐晦,可以说是为后来被人发现而设,唐代封演《封氏闻见记·志文》引王俭《丧礼》说得清楚:"俭所著《丧礼》云,施石志于圹里,《礼》无此制,魏侍中缪袭改葬父母,制墓下题版文原此。旨将以千载之后,陵谷迁变,欲后人有所闻知。"①天长地久,竖立在地表的墓碑有朝一日受到风吹日晒、风雪啃噬,或者人为的破坏、移动等,会失去原貌甚至彻底消解,但墓志铭深藏土中,却能久长。如2015年10月27日凤凰网纪实栏目播出《内蒙古发现辽代巨墓》,此本是借盗墓贼盗挖发现的一墓,地表之上别说无碑,即便土堆也没看到,但挖开以后却发现埋藏着的萧妃墓志铭,于是知道了墓主人的身份,挖掘价值随即大显,墓志铭的价值得以实现。

纪念性石刻较标志性石刻要普遍得多,如去思碑。去思碑,多称德政碑,通常是某位官员在离任时,因被认为曾泽被一方,百姓怀念不置,于是树碑为其歌功颂德,立于其曾经治理地方的通衢闹市以示人们的留恋怀念。襄阳百姓于岘山羊祜平生游憩之所建碑立庙岁时飨祭的、杜预命名的堕泪碑即是如此。② 又有大名县石刻博物馆藏有唐朝柳公权撰书《何进滔德政碑》(开成五年,840),桂林象鼻山水月洞有宋朝摩崖张茂良撰《广西经略显谟赵公德政之颂》(绍定四年,1231),河北柏乡有元代赵孟頫书《柏乡尹张君德政碑》(延祐四年,1317)等。直到晚清这种德政碑还多有。寺庙、书院、会馆等建筑纪念碑也属于此类,这类石刻主要叙述建筑兴起的原因、过程、规模、

---

① 封演:《封氏闻见记》卷6,影印文渊阁《四库全书》本,上海古籍出版社1987年版。
② 房玄龄等撰:《晋书》卷34,中华书局2011年版。

用途、管理者、用度支出、参与者等,诠释建筑的兴建原因及过程。

留史最多的还是兼具纪念性与标志性的石刻。这些石刻,形式上多数是摩崖,内容则多数是诗文。在我国古代,追求三不朽是文人的普遍思想。所谓三不朽,即求功求德求名,其实只是追求一个名。班固为窦宪撰《燕然山铭》、杜预在岘山投石山上山下,是最好的例子。古代文人每至异乡做官旅游等,所到之处多要留下一些印迹,哪怕是短暂的偶尔经过,如秦观过郴州留《踏莎行》,黄庭坚过浯溪留长诗《书摩崖碑》等,意思相同。兼具纪念性与标志性的石刻更多的是仅仅留下一个人名,一个日期,如桂林龙隐岩有"上饶余梦锡、宜春曹圣徒,建中靖国元年仲春十八日游"之类,古人整理金石称作"题名",也就是苏轼所说"泥上偶然留指爪"。摩崖榜书也属于此类,形式简单而意味深刻。这些摩崖对于作者个人而言毫无疑问是为了纪念,但也是一种标识。

宣示性石刻主要刻写内容是政府的规章制度、村规民约,明清以后比较普遍,如桂林道光二十八年的《公议禁约》、咸丰二年的《严禁盗卖盗葬等告示碑》①,苏州万历年间的《巡漕察院禁约》,内蒙古库伦旗光绪三十三年刊《禁革过山陋规碑》,全国各地的各类"奉宪"碑等。②

这种标志性石刻、纪念性石刻、标志性与纪念性兼具石刻,以及宣示性石刻等,无论是哪种石刻,都是在告知我们石刻内容的意义范围所在。因而,石刻的地理位置成为文本内容不可分割的一部分,对作者文意的表达,读者对文意的理解都是这样。道光年间岭南画家吴汝霖刻石于珠海石溪的对联就是表示石刻地理位置的作用:"触境便生思泉石宽闲未了人生志愿;即景能见性山川动静默参自己胸怀。道光辛丑季月吴汝霖。"③

再次,我们说撰著时间在石刻文体确立中的地位。今知天下石刻无论只言片语,还是长篇诗文,一般而言除非是残石,都刻有具体时间,甚至纪元、

---

① 杜海军辑校:《桂林石刻总集辑校》,中华书局2013年版。
② 北京图书馆金石组编:《北京图书馆藏中国古代石刻拓本汇编》第89册,中州古籍出版社1989年版,第117页。
③ 陈志平、张法亭:《珠海石溪摩崖石刻揽胜》,《岭南文史》2006年第2期,第59页。

甲子、年月日全具备。从西汉刻石如后元六年（前158）八月二十四日《群臣上醻》石刻、五凤二年（前56）六月四日《五凤二年》石刻等就已经是这样。这与其他载体的存留文字形式比较，完全是一独具的特点。因此，石刻具备的时间，可以视为石刻文体的一个重要组成或不可缺的部分，成为文体的一个构成部分。只是书写时间的位置或在文首，或在文尾，通常是榜书时间有时刻在起手，墓志铭在中，而成篇诗文多刻在文尾。有些时间是在文中自然叙述出，有些时间是作者特意标出。我们皆明白，每一个朝代、朝廷，甚至时段都有一定的文化特征，包括文体，这是石刻产生的背景，是对当时的生活的一定反映，是人们认识社会的一类文献，也是人们认识文体发展的标本，因此，石刻中的时间标识就有了明确的文物的意义、文体的认识意义；反之，便失去了意义。如石鼓文，正如裘锡圭所说："石鼓文是我国历史上最著名的石刻，但是关于石鼓文的时代却长期以来聚讼纷纭，至今尚无定论。"①这一"最著名的石刻"因无刊刻年月为证，后人便对其发生时日争论不休，有唐韩愈的周宣王说（《石鼓歌》），宋人郑樵的秦刻说（《石鼓音序》，陈思《宝刻丛编》卷一），秦刻说又分襄公、文公、武公、德公、宣公、文公说、穆公说等，莫衷一是，这样，石鼓文的文献意义也就很难确定了，金石学家不能确定字体的定位，文学史研究者不能确定文体的时段，社会史研究者不能确定其历史价值，文体史也就不能引以为例，正可见刊刻时间在石刻作品中的重要，而其他文体则是不具备这一条件的。

　　再其次，我们说书法艺术也是石刻文体的重要组成部分，凡石刻必有书法的参与，也就是石刻中常说的"书丹"，不同的只是字体或者书法造诣而已。从文的表现形式而言，这是石刻与传统的刻板印刷体不相同处，人们欣赏石刻也常常是将书法与碑文视为一体的，如柳州柳宗元祠所存的"荔子碑"，人称"三绝碑"，其中一绝就是书绝，本系唐人韩愈文写唐人柳宗元事，由宋人苏轼书。宋人关庚评价该石刻说："侯（军按：柳宗元）贤而文，诚获遇先生，必始终光显于朝，奚至一摈不复用？韩之文得苏而益妙，苏之书待

---

① 裘锡圭：《关于石鼓文的时代问题》，《传统文化与现代化》1995年第1期，第40页。

先生而复传。"① 关庚这是说苏轼的书为韩愈文的增色，也就是说书对文的正面揭示之功。

谈书法在石刻文体中的地位，还必然要议及石刻的书与文的关系，因为书与文的关系、与文的意思的表达有着不可分割的内在联系。石刻中书、文的联系即疏密而言，大概可分两种情况，撰文人自书，或撰文人与作书人分离。试分别言之。

撰文人自书者如太原晋祠有《晋祠之铭并序》，唐太宗撰文并书；泰山有《纪泰山铭》，唐玄宗撰文并书；福建泉州的《万安桥记》碑，蔡襄撰文并书；山东潍坊《新修城隍庙碑》为郑板桥撰并书，乾隆皇帝在各地的御碑都是自撰自书。就摩崖而言，多是作者既撰文又书丹，如永州祁阳浯溪有宋代米芾的《浯溪诗》、黄庭坚的书摩崖碑石，桂林有张栻的《韶音洞记》、范成大的《复水月洞铭并序》《桂林鹿鸣燕诗并记》。

撰文人与作书者分离又可分两种情况，一是撰文者与作书者是同一时代甚至同一事件的经历人，如河南漯河市临颍县繁城镇的汉献帝庙内《受禅表》《公卿将军上尊号奏》两碑系王朗文梁鹄书，陕西乾陵《述圣记》武则天文李显书，南京开善寺（今名灵谷寺）《宝志公像赞诗碑》李太白赞颜真卿书，湖南祁阳浯溪摩崖《大唐中兴颂摩崖》元结文颜真卿书，四川成都的《汉丞相诸葛武侯祠堂碑》裴度撰文柳公绰书，河南安阳的《昼锦堂记》欧阳修文蔡襄书，湖南郴州摩崖的秦观《踏莎行·郴州旅舍》秦观文米芾书，王象之《舆地纪胜》记载四绝碑《岳阳楼记》范仲淹文苏舜钦书。此一类书丹人与作者同时代生存，时代感情接近，可与第一类等同看待。二是撰文者与作书人为不同时代，如柳州柳宗元祠所存的《荔子碑》韩愈文而苏轼书，融水摩崖有韩琦书杜甫的《画鹘行》等，则可以作为评价书丹人的意思倾向的依据。

书同文，一样都是作者表现思想、情感的形式，我们可以通过书体形式以及笔画抑扬顿挫的特点，了解作者创作时的内心活动、精神风貌。扬雄

---

① 杜海军辑校：《广西石刻总集辑校》，社会科学文献出版社2014年版，第136页。

《法言》早已说过"故言，心声也；书，心画也"①，明人项穆总结得更具体："唐贤求之筋力轨度，其过也严而谨矣，宋贤求之意气精神，其过也纵而肆矣，元贤求之性情体态，其过也温而柔矣。其间豪杰奋起，不无超越寻常。概观习俗风声，大都互有优劣……柳公权曰心正则笔正，余则曰人正则书正。取舍诸篇不无商韩之刻心相等论，实同孔孟之思六经，非心学乎？传经非六书乎？正书法所以正人心也。正人心以闲圣道也，子舆距杨墨于昔，予则放苏米于今，垂之千秋识者复起，必有知正书之功不愧为圣人之徒矣。"②项穆还说："夫人灵于万物，心主于百骸，故心之所发，蕴之为道德，显之为经纶，树之为勋猷，立之为节操，宣之为文章，运之为字迹……但人心不同诚如其面，由中发外，书亦云然。所以染翰之士虽同法家，挥豪之际各成体质，考之先进固有说焉。"③书法的形式甚至笔画有时也直接表达作者的思想，柯昌泗曾赞扬过郑业斅以字形解碑的方法，说："长沙郑幼惺丈（业斅）《独笑斋金石文考》曰'《石门颂》云：高祖受命，其命字末画下垂特长，约占二字地位，盖寓颂国家景命延长之意。又后云：垂流亿载，世世叹诵。诵字末直也甚长，亦当寓令闻长久，传颂弗绝之意。由是推之，五凤二年刻石，成阳灵台碑，益州刺史李孟初碑，三刻之年字垂笔皆长，其义取长年，尤显而易见矣。汉人善颂善祷，随事喻指，自是一时风尚。或谓偶然涉笔如此，非出有意，是殆不然。'郑君此解，可谓好学深思，心知其意矣。"④书法作为了解作者心路历程的依据，这在文学层面看与直直的、呆板的、无感情的印刷字体完全不同。吴承学论题壁诗说到壁书蕴含有文学信息也有这个意思，说书法："它涵蕴着一些非语言的信息，其中至少包涵了诗人的人格魅力。它使读者睹字迹而思其人，与诗人的关系更为密切，距离更近了。"⑤其实，石刻较壁书与作者的关系是更近一层，这在下一个问题中论述。当然，这是针

---

① 扬雄：《问神篇》，《扬子云集》卷一，影印文渊阁《四库全书》本，上海古籍出版社1987年版。
② 项穆撰：《书法雅言·书统》，影印文渊阁《四库全书》本，上海古籍出版社1987年版。
③ 项穆：《书法雅言·辨体》，影印文渊阁《四库全书》本，上海古籍出版社1987年版。
④ 叶昌炽撰，柯昌泗评：《语石 语石异同评》，中华书局1994年版，第425页。
⑤ 吴承学：《中国古代文体形态研究》，中山大学出版社2002年版，第145页。

对上述的第一、二种情况而言，必须是撰文人自书或同时代人书者，但对于撰文与书分开合作的第三种石刻作品而言也并非完全不适用，毕竟书与文是一体的，书是形式，文是内容，好的形式对于人们认识内容毕竟有一定的作用，套用一句哲学的语言就是形式是内容的形式，浯溪元结的《中兴颂》被广为传扬，不能埋没了颜真卿的大书之功。况且，书文合一，才是石刻的完整面目，可以说没有书也就没有石刻的存在。

最后，我们说雕刻在形成的石刻文体中更有着重要的地位。石刻不用说是文字与雕刻艺术的完美结合，雕刻可看作对文字内容的辅助演绎，两者统一在石刻这个文体之下，表现有三：其一，石刻文字本就是雕刻而成，是雕刻艺术的呈现，而优秀的文字雕刻艺术，是可以借以体现作者思想意识甚至精神状态的，特别是自撰自书的石刻。其二，石与文体的关系许多是体现在石的雕刻形状，石的雕刻形状从来都是文体的一部分。石刻的形状历代有自己的规定或者因习惯形成的规范，如汉碑的穿与晕，魏晋以来的各类经幢等，叶昌炽《语石》这样总结云："汉碑多蟠螭，唐碑多蟠龙。蟠螭之形，有如奔马，四足驰骤，两龙中间或缀以珠，有云气缭绕之。"① 就一般情况而言，在实际生活中，石刻通常都是图文并茂，以图佐文，内容繁复，如与佛教有关的石刻雕琢菩萨如来与罗汉等，与道教有关石刻刻三清。又有天文图（宋代苏州的《天文图》）、地理图（宋代苏州的《坠理图》、西安碑林中的《华夷图》《禹迹图》）、水利图（西安碑林陈列的明代《黄河图说碑》石）、城池图（宋代桂林的《桂州城全图》、苏州的《平江图》）等更是以图取胜。其三，在雕刻与文的关系方面以墓碑最为密切，从墓碑的大小规制、形状，即可见雕塑与文的关系密切，历代朝廷对墓碑大小规定的甚为详细。《隋书·礼仪志三》载："开皇初高祖思定典礼……其丧纪，上自王公，下逮庶人，著令皆为定制，无相差越。……三品以上立碑，螭首龟趺，趺上高不得过九尺。七品以上立碣，高四尺，圭首方趺。"②《大唐六典》卷四："碑碣之制，五品以上

---

① 叶昌炽撰，柯昌泗评：《语石 语石异同评》，中华书局1994年版，第154页。
② 魏征：《隋书》卷8，中华书局2011年版。

立碑，螭首龟趺，趺上高不过九尺。七品以上立碑（按当作碣），圭首方趺，趺上不过四尺。若隐沦道素孝义者闻，虽不仕亦立碣。"潘昂霄《金石例》又说："五品以下不名碑，谓之墓碣，圭首方座。"① 至明人则更重申古制："古者葬之用碑……唐制五品以上立碑，螭首龟趺，上高不得过九尺。七品以下立碣，圭首方趺，上高四尺。宋制六品以上则立碑，八品以上则立碣。国朝五品以上许用碑（龟趺螭首）六品以下许用碣（方趺圆首）。"（《明集礼》，卷三十七上）也就是说，不同阶层的人所用的石形与规模都是有区别的，赵超说："以叶昌炽所说，中国的碑刻汉代就讲究形制，自然，到墓志发达的北魏，墓志形态更显示出了一种等级制度。"② 不同的内容附着于不同的等级形状之石，因之，读文每有从碑形读起者，清钱谦益《韩蕲王墓碑记》："宋蕲国韩忠武王世忠墓在吴县灵岩山下，丰碑岿然，赑屃屈盘，礼部尚书赵雄奉诏撰也。《宋史》列传援据雄碑，其书杨国夫人事则碑为详。"③钱谦益的描述就是这样一个从石到文，从雕塑到文字的读碑过程。

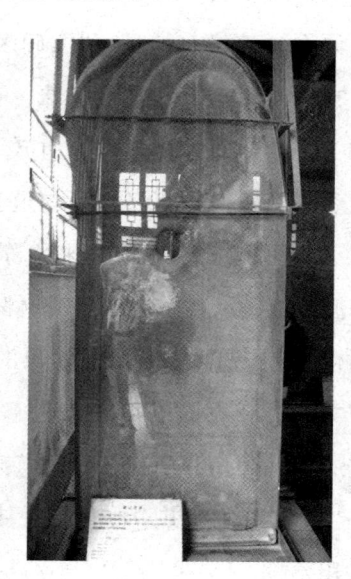

汉碑，圭首　　　　　　汉碑晕首

---

① 潘昂霄：《金石例》卷1，影印文渊阁《四库全书》本，上海古籍出版社1987年版。
② 赵超：《试谈北魏墓志的等级制度》，《中原文物》2002年第1期。
③ 钱谦益：《牧斋初学集》卷44，《四部丛刊》影印明崇祯本。

北魏碑首　　　　　　　　　　　玄宗书孝经唐碑首

以上我们从石、石刻的地理位置、时间、书法、雕刻、文本六个方面探讨了石刻的文体构成因素（其实，就个别石刻而言，比如绘画、印章也是一种因素，只是缺乏普遍性意义，我们就不讨论了）。其中因素多是其他文体所不需具备的，这样就形成了石刻的文体特点，那就是综合性、直观性、文物性等，从而也因之区别于其他文体。

第二节　石刻之文体特点

石刻文体的特点可以总结为三性，即综合性、直观性、文物性，试分别言之。

先说石刻的综合性。

所谓综合性，是说石刻是综合诸多因素构成的文体，包括石头、石刻存在的原始空间、石刻的刊刻时间、书法、雕刻的内容与文本等因素。石头是文章载体，是不可改变的；石刻存在的原始空间、刊刻时间是文体发生的自然与历史背景，是内容，也不可改变；书法与雕刻形式与内容是文章内容的辅助表现形式，这些一样不可改变。这些因素相对各自独立，而又相互关联，通过关联发挥各自不同的功能共同组合为文，从而完整表达或传播作者的情感以及思想。如表示祥瑞的石刻通常雕刻有仙人、仙兆、珍禽、瑞兽、瑞草、四灵（青龙、白虎、朱雀、玄武）等，彰显权势的要雕刻龙凤狮虎等，雕刻的图案的立体形式，成为表现石刻作者思想的重要组成部分：汉之《柳敏碑》（东汉灵帝建宁二年，169）为圭形，碑上的图案非常优美，碑阳上端刻一吉祥动物朱雀，中间为碑文，其下端为龟、蛇图案；碑阴部分图案更为美丽：上端刻一凤鸟，下端为一麒麟，中部有一牛首，口部衔环；两旁分立"六玉"：右为珥、圭、璧，左为琮、璋、璜。《冯绲碑》（桓帝永康元年，167）亦是圭型碑中的精品，其碑阴顶部有三足鸟和九尾狐对峙；中部分别为六玉图案和左、右二驴相对图，右驴且有一顽童持鞭跨其上；再下为牛首。碑阳顶部为朱雀，底部为蛇、龟，中部为碑文。碑中的凤鸟纹，虽不是大宗，也不如其他器物中用得多，但在碑首、碑身、碑座也经常得见。汉碑中的《麃孝禹碑》（西汉成帝河平三年，前26）、《鲜于璜碑》（延熹八年，165）、《费凤碑》（约汉灵帝，156—189）、《王孝渊碑》（永建三年，128）、《景君碑》（顺帝汉安三年，144），泰山岱宗坊"龙凤双碑"、武则天《无字碑》（唐神龙二年，706）碑侧等都刻有凤鸟纹。摩崖《西狭颂》（东汉建宁四年，171）周边也雕刻了祥瑞图（《中国书法鉴赏》）。不同内容的石刻，所雕刻的配图形式各不相同，都彰显了石刻文本的内容。

　　社会上所说的三绝碑、四绝碑等也是对石刻综合性的一个描述。比如三绝碑，成都武侯祠的《汉丞相诸葛武侯祠堂碑》，唐宪宗元和四年（809）立，碑文作者裴度，是唐代中后期有名的政治家、文学家，书丹者柳公绰，为楷书中柳体创始人柳公权之兄，其书法浑厚笃实，既有柳体笔韵，又自具风格，后人赞赏其书唐碑笔力雄健、词丽义精，书法遒劲端严，加之刻工鲁建，刀法谨严，超群绝伦，故以"三绝"之赞，说的是文好、书法好、雕刻工艺好。又比如四绝碑，《旧唐书·文苑传下》中记载"（李）华尝为《鲁山令元德秀墓碑》,颜真卿书,李阳冰篆额,后人争摹写之,号为'四绝碑'",大概是将石刻所记述的元德秀事、李华文、颜真卿书法、李阳冰篆额等合称"四绝"。范仲淹的《岳阳楼记》,宋人王辟之《渑水燕谈录》载为四绝碑:"庆历中,滕子京谪守巴陵,治最为天下第一。政成,增修岳阳楼,属范文正公为记,苏子美书石,邵竦篆额,亦皆一时精笔,世谓之'四绝'云。"王象之《舆地纪胜》亦云:"四绝碑,滕宗谅守岳,取岳阳楼古今赋咏刻石于上,范文正公为之记,苏舜钦子美书其丹,邵竦篆其首,时称四绝碑。"这是人们把滕子京修楼、范作记、苏舜钦手书、邵篆额称为"天下四绝",并竖立了"四绝碑",至今碑石完好。南京开善寺(今名灵谷寺)《宝志公像赞诗碑》明人周晖《金陵琐事》"古碑碣"条载:"灵谷寺有吴道子画宝志公像、李太白赞、颜真卿书、赵子昂又书十二时歌,世谓之'四绝碑'。"更加上了绘画的因素。诸多人共同努力创造了诸多因素,合成了一件石刻,这就是石刻的综合性。

武侯祠四绝碑局部

这种诸多因素的综合,从另外角度看,概括而言,大概在以下四个方面。一是石刻是文本与载体石头的综合。石头作为载体被人们选择,是源于人们对石头可以持久的、坚硬性质的固有认识，如刘兰芝说的"磐石方且厚，可以卒千年"，曹雪芹也将《红楼梦》命名《石头记》。另外，石头的不可移动也是一种品质，龚自珍以为这是人们选石头为载体的原因所在："或纪于金，或纪于石。石在天地之间，寿非金匹也。其材巨形丰，其徙也难，则寿侔于金者有之，古人所以舍金而刻石也与？"① 因此，石头被选为文字载体，已体现了作者的部分思想，因此，文字一经上石，便与其他载体之文相区别，呈现出了作者的一种意志，文也就较纸本凸显出一种特有的意义。

二是石刻是文本与书法的综合。文本是内容，书法是形式，但这种形式对石刻的存在有着很大的影响力，好的文章通常有着好的书法体现形式，如《邵氏闻见后录》载苏轼为人书碑先审文章："吕微仲丞相作《法云秀和尚碑》，丞相意欲得东坡书石，不敢自言，委甥王觉言之。东坡先索其稿谛观之，则曰：'轼当书。'盖微仲之文自佳也。"② 文章也因以书法形式而流传。如汉代的《石门颂》《乙瑛碑》《孔宙碑》等。历代学人论碑也就多将书法形式与文章同论，清代孙承泽《庚子销夏记》论《乙瑛碑》"文既尔雅简质，书复高古超逸，汉石中之最不易得者"，翁方纲《两汉金石记》也以为"骨肉匀适，情文流畅，诚非溢美"即是这样。叶昌炽说："读碑，铺几平视，不如悬之壁间，能得其气脉神理。"③ 叶昌炽说的是拓片得神理，石刻应该是更进一层了。

三是石刻是文本与雕刻艺术与绘画艺术的综合。石刻常常据文本内容雕刻图案衬托文本，这些图案以形象性相助表现石刻的文本内容。佛教的石刻雕刻佛像，道教的石刻则雕刻三清，伊斯兰为尖拱形碑首，刻写阿拉伯文碑铭，基督教碑刻饰十字架、天使等。④ 今蒙古境内的《阙特勤碑》与《毗伽可汗碑》石碑原立在石龟背上，东面上方刻有一山羊线图，顶部为一给婴儿喂奶的母狼图等。这些雕刻体现了石刻文字产生的文化背景，甚至直接表现

---

① 龚自珍：《说刻石》，《定盦全集续集》卷1，光绪二十三年万本书堂刻本。
② 邵博：《邵氏闻见后录》卷15，中华书局1983年版，第116页。
③ 叶昌炽撰，柯昌泗评：《语石 语石异同评》，中华书局1994年版，第558页。
④ 参见泉州清净寺内今存的元、明的中文、阿拉伯文碑刻的伊斯兰教徒、基督教徒等外国人墓碑。

了石刻文本的内容，由此构成石刻文体的一部分，汉魏时期产生的造像记最为普遍与典型。

四是石刻是文本与载体石头的综合，石刻是文本与书法的综合，石刻是文本与雕刻艺术与绘画艺术的综合，合而言之，石刻是文本与地理环境与人文环境的综合。石刻文本与环境因素的综合，是由石刻的文物性规定的。首先，凡石刻都与其存在的具体场景所发生之事有着密切的联系。石刻是因具体环境而生，置立于所生环境。如新疆巴里坤哈萨克自治县《敦煌太守裴岑纪功碑》，如窦宪勒于今蒙古境内杭爱山脉的《封燕然山铭》，我国吉林省集安的东晋《好太王碑》，内蒙古鄂伦春的北魏嘎仙洞摩崖，如唐玄宗的《纪泰山铭》摩崖在泰山，拉萨唐穆宗长庆年间的《唐蕃会盟碑》，宋代张栻的桂林《韶音洞记》摩崖在虞山等。石刻与其产生的环境绑定在一起，环境可以将抽象的文字具体化、形象化，使文本转化成为可以视及、触及甚至嗅及的对象，就揭示了一个事件的发生原因、过程，甚至结果，从而使人触景生情，如陆九渊所说"墟墓兴哀宗庙钦，斯人千古不磨心"。石与地连，文与石连，石不可离地而文不可离石，地理石头文本一体，这就是石刻是文本与地理环境与人文环境的综合。

总体说来，石刻是一种综合性文体，无论是诗词歌赋还是墓碑志铭。在一般情况下，石刻综合多种因素而成，赵超的说法应该是意识到了这一点："由于石刻大多具有其独特的固定形制，我们可以沿用考古学的方法，根据它们各自的形制加以分类，划分为若干基本类型。但是与其他考古遗物分类不同的是：由于石刻以铭文为主，在长期使用过程中，各类石刻的铭文内容因用途的不同逐渐形成了各自的不同特点，反映在刻石上，便有了形制间的差异。有些特殊的铭文文体仅限用于某一种形制的石刻，如碑铭、墓志铭、经幢铭等。而有时作用相同、文体相同的一类石刻却具有几种不同的外部形状。因此，单纯从外部形状上划分类型与单纯根据文体来划分类型都有不够完全的地方。"①

---

① 赵超：《中国古代石刻概论》，文物出版社1997年版，第1页。

泰山摩崖

再说石刻的直观性。石刻的直观性是说，自然环境对读者理解石刻文意，有着一定的直接接触而获得感知的性质。

凡石刻，都是依托在一定的人文与地理环境之上，与存在的环境相对照而存在，墓碑铭志以墓为依托，学记以书院为依托，山川游记以山水为依托，亭台楼阁记以亭台水榭为依托，功德碑以阊闾为依托等。这些被依托之物的存在，有利于对文字的把握与理解。如登泰山读山之巅的"五岳独尊""擎天捧日""青壁丹崖""气通帝座""置身霄汉"，感觉果然泰山峻拔高大、气象雄浑；游桂林象鼻山见南宋吴亿书"水月洞"，环视象鼻山洞圆如月，月光穿过山洞，映照于漓江之上，沉璧静影，宛如月生水中的景象，也感觉其言不虚，写景如在。观米芾书"响雪""瀑布飞雷"，知庐山瀑布真的壮观。读甘肃成县汉代建宁四年仇靖撰写的《西狭颂》摩崖曰："郡西狭中道，危难阻峻，缘崖俾阁，两山壁立，隆崇造云，下有不测之溪，阨岸促迫，财容车骑，进不能济，息不得驻。数有颠覆實坠之害，过者创楚，惴惴其慄。君践其险，若涉渊冰，叹曰：《诗》所谓'如集于木'，'如临于谷'。斯其殆哉？困其事，则为设备，今不图之，为患无已。敕衡官有秩李瑾，掾仇审，因常繇道徒，鐉烧破析，刻曰確嵬，减高就埤，平夷正曲，柙致土石，坚固广大。可以夜涉，四方无雍。行人欢诵。民歌德惠，穆如清风。"① 今摩崖尚在，读文观景，感同身受，叹息山石之险峻、古人交通之艰难。石刻的直观性，使读者理解文字更加容易，更加感受亲切深切。

泰山摩崖

华山摩崖

---

① 王昶：《金石萃编》卷14，嘉庆十年经训堂刊本。《历代碑志丛书》第四册，江苏古籍出版社1998年版。

石刻的文物性特点，主要体现在内容的写实性。凡石刻之作皆是有针对性的，是因人记事而作，龚自珍这样总结石刻的记事内容："古者刻石之事有九：帝王有巡狩则纪，因颂功德，一也。有畋猎游幸则纪，因颂功德，二也。有大讨伐则纪，主于言劳，三也。有大宪令则纪，主于言禁，四也。有大约剂大诅则纪，主于言信，五也。所战，所守，所输粮，所了敌则纪，主于言要害，六也。决大川，浚大泽，筑大防则纪，主于形方，七也。大治城郭宫室则纪，主于考工，八也。遭经籍溃丧，学术岐出则刻石，主于考文，九也。九者国之大政也，史之大支也。或纪于金，或纪于石。石在天地之间，寿非金匹也。其材巨形丰，其徙也难，则寿侔于金者有之，古人所以舍金而刻石也与？……治帖有专门其事，则非刻石伦也。祠墓之碑一家之事，又非刻石伦也，此二者宜更专以言者也。"① 即便为抒情而抒情之作者，也多与记事有关，都有一定的时代印迹，特别是那些直接出自作者之手，内容为作者所思，形式为作者手迹，蕴含了一般印刷书籍所没有的大量的非文字语言可传达的信息，其中甚至可以通过笔迹，睹石思人，想象到作者音容笑貌、人格魅力，可使后世读者与作者产生更为直接的信息交流，从而体悟出往事的真实存在。如北周的申徽性情廉慎，出为襄州刺史，为政清明，离任时，百姓官员送者数十里不绝。申徽题诗于清水亭，长幼闻之，竟来就读，递相谓曰："此是申使君手迹。"② 这种"手迹"的弥足珍贵，令读者不能忘怀，正是文物功能的发挥。

文物性特点决定了石刻是一种具体的文学、形象的文学、可触及的文学，甚至是一种有色有味道的文学，是一种情、景、文相统一的文学。石刻文体这些方面，与现存纸质文体是不同的，难以比拟的。纸质文体是一种平面文体，而石刻文体可以说是立体的文体，就此而言，石刻是对文学体裁的一种补充。拙文《论摩崖榜书的文学特性》曾经在探讨榜书的文学意义时这样说："摩崖榜书的文学价值与意义是建立在其原生基础之上的，其间沉淀有丰富的历史信息，包括榜书石头的质地是软还是硬、花岗岩还是砂石、红色还是黑

---

① 龚自珍：《说刻石》，《定盦全集续集》卷1，光绪二十三年万本书堂刻本。
② 令狐德棻等：《周书》卷32《申徽传》，中华书局2011年版。

色、苍苔覆盖的厚薄，甚至一草一木一枝一叶等等，都有一定的记忆之功，是榜书作者与环境双向交流的见证，有作者的心灵体验，也有环境的回馈。"①诗文较榜书文字更为详细，其所描述的内容更具体，提供的历史信息丰富，也就更容易为读者想象、理解与欣赏。石刻是物之形与文之神的合一，是一种虚实相结合的文，其中，文为虚，而地理环境、石及书法形式等物为实。虚实相映，展现在读者面前，后来读者能够从中体味出石刻承载着的丰富的历史信息，体会到文字的原始意味。读者鉴赏石刻可以从中获取到的，是有别于以纸质为载体之诗文的独特体验。

元世祖讨伐云南碑，大理

以上我们论述了石刻的文体要素及特点，但石刻成为文体是有条件的，就是石刻要保持其自身的原生态性。"原生态"本是一个本于自然科学的词汇，说的是在自然状态下保留而未受外界环境影响的一种生存发展状态。这里讲石刻的原生态性，主要是想说石刻自其发生地的不可改变与移动，包括石刻文字与载体的不可分离，与石刻原置之地的不可变动。即是说，石刻不能与其产生的原始环境以及原初刻石甚至原初刻石的位置相脱离，如果石刻脱离其产生的原始环境以及原初刻石甚至位置，比如做成拓片，或者重新刻

---

① 杜海军：《论摩崖榜书的文学特性》，《求是学刊》2015年第3期。

石，无论他的文字内容是否有增减或者其他变动，其原始的内容都将随着位置、形态的变动而发生变化，石刻的本来意义中寓含的文物性、真实感、历史沧桑感、完整性等便会部分损失或完全消失，甚至导致原石刻文意的消失。① 因此，摩崖不可脱离山体，碑、碣、牌坊、经幢、石柱不可移动原置位置。举一些反面例子，如若《金石录》载《河东地界石记》究竟出于何处我们不得而知，更是不知其因何而记。再若云南曲靖藏晋大亨四年（义熙元年）《晋故振威将军建宁太守爨府君之墓》系乾隆年间村民发现移至家中作为制作豆腐案板用，咸丰年间曲靖知府邓尔恒收藏，今竟不知墓在何处。又如题名一类，看到摩崖上的题名，我们就知道某人曾经经由此地，但是做成拓片传至他地，也就不知所云。墓志铭移至他处，我们就不知道逝者的葬所，文就失去了标志的意义，这就是地理位置的原生态意义，也是石刻的文本意义。

第三节　石本与纸本之文体差异

　　石本是依附于石的、以载体为决定因素的与纸本文体不同的一种文体。石本的文体性，刘熙《释名》、萧统《文选》、潘昂霄与黄宗羲的《金石例》《金石附例》等都有所关注，但是基本集中在墓志铭与墓碑两种文体之上。事实上，石本以石为载体，不仅包括墓志铭、墓碑，还包括几乎所有今日我们所知又有别于所知的文体如诗词歌赋等，这一点鲜有人谈及。比较石本与纸本所载的不同作品，与同一作品的不同内容，可见石本的文体特点。

　　从传统的文献留存看，应该说，宋代以后的文本载体，主流也就是石头与纸张两种。以石为载体的文本我们称为石本，以纸张为载体的文本我们称为纸本。两本所属文体，从名称看或同或异。同者如纸本所属有诗、词、歌、

---

① 拓印技术的限制或拓工技术以及对石刻文字本身理解的限制导致石刻做成拓片后，在字形上会有因石面的泐损残而形成与笔画的连接，从而使读者误解。如汉中《石门颂》王昶《金石萃编》云："碑中'命'字、'升'字、'诵'字垂笔甚长，而'命'字几过二格，与李孟初碑'年'字相似，皆汉隶所仅见者。"（《金石萃编》卷8）而吴大澂《石门访碑记》却说"'命'字、'诵'字下垂处，细审石质，实系裂文，刻字处极深，石泐文微浅。"

第四章 石刻的文体特性研究

赋、散文、墓碑、墓志铭等,而石本中的文体,其属也有诗、词、歌、赋、散文、墓碑、墓志铭等。不同者如纸本有戏曲、有长篇小说,而石本有题名与榜书。就学术研究的主流看,人们一向探讨文体说的都是纸本,很少论及石本。其实,由于载体的不同,石本形成了截然不同于纸本的文体特点。拙文这里就将石本与纸本作比较:一论石本的独有文体,二论石本较纸本的独立特性,以期见得石刻文体的独立价值。

石本中独有文体,叶昌炽《语石》已经说道:"石刻诗文,有不经见之体。如实录……行迹记、状迹记(勤迹碑)……成道记……开堂疏……以上诸体,皆所稀见,惟石刻时时有之。此文体之异也。"① 但叶昌炽所举例子多可见于纸本,并非仅见于石刻,这不难发现。石刻仅见的独立文体,其实常见者只有三类,即"榜书""造像记"与"题名"。说其独有,主要指造像记、榜书与题名与石为一体,离开石头未尝成文,明显的依据就是从现存历代典籍看,见不到任何别集或总集,以文体的立意收录造像记榜书或者题名类作品,理论方面也缺乏著作有相应的表述。金石类著作虽偶有所收所论,却多是源自文字学,或者是从书法艺术的角度切入。即此,榜书与题名较其他纸本文体也就可以说是独有了。(关于题名与榜书的文体性以下两节专论,拙文此处专论石本与纸本的同中之异。)

石刻是一种石本文体,以石为载体,与纸本文体不同。

石本中包括墓志铭、墓碑、诗、词、歌、赋、散文、志、传等几乎所有的纸本中文体,历来人们研究文体多将其与纸本文体等视,虽论墓碑、墓志铭者,也无不如此。而笔者在比较石本与纸本时却发现,两本所载的同一体裁作品,甚至同体裁的同一个作者的同一篇作品,刻石和入集,由于石本纸本的不同,它们的内容、它们的形式,都有着一定程度的差异,有些差异还非常明显且大,而石本同类又有着一定的共性。也就是说,由于载体的特殊性,石本中所有文体都形成了自己的文体格式,与纸本体裁不同。这种特点集中体现在三个方面:文字的内容与风格不同,文体结构不同,作者主体构成与署名方式不同。且试论如下:

---

① 叶昌炽撰,柯昌泗评:《语石 语石异同评》,中华书局1994年版,第388页。

一　石本与纸本的内容与风格不同

古人辨文体常从风格入手，如曹丕《典论·论文》说："夫文本同而末异，盖奏议宜雅，书论宜理，铭诔尚实，诗赋欲丽。此四科不同，故能之者偏也。唯通才能备其体。"尊古人例，我说石本的文体特性也从风格入手。石本与纸本风格的差异大者有二。

一是即风格而言，石本多写实，纸本重文采。从整体看，石本各体文字多因记事而作，所以写实是其基本特点，如柯昌泗说："石刻者，款识之流，以纪事为主。雕琢文字，已非本义。"① 我们这里将石本与纸本作一比较更见石本的写实之处。石本于刻石之际距创作情景近，多写第一感觉第一视觉，受客观情景影响巨，作者行文心潮澎湃，不及细思，叙述所见，写景实，写情也实；而入纸本之时距创作之时情景较远，又增传远之想，故得主观揣摩多，因此一个作者将其诗文刻石后，入纸本文集前多会再度润色，虽名家大家不能免。如苏轼嘉祐年间为官凤翔府判，元祐庚午秋在凤翔刻石《壬寅重九以不与府会故独游至此有怀舍弟子由》，诗中有句"花开酒美曷不醉，来看南山冷翠微"，苏轼续集收入已改作"花开酒美盍不归，来看南山冷翠微"，将"曷不醉"改为了"盍不归"。王昶以为"此显然是《集》误。是时文忠官府判，不预府会，故云'曷不醉'，若云'盍不归'则无谓矣。'不向秋风强吹帽'，《集》作'不问'，亦讹"②。柯昌泗也以为："东坡凤翔《独游南

---

① 叶昌炽撰，柯昌泗评：《语石 语石异同评》，中华书局1994年版，第385页。
② 王昶：《金石萃编》，《续修四库全书》影印本，上海古籍出版社2002年版，第890册，第373页。苏轼这样的例子还有，如《再游径山》："老人登山汗如濯，到山（集作倒床）困睡（集作卧）呼不觉。觉来五鼓日三竿，始信孤云天一握。平生未省陟（集作出）艰险，两足惯鲁行荦确。含晖亭上望东溟，凌霄峰头挹南岳。自（集作共）爱丝杉翠丝乱，谁见玉芝红玉琢。白云何事任（集作共）来往，明月长圆无晦朔。冢上鸡鸣犹忆钦，山前舞凤（集作凤舞）遥征璞，雪窗驯兔元不死。烟岭孤猿苦难捉，从来白足傲死生（集作生死）。不怕黄巾把刀槊，榻上双痕凛然在。剑头一映谁能（集作何须）角，嗟我昏顽晚闻道。与世龃龉空多学，灵水先除眼界花。清诗为洗心源浊，骚人屡欲（集作未要）逃竞病，禅老但喜闻剥啄。此生更得几回来，从今有暇无辞数。此诗据《两浙金石志》是绍兴念八年六月五日住山佛日大师宗杲重立。大德七年二月十日住山虎岩净伏重入石，锦西玉枢刊。石在余杭县径山。诗凡三列，行书，字径一寸。按后题绍兴间宗杲重立此当时原刻必遭党禁之毁，故云重立。大德七年净伏又重摹之。石经三摹，故体段存而精彩废矣。又按东坡诗集第一首题作《送渊师归径山三诗》，以石本校之异同者十余字。"（《两浙金石志》卷六）

山诗》'花开酒美盍不归',石刻作'不醉','归'字诚与韵协,然以当时情事言之,则'醉'字为是。"① 又如清代乾隆年间知广西太平府事查礼至崇左赋诗《题白云洞》摩崖,由于初到,甚为所见到白云洞奇景而激动,得句"遐荒万里,独我游屐始来经",强调游踪之奇之先。但一个"独"字,实与其隔句"摩挲周璞题崖大书字(洞中有闽人周璞磨崖白云洞三大真书)"相矛盾,因此在《铜鼓书堂遗稿》卷十四我们看到该句改为"遐荒万里,游屐曾几经",意在强调自己的游踪之奇,去掉了游踪之先的描述,也就把行文的前后矛盾消除了。石本的写实与纸本的文采,最典型的表现是阮元在桂林游隐山勒石《隐山铭》,全铭如下:

> 元生辰在正月廿日,近年所驻之地,每于是日避客,独往山寺。嘉庆廿四年,元岁五十有六,是日避客于此山,贯行六洞,竟日始返。窃以为此一日之隐也,爰作斯铭。扬州阮元。②

隐山铭,桂林

---

① 叶昌炽撰,柯昌泗评:《语石 语石异同评》,中华书局1994年版,第397页。
② 杜海军辑校:《桂林石刻总集辑校》,中华书局2013年版,第995页。

这段文字记录了阮元游隐山的起因、过程、结果及作文之意等，平实无修饰。至《揅经室集四集》卷二《桂林隐山铭并序》则改作：

> 余生辰在正月廿日，近年所驻之地，每于是日效顾宁人谢客，独往山寺。嘉庆廿四年，余岁五十有六，驻于桂林。是日策数骑，避客于城西唐李渤所辟之隐山，登降周回，串行六洞，煮茗读碑，竟日始返。窃以为此一日之隐也，爰作铭辞，刻于北洞。①

改后增饰了词句"效顾宁人谢客""是日策数骑""李渤所辟之隐山""煮茗读碑"等当时可能未曾想也未及做之事的语言描述，使得文章富有了文采，有了可读性，更有了一定的思想性。此类例子甚多，如秦观绍圣年间因新旧党争遭贬，在郴州刻下《踏莎行·郴州旅舍》，有句"可堪孤馆闭春寒，杜鹃声里残阳树"，"残阳"二字流露了秦观被贬途中极度低沉的情绪；至入集时，时过境迁，则改为"可堪孤馆闭春寒，杜鹃声里斜阳暮"，"斜阳"较"残阳"，去掉了感情色彩，实在已经是平实无奇了。柯昌泗说到宋人以石刻校订韩愈文章事也可以为证："宋贤校定韩集，参稽石本之同异……近年洛阳唐志为韩公所撰者二石，一为苗蕃志，一为李虚中志。取东雅本韩集勘之，颇有异同。"② 笔者来举个韩文校勘的实例，如韩愈《罗池庙碑》原碑文有"宅有新屋，步有新船"，韩集中将石刻文字"步有新船"或改为"涉有新船"；"荔子丹兮蕉黄，杂肴蔬兮进侯堂"，韩集校勘者说"蕉下或有叶字或有子字"；"春与猨吟兮秋鹤与飞"，《说郛》云"欧阳公以所得李生《昌黎集》较之，只作'秋与鹤飞'，遂疑古本为误"。这都是不明纸本与石本差距而生的改动与疑问。

一般来说，纸本较石本文字多增了润色与虚饰，增了可欣赏性与思想内容的广度与深度，而石本文字倾向于写实，写实情实景，而文字的朴拙、洁净，其用字的准确程度便常为人们所首肯。如柯昌泗所说："集中之文，间与

---

① 阮元著，邓经元点校：《揅经室集》，中华书局1993年版，第747页。
② 叶昌炽撰，柯昌泗评：《语石 语石异同评》，中华书局1994年版，第261页。

石刻异同，其字句以石刻为长。"①

二是从叙事特点看，石本较纸本文简事密，通过石本与纸本共有文本的比较也可以见得。通常而言，一个文本多是刊石在前，入集在后。同一篇文章比较，纸本与石本字句总有差异，有时这种差异还比较明显，如鳌屺县刻苏轼作《上清词》，起首四句为"南山之幽，云冥冥兮，孰居此者，帝侧之神君"，在《苏文忠公文集》集中已被删去。②由于润色修改，往往导致纸本篇章长而石本短，但从内容的信息含量比较，石本往往不比纸本少，甚至还要多。石本多砍去无关紧要的字或句子，使文字尽量精粹，因此石本的风格，就展现出一种文简事密的特点。如吴澄为贾庭瑞撰《赵郡贾氏先茔碑》，纸本吴澄称"国史院官"，而石本改为"太史"；纸本叙述贾庭瑞官职履历为"除兵部郎中。尚书省立，除同金宣徽院，改除度支少监。以忤近侍，弃官养亲。尚书省废，而庭瑞居母丧"，而石本改为"除宣徽院判，除兵部郎中，除同金宣徽院，尚书省废，除度支少监，以忤近侍，弃官养亲。居母丧三年"。二本相较，石本有意简省"国史院官"为"太史"，略去了"尚书省立"等字样，但对贾庭瑞的履职叙述反倒更加详细，多出了"除宣徽院判"一职。又如柯昌泗说到"唐李楷洛碑，《文苑英华》所载者一千五百余字，碑本仅九百余字，文亦互异。句法相同者，叙文二十七句，铭词四句耳。然碑叙赠谥及其子官爵，较《英华》本为详"③，更可见石本的文简事密特点之明显。

以上说的石本多写实，纸本重文采，石本较纸本文简事密等，都是说石刻的内容风格。石刻文字的独特风格，学者也曾意识到，民国人黄孝纾作《两汉金石文选绪言》，说："文章有传世寿世之分。金石之文，尤与金石同寿；故作者下笔时，必有空前绝后之想，非苟焉而已也。故为金石文章者，人不必舒、向、卿、云，而要有金玉黼黻之才；时不必虞、夏、商、周，而

---

① 叶昌炽撰，柯昌泗评：《语石 语石异同评》，中华书局1994年版，第397页。
② 该词嘉祐八年冬苏轼作，元祐二年二月廿八日作记，元祐二年夏六月立石，石工李辅。见王昶《金石萃编》卷139，《续修四库全书》影印本，上海古籍出版社2002年版，第890册，第436页。
③ 叶昌炽撰，柯昌泗评：《语石 语石异同评》，中华书局1994年版，第397页。

要有浑浑灏灏之气。有是才，有是气；而后纵笔所至，无不合矩。长至数千言，短或百余字，字皆有律有度，辞皆有伦有脊；可以动天地，泣鬼神；故非轻才讽说之徒所能胜也。"① 此段文字无不是从风格方面着眼立论。

二 石本与纸本文体结构不同

一篇完整的石刻文本结构，就常例而言，除去作者署名，还包括题额、首题、正文、时间标识四个部分，这就是石刻文体的四个基本组成部分。比如今藏西安碑林的著名景教碑，题额"大秦景教流行中国碑"九字，首题"景教流行中国碑颂并序"，以下是正文，正文末落款"大唐建中二年岁在作噩太簇月七日大耀森文日"等。其中的题额与落款时间两段，一般是纸本文体所不具备或者说不必具备的，是石本的特殊处。

题额之作起自汉朝。欧阳修《集古录》曾说到"后汉秦君碑首"，云"其碑首字大仅存，其笔画颇奇伟，蔡君谟甚爱之"。② 题额作为石刻的一个重要组成部分，起着为石本张目的作用，因此在碑文中形式突出，用字集中，少则两字，当然也有多至六十字者。③ 又通常以较大字形、以突出字体，或者说有别于正文的书体勒刊在碑首，且多特意请善书者专写，篆书体成为常态，学界称篆额。从内容看，题额与石刻首题有相同或相近者，意在揭示正文的旨意，如融水摩崖唐麟撰文描写融州太守刘继祖创置融州贡士库的过程，首题"融州新创贡士库记"，罗君贤篆额为"太守刘公创置融州贡士库记"。④或题额与文题内容不同，意在张扬碑文的重要性以引起读者的注意，常见者如"龙章宠赐""永禁勒石""平蛮碑""万古流芳"之类。无论题额与首题

---

① 转引自朱剑心《金石学》，商务印书馆1930年版，第11页。
② 欧阳修《集古录跋尾》卷3，欧阳修著，李逸安点校：《欧阳修全集》第5册，中华书局2001年版，第2134页。
③ 叶昌炽说："若北周强独乐碑，多至十五行六十字，则自汉魏迄宋元，所见者仅此一刻而已。"参见叶昌炽撰，柯昌泗评《语石 语石异同评》，中华书局1994年版，第152页。军按：实为15行56字。参见北京图书馆金石组编《北京图书馆藏中国历代石刻拓本汇编》第8册，中州古籍出版社1989年版，第99页。
④ 杜海军辑校：《广西石刻总集辑校》，社会科学文献出版社2014年版，第142页。

的同与不同，应该说题额都是石刻的重要组成部分。叶昌炽就肯定地说："夫碑之有额，犹书之题签，画之引首，所以标目也。往往有碑文漫灭，如昭陵各石，赖其额尚存得知之。"[①] 与题额功能相近的在墓志铭还有墓志盖。凡墓志铭多有墓志盖，叶昌炽也曾说"碑用额，志用盖，此常例也"。[②] 墓志盖通常以篆书写为某朝某官某府君"之墓志"等，金石学家称为篆盖。历史上摩崖的题额受墓志盖影响也有称篆盖者，如宋代《宜州铁城记》为巨型摩崖，显然不可能有盖，却署名"广南西路经略安抚司参议官杨埏篆盖"。[③] 题额与墓志盖的存在是石本与纸本文体区别的标志之一，石本文体一旦进入纸本，盖与额在文本中也就不存在了，就改变了碑与墓志铭的本来有的结构形式意义，而成为另外的一种文体。需要说明的是题额在石刻中主要发生在人造石碑，而有些摩崖是没有题额的，但纸本文体一定是都没有题额。

武则天文；河南少林

---

① 叶昌炽撰，柯昌泗评《语石 语石异同评》，中华书局1994年版，第153页。
② 柯昌泗说"后魏齐郡王简，始有篆盖（太和廿二年），于是墓志之名实体用咸备"。分别见叶昌炽撰，柯昌泗评：《语石 语石异同评》，中华书局1994年版，第235、238页。
③ 杜海军辑校：《广西石刻总集辑校》，社会科学文献出版社2014年版，第162页。

碑在少林寺

时间标识也是石本结构的重要组成部分，从石刻发生的早期，就十分重视作品时间的标识，这一点学界有共识。

今人赵超说："在各类石刻材料中，时间年代的记录都是一个主要组成部分。它对于确证石刻的刊刻时间和分辨石刻材料的真伪都具有重要的作用。"[①] 从石本作品看，几乎每件石刻文本都会标识年代时间，且形式多样。有用岁星纪年者，如北齐郭显邕造经记题"大齐天统元年岁次大梁（565）九月庚辰朔六日乙酉"[②]，前文举《景教流行中国碑并序》落款"大唐建中二年岁在作噩太簇月七日大耀森文日"也是；有刻朝代纪元者，如韩云卿《平蛮颂》题"大唐大历十二年八月廿五日"；有刻节日者，如张祐刻叠彩山诗四首题"正德十四年中秋日"；有纪元与干支同刻代替年序者，如蔡襄与邵去华苏才翁等游鼓山题"庆历丙戌孟秋八日"。可以说传统的石刻文本非常重视时间的宣示，不同形式的时间标识增加了文本的可读性与知识性。时间刊刻大多是在文末的，如山西寿阳县《郭时亮诗碣》落款"绍圣二年十一月十二日"、李师中题桂林龙隐岩诗落款"嘉祐六年四月一日"、李谌题桂林龙隐岩摩崖平亭

---

① 赵超：《中国古代石刻概论》，文物出版社1997年版，第235页。
② 北京图书馆金石组编：《北京图书馆藏中国古代石刻拓本汇编》第7册，中州古籍出版社1989年版，第163页。

诗落款"嘉定庚午霜降节"等。因此,叶昌炽将落款作为石刻的特点,说:"碑版书岁时月日,或系以甲子,月必谨朔,此通例也。"① 同一篇作品,一旦入纸本文集,日期标识往往被裁去,特别是文后落款。如元结任职道州,在湖南阳华岩留刻有《阳华岩铭并序》,落款时间为"大唐永泰二年岁次丙午五月十一日刻",而在《元次山文集》卷六的同作中,就不再有落款时间。诗歌类作品更是这样,如李渤"太和元年莫春"摩崖桂林的《别南溪二首》,在《万首唐人绝句》(卷21)、《桂胜》(卷11)、《粤西诗载》(卷22)、《全唐诗》(卷473)等所有文集中都没有了时间落款。

"三度驻金未驻焦,隐虞顿置笑松寥。回銮得趁一时兴,策骑偷消十里遥。信是无双栖静域,还因有暇陟崇椒。水天俯仰惟空阔,小矣奚称隐士招。乙酉暮春朔自丹徒跋马至象山渡江驻焦山作。御笔。"乾隆诗碑焦山。

三 作者主体构成与署名形式纸本与石本不同

从作者主体构成看,纸本文体往往由文章作者独立完成,文署个人姓名,简洁明了,看《文选》《唐文粹》《皇朝文鉴》《全唐诗》《全唐文》等无不

---

① 叶昌炽撰,柯昌泗评:《语石 语石异同评》,中华书局1994年版,第422页。

如此。而一篇完整的石刻，由于构成形式的决定，往往是众人参与、众人署名。如赵雄撰文的宋代韩世忠《蕲王谥忠武神道碑》，周必大书丹、宋孝宗书额"中兴佐命定国元勋之碑"。① 其中包括作者、书丹者、题额者。西安碑林的唐刻《唐国师千佛寺多宝塔院故法华楚金禅师碑》，勒名有撰文者飞锡，书碑人吴通微，以及刻碑人宋液②；甚至有的石刻要镌写立碑之人，如唐代河南登封石刻《嵩山三十六峰诗》，文前署名"登封令邢州傅梅元鼎撰"，文后署名"相人王正民义华书并篆。少林寺传法主持正道立石。房子袁进德镌字"。③ 其实，石刻镌刻立碑者名字汉代最为流行。无论如何，每件石刻文的完成至少有两个人以上合作，参与署名者也就多在两人以上。这种署名形式唐代以后逐渐形成规范，依次是在文前署作者、书丹者、篆额者，文末署镌碑者、立碑人等姓名。④ 钱大昕说："唐宋碑刻多以撰人姓名列第一行，书人次之，题额者又次之。"元、明、清碑也基本延续如此。当然，署名前后次序或因参与立石者地位高低不同而有例外，钱大昕著《潜研堂金石文跋尾》也说到《嵩阳观纪圣德感应颂》以官位高低先后署名，但这只是偶尔发生，不成规矩。⑤

石本与纸本的作者署名形式也不同。石本与纸本较，作者署名十分注重身份职历的揭示，于作者名字前必冠以官衔或者籍贯，单署名字的甚少，从汉代至民国皆是如此。如甘肃成县摩崖《西狭颂》作者署名"从史位下办仇

---

① 王昶：《金石萃编》，《续修四库全书》第890册，上海古籍出版社2002年版影印本，第622页。
② 北京图书馆金石组编：《北京图书馆藏中国古代石刻拓本汇编》第28册，中州古籍出版社1989年版，第195页。
③ 北京图书馆金石组编：《北京图书馆藏中国古代石刻拓本汇编》第35册，中州古籍出版社1989年版，第97页。
④ 钱大昕：《潜研堂金石文跋尾》卷6，《历代碑志丛书》第3册，江苏古籍出版社1998年影印清长沙龙氏家塾重刊本，第206页。
⑤ 也有其他署名方式，特别是摩崖诗文多署名文后。如全州摩崖明人杨芳《游湘山寺》文后署名"巴郡杨芳"，参见杜海军辑校《广西石刻总集辑校》，社会科学文献出版社2014年版，第393页。钱大昕著《潜研堂金石文跋尾》也说到《嵩阳观纪圣德感应颂》以官位高低先后署名："此碑首题开府仪同三司行尚书左仆射兼右相吏部尚书崇元馆大学士集贤院学士朔方节度等副大使上柱国晋国公臣林甫上，太中大夫守河南尹河南水陆运使上柱国赐紫金鱼袋兼东京留守判留司尚书省事臣裴迥题额。碑末始题朝散大夫检校尚书金部员外郎上柱国臣徐浩书。与他碑式异，季海官卑，不敢与林甫、迥并列故也。"参见钱大昕《潜研堂金石文跋尾》卷六，《历代碑志丛书》第3册，江苏古籍出版社1998年影印清长沙龙氏家塾重刊本，第206页。又参见叶昌炽撰，柯昌泗评《语石 语石异同评》，中华书局1994年版，第406－407页。

靖字汉德书文"。① 桂林唐代摩崖《平蛮颂》题:"朝议郎守尚书礼部郎中上柱国韩云卿撰。朝议郎守梁州都督府长史武阳县开国男翰林待诏韩秀实书。州府户曹参军李阳冰篆额。"元代河北柏乡的《赵郡贾氏先茔之碑》有五人署名,包括撰文者翰林学士太中大夫知制诰同修国史吴澄,书丹者翰林学士承旨荣禄大夫知制诰兼修国史刘耕,篆额者集贤大学士荣禄大夫清苑郭贯,镌刻者尧峰作头魏融孙显志,立碑人忠义大夫扬州路总管贾庭瑞等。② 民国镌名者还是这样,如1915年刊陆荣廷游富川诗署名广西督军使者陆荣廷题,云邑蒋如山记、周炳熙书、周鸿基刻。此种署名方式石刻研究者都有注意,叶昌炽说石刻:"宋元以后,撰书、篆盖,始皆大书特书于首,且系结衔,至今以为通例云。"③ 纸本作者未见署名冠以职官或者籍贯者。

苏轼书碑,杭州

---

① 今见汉代人墓碑没有载作者姓氏者,摩崖文多署作者名。
② 柏乡县人民政府编:《河北柏乡金石录》,文物出版社2006年版,第90—134页。
③ 叶昌炽撰,柯昌泗评:《语石 语石异同评》,中华书局1994年版,第385页。

上文论述了石本与纸本的三不同，当然，并不是说每篇文本一定要三不同完全具备，但只要具备一不同，拙见以为已可以将石本与纸本文体区别开来而视作自为一体了。其实，石刻文体的确立还有许多不同于纸本的最基本特点相支持，如上论综合性、直观性与立体性、文物性等。石刻文本具有综合性，是综合书法、雕刻艺术、地理和人文环境而成，这些相对各自独立的因素，通过关联发挥各自不同的功能，从而完整表达或传播了作者的情感以及思想。人们所说的三绝碑、四绝碑等就是对石刻综合性的一个描述。石本具有的直观性、凡石刻，都是依托一定的人文环境与自然环境而产生而存在，这些被依托之物的存在，就是石刻文字一定程度的直观写照，是立体的文本。石刻具有文物性，是作者、书丹者、立石人等协作完成留下的作品，是文物法规定了的文物。这些文物的作者期待读者来分享他们曾经的经验，而读者也往往期待可以在同一环境下分享作者们的精神体验从而更多地理解接近作者，这都是与纸本的不同，我们将另文再论。

以上我们从石本与纸本的共有文体与文本作了比较，看到了石本与纸本的差异，也就是石刻文体的独立性与作为文体存在的客观性。石本与纸本的文体差异，在传统学者们潜意识中也是有感觉的，如姚鼐在《古文辞类纂》目录中说："有作序与铭诗全用碑文体者，又有为纪事而不以刻石。"[1] 当代学者褚斌杰论山水游记说："台阁名胜记记事性比较强，而且是刻石的……山水游记是不刻石的。"[2] 两家所论刻石与不刻石的言外之意，可以说也就是在讲石本与纸本的文体差异与石刻的文体意义。史学家岑仲勉甚至认为石本与纸本的每一个字都是有差别的："夫碑志与列传，志趣有异。前者为私门撰述，胪举仕履，人必不责其过繁；后者乃举国官书，满纸升除，群将诋为朝报，史家用累迁等字，其势所必至，亦体例应尔也。"[3] 叶昌炽说"碑文有通用之词，亦有标新之诣"[4]，也都是说的石刻的文体特点。

---

[1] 姚鼐：《古文辞类纂》，上海古籍出版社1998年版，第14页。
[2] 褚斌杰：《中国古代文体概论》，北京大学出版社1984年版，第340页。
[3] 岑仲勉：《金石论丛》，上海古籍出版社1981年版，第76页。
[4] 叶昌炽撰，柯昌泗评：《语石 语石异同评》，中华书局1994年版，第394页。

王阳明摩崖在大伾山

当然，石刻成为文体，据愚意当是有条件的，就是石刻要保持其自身的原生态性，石刻不能与其产生的原始环境以及原初刻石甚至原初刻石的具体位置相脱离。如果石刻脱离其产生的原产的环境以及原初刻石位置，比如今存的西安碑林、苏州碑林、千唐志斋，或者做成拓片传播等，即便其文字内容未有增减石刻的样式未有变动，其原始的内容都将随着位置的变动而发生变化，石刻的本来意义中寓含的文物性、真实感、历史沧桑感、完整性等便会部分损失或完全消失，甚至导致石刻原有文意的消失，也就不再为自成一格的文体。

总的来说，石本与纸本有许多的不同，石本之间也形成了自己的共性，因此，应该可以被视为独立于纸本的一种文体，元、明、清时代都有学者意识到石刻有文体的特点，如杨植翁在潘昂霄《金石例序》中说的"文章先体制而后论其工拙，体制不明，虽操瓠弄翰于当时犹不可，况其勒于金石者乎？陆士衡《文赋》论作文体制大略可见。由先秦以来迄于近代，金石之所篆刻具有体制，好古博雅之士皆不可以不之考也"（《金石例·序》）。清人吴辟疆说:"文章之事,以金石刻为最重,其体亦最难。……秦皇崛起,褒功立石,皆丞相斯为之,原本雅颂,一变而为金石之体,法律森严,足以范围百世……继斯而作者则孟坚《燕然山铭》,皆轩天拔地,壁立万仞;岂独二子才雄,抑金石之作,其道固若是也。"① 这都是说石刻的文体特点,可惜这个问题至今未被人们深度关注和详细论述。石刻在我国文献中有大量的存在,可说是仅次于纸本,认识到石刻的文体价值,不仅有利于对石刻文献价值的开发,有利于石刻文学研究的拓展,有利于文学研究的拓展,有利于校勘学的拓展,最重要的是将增加一个新的文体类别,为文体学研究开辟一个新的方向,还使我们看到载体在文体形成中所发生的作用,这都将有利于文体学术研究持续深入地开展下去。

四 石刻文体意识的演变与局限

石刻是我国历史上发源最早、发展延续时间最长的一类文献形式,形成了特定的文体。作为石刻的文体特质,人们对其认识有一个发展变化的过程,大概是元代以前,人们对石刻的文体认识限于墓碑与墓志铭,至明代,人们对石刻的文体认识逐渐扩展到了一般的石刻。

人们对墓碑的文体认识,最早可追溯到东汉。刘熙首次以文体的角度解释墓碑,并涉及墓碑文的功能:"碑,被也。此本王莽时所设也,施其辘轳以绳被其上以引棺也。臣子追述君父之功美以书其上,后人因焉。故每建于道陌之头显见之处,名其文就谓之碑也。"② 蔡邕被认为以写墓碑文见长,影响一时。范文澜说"东汉则大行碑文,蔡邕为作者之首,后汉文苑之人,率皆撰碑"③。至南北朝,人们对墓碑文体的认识更加清晰,南朝·梁任昉(460—508)撰《文章缘起》说道:"故碑实铭器,铭实碑文,其序则传,其

---

① 吴闿生纂:《汉碑文范序》,《汉碑文范》,中国书店据民国十五年武强贺氏刊本刷印,1993年版。
② 刘熙:《释名·释典艺》,影印文渊阁《四库全书》本,上海古籍出版社1987年版。
③ 范文澜:《文心雕龙注》,人民文学出版社1985年版,第232页。

文则铭，此碑之体也。又碑之体主于叙事，其后渐以议论杂之，则非矣。"①即说到了石为载体，也说到了碑文的构成形式以及作为文体的发展过程。刘勰（466？—520？）《文心雕龙》有《诔碑》篇更论碑文作法甚至风格，云："其叙事也该而要，其缀采也雅而泽。清词转而不穷，巧义出而卓立。察其为才，自然而至，孔融所创有慕伯喈，张、陈两文，辨给足采，亦其亚也。及孙绰为文，志在碑诔，温、王、郗、庾辞多枝杂。桓彝一篇，最为辨裁。夫属碑之体，资乎史才。其序则传，其文则铭，标序盛德，必见清风之华；昭纪鸿懿，必见峻伟之烈，此碑之制也。"（卷三诔碑第十二）萧统（501—531）《文选》也选入了铭、碑文等与诗词歌赋同列。著录则《隋书·经籍志》有《碑集》《释氏碑文》《杂碑》《碑文》等。及元代郝经著《金石八例》②、潘昂霄著《金石例》，明代的黄宗羲著《金石要例》等，主要是论述墓志或墓志铭以及墓碑的做法，如潘昂霄的《金石例》据韩愈文总结为十五例：入作造端、名字族姓、乡贯、世次先德、文学艺能、仕进历官、政迹功德、享年卒葬、生娶嫁女、总述行迹、作碑志、铭辞、孤弱、祠庙原始、立庙祠祭③，是从墓碑或墓志铭立论，所谓"例"，也仅是举例，其实并不具备"例"的意义，甚至遭到黄宗羲批评。黄宗羲说："潘苍崖有《金石例》，大段以昌黎为例，顾未尝著为例之义与坏例之始，亦有不必例而例之者。如上代兄弟宗族姻党，有书有不书，不过以著名不著名，初无定例，乃一一以例言之。余故摘其要领，稍为辩正所以补苍崖之缺也。"④ 以上所述可见人们对石刻文体认识的不断进步，但是仅限于对墓碑或墓志铭文的认识，这对石刻的文体认识还存在着大的局限性。

明代徐师曾《文体明辨序说》以后，对石刻逐渐有了较全面的观察，将碑文分为"有山川之碑，有城池之碑，有宫室之碑，有桥道之碑，有坛井之

---

① 任昉撰，明陈懋仁注：《文章缘起》，影印文渊阁《四库全书》本，上海古籍出版社 1987 年版。
② 郝经《金石八例》，今轶，著录在《金石例》卷9。其内容包括世系、名字、始起、建功、立事、年寿、薨卒、殡葬、铭辞等。
③ 潘昂霄：《金石例》卷九，影印文渊阁《四库全书》本，上海古籍出版社 1987 年版。
④ 黄宗羲：《金石要例》，影印文渊阁《四库全书》本，上海古籍出版社 1987 年版。

碑，有神庙之碑，有家庙之碑，有古迹之碑，有风土之碑，有灾祥之碑，有功德之碑，有墓道之碑，有寺观之碑，有托物之碑"等①，论述超越了传统墓碑的范围，这就接近了我们今天说的石刻。晚清至民国间的吴辟疆（吴汝纶子吴辟疆，有《汉碑文范》）开始试图从宏观上探索石刻的文体价值。吴辟疆说："文章之事，以金石刻为最重，其体亦最难。……盖三代以上，铭功德于彝鼎，其词尚简，今存者虽多而不可尽识。石刻之文，惟岐阳之鼓，后世亦未能尽解，顾其体可意而知也。秦皇崛起，褒功立石，皆丞相斯为之，原本雅颂，一变而为金石之体，法律森严，足以范围百世；后儒或以为破除诗书，自我作古者非也。事未有无法而可以自立者，彼李斯宁独异哉？继斯而作者则孟坚《燕然山铭》，皆轩天拔地，壁立万仞；岂独二子才雄，抑金石之作，其道固若是也，碑铭如于东汉，作者不尽知其何人，要皆遵循成轨，制作瑰异，其气其辞，与三代彝鼎石鼓秦皇刻石胎孕相通，无支离隔绝之诮，所存今不可多见，见者莫不光气炯然，皆天地之鸿宝也。论者不察，辄病东汉靡弱，谓其气尔然而尽，是岂可谓知言乎？曹氏代汉，相去未几，所为大飨、受禅诸碑，皆当时朝庙钜典，而气既剽轻，词亦窳陋，良由操、丕否德，亦篡逆之朝，执笔者固无弘毅之士也。自是以降，六朝碑志，陈陈相因，一流于骈俪浮冗，无可观览；至退之而后起衰振懦，复绝前载。而规模意度，则一秉东汉之遗，可覆按也。今学者皆知韩文之奇，而于汉代诸碑熟视若无睹焉；譬如敬人之子孙，而忘其父祖可乎？"②吴辟疆所论从举例范围看，注意到了石鼓文、李斯泰山刻石、班固的《燕然山铭》、曹魏的受禅碑等现象，应该说较前人有了很大的超越，但着眼点已然在墓碑以及墓志铭，看其以下议论可见，吴辟疆这样说："自退之韩氏外，殆莫有能为之者。柳州犹不失法度。至欧公而后，则尽箴古初，率意自为，名为志铭，笔势与他文无异。三苏不喜为碑刻，世亦知其不工。于是独欧公碑铭至多，而尤擅大名。吾尝谓欧公所为碑文，皆论序传状类耳，实于金石体裁无与。夫文各有体要，今序

---

① 吴讷、徐师曾：《文章辨体序说 文体明辨序说》，人民文学出版社 1962 年版，第 144 页。
② 吴闿生纂：《汉碑文范》，中国书店 1993 年版。

书传而用箴颂,作章奏而仿歌诗,可乎?欧公铭志之文,何以异是。呜乎,法之不明也久矣。儿时读韩文,喜其惊创瑰奇,以为退之伟才,故独辟蹊径如是,后来者所当步趋,而莫外也。及睹《蔡中郎集》,乃知碑刻之体,创自中郎;退之特踵其法为之,未尝立异,顾其才高,遂乃出奇无穷耳。后得洪文惠所辑《汉碑刻》,益诧为平生所未见,反复研诵,弥月不能去手。乃知汉人碑颂,其高文至多,崇闳隽伟,非中郎一家所能概,而退之不能出其范围。中郎虽负盛名,亦因当时风气而为之,非其特创者,而金石之文固而导源于此也。"① 从蔡中郎到韩退之,可见吴辟疆又完全是论墓碑或铭的做法,反映其对石刻的思考还处于未成熟状态。民国年间陈柱著《中国散文史》,其间有《钟鼎文家之散文》也注意到了石刻文体的特殊性,他以先秦为例说:"凡研究古代金石文字之学,谓之金石学。研究古代金石文字之学者,谓之金石学家。是二名者后世始有,周秦之前无有也。然古之为金石文者,必有其专家之学。故周秦间之金石文,与诸家之文绝异。即以李斯而论,颂秦功德之作,与《谏逐客书》《论督责》等文迥殊,几判若二人之作焉。则其文体之不同,自为专家之学明矣。"② 可见陈柱已经意识到石刻的文体独特价值,只是未加详论。至于当代学者褚斌杰《中国古代文体概论》第十一章第九节也立了"碑志文"专节论述,同样未见超越处。

　　以上所述可见,将石刻的墓碑作为文体,汉代已有,将石刻整体作为一种文体看待,明人已有,民国学者的文体意识更加明确。总而言之,对石刻的文体性质的认识,有一个逐渐的进步过程,是一个从点到面,从现象到本质,从个体到整体的过程。今天我们将石刻作为一类文体讨论,是在前人论述基础上的一种延续与扩展、完善,是对传统学术的发扬光大。

---

① 陈柱:《中国散文史》,东方出版社 1996 年版,第 146 页。
② 同上书,第 85 页。

第五章 石刻之两种特有文体

前章拙文论述了石刻的文体特性,这是从整体上揭示石刻是一种文体。在石刻类文体之中,又包含多种文体,其中有些文体与纸本是共有的,如诗词歌赋等,这些文体易为人们混淆,将石本文体、纸本文体二者等而论之。但石刻中还有一些文体是纸本文体中所没有的,却不为传统研究者关注,如摩崖榜书、题名之类,因特别拈出。

第一节 摩崖榜书的文体性质

榜书即大字,古称署书或擘窠书。① 榜书是石刻中一种特有的文体。榜书在我国有悠久的发展历史,考载记,应该说李斯是我国历史上第一个榜书高手,《水经注》记载说:"秦始皇观礼于鲁,登于峄山之上,命丞相李斯以大篆勒铭山岭,名曰'昼门',《诗》所谓'保有凫峄'者也。"② 这里的"大篆"应该是大字篆书,而"昼门"二字即应该是大字。但是人们的常识是榜书始于汉,明代费瀛《大书长语》曰:"秦废古文,书存八体,其曰署书者,以大字题署宫殿匾额也。汉高帝未央宫前殿成,命萧何题额……此署书之始

---

① 康有为《广艺舟双楫》说:"榜书古曰署书,萧何用以题苍龙、白虎二阙者也,今又称为擘窠大字。"康有为著:《广艺舟双楫》,清光绪本,第60页。
② 郦道元著,陈桥驿注释:《水经注》,浙江古籍出版社2001年版,第398页。

也。"① 萧何以后，曹魏书法家韦诞，唐朝颜真卿，宋朝米芾、蔡京，元人赵孟頫等皆是榜书名家，明清时榜书名手更是遍在，如清人包世臣《艺舟双楫》论及就有宋珏、刘墉、黄乙生、赵润、刘绍庭、钱伯坰等。榜书发展至民国，作品遍布于大江南北的山川与溶洞，通常泐于山石景观的岩壁之上，可以说人迹所到之处，有山石就有榜书。

宋人史渭书百寿，永福

榜书以自然环境为抒情对象，以山石为存在背景。从文体角度看，榜书行文有法，完整的作品一般由三部分构成：榜书、榜书的书写日期、榜书的作者。如泰山有榜书"只有天在上，更无山与齐。嘉庆八年正月谷旦，泰安知县长白舒骆敬书"。从书法形态看，以榜书为主体，而以小字附书作者名讳及其官职，以及书写镌刻日期，或者对书写动机、榜书意旨进行疏解。从书写格式看，有竖行，有横行。榜书通常居中书写，小字分刻于左右，或小字皆刻于右方，甚少榜书居右而小字镌于左者。也有榜书居上而小字刻于下方者。总而言之，榜书总是刊刻在一篇作品中显要、突出的位置。从字数看，

---

① 费瀛：《大书长语》卷下，《续修四库全书》，上海古籍出版社 2002 年版。

榜书作品不同，字数不等，少者一字即可成文，如永福有宋代绍定己丑知县史渭书、桂林王黿刊的"寿"字①；或二字成文，如永乐年间庆远卫指挥使彭举在宜州白龙洞书"瞻云"、"云深"等。常见者多四字成文，也有多字成文者，如华山榜书"万方多难此登临"。

无论榜书字数多少，格式如何，都是文的核心，其他小字属于榜书的附属文字，是对榜书的阐释，榜书与附属文字相结合而成为一部完整的作品。如张维屏游桂林隐山，在山脚题"小隐"二字榜书，并以小字释文说："道光丁酉四月游隐山，敬观先忠宣公'招隐'石刻，因书'小隐'于岩下。维屏仅识。"②古人称小隐隐于市，书者以此表示对宋贤张栻的评价。又如华山七字榜书"万方多难此登临"，小字释文说："十六集团军于抗战七年中组织参观团，到西安参观军事学校毕，游太华书此，以志不忘。韦云淞、蔡建伯、王景宋……民国三十二年。"表达榜书的内涵是对国事的忧心。当然也有鸿篇巨制的榜书，如泰山经石峪大书《金刚经》等，一般是刊刻经典，我们不将其视为文学作品。

陈维湘书，桂林

---

① 杜海军辑校：《广西石刻总集辑校》，社会科学文献出版社 2014 年版，第 143 页。
② 杜海军辑校：《桂林石刻总集辑校》，中华书局 2013 年版，第 1056 页。

说榜书为文，也就是说，榜书要有一定的可以理解的社会或个人情感的内容，这一点，榜书的疏解文字却是很好的证明。如凭祥大连城白玉洞题"奇观"榜书，有小字释文曰："苏公子熙少保建亭台，植花木于玉洞，以赏心其间。层岩叠嶂，怪石玲珑，烟霞缭绕，云树苍茫。噫！仙源也。壵随侍边檄，横览华越，遍历名胜，无出玉洞之右者，故书'奇观'以志之。光绪乙未仲秋月中浣，楚南□壵题。"又如河南浚县大坯山有清人张端书题的"第一峰"三字榜书，又刻小字七绝于右："极目烟霞几万重，太行西崦水朝宗。是谁忽地开生面，第一山头第一峰。癸未新秋。张端书题。"此二例都是当时作者对题写榜书的一种自我的心理阐释，是可信的。较作者的自我阐释，对于我们阅读榜书的后人而言，榜书的文学内容又较作者的自我心理解读感觉更加丰富。一是通过榜书，我们理解其作者的文笔与书法的外在形式与内涵，此与阅读纸本的过程相同。同时，我们再次与作者站在同一场景之下，得以体悟作者曾经触摸、观赏过的草木山水或者是人文建筑，甚至呼吸过的自然界气息，于是又可仿佛感受到作者的同在，这是与读纸本的所得大不相同处。于此我们体会到，榜书与纸本的差异在于，榜书可以数字，甚至一词、一字即可以独立成文，且其文字内涵可以一样地被感受为丰富多彩，纸本则完全无此可能。

榜书是点睛之笔[①]，以极其简练的文字，书写胸中之志，表达作者对时事、历史文化、草木山川、人文建筑的感受与评价，在我国应用广泛，是一种为大众喜爱而流传不衰的人文现象。榜书的应用范围甚宽，有悬挂在殿堂门额之上的匾榜，如故宫的"乾清宫""坤宁宫"，各地衙署的"明镜高悬"，农户的"耕读之家"等。点缀在亭台园林之中的更为普遍，如北京的"颐和园"、承德的"避暑山庄"、杭州西湖的"柳浪闻莺"、苏州的"沧浪亭"等，《红楼梦》中大观园题额是榜书文学形式的集中反映。有高悬着的各色商铺招牌，如"同仁堂""悬壶济世"，还有挂在道观庙宇门首的，如"报国寺"

[①] 费瀛论《堂扁》说："堂不设扁，犹人无面目然，故题署扁榜曰颜其堂。"费瀛：《大书长语》卷下，《续修四库全书》，上海古籍出版社 2002 年版。

"大雄宝殿""三清殿""紫霄宝殿"之类。有些是地名、地界、纪念地等指示标识。更多的是镌泐于关隘要塞、名山巨岳者,内容丰富,形式大方,所在因之而增辉。

这些榜书又能据其可移动与不可移动区分:在殿堂、亭台园林、商铺、道观庙宇、指路标识等应用者,多书写在人工制作的竹木牌匾、金属器物、石碑之上,一般而言,这些榜书借以存在的载体容易损毁,或者是容易移动变更所在地,容易模仿制作,如此,承载作者的原始创作信息会随着地点的变动逐渐改变或消失,因此较难评价其内容;而直接书写镌泐于山体之上的榜书是不可移动者,人们称之为摩崖。①

北京故宫

摩崖榜书泐于崖壁之上,地址固定不移,如陕西汉中的曹操摩崖"衮雪",安徽省马鞍山市和县白桥镇西梁山社区天门山景区西梁山大陀山南麓滩涂崖壁摩崖王羲之的"振衣濯足"。山东泰山的摩崖"五岳独尊",广西凭祥镇北台的摩崖"南陲保障",陕西榆林红石峡的摩崖"汉蒙一家",庐山的

---

① 马衡说:"摩厓者,刻于厓壁者也,故曰天然之石。"《马衡讲金石学》,凤凰出版社 2010 年版,第 47 页。

"青玉峡""日近云低",华山的"天开画图",三亚的"海判南天""天涯""海角"等。

赵孟頫书,焦山

　　榜书以其书法成就盛为研究界所关注,杨慎专论榜书的做法,康有为著《广艺舟双楫》、叶昌炽著《语石》也都曾论及,而明人费瀛更著《大书长语》以专论,但文学研究者极少有议。这些榜书,别集不载,一般的文选与文论著述也很少或者说根本没有涉及。其实,榜书,特别是摩崖榜书,是书法作品,但其语言形式别致,存在处所经久不变,承载有稳定的丰富的原始创作信息,也可作文学作品论。这种作品以其诗性语言、书法语言为读者所喜爱,以其文境的虚实相生散发着别样的文学气息。

一　榜书的诗性语言

摩崖榜书多镌刻在山水奥区，是作者针对亲身经历的山水环境，将本无生命之山石提炼信息，且以诗性的语言书写，揭示山水的生命特征与历史意义，从而发掘出环境具有的人文价值，赋予景观以明显的社会意义。

我们说榜书是诗性的语言，首先体现在摩崖榜书多具有一定的抒情意味。

摩崖榜书从字面上乍看无非是景语，描摹刻画，形象生动，但这种景语，是建立在感情之上的，是融入了主观感情的。正如王夫之说："情景名为二，而实不可离。神于诗者妙合无垠，巧者则有情中景，景中情。"（王夫之《姜斋诗话》卷二）王国维也有"昔人论诗词，有景语情语之别，不知一切景语，皆情语也"之说①，揭示了写景与写情的内在联系。文写景，景寓情，因此写景即是写情。《文心雕龙》有"自近代以来文贵形似，窥情风景之上，钻貌草木之中，吟咏所发，志惟深远，体物为妙，功在密附"②。评述南朝文与景的关系，我们也可以说就是榜书与景的关系。摩崖榜书依景而生，以抒情之语揭示景的内涵。

摩崖榜书的抒情表现在强烈的主观性，是从感觉写起。感觉有多种，如写视觉者，陕西汉中褒谷中东汉曹操在河中石上书"衮雪"二字，描写浪花奔涌迸射的情状。③桂林象鼻山南宋吴亿书"水月洞"三字，描述象鼻山洞圆如月，月光穿过象鼻山，映照于漓江之上，沉璧静影，宛如月生水中的景象。桂平西山乾隆年间胡南藩书"乳泉"，写泉水似乳。庐山"蟾蜍石"写石似蟾蜍。写肤觉者，如柳州鱼峰山有康熙年间右江观察戴锦书"清凉国"，钦州灵山县三海岩有民国六年灵山县知事李廷藻书"久坐忘暑"。写听觉者，如庐山米芾书"响雪""瀑布飞雷"，兴安乳洞有李曾伯建炎三年（1129）书"喷雷"，写水声之宏大。

---

① 姚柯夫编：《人间词话及评论汇编》，书目文献出版社1983年版，第30页。
② 刘勰：《文心雕龙》卷10，影印文渊阁《四库全书》本，上海古籍出版社1987年版。
③ 薛凤飞：《褒谷摩崖校释》，湖北人民出版社1999年版，第57页。

第五章　石刻之两种特有文体

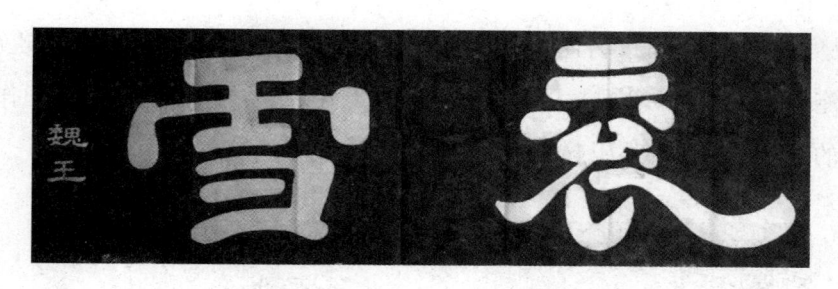

传说为曹操书，汉中石门

　　写景附以想象者最见主观性，表现在不同的山石榜书有不同的用语：陕西榆林与内蒙古接壤，红石崖题"汉蒙一家"，体现的是民国时期多民族地区人民的情谊期待与景象；而广西友谊关（旧称镇南关）书"南陲保障"，则是体现边疆战士的卫国意志。又表现在不同的山石题写相近或相同内容的榜书，如写山之雄伟，米芾在武当山书"第一山"，武夷山道光年间徐显庆也书"第一山"，康熙年间广西布政黄国材题桂林独秀峰"南天一柱"，而宣统元年（1909）崖州知州范云梯在海南三亚仅有数米高的石头上竟然也题"南天一柱"。还表现在同是一山石，又书写不一样的观感：福建武夷山因南宋以来的理学发达，且是理学家朱熹曾经生活的地方，因此九曲溪岸摩崖榜书作题"逝者如斯""修身为本""智动仁静""道南理窟"等，同时却也有道教榜书"升真元化洞天""伏虎矶"等。融水老君洞张孝祥书"天下第一真仙之岩"，人说洞中石头形如老聃，但也有"放生池"这样的佛教大字在其下。贵港南山寺有榜书"天花满座""石佛洞""南宗正脉""佛理哲学方太平"彰显是佛教圣地，相伴也有道教意味的"圣迹仙风""虚白洞天"。泰山有"五岳独尊""置身霄汉"之不同，桂林独秀峰有"紫袍金带"与"小蓬瀛"之差异。可见这些摩崖榜书文后无不是隐含着不同作者特定时间、特定地点的特定情感，是作者面对一定自然山水或社会背景，激发出来的有关自我情感独到体验的作品。正如刘勰所说："诗人感物，联类不穷；流连万象之际，沉吟视听之区。写气图貌，既随物以宛转；属采附声，亦与心而徘徊。"[①] 这是说诗人

[①] 刘勰：《文心雕龙》卷10，影印文渊阁《四库全书》本，上海古籍出版社1987年版。

的情感是随着所遇情景物色时序不同而有所变化，所作也自然不同，也就是范仲淹《岳阳楼记》中描述的朝晖夕阴的天气变化，迁客骚人的不同作者、不同的生活经历，都将引起人们各异的叹息，别样的感情。

泰山巅

摩崖榜书抒情是丰富多样的，或抒个人之情，或抒民族之情，或抒时代之情。

抒写个人感情的，如北魏郑道昭任青州刺史，感觉人生如白驹过隙，遂书径尺大字摩崖在山东益都县山谷中，"此白驹谷，中岳先生荥阳郑道昭游槃之山谷也"①，是抒人生苦短之情。广西桂林象鼻山吴亿题书"水月洞"三字，书受苏轼《赤壁赋》之影响，曰"江上之清风与山间之明月，耳得之而为声，目遇之而成色，取之无禁用之不竭"，见其与世无争，有退隐情怀。张孝祥象鼻山泐"朝阳洞"，显示了作者凤鸣天朝的宦途追求②，庐山镌"玉渊"实自夸其冰清玉洁，理同其《念奴娇·过洞庭》。张汝贤康熙三十年

---

① 康有为称"《经石峪》为榜书之宗，《白驹谷》辅之"。相益利著《1500年前的魏碑榜书之最：郑道昭白驹谷题名》，《东方收藏》1910年10月。见毕沅辑《山左金石志》，嘉庆二年，小琅嬛仙馆刻本，第127页。
② 杜海军辑校：《桂林石刻总集辑校》，中华书局2013年版，第192页。

（1691）在桂林会见僧人浑融题"东山佳气"，体现了对僧人的一种主观感觉。

摩崖榜书还有抒发民族情感者，如民国21年（1932）陈济桓、刘柏坚书题在龙州县月岩的"勿忘国耻，共赴国难"，民国28年（1939）冯玉祥在长江三峡摩崖的"踏出夔巫，打走倭寇"，秦镇在龙州月岩书的"抗战必胜，建国必成"，民国29年（1940）抗日名将蔡廷锴在灵山县三海岩书"振旅岩疆"，民国32年（1943）登华山的韦云淞、蔡建伯、阚维雍等二十六位将官榜书的"万方多难此登临"等，都表达了军人们面对国难当头之时的慷慨激昂义气，其中如阚维雍抗日1946年捐躯在桂林。

华山巅

摩崖榜书的语言简洁也是诗性的体现。

摩崖榜书文字多取自诗文成语，简洁凝练而富有气韵。如泰山康熙年间赵纶书"至哉坤元"出《易经》；道光年间马起予书"曲径通霄"出唐人；泰山光绪年间徐世光书"岩岩"、桂林独秀峰梁章钜书"仰之弥高"、浚县大伾山清人王作肃书"屺瞻"、刘德新书"蔼蔼亭"，皆本之《诗经》；桂林独秀峰梁章钜书"峨峨郭邑间"诗出颜延之；泰山书"青未了"本自杜甫；大伾山书"鸿爪"本之苏轼；永福百寿岩有乾隆年间杨奎书"空谷遐心"出明人王立道《具茨诗集》；庐山苏轼书"无极而太极"，也一定是联想到周敦颐；庐山光绪年间恭曾书"山辉川媚"，使人想起陆机的《文赋》；雁荡山大龙湫有民国沈致坚书"活泼泼地"无疑系理语。

这些本自诗文的成句若追溯其源,其诗性则更让人体会深刻,如号称道教二十二洞天的勾漏洞,明人郑义摩崖"云关"二字。考古人诗文用典"云关"者甚多,如孔稚圭《北山移文》"宜扃岫幌,掩云关,敛轻雾,藏鸣湍";王勃诗"晨征犯烟磴,夕憩在云关";张说诗"旧亭红粉阁,宿处白云关";李白诗"山际逢羽人,方瞳好容颜。扣萝欲就语,却掩青云关""平明登日观,举手开云关";元稹诗"鹤台南望白云关";范成大诗"便好来分苍石坐,已教不锁翠云关";傅汝舟诗"去天虽不远,谁叩紫云关",等等。这些诗句给我们分别描画出了一个个梦幻般的神仙境界,"云关"二字成为体现隐逸思想的固定意象。

勾漏洞,玉林

摩崖榜书即便非自诗文成语者,也多取法自然,作者凭借感觉,发挥想象的力量,对山水景物内在、外象作高度集中的形象性刻画,语言简练生动,如泰山有嘉靖年间伊介夫书"风涛云壑",宣统年间王寀基书"云路先声"。倪元璐桂林独秀峰题"小蓬瀛"。庐山明代白夯山人书"云海",郑廷鹄书"霞谷",清代宋荦书"漱玉亭",民国马福德、马鸿炳父子书"豁然贯通""纵览云飞"等。这些词写景生动,有声有色有趣,诗意浓厚,文学意味人人得而领略。

二　榜书的书法语言

扬雄《法言》曰"故言，心声也；书，心画也"①，书法历来被视为了解作者心历路程的依据，因此也可成为鉴赏文学的起点。

摩崖榜书作为文体的一种，以书法形式表现，同样是了解作者心灵的一种语言形式，读书法即可读心。书法的线条都是有生命力的，都以其书写节奏的韵律和谐，而又变化多端的整体空间效果，流露着书法作者创作时的激情，表达着特定时间、特定环境内作者喜怒哀乐，展现出作者的审美观念。费瀛《大书长语·绰楔》说"扁署一点失所，如美女眇一目；一画偏枯，如壮士折一臂"，这在文学层面与直直的、呆板的、无感情的印刷字体完全不同。我们可以通过书法形式了解作者创作时的内心活动、精神风貌以及创作目的，因此，学人往往有品书见人之论。如黄庭坚《跋东坡书远景楼赋》说苏轼："余谓东坡书，学问、文章之气，郁郁芊芊发于笔墨之间，此所以它人终莫能及尔。"② 黄庭坚以为苏东坡的学问、文章都淋漓尽致地通过其书法得以展现，也就是说，见书便可见人，品书亦可品人，并进而品文。这种情景，当代书法研究者论述更充分更直接，陈振濂描述人们欣赏书法的心理活动过程说得明白："我们会惊讶、激动、情不自禁地为之奔走呼叫、击节叹赏，在于几千年前的古人会心以远、领略妙处之时，感受当时人的脉息跳动、满腔热忱。于是，我们从孤零零的线条中发现了历史、生命、时代、宇宙的永恒与延续。"③这是描写人们欣赏书法作品之初的感受。进一步，人们由书看到文，陈振濂接着说："然而，在乍一接目时的激动之后，欣赏活动的更大意义恐怕还在于随机的品位咀嚼，从线条中窥探作者的一切：从线条修养到意趣修养，从书法自身的修养到综合的多侧面的诗文书画印的修养。"④ 文学研究

---

① 扬雄：《问神篇》，《扬子云集》卷1，影印文渊阁《四库全书》本，上海古籍出版社1987年版。
② 黄庭坚：《山谷集》卷29，影印文渊阁《四库全书》本，上海古籍出版社1987年版。
③ 陈振濂：《书法美学》，山东人民出版社2006年版，第276页。
④ 同上。

者也有相同看法,吴承学论题壁诗说到壁书蕴含有文学信息:"它蕴含着一些非语言的信息,其中至少包含了诗人的人格魅力。它使读者睹字迹而思其人,与诗人的关系更为密切,距离更近了。"① 摩崖榜书也可作如是观。

浚县大伾山

确实,书法是体现了人的精神状态,蔡邕说过,"欲书先散怀抱,任情恣性,然后书之。若迫于事,虽中山兔毫不能佳也。"② 又有史赞张旭说:"旭饮酒辄草书,挥笔而大叫,以头揾水墨中而书之,天下呼为张颠。醒后自视,以为神异,不可复得。"③ 这里无论蔡邕所说的迫于事时则书法不能佳,还是说张旭酒后狂草往往所至的最佳境界,都是说书手的精神状态对书法作品有着至关重要的影响,反过来说,就是借书法可回溯体验作者创作时的心理状态,将书法与具体文字结合而看,也就是文学之所在。

以上是从一般的书法作品所体现的书法者的精神状态看书法的文学内涵,而摩崖榜书是雕刻的书法,是书法作品的特殊的形式,是立体的书法。这种立体的书法,是形象具体的情感表达。好的摩崖将雕刻与书法完美结合,体现作者的精神较纸上书法形式实更高更深一层。如果说纸上书法是平面的,

---

① 吴承学:《中国古代文体形态研究》,中山大学出版社2002年版,第145页。
② 韦续:《墨薮》卷一,影印文渊阁《四库全书》本,上海古籍出版社1987年版。
③ 李肇:《唐国史补》卷上,影印文渊阁《四库全书》本,上海古籍出版社1987年版。

感受纸上书法的感情所在需要抽象的功夫，而摩崖榜书则是立体的、具体可感的，因此，读摩崖榜书引起读者的感受与读纸上书法比较，以其立体感，较一般书法作品体现作者的感情更为易见易解，情感更为直接而亲切，更易把握作者的精神风格与神韵。

摩崖榜书书法体现作者的精神风格与神韵。碑刻研究专家曾毅公说镌刻对书法的作用："镌刻者把他们的精神、智慧和技巧都集中在刀锋上，用凝重、精确的刀法，刻出与原迹相同，神形并茂的复制品，真是'鬼斧神工'，'传神阿睹'了。"① 明人杨慎称赞"元赵子昂（赵孟頫）书得茅绍之刻，手精毫发不失。绍之在江南以此技致富"②。又据传说，曹魏时钟繇每有得意之作，必定亲手镌刻。《丹铅馀录》则载"李北海（李邕）手自刻之者数碑，碑中书'黄仙鹤刻'，或云'伏灵芝刻'，或云'元省己刻'，皆公自刻而诡撰此名也"③。在曾毅公看来，历史上的刻工多是能刻出书手的原作风貌，这是他将上至殷墟甲骨，下至近代石刻比较后得出的结论。其实，我们通过一系列的古代碑刻被后人转换成为帖刻，就可以知道碑刻的传神之处了。如康有为称赞"《石门铭》飞逸奇浑，分衍疏宕，翩翩欲仙"④。称赞《爨龙颜碑》若轩辕古圣，端冕垂裳。《爨宝子碑》端朴若古佛之容。《石门铭》若瑶岛散仙，骖鸾跨鹤。《晖福寺》宽博若贤达之德。《龙藏寺》如金花遍地，细碎玲珑。《曹子建碑》如大刀阔斧，斫阵无前。这些碑都是从极普通的石碑被发现而转为帖。因此，当我们面对摩崖榜书之时，虽然与作者时隔几年、几十年，甚至千百年，但透过深镌石上的字迹，似乎依然可以体会到作者在彼时彼地的精神风貌。古人也多喜欢从所见刻石推想古人的精神风貌，明孙矿撰《书画跋跋》论颜真卿《家庙碑》说："此碑不但有玉筋笔，其结构取外满亦是篆法……此书锋芒最厉，点画间笔笔生峭，想平原忠直气似之。"⑤《颜氏家

---

① 曾毅公：《石刻刻工录·自序》，《石刻刻工录》，书目文献出版社1987年7月版。
② 杨慎：《丹铅馀录》卷16，影印文渊阁《四库全书》本，上海古籍出版社1987年版。
③ 同上。
④ 康有为：《广艺舟双楫》卷4，清光绪本。
⑤ 孙矿：《书画跋跋》卷2下，影印文渊阁《四库全书》本，上海古籍出版社1987年版。

庙碑》由李阳冰篆额，颜真卿书碑，王世贞以为："览之风棱秀出，精彩注射，劲节直气隐隐笔画间，吁可重也。"① 孙承泽观看颜真卿《家庙碑》说"鲁公忠孝植于天性，殚精竭力，以书此碑，而奇峭端严，一生耿耿大节，已若显质之先人矣"②。

晖福寺碑，西安碑林

　　碑刻是书法的升华，摩崖榜书也可以说是书法的升华，与文字内容相得益彰，不同的人或者同一人不同场景不同时段所作的榜书形式内容与神气不同，将鉴赏书法作为理解文字内容的切入点，摩崖榜书因而具有了一定的文学意义。

---

① 王世贞：《弇州四部稿》卷135，影印文渊阁《四库全书》本，上海古籍出版社1987年版。
② 孙承泽：《庚子销夏记》卷6，影印文渊阁《四库全书》本，上海古籍出版社1987年版。

三　榜书文境的虚实相生

虚实是谈艺之人常论的一对范畴，"但各人或同一人在各个不同场合对虚实范畴的理解也是不尽相同的"。① 摩崖榜书作为文体之一种，其内容由虚实两端构成，自有其特点。

摩崖榜书首先是一种文物，1982年11月19日第五届全国人民代表大会常务委员会第25次会议通过的《中华人民共和国文物保护法》有明确规定，其存在整体而言是可见可感的，这是实。这种实（文物）由文字以及其所存在的地理与历史环境两部分构成，是物质文化与精神文化两方面的合一，也就是一种虚实的结合。这种虚实又涵盖相互联系的多个层面的各自虚实：相对于地理与历史环境而言文字是虚，环境是实；而环境与文字二者本身又各自有其虚实：从文字看，形诸文字者为实，文外之意为虚；从环境看，环境的客观（山、水、草木、土、石）自身存在为实，隐含的历史信息为虚；相对于情与景而言，写景为实，传情为虚。

第一是环境的实与文字的虚。环境是客观的，摩崖榜书所在的环境其位置、形象、色彩，以及阴晴风雨、朝晖夕阴、土石气味、历史沧桑等都是可看可触可嗅可见可感的，且是相对稳定少变化的，我们说这是实。摩崖榜书的文字是一种描述、是情绪的宣泄，带有强烈的主观性，作者以其主观感觉而作，读者以其主观感觉解读，受到时间、知识积累以及情绪等诸多因素的影响，作者与读者的创作与鉴赏结果都会有所不同，会因人而异、因时而异，无形无色无味，因此是虚的，这就是境文合一虚实相生。

第二是形诸文字者为实，文外之意为虚。摩崖榜书多言外之意。言外之意有多种表现形式，一种属摩崖榜书取诗文成句，书一半，略一半，如山东泰山与桂林独秀峰等都存摩崖榜书"一览众山小"。"一览众山小"，明系描写眼前之景，但书者的言外之意无疑是在隐去了山的高大，隐去了"会当凌绝顶"的壮志豪情。泰山摩崖"至哉坤元"，也是要表彰泰山的"厚德载

---

① 刘衍文、刘永翔：《古典文学鉴赏论》，上海教育出版社1991年版，第467页。

物"。庐山摩崖"可以观"自然提醒人"可以群",华山民国摩崖"万方多难此登临"却借"花近高楼伤客心"之"伤客心"。

武夷山

又有一种形诸文字者为实,言外之意为虚,是说环境的自然形式与摩崖榜书互补而成文,形如对联之上下联,文字一联写明为实、景一联未写明为虚,二联合一为完璧,或称此类形式为意对、暗语或哑谜,也可称作互文。如泰山万仙楼北侧盘路西面有光绪二十五年刘廷桂题榜书"虫二"二字,人们猜测这是褒扬泰山的"風月无边",暗喻泰山的自然环境风光无限。又有传说清人李调元乾隆年间任广东学政,见一摩崖有"半边上"三字,摩崖路旁立一石碑,碑刻曰"半边山,半段路,半溪流水半溪涸",云是宋朝苏轼、黄庭坚与佛印同游此地,佛印为苏轼拟出此上联,苏轼请黄庭坚将上联刻碑。李调元以为这下联苏轼是以环境虚对,对的是"一块碑,一行字,一句成联一句虚"(见枫溪流丹:《李调元的对联故事》,http://blog.sina.cn/litianlun0729)。这里无论是实有其事或者是传说,都是道出了摩崖榜书的一种文体特点。

摩崖榜书言外之意还是比较容易理解的,如桂林独秀峰的摩崖"紫袍金带"是入世者的作品;庐山的摩崖"濯缨洗耳""酌以励清"、桂林隐山的"招隐"是出世者的想法;鼓山摩崖"上善若水"是道者的心声;湖南浯溪摩崖"如登彼岸"、鼓山摩崖"了了空空"是佛徒智慧;华山摩崖"愿为天下雨"、肇庆七星岩的"泽梁无禁，岩石勿伐"等充满了爱世之心。这些榜书都可见作者的精神与取向。又泰山的"五岳独尊""五岳之宗"等，不仅写出了泰山的挺拔高大，更写出了泰山的人文历史地位，写出了作者对中国文化的推崇与骄傲之情，这里的泰山不再是一个地理名词，更是一个文化概念，正如宋人石介《与范思远书》的比喻曰"圣人之道犹大江也，犹泰山也"①，也如清人孔毓圻《幸鲁盛典》的比喻"维彼东山，五岳之伯，天帝之孙，群灵之宅"②。

第三是环境的客观（山、水、草木、土、石）存在为实，隐含的历史信息为虚。摩崖榜书作为文物，他存在的地理环境通常是稳定的、少变化的，作为具体形象的物质存在是实；烙下了时代的烙印，寓含了历史的信息，如人们说的"妙心驻苍崖，题咏留人间"，也就是题咏的存在体现着作者的千年妙心。这些非文字信息只能靠读者的知识积累、靠想象或其他缘由如亲缘、血缘、共同的经历等感知，可以说是虚。当我们历先人所经历，步先人之后尘，睹先人之所见，嗅先人之曾嗅，感先人之所感，这些非文字的信息，使我们可以想见到先人的风貌，甚至可以体悟到先人的气息，触摸到先人的遗泽，很多人确实因此而感动。如北齐河清三年郑述祖登云峰山见父亲郑道昭遗刻，"对碣观文，发声哽塞，临碑省字，兴言泪下。次至两处石诗之所，对之号仰深痛，哀缠左右，悲感旁人。"③宋人赵彦橚嘉泰年间过永州，记载其读摩崖《中兴颂》的感觉："开封赵彦橚被命持节广右道，由浯溪拭目《中兴》磨崖碑颂，遐想元颜（元结、颜真卿）二公风烈，徘徊久之，三叹而退。"赵必愿过永州"出浯溪，拜二公之祠，敬观先君（赵崇宪）吏部遗刻，整整一纪，岁月易流，不胜感慨"。④摩崖在广西融水苗族自治县真仙岩，元丰五年（1082）刊赵□颢《题游真仙岩》："癸亥春正月罢兵还桂，再领帅命，暂假兹郡，乘暇游真仙

---

① 石介：《徂徕集》卷16，影印文渊阁《四库全书》本，上海古籍出版社1987年版。
② 孔毓圻等：《幸鲁盛典》卷24，影印文渊阁《四库全书》本，上海古籍出版社1987年版。
③ 毕沅辑：《山左金石志》，嘉庆二年，仪征阮氏小琅嬛仙馆刊版，第144页。
④ 王昶：《金石萃编》卷136，《续修四库全书》影印本，上海古籍出版社2002年版。

岩。观先君昔为郡日所留诗，□追悼平昔，殊为感慕耳。"①清人曾在埏看到桂林隐山有其父亲清中叶著名诗人曾燠摩崖："幸睹先人遗跡，不禁涕泪泫然。"② 可见摩崖文字隐含的历史信息的存在及感染入人心之深处。

第四是写景为实，传情为虚。学者谈艺主张"写景为实，传情为虚"，以为范晞文《对床夜语》"不以虚为虚而以实为虚，化景物为情思，从首到尾，自然如行云流水，此其难也"，是"用景以传情的，就是以实为虚，也有人称为化实为虚"。③ 其说正可以论述摩崖榜书的特点。摩崖榜书多为写景之笔，如山东泰山之巅的"擎天捧日""青壁丹崖""气通帝座""置身霄汉"，桂林独秀峰之"拔地参天""天梯""南天一柱"，灵山县六峰山之"云梯"等，都是在写山的独立不群，这些可见可触的是实。而所抒情则难见难触，是虚。但实地考察可以发现，这些同义词汇描述的景若移至一起，那是完全不可同日而语的，也就是述景之词有着太大的主观随意性：比如泰山峻拔高大、气象雄浑，而独秀峰相比则是小而突兀、气象清秀，相差实是悬殊。但写景所用的字词表达作者的主观感受或是同样的，我们也可以说是实的。因此，这种虚实有时也可以说是相对的。

武夷山九曲溪

---

① 杜海军辑校：《广西石刻总集辑校》，社会科学文献出版社2014年版，第46页。
② 杜海军辑校：《桂林石刻总集辑校》，中华书局2013年版，第1059页。
③ 刘衍文、刘永翔：《古典文学鉴赏论》，上海教育出版社1991年版，第470页。

第五章　石刻之两种特有文体

以上我们从文字的诗性语言、书法的形象语言、文境的虚实相生等三个方面探讨了摩崖榜书的文学特性。摩崖榜书融文章、书法、雕刻、环境为一体，揭示自然环境之美，抒发作者的情怀，是一种有图画之形象，有雕塑之生动，有诗歌之简洁，有散文之平实，有史记之文献，有自然之灵动的美文，以其丰富的内涵、简洁的语言，为不同的场景增加生命力，使山水焕发出特有的光彩①，为大众所欣赏的一种文学形式。这种形式有其明显的特点，一是书文一体，二是景文一体，三是情文一体，书、文、情、景四者紧密结合不可分割，产生了特别的文学价值，应该受到文学研究者的关注。

摩崖榜书言简意赅，字字珠玑，其内容多有具体的历史背景，隐藏的是一定时期内的作者的思想感情，对于研究作者的创作经历是有很大帮助的。如朱熹在庐山擘窠书"归去来馆"，是写追慕陶靖节，朱熹书"枕流"出《晋书》孙楚传，也是反映了不愿为官的真实想法。② 又如清代康熙年间余心孺会晤栖霞高僧浑融，在七星岩前飞来石上，为僧人浑融题"堪语"二字。"堪语"语自明人邓原岳《过华亭寺读方子及碑》："载酒寻僧席屡移，春山何处不相宜。琉璃影散天花落，金碧光摇法镜垂。地近西方开竺国，烟消下界瞰昆池。栖霞片石应堪语，苦忆南朝江总持。"③ 可见"堪语"二字含蓄地表彰了僧人浑融生动的妙语生花的讲经情景。

---

① 曹雪芹在《红楼梦》第十七回"大观园试才题对额"中借贾政口说："这匾额对联倒是一件趣事……偌大景致，若干亭榭，无字标题，也觉寥落无趣，任有花柳山水，也断不能生色。"（曹雪芹、高鹗著：《红楼梦》，人民文学出版社1982年版，第224页）即是指出了匾额（榜书）为自然景物增色之不可替代的功用。

② 朱熹不愿为官，淳熙五年八月，史浩荐朱熹差知南康军，其间多次专书嘱托吕祖谦代为向执政周必大请辞，终不得已，至淳熙六年三月方赴南康接任。《朱文公集》卷二五《答吕伯恭》一："递中两辱手教……但所被恩命，以熹之资历分义、精神筋力，皆无可受之理。……此皆未易与外人道，故状中不敢及之。只欲老兄知之，更为宛转缓颊，使上不得罪于君相，下不见疑于士大夫足矣。扶接导养之功，正应于此用力，想不以为烦也。揆路未敢作书，烦为深达此意。只俟此事定遂，再得宫观如旧，便自作书谢之也。武夷今冬当满，今既未受命，亦未敢便落旧衔，但未敢请俸耳。或恐得祠，别有所加，此亦决然难受。亦可微词风晓之，免临时复纷纷也。千万留念，至恳！至恳！保全孤迹，使不至疏脱，深有望于高明也。……八月十七日上状，不宣。"朱熹著：《朱文公集》，《四部丛刊》据明嘉靖本影印。

③ 靖道谟纂修：《云南通志》卷29之14，影印文渊阁《四库全书》本，上海古籍出版社1987年版。

最后重复一下前文说过的话：摩崖榜书的文学价值与意义是建立在其原生基础之上的，其间沉淀有丰富的历史信息，包括榜书石头的质地是软还是硬、花岗岩还是砂石、红色还是黑色、石头的磨损是多还是少、苍苔覆盖的是厚还是薄，甚至一草一木一枝一叶等，都有一定的记忆之功，是榜书作者与环境双向交流的见证，有作者的心灵体验，也有环境的回馈，因此榜书与其存在环境密不可分，也就不可移动、不可再造、不可改变载体，否则，其原有的文学意义也就消失或改变了。当然，也并非所有的摩崖榜书皆能看出明显的文学意义，比如一些地名摩崖，如凤凰山、象鼻峰、龙隐洞、黑龙潭、蝴蝶泉之类，还有一些风俗摩崖，如福、禄、寿之类。这些摩崖不言而明，读者自会区别看待。

第二节　题名之发展及文体价值

《论语》说"君子疾没世而名不称焉"，孟子也追随其后说"人皆知以食愈饥，莫知以学愈愚。夫学者，崇名立身之本也"。成名成为许多人追求的终极目标，甚至有说三代以后唯恐名不立，以为成名之心可以助人加强自己的修养，而题名就是人们追求得名的最直接表现方式与成果。

对题名这一概念，似乎大家已耳熟能详，其实尚无人作过认真的梳理或定义，比如题名的存在形式，题名的发展状况，题名的内容及其价值等。因此，要论题名，我们就要先说一下什么是题名，或我所说的题名应该是什么，以及题名存在形式、发展状况，及题名的内容及学术价值等。

一　题名的存在形式与发展状况

关于题名的存在形式，从题名存在的刊刻石体看有两大类：第一类是摩崖，即作者直接在山体上寻一相对平滑的石面，修饰平整或略作修整，将文字镌刻其上。如杭州市的孤山、灵隐，桂林市内的龙隐岩、叠彩山、象鼻山，福州的鼓山、泉州的九日山、山东的泰山、陕西的华山等地多此类题名，著名的如鼓山蔡襄、焦山陆游、七星岩范成大等题名。

第二类是后人在前朝或者当朝他人已建的石形建筑上无文字的空白处，撰写刊刻自己的文字。如顾炎武《金石文字记》卷六描述"唐人纪游题名皆就旧碑之阴，及两旁书之。前人已题，后人即于空处插入，大小高下俱无定准，宋初亦然"。又如宋人《东轩笔录》卷五载吕升卿为京东察访游泰山，题名于宋真宗御制封禅碑阴，并刊刻搨本流传，结果被蔡承禧御史以大不恭而弹劾遂罢判监。其他的如徐舟在《孝文吊比干文（太和十八年）》碑阴镌刻"守兰陵令臣高平徐舟"文（《八琼室金石补正》卷十四，第255页），东魏元象二年《凝禅寺三级浮屠颂碑》侧附刻永徽二年唐人题名（《八琼室金石补正》卷十八），太原晋祠《晋祠之铭并序》碑附刻宋代十几篇如邢佐臣、余藻等至和二年题名、熙宁戊申卢大雅题名、曾布元祐丙寅题名等。叶昌炽描写了这类题名的刊刻细节："一为旧碑之阴，后来者，阴不足则题于两侧，再不足题于额或额之阴，或正面提行空处，如华阴曲阳岳庙，曲阜孔庙诸碑是矣。"① 还有一些地方专门设置石幢供游客题名，叶昌炽说"西岳北岳，各有一幢，宋人陆续题名至数十段"。② 有些题名于建筑的建筑石材上，如大雁塔的入口门楣及两边的石头之上，都有唐宋至清的游人题名。《集古录》载欧阳修与梅圣俞看到韩愈在嵩山天封观石柱有元和四年题名七篇（《集古录》卷八），安阳灵泉寺唐人郑当、禹璜题名石形佛塔等。

题名于摩崖与题名于旧碑之阴或其他人制石件上区别，一般而言，对题名内容并无太大影响与限制，从研究题名的内容与形式而言也就并无大的意义，可不作区别。

从创作内容看，题名可大致分为两类，一类是表彰性题名，一类是记游性题名。

---

① 叶昌炽撰，柯昌泗评：《语石 语石异同评》，中华书局1994年版，第349页。
② 同上书，第348页。

嵩阳观唐碑游人题名

　　表彰性题名说的是一些人做了事情自我表彰或被他人表彰。这些题名主要有附着在碑阴者，有墓碑碑阴多刊刻立碑之门生故旧姓氏，汉代《北海相景君碑》(《隶释》以为汉安二年，《金石萃编》以为汉安三年)碑阴刻有"故中部督邮都昌羽忠字定公""故门下督盗贼剧腾颂字叔远"等54人题名。① 《泰山都尉孔宙碑》(延熹七年二月)碑阴有题名3列，刻62人题名，每人皆书郡县名字，钱大昕以为是"汉碑阴之最严谨者"。② 至赵明诚《金石录》记载《晋彭祈碑阴》题名者多达312人。有为修学、修寺庙道观、修路等而设的纪念碑，这些碑阴刊刻资助者或主持立碑人姓氏，如《安阳县金石录》载北齐《西门君之碑颂》阴刊刻官吏题名28人，元代赵亨撰《重修庙学碑》阴刊刻官员题名多人。有科举题名碑，唐人在科举摘冠之后往往雁塔题名，寄托一时的成就与喜悦。科举题名从此作为题名的一类，一直延续至清

---

① 王昶：《金石萃编》卷7，《续修四库全书》，上海古籍出版社2002年版，第886册，第570页。
② 钱大昕：《潜研堂金石文跋尾》，清长沙龙氏家塾重刊本，中国东方文化研究会历史研究分会编《历代碑志丛书》，江苏古籍出版社1998年版，第3—136页上。

代末年科举考试结束，今北京文庙有丰富的存量，元、明、清三代现存北京孔庙中的 198 通进士题名碑，其中元代 3 通、明代 77 通、清代 118 通，共记载了 5162 名进士的姓名、籍贯及名次。① 各地方县学州学府学也都专设科举题名碑，《两浙金石志》《吴中金石新编》等多有记载。有官员题名碑，《金石录》载唐高祖自制《万年宫碑》阴自宰相以下官员皆题名其间。唐代还有郎官柱题名载各类郎官 3200 多人，最为学界所知，应该是规模最大的题名石刻。有牌坊之类多表彰某一地区的贞节烈妇，刊刻人名多达几百十数，还有官员在同一地区、同一职位，或者被认为同一立场观点之人的题名，如北京有明万历十二年（1584）的户部题名碑，万历十九年（1591）的太常寺正官题名碑，崇祯七年（1634）的顺天府儒学题名记，清康熙四十二年（1703）的御史题名碑，乾隆十二年（1747）、七年（1742）的"十四道汉御史题名碑"，道光三年（1823）满道题名碑等。桂林龙隐岩的《元祐党籍》碑也当属于此类。

表彰性题名的形式要重于内容，从文章的构成看，表彰性题名有五个特点：第一，多发生在人类活动的密集区域，如城区集镇、寺庙道观、学府之地。第二，题名的参与者未必是作者（书写者），许多题名是无关之人镌刻而成。第三，题名是文章的附属而非独立主体，可以说其有无对于所附属文章的流传都不会有大的影响，如墓碑类。第四，在同一件题名作品中的众多人物之间未必有一定的联系，文中的题名人未必一定亲自参加了共同的活动，因此，虽在同一题名中，不表明人物之间的交往关系，或虽然参与了事件，也未必彰显个人的真实态度，有一定的不确定成分，如科举题名之类。第五，这类题名形式简单，仅录单名氏，一般不录籍贯与履历，不记录事件的始末。

记游性题名与表彰性题名大不相同，不仅记人名，更重要的是记游、记事，许多方面与表彰性题名都不同：第一，记事性题名有发生在人类活动的密集区域者，但更多的是发生在常人少至的山水洞窟地区，特别是摩崖题名。第二，从题名的参与者看，多是行旅或异地为官之人，且题名的作者（书写

---

① 参见徐自强、吴梦麟《古代石刻通论》，紫禁城出版社 2003 年版，第 216 页。

者）必是题名之事的参与者。如《集古录》卷六《唐华岳题名》："右华岳题名，自唐开元二十三年，讫后唐清泰二年，实二百一年，题名者五百一人，再题者又三十一人。往往当时知名士也……或奉使奔命，有行役之劳；或穷高望远，极登临之适。其富贵贫贱、欢乐忧悲，非惟人事百端，而亦世变多故。"又如叶昌炽说："游子山头，逐臣泽畔。冷泉判事，侘傺余闲。炎徼投荒，凄凉终古。于斯时也，山川登眺，俯仰兴怀，选石留题，以纪鸿爪。"①第三，题名，即是文章主体部分，题名不在文也就不在。第四，在同一件题名作品，其中的众多人物之间必有亲密无间的联系，如《集古录》说《唐华岳题名》："或兄弟同游，或子侄并侍，或寮属将佐之咸在，或山人处士之相携。"自然题名文中的人必定亲自参加了共同的活动，表明题名人之间的交往关系，彰显个人对事件的真实态度。第五，此等题名皆因事而设，是记事的一种形式，撰写有一致的特点，通常记录内容包括题名者的籍贯、履历官位，及因何事而游，甚至游的过程如何。

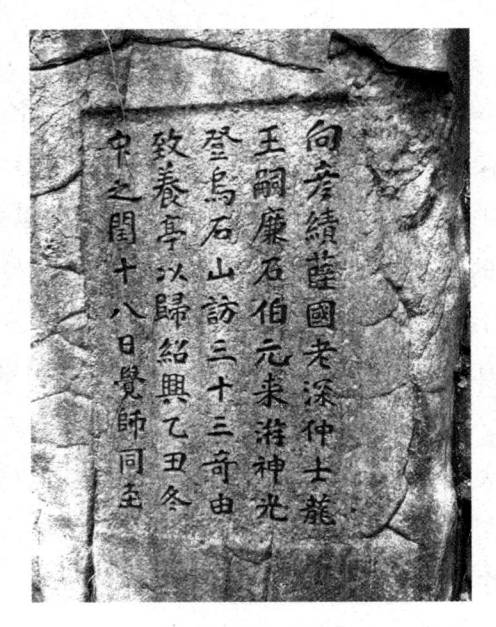

鼓山题名，福州

---

① 叶昌炽撰，柯昌泗评：《语石 语石异同评》，中华书局1994年版，第348页。

两种内容的题名比较，表彰性题名形式简单，内容浅显，文的意义与鉴赏价值皆不明显，文献价值也有限。而记游性题名形式多有讲究，内容比较丰富，具有一定的鉴赏价值，而文献价值相对突出。

题名还有着长久持续的发展时间。

摩崖题名一般以山水为依托，是山川题名，基本是旅游或者因事聚会留下的文字。从记载看，最早见于汉。《金石萃编》卷七载汉代四川简州逍遥山有"汉安元年（142）四月十八日会仙友"十二字。① 柯昌泗主张始于晋，说王葆崇撰《崂山金石目》一卷，记载烟台有晋朝二题名，曰"渤海朱泰武、平原羌公烈，晋太安二年（303）岁在癸亥"；曰："高阳刘□□初孙魏世渊，晋太安二年"。② 而主张晋朝以后，南北朝时郑道昭、郑述祖父子在山东白驹谷等地所到则题名，是后世认为最为有影响的北朝题名作家。其后，经唐朝至宋，特别是宋代，随着异地人员交流的日渐频繁，山川题名日益普遍。如南北宋时期福建鼓山、广西桂林、广东肇庆等地，山石之间遍布文人题名，题名发展到了最高潮阶段。元、明、清持续其后，题名成为一种受文人欢迎的很有特点的文人作品。

勾漏洞题名，玉林

---

① 王昶：《金石萃编》卷7，《续修四库全书》第886册，第569页。《金石录补》作者以为是摩崖，说："右碑前正书'东汉仙集'四字，另一行隶书'汉安'等十二字后正书'留题词'三字。按汉安为顺帝年号，是时尚无正书。此必勒在山崖磵壁后人增书之也。碑在州逍遥山，石室丹灶尚有存者。"

② 叶昌炽撰，柯昌泗评：《语石 语石异同评》，中华书局1994年版，第358页。

碑刻题名刻于各种人制石形物（如纪念碑、牌坊、经幢、灯幢、石阙、建筑物用石等）之上，这些碑刻多依附于大型的名胜人文建筑，如陕西华阴的华岳庙、西安的大雁塔，山西太原的晋祠，山东的曲阜孔庙，河南的嵩山少林寺等。这些题名都是那些拜谒名胜的访客所作，太原晋祠《晋祠之铭并序》碑附刻宋代十几篇如邢佐臣、余藻等至和二年题名、熙宁戊申卢大雅题名、曾布元祐丙寅题名等。这类题名起自汉，只是较摩崖稍晚，最早者《金石萃编》卷七载《孝堂山石室画题字》，说第三幅题有"泰山高令明永康元年（167）十月廿一日敬来观记之"，第六幅题"平原隰阴邵善君，以永建四年四月廿四日来过此堂叩头谢贤明"等（《金石萃编》卷七，第886册563页）。大发展如摩崖题名一样也是在唐代以后。如宋代华岳庙有题名86段，慈恩寺塔有题名22段，同州府有《观褚书圣教序》宋人题名七段，户县草堂寺题名27段，曲阜孔庙《重修文宣王庙》碑阴有元人题名三十多段等。

综观题名之作，自汉产生以来，发展至宋达到高潮，直至民国时期延续不断，因此，历代名人名作，遍布各地，存量庞大，是一种有体系、成系列的文献，在史料或者说文学史料中是无可取代的一类文献，对文学史研究自然有着不可取代的意义。

二 题名的文献价值

题名在所有文献包括石刻中是最具特点的一种，那就是它是一种最写实的文献，凡题名都是即时即兴性作品，创作于事件发生地，镌刻于事件发生地，题写人物的信息实，题写的时间实，题写的活动过程以及心理活动实等，也即是说，在题名中保留的所有信息都是最原始的，未加删节及加工粉饰的信息，因此文献价值最为突出。所以，学者多主张题名有考证之资。朱剑心也说："题名之风，始于汉而盛于宋，碑碣摩厓，湖山佳处，游览所及，率有留题，姓名年月，得为考证之资，自来金石家颇著录之。"[①] 题名的文献价值体现在许多方面，主要是在可补史料之缺、可纠正史料之误、可印证史料的

---

① 朱剑心：《金石学》，商务印书馆1940年版，第194页。

记载、丰富史料的细节。

补史料之缺者，学界多有考察，如崔慎由等题名："殿中侍御史集贤殿学士崔慎由、右补阙李当、乡贡进士崔安潜，会昌五年二月八日同赴。"清人偃师武亿以为此段可补崔安潜乡贡记录，说："案慎由见《新旧书》传，当会昌五年并失录其为殿中侍御史集贤殿学士。安潜《旧书》本传称大中三年登进士第，此在会昌五年，固宜以乡贡自题也。"（《授堂金石跋》）如《集古录》以为靖居寺《唐颜鲁公题名》可补颜真卿史料之缺，欧阳修考证道："右靖居寺题名，唐颜真卿题。按《唐书》纪传，真卿当代宗时为检校刑部尚书，为宰相元载所恶，坐论祭器不修，为诽谤贬硖州员外别驾、抚州、湖州刺史。载诛，复为刑部尚书。而此题名云'永泰二年，真卿以罪佐吉州'，与史不同。据真卿湖州《放生池碑》阴所序，云'贬硖州旬余，再贬吉州'。盖真卿未尝至硖，遂贬吉，而史氏但据初贬书于纪传耳。真卿大历三年始移抚州，当游靖居时犹在吉也"（卷七）。如曲阳县北岳庙有李克用题名，正书"河东节度使检校太保同中书门下平章事陇西郡王李克用，以幽镇侵扰中山，领蕃汉步骑五十万众亲来救援，与易定司空同申祈祷，翌日过常山问罪。时中和五年二月廿一日克用记。"朱彝尊《曝书亭集》以为"克用本武人，未尝以知书名，而碑文楷画端劲，词亦简质可诵，英雄之不可量如是夫？呜呼！益以见金石之文为可宝也"。而钱大昕则说"沙陀传称（李克用）进检校太傅，而此作检校太保，亦当以石刻为正"。① 又如《金石萃编》载湖南淡山岩陆诜摩崖题名："圣宋嘉祐辛丑岁六月三日，转运使尚书刑部员外郎直集贤院陆诜介夫按部游此，携家人与仙姑同至。"（《金石萃编》卷133）王昶考证说："陆诜……进士起家，签书北京判官加集贤校理通判秦州，判太常礼院吏部南曹提点陕西刑狱，徙湖南、北转运使，直集英院，进集英殿修撰知桂州。至邕州，集左、右江四十五峒首诣麾下，补置将吏，更铸印，军声益张，召为天章阁待制知谏院，道除知延州、知成都，熙宁三年卒。此题'转运使尚书

---

① 钱大昕：《潜研堂金石文跋尾》，清长沙龙氏家塾重刊本，中国东方文化研究会历史研究分会编《历代碑志丛书》，江苏古籍出版社1998年版。

刑部员外郎'为《传》所略。其云'按部游此'者，即至邕州集左、右江峒首之时也。"①

宋人李曾伯等题名，桂林

题名还可丰富历史的细节，比如唐代咸通年间的税收政策。晚唐时候国家实行两税法，分夏、秋两季征收。夏税一般在六月征收结束，安阳县小南海有《禹璜题名记》可以印证："圃人禹璜，以咸通八年五月自宗城拜安阳，是月十八日，较夏租。面宝山之崔嵬，税车半日，扪萝环涧，力抵危峰，瞩盟津於前，昈常山于后，左揖泰岳，右俯砥莘，流情肆目，独畅其巅，虽乘查之问霄汉，入壶而观太虚，未必多此。十九日纪。从者铁儿阿用十四。""明年夏五月廿八日，又攉麦租，再游午寺，颇息尘思。禹璜记。"（《安阳县金石录》卷四，《石刻史料新编》第一辑第 18 册第 13858 页。军按，今在灵泉寺，字画多有剥蚀）这两件题名石刻都在五月间，而题名者禹璜在安阳县主持了两次税收工作，在第二篇题名中有"又攉麦租"四字，此中的"又"字非常明显地表达了收税人自己感觉到国家税收的繁重，所以《安阳县金石录》的编撰者武亿看到这两则题名，以为这是写题名人的"瘆心"，感叹道："据八年已称较夏租，此题又言攉麦租征求之役，官为之身，督言之实，有瘆心矣。"

题名又可正史料记载之误，如赵明诚《金石录》以汉周府君碑阴题名印证郦道元注《水经》云泷水南径曲江县的县名昔号曲红，曲红山名也，指出了东、

---

① 王昶：《金石萃编》卷 133，《续修四库全书》，上海古籍出版社 2002 年版。

西两汉史皆作曲江之误（《金石录》卷十六）。又如华阴县华岳庙碑有《上官沼题名》："侍御史上官沼，大庙讳（历）十三年七月廿九日赴东台谒岳过。"①关于上官沼的名字，《关中金石记》以为"宰相世系有上官诏，当即其人，表宜从碑作沼为是"②。泉州九日山有宋人题名"宝祐丁巳仲冬下浣，郡守天台谢埴元道，因祈风于昭惠庙下，邀宗正天水赵之父、总管寿阳纪智和于常、姑苏赵梦龙聚父、莆阳方澄孙蒙仲、晋江宰三山彭樵道夫、南安宰三山王广翁居安、权舶干三山灵文从同、监舶务豫章李宏模希膺，陟西台，登石佛岩，访君谟之墨迹，咏于翠竹泉石之间，竟日而归"。其间有方蒙仲，字澄孙，莆田人，著有《通鉴表微洞斋集》（见《泉州府志》卷二十九名宦）。吴文良发现："府志职官表通判名内分列方蒙仲、方澄孙二人名字，一说是莆田人，淳熙间任；一说是仙游人，淳祐间任，摄守兼舶。竟误把一人当为两人。此祈风石刻的发现，可以改正志书上的错误。"③

《上官沼题名》记载上官沼赴东台一事，武亿借以解宋人归于"东台"的误说："案'东台'之名，《因话录》云：'武后朝御史台有左、右肃政之号，当时谓之左台、右台，则宪府未尝有东、西台之称，惟俗间呼在京为西台，东都为东台。'考《旧唐书》独孤郁传，宪府故事，三院御史由大夫中丞自辟，请命于朝。时崔晃、郑居中不由宪长而除，勅命虽行，朗拒而不纳晃，竟改太常博士。居中分司东台。卢杞传，父奕天宝末为东台御史中丞，《昌黎集》《故虞部张君墓志铭》拜监察御史，经二年拜真御史，明年分司东台，转殿中。《吕和叔集》《故太子少保赠尚书左仆射韦府君神道碑铭》迁监察御史内供奉东都留守，即拜东台侍御史。《司空表圣集》《卢知猷神道碑》迁侍御史，专领东台之务。以此题名证之，则当时见于史传文集皆称东台，决非从俗为之。《因话录》检审不精，妄为此议也。"④

---

① 王昶：《金石萃编》卷39，《续修四库全书》，上海古籍出版社2002年版。
② 毕沅：《关中金石记》卷4第48页，《石刻史料新编》第2辑第14册，新文丰出版公司1979年版，第10675页。
③ 吴文良：《泉州九日山摩崖石刻》，《文物》1962年第11期，第41页。
④ 武亿：《授堂金石文字续跋》卷4，《石刻史料新编》第1辑第25册，新文丰出版公司1982年版，第19205页。

上文论述了石刻的补史与正史之功，但是有时这种功用是会受到质疑的，特别是当石刻记载与纸质记载不符的时候，往往让人心生疑窦，无所适从。比如陕西华岳庙有宋人程琳拜谒岳庙的题名：

> 推诚保德功臣宣徽北院使，武昌军节度鄂州管内观察处置等使，光禄大夫检校太傅使，持节都督鄂州诸军事行鄂州刺史兼御史大夫充陕西路安抚使，兼鄜延路经略使，马步军都部署判延州军州事管内劝农使，上柱国安定郡开国公食邑三千九百户食实封七百户程琳，丁亥岁六月十三日途次华阴，恭谒岳祠。(《金石萃编》卷128：程琳谒岳祠题名幢长四尺二寸，八面，每面宽七寸五分，题名刻前四面各三行，行十七字，正书)①

王昶作《金石萃编》对此段题名记载程琳"拜宣徽北院使判延州"时间曾有所疑问，考证道："按《宋史》，琳字天球，永宁军博野人，累迁工部尚书加大学士河北安抚使，改武昌军节度使，知永兴军陕西安抚使，以宣徽北院使判延州仍为陕西安抚使，所载与题名互有详略，而无年月可考。题名云'丁亥岁六月'，则庆历七年（1047）也。《东都事略》云宝元二年（1039）迁工部尚书加资政殿大学士河北安抚使，拜武昌节度使知永兴军，明年，拜宣徽北院使判延州，则当在康定元年（1040）。与题名不合。《传》不书琳子，此则有男嗣隆、嗣弼、嗣恭，又有侄男嗣直，可补史缺。"②那么，程琳"拜宣徽北院使判延州"这个时间，我们从《东都事略》呢，还是从石刻题名？对此，笔者查检了《续资治通鉴长编》，《续资治通鉴长编》对于程琳的任职都有具体的日期记载，相关者如：庆历二年（1042）壬戌任资政殿学士工部尚书知大名府，庆历五年秋七月戊子，知大名府，兼河北安抚使，庆历六年二月判为武昌节度使陕西安抚使知永兴军，庆历六年三月丁酉诏陕西四

---

① 王昶：《金石萃编》卷128，《石刻史料新编》第1辑第4册，新文丰出版公司1982年版，第2384页。
② 王昶：《金石萃编》卷128，《续修四库全书》第890册，上海古籍出版社2002年版，第233—234页。

路经略司,凡民间利害及边事并报知永兴军陕西安抚使程琳,庆历七年五月壬午以程琳为宣徽北院使判延州兼鄜延路经略使,仍为陕西安抚使。《续资治通鉴长编》这一任职时间恰与石刻题名吻合,王昶所说的疑虑也就可以排除了,也足见题名的信息准确性。

题名中的史实有许多是可以与已有记录相互验证的,《关中金石记》题名记元祐年间大旱不雨事,说:"元祐五年春不雨,夏四月丁酉,诏书委所在长吏躬祷境内名山大川,以戊午有事于韩城之禹庙,乙卯道出少梁,恭谒太史公祠。签书节度判官厅公事田溉,观察判官高士乙,知同州事邵魑题。"文中记录的"元祐五年春不雨",《关中金石记》以史相证:"《宋纪》是年二月辛丑罢修黄河,癸卯祷雨岳渎,罢浚京城濠,丁未减天下囚罪,杖以下释之,四月甲辰吕大防等求退不允,丁巳诏避殿减膳。诸所书皆以旱故也。考是年至五月始得雨,纪于二月书祷雨岳渎,而是题四月犹有事禹庙,则其往复遣官祷祭情事可知。"①

题名作为一类文献,广泛反映社会各阶层的生活,也是题名文献价值的一种体现。

题名中有写家事者,联系来看几乎可见一部部家庭史。一家人共同出游,共同留下名字,共同留下履历、籍贯,是认识一个家庭的最有用资料。如宋人程琳皇祐己丑三月十六日恩制除同中书门下平章事,三月十九日,奉就差判大名府兼留守司事河北安抚使在华岳庙先题名,有儿子太常寺太祝嗣隆、嗣弼、嗣恭,侄男太常寺奉礼郎嗣直从行;及至再题则又多出了儿子嗣先而少了侄男嗣直。宋人唐懋做广西转运判官在桂林白龙洞、龙隐岩、雉山岩都留下题名,都有其家人的名字钢、铢、铨、锡。练山甫在伏波山题名不但有儿子宗衮、宗元、宗夔的名字,还有孙子练应、外甥潘希孟的名。有些题名一个人多年重复刊刻在一个地方,如李曾伯在桂林有淳祐题名,还有景定年间题名,称是"越十年,再开制阃"。有些题名见到一家几代人题名在同一地方,如宋代宣和年间李邦彦在桂林龙隐岩有题名,淳祐年间又有其子李曾伯

---

① 王昶:《金石萃编》卷139;《续修四库全书》第890册,上海古籍出版社2002年版,第442页。

题名。陈昭嗣任静江府通判，淳熙年间在象鼻山与詹仪之、李晋、周瑰、滕琪、唐庭坚、叶子义、陈邕等共同题名，绍定年间儿子广南西路转运判官陈畴也在象鼻山题名。正德年间周进隆做广西布政使在桂林多处岩洞题名，嘉靖年间其孙周大布题名其后。其他还有王祖道与儿子王孝先、钟震与儿子钟春伯、张栻与弟弟张杓与外甥甘可大等在桂林题名。每一个题名都会使人想到一个家庭故事。

题名最多的是写各类朋友的交游，这是题名中最集中的一部分。题名者来自五湖四海，有着不同的官阶，他们多年共事，为着共同的爱好或某件事情，共同游处，共同题名。如泉州九日山饯别题名："河南程砥之吉老提举舶事以课最闻，得秘阁移宪广东。金华王□季充，帅永嘉薛伯宣士昭、天台鹿何伯可、浚仪赵庠夫元序、莆阳陈谠正仲、蒋雕元肃，饮饯于延福寺。实乾道四年，九月二十有九日。"涉及河南、浙江、福建等地，使人知舆地之广大，官阶之高低，人情之冷暖，生活之多趣。又如桂林南溪山刘仙岩有景定五年（1264）刊朱公（襈孙）等题名："景定初，南山朱公（襈孙）帅粤，阆中任忠益、眉山朱景行、安溪杨已千、番易舒文英、河南王公及邵武黄必泰皆从游，馆于湘南道院，暇日屡登刘仙岩。五年，忠益摄昭潭，景行添篸九江，已千赴班，文英、必泰试南宫，慨然云萍，刻石以识。公之子埴、甥罗景宏同来。"短短的一百字，叙述了来自六个地区九个人在五年间的游处以及升迁的喜乐。

题名又有不少官员涉及国事者，如劝农事者乾陵无字碑有李济等人政和甲午（1114）冬登乾陵题名，李士观等人宣和改元（1119）登乾陵题名，桂林市雉山岩有豫章李大昪嘉泰元年（1201）题名。祈雨者有陕西述圣颂碑左侧张惟一等乾元二年题名、华岳庙碑李侃甲寅三月晦题名。祈风者有泉州九日山吴人虞长房帅幕僚于延福寺通远祠下淳熙元年（1174）题名，祈风的题名在泉州九日山有多件。写使节交往者有青州唐代窦巩等处理新罗事宜题名。江苏盱眙有黄由（《宋史》作黄申）、张宗益绍熙辛亥冬至前一日使金题名，桂林市叠彩山有安南桂管宣慰使马曰温送马祭酒元和九年（814）题名，华景洞有礼部郎中陈孚出使交址至元壬辰（1292）题名。

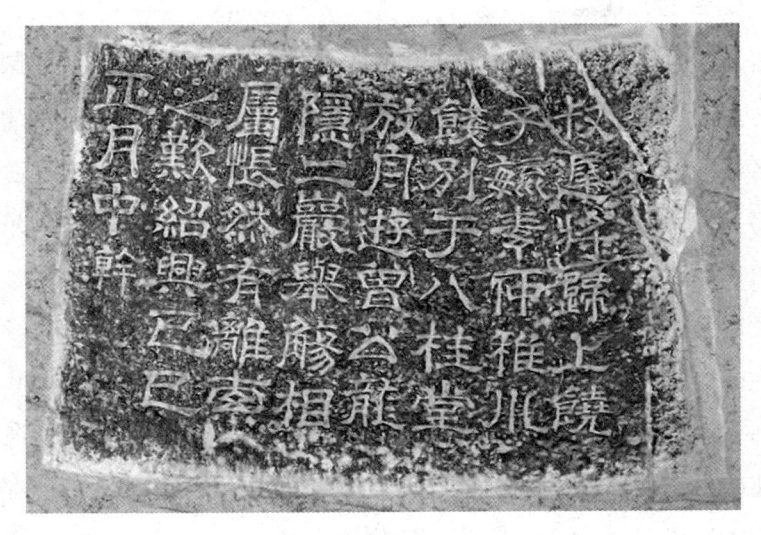

桂林

  题名有着久远的发展历史，又有着大量的存在，内容广泛细腻，其正史补史的功能是值得重视的。叶昌炽对山川题名的文献价值有一个基本评价，这对题名的产生、影响与价值都已说得非常透彻。①

  题名信息集中、真实、稀有，许多信息甚至只在题名中存在，对于研究文人生平业绩有其他文字不可比拟的功用与价值，从后人借助题名解决问题者可以看出。如黄庭坚在安庆天柱山游历，其孙黄𥐥为作《山谷年谱》，即引其在天柱山题名。题名今仍存天柱。苏轼海南北归，过广庆寺留有题名："东坡居士渡海北还，吴子野、何崇道、颖堂通三长老、黄明达、李公弼、林子中自番禺追饯至清远峡，同游广庆寺。元符三年十一月十五日。"王宗稷《东坡先生年谱》、查慎行作《苏诗补注》（卷四十四）、孔凡礼作《三苏年谱》引以为断。陆游在焦山题名，于北山作《陆游年谱》也引以为断。而胡宗懋编张栻《张宣公年谱》因不知桂林有张栻与周椿等十四人冷水岩淳熙五年闰六月题名云"闰六月朔旦北归"而将张栻北归时日付阙。

---

① 叶昌炽撰，柯昌泗评：《语石 语石异同评》，中华书局1994年版，第348页。

三　题名的文体意义

题名，或称题记①，是出自锦心绣口，摩崖于山体或者镌刻于人制各类石形物件之上的、以记录游人姓氏为主体的文字，是石刻中一种特有的体裁。作为题名这一体裁，主要为金石学家所关注，出现在金石学的著述中，如《集古录》载后汉文翁学生题名、孔宙碑阴题名、杨震碑阴题名、永乐十六角题名、唐华岳题名等，未曾为论文者议及。其实题名之作，在我国有悠久的广泛的发展历史，大概自汉产生，至宋达到高潮，直至民国时期延续不断。题名存在的地域也很普遍，我国各地都不乏作品，典型者如陕西的华岳、山东的泰山、河南浚县大坯山、江西的庐山、安徽的天柱山和齐山、浙江的杭州、福建的泉州和福州、湖南的永州、广西的桂林等地都有大量的存在。存量也大，如陕西华岳题名，唐代欧阳修撰《集古录》卷五称自开元讫清泰（713—936）200年间，华岳题名就有511人，再题31人。而宋代《金石萃编》卷128一卷已载86件。南北宋题名桂林一地最突出，达到300多件，福建以《闽中金石略》计算也有140件。《集古录》《金石录》《关中金石志》《闽中金石略》《两浙金石略》《山左金石志》《金石萃编》《八琼室金石补正》等书都有著录。题名是真正的一种有体系、成系列、量大而涉及范围广的文献，是文献中无可取代的一个类型，对文学史研究有着切实的价值与意义，但至今未被论文者所关注。这种意义，从存在形式看，题名是一种独特的文体，这种文体可丰富文体学或者说文学研究。从审美价值看，题名具有文学的可鉴赏性，能为观者带来愉悦；从研究功用看，题名还是文人的档案，对于作家的生平研究有不可取代的文献价值。我们试分别论述如下。

题名是一种独特的文体，但未入当今文体学研究者法眼。然明人徐师曾《文体明辨序说》已将其入论："按题名者，记识登览寻访之岁月与其同游之人也，其叙事欲简而赡，其秉笔欲健而严，独《昌黎集》有之，亦文之一体

---

① 唐人称题记，明清人称题名，如颜真卿在华岳庙自题有"皇唐乾元元年岁次戊戌冬十月戊申真卿……谒金天王之神祠。颜真卿题记"，而《金石文字记》直称题名。

也。昔人尝集华岳题名，自唐开元（玄宗年号）至后唐清泰（废帝年号），录为十卷，中更二百一年，题名者五百四十二人，可谓富矣。欧阳公《集古录》有此书，而韩愈所题亦在其中，故朱子採之以入其集，而谓'笔削之严，非公不可'，则此文岂可易而为之哉？独惜余之寡陋而不获见也。当今名山胜境，非无佳题，而世人往往忽之，其殆未知此欤？故今取韩公所题七首列于篇，以备一体，庶学者知所观法，不敢以为易而忽之也。"① 民国陆和九也说："题记题名，创赞序诗词之异制。"② 意即题名是一种可与诗、词、赞、序等文体不同而可并列的文体形式，可惜的是，题名是一种什么样的文体，为何是一种文体，徐师曾、陆和九之外，再无人论及，徐师曾、陆和九言外也再无词论述。遍观题名，吴、陆之说确有道理，题名是具备文体特点的，它同别的文体不同，有自己的书写方式，可自成一体。

首先，从表达的内容看，题名以记录游人姓氏为核心，包括交游与注重时间的表述。

一是详赡真实地记录个人信息，诸如人物的籍贯、姓名、字号，曾任职务、时任职务，甚至将任职务，自己的家人，以及交往朋友等，一应俱全，无夸张、比喻等修饰性描写，这是其他文体所无以比拟的。举两个典型的例子，如泉州九日山章楝等十七人题记：

> 嘉定癸未孟夏二十六日，戊戌，东阳章楝敬则、寿春魏□叔子、山西杨世勋元功、三山林力行勉之、郡人留元主持中、括苍何法德常之、合□陈亿曼卿、莆阳王彦广居之、清漳郑仕卿坤辅、句水戚达先兼叔、嘉禾陆相同甫、莆阳黄荃德言、即墨于达卿兼仲、天台应基子履、开封赵汝适千里、三山赵与官清叟、三山南璒士登，以祈风于昭惠祠下，因会于延福，登山瞻石佛，访隐君亭，少憩怀古而归。期而不至，浚仪赵

---

① 吴讷、徐师曾：《文章辨体序说　文体明辨序说》，人民文学出版社1962年版，第146页。
② 陆和九：《中国金石学》正编，据1937年版影印，第2页。

善耕载卿、莆阳刘𪸩叔元览。①

又如桂林曾公岩陈倩、朱初平等五人题记：

元丰三年十二月初五日，权本路转运使朝散大夫直集贤院陈倩君美、权荆湖南路转运使朝奉郎直集贤院朱初平仲隐、权发遣提举本路常平等事光禄寺丞刘谊宜父同游曾公岩。时仲隐、宜父琼筦体量安抚回，归任会此。②

上例是题名的基本撰写格式，叙官爵、叙籍贯、叙姓名、叙字号，再叙游踪事由。题名者以留名、扬名为动机，唯恐不为天下人识，所以集中描述自己的信息。

题名的这种行文方式较早的北齐已是如此，郑述祖题名掖县云峰山云居馆，几乎描述了一生的任职："司徒左长史、尚书侍中、太子少师、太常车骑大将军、仪同三司、左光禄大夫、北豫州大中正、瀛、赵、沧、冀、怀、兖、光行正十州刺史郑述祖云居馆之山门也。天统元年九月五日刊。"③ 题名中关于郑述祖的人名官职一应俱全，体现了题名个人信息密集的基本特点。

二是集中记录游人的社交信息。凡题名通常是记录众人结伴而游，每一题名就是一次集会的记录，多者记录几人、十几人甚至几十人，如：天柱山有宝历二年赵郡李德修等十三人题名，桂林雉山有崇宁壬午季夏望日"程子立安抚邕筦"十三人题名④，融水真仙岩有绍定庚寅四月十日黄杞等十六人题名，齐山有正德庚辰清明节王阳明、徐琏六人题名，泰山有道光己亥岁三月十七日协律郎大学士吏部尚书汤金钊七人题名，华山民国32年有韦云淞、蔡建伯等二十六人题名，等等。一篇题名少者也记录二人，一人题名作品甚少，所以我说题名的特点之一就是记录团体信息。

---

① 凡本书引泉州九日山石刻，皆见于吴文良《泉州九日山摩崖石刻》，《文物》1962年第11期，第33—47页。

② 各地题名风格似有差异，比如桂林的题名多述官职，而福建的题名更注意籍贯。

③ 毕沅、阮元：《山左金石志》卷10，《石刻史料新编》第1辑第19册，新文丰出版公司1982年版，第14476页。

④ 凡引桂林题名皆见杜海军辑校《桂林石刻总集辑校》，中华书局2013年版。

三是详细记录游人活动时间。题名还注重时间的表述,凡题名皆详载时日,包括年岁、月日,这是其他文体都没有的。时间表述或在文末,如泉州九日山乐安蒋长生永伯等六人题名,文末落款"元祐己巳仲秋晦日同游九日山延福寺";或在开篇,如泰山有督学使昆明何桂清等八人登泰山题名,开篇云"道光丁未十二月十七日,督学使者昆明何桂清,偕平湖高振镁……观日出";或在行文中,如桂林雉山有"蒲田李子凝,嘉定甲戌九月廿八日东还,刑使检详饯别于此"。无论时间出现在何位置,都是题名内容的一个必备成分,无题名缺少。这是人物信息的重要组成部分。

从作者的角度看,题名多集体创作,是集体意愿的表达。题名通常都含有很多人,如上述所云有些多至十几个人,仅写参与者,却很少题写执笔撰写人的名字。如桂林龙隐岩题名:"经臣张觐、执中刘彝、志康傅燮,熙宁甲寅六月八日同寻回穴山,饭于是岩,酌石乳之溜,试郝源新芽,香色味相得皆绝,叹赏数四,遂同舟以游风洞。"如福建鼓山题名:"邵去华、苏才翁、郭世济、蔡君谟,庆历丙戌孟秋八日游灵源洞。"如泰山题名:"道光丁未二月十七日,督学使者昆明何桂清,偕平湖高振镁、上元王至华、阳湖庄敏、萧山来献琛、固始元伟、无锡秦缃业、归安姜赓元同登。夜宿碧霞宫,次日黎明,养云亭观日出。"镇江焦山题名:"陈安民子惠、曹宣符悳辅、章授敬时、吕升卿明父,绍圣三年三月廿三日,冒雨至焦山,食已雨霁,遂跻绝顶,四顾无碍,至者咸适。"这些题名皆不署名执笔,这样,虽然满眼作者的名字,但很难判断谁是真正的作者。当然,也有极少数署作者名的,如永州华岩柳宗直执笔题名:"永州刺史冯叙,永州员外司马柳宗元,永州员外司户参军柴察,进士卢庙讳礼,进士柳宗直。元和元年三月八日直题。"整体看来,题名签署作者姓氏的情况十不及一,这大概出于题名皆一时兴起之作,众人协议,难入一己文集,并无人想到著作权的问题,因此我以为可称为集体创作。

以上二点所论可以说是题名的文体要素,是题名有别于其他文体的,使其成为文体的基本要素。

题名从文体的性质看,由于作者皆是异乡之人,因此,所作更近似于散文中的游记。但题名不同于一般游记的写法。一般游记的写法，梅新林与俞樟华在《中国游记文学史》导言中一段话总结游记文特征非常到位："我们认为，游记作为一种纪游的文学作品，在内容上它至少应该包括三个因素：第一，所至，即作者游程；第二，所见，包括作者耳闻目睹的山水景物，名胜古迹，风土人情，历史掌故，现实生活等；第三，所感，即作者观感，由所见所闻而引发的所思所想。从结构上来说，所至是骨骼，所见是血肉，所感是灵魂。无骨不立，无肉不丰，无魂不活，三者缺一不可，构成一个完整的格局。"① 褚斌杰说游记"主要写旅途的见闻和对大自然风光之美的感受"②，这大概与梅新林、俞樟华的观点一致，都是说要将所见所感形诸文字。

桂林龙隐岩

与游记的一般写法比较，题名也一样是写游人所至、所见、所感，只是题名所写，与一般的游记文写法相比，不是把所至、所见、所感形诸文字，而是将作者自己雕刻在所至所见所感景物之中，表现的是我心有景，而他人

---

① 梅新林、俞樟华主编：《中国游记文学史·导论》，学林出版社2004年版，第2—3页。
② 褚斌杰：《中国古代文体概论》，北京大学出版社1984年版，第340页。

观题名则自然见到我的所至所见所感,并见景中有我。这种文章是作者不着一字,要让读者得其风流,以风光为主而以游人为客。也就是作者有意要让后来之人见我所见之景,通过见我所见之景而感我所抒发之情。欧阳修洞见题名者动机说:"亦欲来者想见其风流岁月。"① 实际情况是读者也确实力图从这些石刻的题名中感受先人的声情,如叶昌炽读栩缘在鄂访得木杪仙人洞题名,其中有"亲年八十,步履如飞"之语,叶昌炽遂感受到"令人想见天伦之乐"就是这样。② 也如美国学者研究山东、陕西石刻时说的:"虽然这些刻石的文本和书法可能早已被临摹并传播开来,我关心的则是在这些文本原始的语境中阅读它们的经验,在这些它们被撰写、雕刻然后期待着被读到的地方。"③

题名这种游记,主要是记录作者游踪,属于迁客骚人的即兴之笔,体现了作者的遭际感慨与游历带来的冲动,能见作者之情之事,具有明显的抒情性。读过题名的人都意识到这一点,笔者在此举例说明。首先,题名是作者为抒情而作,欧阳修《唐甘棠馆题名》这样说:"右甘棠馆题名。自唐德宗贞元以来,止于会昌,文字多已磨灭,惟高元裕、韦夏卿所书尚可读……至于登高远望,行旅往来,慨然寓兴于一时,亦必勒其姓名留于山石,非徒徘徊俯仰以自悲其身世……夏卿所记留连感怆意不浅也。"④ 这显然是说韦夏卿以题名抒情。从不同作品看,抒情内容又是丰富多样的,如桂林伏波山有景定庚申(1260)覃怀李曾伯等人题名,称"每辄煮泉瀹茗,裴徊竟日,令人起清斯濯缨之想,不知身在飞鸢跕跕堕水处也。盖篸山带水,胜绝天下,而此洞又居篸带之胜"。这抒的是桂林山水使其兴起的超凡脱俗之情。又如陆游等四人游焦山题名曰:"踏雪观《瘗鹤铭》,置酒上方。烽火未息,望风樯战舰在烟霭间,慨然尽醉。薄晚泛舟,自甘露寺以归。"四字"慨然尽醉",这是抒的家国之情,写出了这位爱国诗人无限的旧国难复之忧。又如乾陵无字碑

---

① 欧阳修:《集古录》卷8,《四库全书》,上海古籍出版社1987年版。
② 叶昌炽撰,柯昌泗评:《语石 语石异同评》,中华书局1994年版,第354页。
③ [美] 韩文彬:《文字的风景——早期与中古中国的摩崖石刻》,徐胭胭译,邱忠鸣、王新校译,一文称摩崖石刻是文字的风景,《艺术设计研究》2011年第2期,第22页。
④ 欧阳修:《集古录》卷8,《四库全书》,上海古籍出版社1987年版。

有范益、马麟之等丁亥（1234）清明拜谒乾陵题名："恭谒陵下。是日丽景和霁，春气融达，游人共乐，排烛夜归。"① 写出了整个社会的一片祥和情景，自然也是在抒情。家人友朋的题名前后相继，读来更是回肠荡气，抒情感尤其强烈。如宋崇宁五年（1106）王祖道在桂林龙隐岩题名，绍兴二十六年（1156），其子王孝先至桂林龙隐岩，续题"恭睹先公经略尚书旧志，惊岁月之逝，感风木之悲，挥涕而书，谨勒诸石"，极写子欲养而亲不待的对先人的怀念之情。题名的这种抒情特点《语石》也深受感染："如宝元二年，济源陈述古题名，其子知素于治平丙午续题其侧。湖州墨妙亭陈师锡玉筍题名，下有嘉定己巳，曾孙陈正大景观题字……鼓山乾道丁亥王瞻权题名后，有淳祐癸卯曾孙亚夫来此拂石十二字。衡州石鼓山，刘莘老题名（熙宁五年），右方小字题云，后百八十三年六世孙震孙蒙恩来此庾节，拂拭旧题，不任感怆。"②

另外，有些题名从文章看，俨然也就是一篇完整的游记。如桂林隐山有唐代李渤等八人题名，先述游历所见："宝历元年，给事中陇西公秘直出廉察于此。太和年既丰，乃以泉石为娱，搜奇访异，独得兹山。山有四洞，斯为最。水石清拔，幽然有真趣。可以游目，可以永日……"又如归安县黄龙洞《宋程公许等题名》："云台散吏眉山程公许，自武林过吴兴，访郡太守东平刘长翁，命其子儒珍偕馆客南郑苏垓，汉嘉赵庭，眉山王楠，载酒拉浚仪赵钥夫，自碧澜堂放船登弁山顶，观太湖，谒祥应宫，窥金井洞，徘徊文节倪公云岩，走赵氏玉林，饭九曲池，取法华院，陟上方，晚饮沈氏小玲珑，金井磨崖上方刻柱皆□东坡先生宝墨。"③ 从这样一种角度看，题名这种形式真的与游记相差无几了。

最后，从内容的表现方式说，题名同其他体裁相比较，具有综合性，它是文字艺术、书法艺术、雕刻艺术，以及所在环境等多种因素共同构成的综合体，是书文一体，景文一体，情文一体，是书、文、情、景四者紧密结合

---

① 王昶：《金石萃编》卷143，《续修四库全书》第890册影印嘉庆十年刻同治钱宝传等补修本，上海古籍出版社2002年版，第502页。

② 叶昌炽撰，柯昌泗评：《语石 语石异同评》，中华书局1994年版，第355页。

③ 阮元：《两浙金石志》卷11，新文丰出版公司1982年版，第1辑第14册，《石刻史料新编》第10466页。

不可分割的一种文体。题名作为文体最具特点的是它仅存于石上，而不存在纸上。只有在其原生石上，题名才显示出存在的文体价值。

综合以上论述，拙见以为，题名确实可以也应该被视为一种文体。

题名具有文学鉴赏价值。

题名有鉴赏价值，金石学家早注意到。赵明诚称："题记姓名往往为赞于其（《汉武氏石室画像》）上，文词古雅，字画遒劲可喜。"[①] 清人叶昌炽也以为题名"其词皆典雅可诵，其书皆飘飘有凌云之气。每一展对，心开目明，如接前贤謦咳"[②]。赵、叶二人所说题名的鉴赏价值，包括两个方面，即"文词"与"字画"两个方面，文辞不用说是属于文学鉴赏的范围，而字画也可以说是文学的一种体现形式。题名是一种书法与文辞完美结合的作品，书法是题名的表现形式，而文辞表现题名的内容，形式与内容的完美结合，使题名成为一种值得鉴赏的文学作品。

我们从题名的书法鉴赏价值说起，这是鉴赏题名的起点。

题名的书法鉴赏点有二，一是题名多书法名家，二是题名书法的贴近性。首先，题名多书法名家所留，本身具有一定的鉴赏价值。在国人，文人所到最喜留题，特别体现在一些有社会地位的名人。《金石文字记》论华岳碑题名时便意识到这一问题，说："唐人题名，今王无异所揭得者通共九十二人，有裴士淹、李德裕、李商隐名。鲁公（颜真卿）每游名山，必刻己姓名一置高山之巅，一投深谷之内，曰焉知后世不有陵谷之变耶？古人重名所以重其身，今人不重其身只因不重名耳。"（《金石文字记》）叶昌炽也说题名"其人其字，大都出自雅流"[③]。检视题名史，名人甚至名书法家多有题名流传，如北齐的郑道昭，唐人的李阳冰、韩愈，宋人的苏轼、米芾、黄庭坚、蔡襄，元人的赵孟頫等。这些名家的书法题名自然值得鉴赏，不必多说。而即便题名作者非书法名家，可以肯定也有一定的书法造诣，毋庸置疑。在同游的众人

---

① 赵明诚：《金石录》卷19，《四库全书》，上海古籍出版社1987年版。
② 叶昌炽撰，柯昌泗评：《语石 语石异同评》，中华书局1994年版，第348页。
③ 叶昌炽撰，柯昌泗评：《语石 语石异同评》，中华书局1994年版，第348页；朱剑心《金石学》，商务印书馆1940年版，第195页引此一段。

中，能被选出书写题名的人一定是书法造诣受到同行者的基本认可，而撰写题名的人也一定觉得自己的字基本是有造诣的，有值得欣赏之处，否则不敢出手。尽管如此，题名者还会更加用心将字写得再漂亮、再显功力，尽力达到能代表作书人的最好水平的书法成绩，因此题名从形式的角度说是值得鉴赏的。

再者，题名书法诱人鉴赏处，还有其贴近性。贴近性包括两个方面，从书写者来说，其字属于即时而作，是无为而作，不删不改，贴近日常生活，不同于有为之作（如蔡襄作《昼锦堂记》选字而成），因此真实展现了作者的水平。从作者的层次而言，题名中虽有不少名家，但是毫无疑问，一般的未成名成家的书法作者肯定占有绝大多数，其创作水平与读者最为接近，与名家并存，雅俗共赏，更容易引起读者的共鸣。这种贴近性为鉴赏者带来了愉悦，叶昌炽说："南宋光尧后，士大夫渡江而南，临安为六飞所止，江皖不啻左右辅。即闽蜀楚粤之区，或请祠归隐，或出守左迁，林壑徜徉，自题岁月。其词……每一展对，心开目明，如接前贤謦咳。"① 这也是对题名成就的贴近感受。

以上从形式上说题名的书法值得欣赏，其实值得欣赏处更在于书法形式下所蕴含的作者的生命信息，也就是鉴赏者感受到的"如接前贤謦咳"。在我国从来都有字如其人、文如其面的说法。众所周知扬雄《法言·问神》中说的"言，心声也；书，心画也"为不少批评家所信奉（也有不赞成者）。人们常常试图从书法形式评价体悟前人的形神，欧阳修《集古录》卷六《唐华岳题名》说他对题名的欣赏感受最透彻："华岳题名，自唐开元二十三年讫后唐清泰二年，实二百一年，题名者五百一人，再题者又三十一人，往往当时知名士也。或兄弟同游，或子侄并侍，或寮属将佐之咸在，或山人处士之相携，或奉使奔命有行役之劳，或穷高望远极登临之适，其富贵贫贱、欢乐忧悲，非惟人事百端，而亦世变多故……其姓名岁月，风霜剥裂，亦或在或亡，其存者独五千仞之山石尔，故特录其题刻，每抚卷慨然，何异临长川而叹逝者也。"又有读者直接从题名评价人格者。广东肇庆七星岩有周敦颐题名两

---

① 叶昌炽撰，柯昌泗评：《语石 语石异同评》，中华书局1994年版，第348页；朱剑心《金石学》，商务印书馆1940年版，第195页引此一段。

段,《菉竹堂稿》作者从其字画入手评价周敦颐的道德风尚说:"'茂'字至'正'字当泉溜处,尚隐隐可见。后有淳祐壬子吕中等题字。茂叔书点点画画,端重沈实,无一毫苟且姿媚态,观者可以想见先生道德之风。"① 又如桂林中隐山钟得舆题名写他看到十六年前父亲钟震的题名,颇有感触,说:"长沙钟春伯、豫章范旗叟,端平丙申岁十月既望前三日同游。后十六年,敬为先清敏拂尘,男得舆拜手书。"这是因为凡题名皆是勒于作者亲到之处,其间的一草一木都容易使后来读者睹字联想到题名人当时的情景。看到那些镌刻于石壁上的字迹,禁不住会浮想联翩,想到作者的音容笑貌,他们挥动如椽巨笔,他们眼望山川流峙,议论风生,便如他乡遇旧,一时恍如走进了历史之中。刘勰说的"观文者披文以入情",于此最易实现。这与题名人希望被后来者理解赞赏的期待是一致的。

福州鼓山

题名是一种以雕刻书法为形式的叙事文,这种雕刻书法的形式,增加了题名的形象性、美观性,以字见人,也就因此成为特点,成为作者表现存在的独特形式。但书法的文辞意义在这方面作用更明显,我们下节再说。

题名书法鉴赏价值如上所说,题名的文辞也一样值得鉴赏,具有文学的

---

① 叶盛:《菉竹堂稿》卷八,清初抄本。王昶《金石萃编》卷137,《续修四库全书》影印嘉庆十年刻同治钱宝传等补修本,上海古籍出版社2002年版,第890册第397页。

特质。题名文辞丰富，多于变化，诸如每篇题名都有的时间表述，但所用文字各异。或以年号纪年，或以干支纪年，或以生肖纪年，或以摄提格纪年，或几种方法共用。记月记日方式更是多样，通常都用别名替代。替代之词如每年的二十四节气，工作日的三休上、中、下浣，每月晦、朔、望日，一年当中四季春夏秋冬的孟仲季，一些特殊的日期上元、上巳、寒食、清明、中秋等。又有皇帝的节日如瑞庆节之类。还有不同的籍贯表述、不同的职位表述，人名字号的参差错落，都形成了文辞的变化多彩。文辞的这种变化、这种知识性提高了题名的可读性，也就是其鉴赏价值。

题名的内容丰富同样值得鉴赏。题名记游往往会涉及家事、国事、友朋之事，就单篇而言，篇幅不长，内容简单，但如果将其作为整体看待，其内容的意义是很值得一看。题名写作者亲见之景、亲闻之声、亲行之事，题名不同的内容，不同的书法风格，不同的书写字体，各具风采，往往都是集中刊刻写在某一区域，甚至某一具体的山体或者石件之上，一起呈现在读者眼前，这就形成了一道文字的风景①，让人目不暇接。这道文字风景以山水人文景观为背景，相映生辉，其鉴赏的价值从而得以倍增。

题名的鉴赏价值，最在于它是一种雕刻书法与文字与山水景观与人文景观有机结合的作品。题名赋山水人文以生命，山水人文给文字以灵动，从而使得题名成为一种大自然、人类社会与人的心灵相契合而成的难得的美文，让读者看得见摸得着而回味无穷的作品。清人叶昌炽在肯定题名的文献价值时首先是肯定题名的鉴赏价值："一曰题名。登彼西山，岘首留名之想。送君南浦，河梁赠别之言。或萧寺笼纱，续僧寮之佳句。或苔床拂藓，记仙洞之游踪。况夫游子山头，逐臣泽畔。冷泉判事，倥偬余闲。炎徼投荒，凄凉终古。于斯时也，山川登眺，俯仰兴怀，选石留题，以记鸿爪。其人其字，大都出自雅流。某水某山，从此遂留古迹。姓名年月，皆考证之攸资。子弟宾

---

① ［美］韩文彬：《文字的风景——早期与中古中国的摩崖石刻》，徐胭胭译，邱忠鸣、王新校译，一文称摩崖石刻是文字的风景。《艺术设计研究》2011 年第 2 期，第 21 页。

僚，亦牵连而并录。此唐以后石刻，惟题名为可宝也。"①

以上拙文论述了题名的发生发展、题名的文献价值、题名的文体价值、题名鉴赏价值等，但这一切价值都是建立在它的文物性之上的，这就是它的不可移动性。题名是一种不可移动的文物，一旦发生了移动，则题名的所有意义便大打折扣。比如《北京图书馆藏中国历代石刻拓本汇编》录有《王鼎等题名》，曰："嘉靖丁亥二月二日，洛东王鼎少峨，叶桂章江涯，王懋空谷，王官蒙溪胡侍同登。"② 又如嘉靖庚子年（1540）种云汉等人登山题名，也不知登何山。③ 嘉靖三十八年（1559）甄敬巡陇右与冯惟讷同游题名，也不知同游何地。④ 这样，整篇题名不但失去了文献意义，也失去了文学意义，这种题名不过是一张没有生命力的片纸。

---

① 叶昌炽撰，柯昌泗评：《语石 语石异同评》，中华书局1994年版，第348页。
② 北京图书馆金石组编：《北京图书馆藏中国历代石刻拓本汇编》第54册，中州古籍出版社1989年版，第141页。
③ 北京图书馆金石组编：《北京图书馆藏中国历代石刻拓本汇编》第55册，中州古籍出版社1989年版，第52页。
④ 北京图书馆金石组编：《北京图书馆藏中国历代石刻拓本汇编》第56册，中州古籍出版社1989年版，第39页。

第六章　石刻之文学传播方式与贡献

　　石刻以石易于获取、经久耐用的独有载体特点①，广为人用，几千年来发展成为一类重要的文献形式，保存了许多稀有的文献，在我国的文化发展中起到了重要的传播作用，是一个非常值得讨论的课题。石刻同样是文学传播的重要手段。叶昌炽将刻石之文分类作为传文而刻者与为传事而刻者，说"被于碑者皆文也。传记志状箴铭颂赞之类，文之中有事在，不徒以其文也。或出自释子，或村塾陋儒之笔，鄙僿荒诞，又不足以言文"。进而论述了世人因文而重刻之碑，"若夫柳州《钴鉧潭》八记，其地在零陵，而蜀刻之。樊绍述《绛守居园池记》，其园其池鞠为茂草矣，后人又从而刻之。元次山《中兴颂》美唐德也，宋时一刻于剑州，再刻于资州。吕昌彦所刻杜子美《白水》诗，若此类不可谓非重其文矣……渊明之《归去来辞》，坡公之《赤壁赋》，书者非一人，刻者非一石，递相摹拓，此亦如王侍书之法帖而已"。② 柯昌泗又继而举例说："四川资阳县王褒墓前，有宋人所刻《圣主得贤臣颂》，凡二十余石，今仅存半……颜鲁公之刻《东方画传》于庙中亦此意也。柳州《八记》之亚，为四川蓬溪孙可之《龙多山录》。宋元祐七年刘象功再书立石，政和三年宋延伯复重书一石，隆兴甲

---

　　① 石刻，今人尚无成熟定义，《辞源》以"刻有文字、图画的碑碣或石壁"作解释失之笼统，《中国古代石刻概论》《中国碑文化》《碑刻文献学通论》等专著各执其说，莫衷一是。揆诸众家，似可归纳为凡以石为载体镌刻的文字图画符号即可称为石刻，从形制上看，如摩崖、碑、碣、墓志铭、塔铭、经幢、地券、牌坊、造像记等皆属此类。
　　② 叶昌炽撰，柯昌泗评：《语石 语石异同评》，中华书局1994年版，第222页。

申，吕简修又以宋石重刻。其为人所重视若《绛守居园池记》。"也就是说，凡刻石多出自传播文学的动机。①

　　在中国文学发展史上，文学的传播方式甚多，但与史上曾有的文学传播方式比，石刻在传播文学观念，传播作者之名，传播文学创作的积极性，传播文体形式，传播文学作品，推动文学史的发展方面，却有其独特贡献。杜甫形容"冠冕通南极，文章落上台。诏从三殿去，碑到百蛮开"②，就是对石刻传播文化以及文学贡献的一个极好形容。杜甫之诗提醒我们看到文学史研究者对石刻关注的不足，直到近时方有如陈尚君《新出石刻与唐代文学研究》，以及王星、王兆鹏合著的《论石刻对宋代文学传播的作用与影响》等极少量专论。专著方面唯一以"石刻文学"为名者是台湾叶程义的《汉魏石刻文学考释》，虽号称文学考释，却主要是录入汉魏石刻原文，以及历代学者对该刻的著录与评价，兼作一些文献考证，所论依然未超出金石学范围。显然，石刻在文学历史上的贡献是一个为大家关注的值得讨论的问题，而传播之功是第一。

第一节　持久的传播方式

　　论石刻传播文学的贡献，持续时间久远无可比，这须先自文字的载体——石——说起。

　　文字载体，史上流行过的大概说来有甲骨（龟甲、兽骨）、竹简、木牍、植物叶片、丝帛、皮革、金属、纸张以及山石、泥版砖陶等，而石头作为我国最古老的一种文字载体，是诸种载体中发生最早、持续使用时间最久、流行最广者，可用源远流长四字概括，因而依附于石的石刻对文学的传播之功也可以用同样的字句形容。

---

①　叶昌炽撰，柯昌泗评：《语石 语石异同评》，中华书局1994年版，第223页。
②　杜甫：《送翰林张司马南海勒碑》，仇兆鳌注《杜诗详注》卷6，中华书局1979年版，第444页。

首先，石是我国历史上发源最早的文学载体，正如考古从石器时代追述起一样，从文物留存看，我们完全可以这样说。① 论其早，贵州的红岩摩崖、江西古源村万灵山摩崖、福建沙建镇仙字潭摩崖等，人称系史前作品，还有衡山岣嵝峰发现的"大禹治水，勒碑南岳"②。或说这些尚非定论，可靠者，今河南安阳中国文字博物馆展有新石器时期（前9000—前8000）玉石片已有文字符号。又有史书记载：《管子·封禅》称无怀氏太山封禅，王应麟撰《玉海》卷六十以为是"刻石纪功，此碑之始"，该记载在伏羲之前。到夏商时期，石刻文字已成为流行，《史记·秦本纪第五》记载商朝石刻，说："蜚廉为纣石北方，还无所报，为坛霍太山而报得石棺，铭曰'帝令处父，不与殷乱，赐尔石棺'。以华氏死。遂葬于霍太山。"③ 太史公所记石棺有铭应当不虚④。1935年在殷墟安阳侯家庄1003号墓出土石刻，勒字两行，被鉴定为殷商末期文物可证，商时确已有石刻存在。⑤ 《文心雕龙》又说到周朝石刻："周穆纪迹于弇山之石，亦古碑之意也。"⑥ 文忠公《集古录》赞同刘勰此说。史前刻石且不说，即使刻石自殷商末期计起，而今也已经三千年以上的历史。

---

① 陆和九在《金石学讲义序》中以为"历代文字之赖以流传者，则始用甲骨，次用陶玉，渐次用竹木，最后用金石。此固历史进化之程序也"（陆和九：《中国金石学》，陆和九编，朱剑心著《中国金石学前编 金石学》，《民国丛书》第五编，上海书店据1933年本影印），也无什么依据。

② 大禹治水碑，今湖南衡山有摩崖，河南汤阴羑里城有明嘉靖甲辰汤阴知县张应吉据摹本刻石，或云系道家文字，世人多以为附会。然大禹治水勒碑却并非不可能，《吕氏春秋》记载禹有五臣相助，"功绩铭乎金石"，高诱注"石，丰碑也"或可证。（高诱注《吕氏春秋》卷22《求人》《诸子集成》，上海书店1980年版，第293页）

③ 司马迁：《史记》，中华书局2011年版，第174页。

④ 《庄子·则阳》云："夫灵公也，死卜葬于故墓，不吉。卜葬于沙丘而吉。掘之数仞，得石椁焉，洗而视之，有铭焉。"可见铭文是泐在石上的，当是最早的石棺铭。（郭庆藩辑：《庄子集释》《诸子集成》，上海书店1980年版，第393页）

⑤ 两行文字是"辛丑、小臣䁗入牢圂、才曺，目殷。"高去寻：《小臣系石簋的残片与铭文》，《历史语言研究所集刊》第28本下册第605页，1957年；又见梁思永、高去寻：《侯家庄第四本·1003号大墓》图版贰柒，台北"中央研究院"历史语言研究所，1967年。转引自王蕴智《殷墟出土商代玉石文及其释读》，《学灯》2013年，第25期；毛远明《碑刻文献学通论》，中华书局2009年版，第10页。

⑥ 刘勰：《文心雕龙》《诔碑第十二》，影印文渊阁《四库全书》本，上海古籍出版社1987年版，第1478册，第18页。

东汉佉卢文井栏石，国博藏

其次，石是我国发展、延续时间最长的文学载体。石刻自殷商末期计起，其后得到了快速发展，今知唐朝发现的十件石鼓文发生在战国时期①，载诗10首，可称是如今仅见的最早版本的诗歌集。② 是后，秦朝得到了很好的发展，秦始皇凡巡游之处，如泰山、峄山、之罘、琅琊、东观、碣石、会稽等地多刻石纪念，秦二世继之，今仍可见部分残石。秦后，两汉继续发展，石刻内容渐为多样，著名的如封禅之类有汉武帝登泰山留《泰山无字碑》③，东汉光武帝建武三十二年刻石泰山，中元元年东巡岱宗，再次刻石纪念。普通人作石刻有窦宪令班固勒铭燕然，今被发现仍在蒙古国境内的杭爱山（内蒙古大学蒙古学研究所2017年8月消息）。教育之类又有熹平四年太学门外刻石《五经》46石。法规政令之类有西汉年间南阳太守九江寿春人召信臣刻石立于田畔以防分争，指导规范百姓用水灌溉农田。德政碑有马援族孙马棱因章帝章和元年为广陵太守，赈贫赢、薄赋税、兴复陂湖溉田2万余顷为吏民刻石歌颂。淳于恭诏书褒叹赐谷千斛刻石表闾。东汉永元十二年吏人共刻石颂何敞功。冀州刺史贾琮使行部过李云祠墓，刻石表扬李云。汉灵帝时朱楷、田盘、疏耽、薛敦、宋布、唐龙、嬴咨、宣褒为八及，刻石立墠是党籍碑。

---

① 裘锡圭：《关于石鼓文的时代问题》，《传统文化与现代化》1995年第1期，第40—48页。
② 战国时石刻应该甚为流行，《韩诗外传》有"孔子升泰山，观易姓而王可得而数者七十余氏，不可得而数者万数"，孔子"观易姓而王"所观当是石刻，是见先秦为王者有封禅刻石之风，始皇帝封禅看来当是有所本的。
③ 该碑或认为系秦碑，顾炎武云是汉碑，其《泰山立石》说："岳顶无字碑，世传为秦始皇立。按秦碑在玉女池上，李斯篆书，高不过五尺，而铭文并二世诏书咸具，不当又立此大碑也。考之宋以前亦无此说，因取《史记》反复读之，知为汉武帝所立也。"（《日知录》卷三十一，影印文渊阁《四库全书》本，上海古籍出版社1987年版，第858册，第1096页）

皇甫嵩破黄巾，风声驰海外，也刻石纪念。特别是东汉时石刻文学大为发达，如蔡邕碑为天下模范且随之作者多来效法："自后汉以来碑碣云起，才锋所断，莫高蔡邕。观杨赐之碑，骨鲠训典；陈郭二文，词无择言。周乎众碑，莫不清允。其序事也该而要，其缀采也雅而泽。清辞转而不穷，巧义出而卓立。察其为才自然而至。孔融所创有慕伯喈，张、陈两文，辨给足采，亦其亚也。及孙绰为文志在碑诔，温、王、郗、庾，词多枝杂，桓彝一篇，最为辨裁。"① 三国时候因曹操提倡节俭，石刻活动曾经被抑制，但并未完全消歇，魏碑留下名作，如曹植撰《封孔羡为宗圣侯碑》，世传钟繇（一说梁鹄）书曹丕《受禅表》《魏公卿上尊号奏》《劝进碑》等。此时孙皓所立《禅国山碑》更为人推崇（这些碑多因其书法成就而为人知，其实，作文也当为佳作）。到了唐代石刻取得了空前的发展，以墓志为例，韩愈为人写墓志铭、墓碑等，在李汉编《昌黎先生集》八卷中就占有二卷之多，潘昂霄作《金石例》多从中取法。上海古籍出版社1992年出版周绍良等编《唐代墓志汇编》一书，录墓志3600余方，2001年上海古籍出版社又在《唐代墓志汇编》的基础上作《唐代墓志汇编续集》，续收墓志1564方，两编共计多达5200件，想必这也还是唐代墓志的部分，近日出土上官婉儿墓志即可补缺。唐代的其他各类石刻更是数不胜数。唐代以后，我国的石刻更是得到了大量的普及，从桂林一地的石刻即可以看出。据《桂林石刻总集辑校》统计，自宋至民国，桂林市区范围内的石刻今知就有宋520件，元34件，明447件，清640件，民国46件。② 实际上石刻在我国普遍存有，较集中的如河南、河北、山东、山西、陕西、浙江、江苏等地都有大量石刻存在，如果将全国整体计算，那将是十分可观的一类文献，足见石刻文献的持续发展状况。

我们若要彻底了解石这种载体在诸种载体中持续时间之久的优势，还需要与其他载体作比较。论载体，自古迄今，文学的传播口宣而外，就较为流

---

① 刘勰：《文心雕龙》《诔碑第十二》，影印文渊阁《四库全书》本，上海古籍出版社1987年版，第1478册第18页。

② 桂林石刻引文皆见杜海军辑校《桂林石刻总集辑校》，中华书局2013年版。

第六章 石刻之文学传播方式与贡献

行的甲骨、竹简、木牍、植物叶片、丝帛、皮革、金属、纸张而言,这些载体对文学的传播之功,都有一段值得骄傲的辉煌,但也多各有不足。比较而言,甲骨作为文字载体发生或发挥影响主要在商、周之间。甲骨文发生虽早,就考古发现看,却是流传不广,比较集中的地区也就商朝有今殷墟,与周朝有周原等个别地区;流传也不远,商周以后,甲骨已少见,甚至不见记载(这大概是因为甲骨文多是记载贞卜事情,用途不广的缘故),因此,学界对甲骨文的了解也是到了晚清时候才逐渐开始的,其前甚至根本不知道甲骨所载是文字,可见影响之小。

金属作为文字载体,发生至迟在商代,有出土文物为证,但肯定不如石刻久远,因为金属的产生时间受社会生产力发展水平的限制。又者作为文字载体,金属难以刻制或铸造,且造价昂贵,所以不易普及,因此推行不广,流传有限,今日所见留存主要也在商周秦汉之间,且主要铸造在礼器之上,限制应用在富贵甚至是帝王之家,普通人无从使用,更不多见。据清人端方做《陶斋吉金录》所载,李唐至朱明四个朝代仅收六件。

竹、木简作为文字载体,发生时间也可谓早,西晋发现的汲冢竹书,以及 1993 年 10 月在湖北省荆门市郭店村发现的楚简,证实战国时已是很盛,今见甲骨文有"册"字出现,甚至可据以推测商代竹简的流行,只是竹简木牍制作工序繁杂,又难以装帧存久,因其笨重也难以传播使用,容易散乱腐烂,不易读也不利于藏,所以孔子有读《易》"韦编三绝"之说。又由于纸张的发明,因此,隋唐以后,竹木简牍基本不再流行。[①]

布帛也是历史上文字载体之一,发生同样早,今从考古成果看,战国时期已颇流行,不过价格昂贵,又易损易腐而短寿,流行也不甚广。

再说植物叶片作为文字载体,至今人们说最多的就是贝叶经,也还有保存,而植物叶所传文学,据说元人陶宗仪曾用树叶记事创作,但是,我们普通读书人鲜有得见。

---

① 马衡陈述竹木的使用自书契以来止于南北朝之间。见马衡《凡将斋金石丛稿》,中华书局 1977 年版,第 262 页。

东汉蔡伦发明造纸术，因其价低廉，适合书写，遂成为文字传播的主要载体，并逐渐得到推广。① 纸张书写虽易，但不易久存。虽然考古我们可以见到汉代的纸，但我们今天能读到的纸质文献最早也只能追溯到赵宋（虽然楼兰发现有纸质文书，证实书写材料开始从简牍向纸张的过渡，但毕竟未能大面积流传②），这与我们见到的石鼓文之久远完全不可同日而语，且靠纸质载体获取文学教育对于穷困的人家而言都是一种奢侈。又，虽说现在纸质文献较石刻更为流行，但是石刻却有纸张不可替代的优越之处。对于载体在使用中的优劣之势，北齐唐邕以石刻佛教经典，就是认识到这一问题，他说："以为缣缃有坏，简策非久，金牒难求，皮纸易灭，于是发七处之印，开七宝之函，访莲华之书，命银钩之迹，一音所说，尽勒名山。……一托贞坚，永垂昭晰"③

　　据上述而论，石在所有的载体中有甲骨金文发生之久远，金文与甲骨却无石刻发展应用之流长。竹木有石刻之易得，却无石刻传布之持久。纸张有石刻之易得，然无石刻发生及存世之久远。我们看到，发生在先秦的文学载体至今仍在广泛使用者，唯有石在焉。今日仍在流行的载体如纸张，西汉以前却还没有存在，而且流传时间也远不及石刻久远。因此我们完全可以说，作为载体，贯通文明发展史的，石是世界上发生最早、留存最久的载体。朱剑心著《金石学》早注意到这个问题，他说："王静安先生（国维）曰：'书契之用，自刻画始。金石也，甲骨也，竹木也，三者不知孰为后先，而以竹木之用为最广。'（见《简牍检署考》）然竹木之用，至南北朝之终而全废；甲骨之用，仅限于殷商一朝。且竹木岁久腐朽，甲骨只用于贞卜。惟金石之用，自上古以迄现代，无时而或间，其用特著，其寿特永，且被学者所注意为最早，故遗存于今日之器物为独多，而'金石'二字，所以为吾人所熟知也。"④

---

① 马衡以为纸张使用的流行在于南北朝之间。见马衡《凡将斋金石丛稿》，中华书局1977年版，第263页。
② 侯灿：《楼兰新发现木简纸文书考释》，《文物》1988年第7期。
③ 《北齐唐邕写经碑》，吴玉搢《金石存》卷11，清函海本。
④ 朱剑心：《金石学》，文物出版社1981年版，第1页。

石还是史上推行最广的载体，国外不说，在今日我们国土之内，无论边远与内地，每一个省区应该说都有重要的石刻发现，即使偏远者，如新疆东汉顺帝永和二年（137）敦煌太守裴岑率军征讨呼衍王平定西域碑。内蒙古鄂伦春嘎仙洞北魏太平真君四年（443）魏世祖拓跋焘委派李敞祭祖摩崖。① 唐代长庆三年（823）西藏拉萨大昭寺立唐吐蕃会盟碑。云南曲靖一中所存明政三年（宋开宝四年）大理国段氏与三十七部会盟碑。黑龙江的明宣德八年（1433）《重建永宁寺记》碑（今在境外海参崴）。民国广西桂林有抒发抗日激情的夏禹词作《水调歌头·哀角起燕蓟》、黄旭初的《重建八桂厅记》等。

　　石作为载体的流传之久、流传之广，使得借助石而流行的石刻，在先秦以至民国的文学传播过程中就发挥了不可忽视的作用，立下了不可忽视的功绩。我们以上所说持续久远的传播方式，主要是指一种传播方式的存在发展史。我们还要说，对于文学中具体作品的传播，石刻更显示其是一种持续久远的传播方式。由于石刻的经久耐磨，作品一旦上石，若无人为或自然力的破坏，将会长久地流传下去，战国产生的石鼓文至今可观，不必说其久远，即便是大量存在的唐宋石刻，也已经一千多年历史。所以康有为有《尊碑》之说："复纸寿不过千年，流及国朝，则不独六朝遗墨不可复睹，即唐人钩本已等凤毛矣。故今日所传诸帖，无论何家，无论何帖，大抵宋明人重钩屡翻之本，名虽羲、献，面目全非，精神尤不待论……道光之后，碑学中兴，盖事势推迁不能自已也。"② 南海所言即石刻传久之功。宋人早就意识到石刻的传播之久，朱长文《阅古丛编序》说："犹谓其传之不远也，于是托之于物。物之久者莫如金石，故可以寓焉……由是贵贱竞作，美词相夸，浸繁于魏、晋，而尤盛于隋、唐。或矜己以耀世，或褒亲以垂后，或誉天以求福，或记事以谨时，不可胜言矣。虽所述艰于尽信，而事有可考，文有可师，迹有可法。至于群经众篇，妙札奇帖，往往传于琬琰者甚众，是以学者务观焉。然

---

① 该摩崖 1980 年 7 月由内蒙古呼伦贝尔市文物工作站的米文平先生发现。（见米文平《鲜卑石室的发现与初步研究》，《文物》1981 年第 2 期，第 1—7 页）
② 康有为：《广艺舟双楫》卷 1，清光绪刻本。

不幸为干戈之所蹂躏，风霜之所摧剥，或因时主之所诏毁，或遭野兽之所残斯，其存者盖十一焉，亦可为之叹息也……古书之载于纸墨者几希，而存于金石者类在于故都之外，四方之远，与夫山林墟墓之间，唯势位赫赫、众所翕附而好之甚笃者为能多置也。"①

石刻这一形式不仅古老，相比于曾经流行使用过而今已经消歇的龟甲、兽骨、竹简、木牍、布帛、金属等，却又是已然仍在流行、已然充满生命力的载体，各地方、各单位，或者个人，甚至国家，一旦有值得纪念之事，必定刻石，墓碑的普遍通行不必说，他如国家之间有界碑，中华人民共和国成立有人民英雄纪念碑，修建青藏、川藏公路有烈士纪念碑，上海卢浦大桥建成通车有纪念碑，华东师范大学迁徙闵行，校门有巨型的大师碑，各种大型建筑奠基有奠基碑，最近在美国纽约州还建立了批判慰安妇制度碑，德国柏林竖立批判"二战"大屠杀纪念碑等。比较而言，石刻的确是一种古老而不衰历久而弥新的、持久的文学传播方式。

第二节　及时的传播方式

石刻以石为载体，石在史上曾经存在的多种载体之中，有能经风雨、耐腐蚀、不易损毁的特点，而且容易获取、价廉易用、易于雕琢，因此对于需要经久传世，或者急需公诸世人的文字，石刻便成为一种重要甚至首要的选择，在历史上存在的传播方式中，成为及时的传播方式，可以随时发表、随地发表，这从现存石刻可以看得清楚。

随时发表。从文体看，凡作者自刻石，多清楚标明刻石日期，通常是成文即刻，如人们熟知的墓志铭、墓碑、祭祀文、牌坊、乡规民约、政府告示等是这样。该类刻石不可延迟，这是由事件本身决定的，毋庸说。宫室、学

---

① 朱长文：《阅古丛编序》，曾枣庄、刘琳主编《全宋文》第93册，卷2024，上海辞书出版社、安徽教育出版社2006年版，第152页。

堂、庙宇道观等建筑竣工纪念文等类作品在我国留存也很普遍，多是应用文，刻石也很及时。国有大事，通常也是及时刻石，如侬智高皇祐四年事起，狄青奉旨平定，皇祐五年二月班师桂林，即命余靖撰刻《大宋平蛮碑》（今存桂林铁封山）与《平蛮三将题名》（今在桂林龙隐洞）。

游洞天诗，玉林

　　纯文学的作品如诗歌、散文等更是刻得及时，几乎是边创边刻，遍布桂林城中的摩崖，很多作品都是如此发表，甚至不及等待。如送别文今有桂林伏波山《谢梦龙还珠洞题记》"□□□□□□□艅赵□官满，挈累东归，舣舟岩下，半月解维。随侍次男承、节、棨、幼男载，小孙应震、应时。时开禧改元季春下澣，婿盱江谢梦龙承命识"。因为即将起行，不可能等待时日再刻。他如明代广西布政使周进隆正德十年（1515）一年之间在桂林的不同山峰之间就有诗作十六刻，靖江府太监傅伦在明代嘉靖九年（1530）一年也有诗作六刻。正常情况下，这个发表速度比现在的纸质刊物发表还要及时。更有广西灵山摩崖如张锡封道光二十五年摩崖径直写明"未定稿"，足见刊刻的迫不及待。

　　这些石刻发表的诗文，在日后作者收入文集时往往要重新进行修饰润色，也可见其发表追求及时往往有些草率。如韩愈《罗池庙碑》碑云"宅有新屋，步有新船"，而《昌黎集》作"宅有新屋，涉有新船"；碑云"荔子丹兮蕉黄"，《昌黎集》作"荔子丹兮蕉子黄"；碑云"春与猿吟兮秋鹤与飞"，《昌黎集》作"春与猿吟兮秋与鹤飞"。以"涉"代"步"是为了用字准确，"蕉子黄"代"蕉黄""秋与鹤飞"代"秋鹤飞"，显然是出于对仗的考虑。总的看来，改写后语言更准确更工稳了。又如阮元的《隐山铭》序言摩崖原文是："元生辰在正月廿日，近年所驻之地，每于是日避客，独往山寺。嘉庆廿四年，元岁五十有六，是日避客于此山，贯行六洞，竟日始返。窃以为此一日之隐也，爰作斯铭。"① 而《揅经室集》《隐山铭》序改作为"余生辰在正月廿日，近十余年，所驻之地，每于是日效顾宁人谢客，独往山寺。嘉庆廿四年，余岁五十有六，驻于桂林。是日策数骑，避客于城西唐李渤所辟之隐山，登降周回，贯行六洞，煮茗读碑，竟日始返。窃以为此一日之隐也，爰作铭辞，刻于北洞"。铭文后又补文字说明"隐山，唐在西湖中央，有荷有舟，境地更奇，今为田矣"。② 比较可以看出，修改后文字增加了"效顾宁人谢客""日策数骑"等典故语，提高了文字的修饰性程度及思想性与可读性，与原摩崖有了很大的区别。

随地发表。是传播及时的又一表现。随地发表几乎是文人的喜好。我们看到古代文人所到之处多留石刻作品，或许就是苏轼说的要如鸿雁雪泥留指爪一般。帝王不能免俗，如秦皇勒石泰山，李世民留《晋祠铭》太原等，最典型的就是欧阳修与苏轼。

苏轼或做官，或遭贬，一生所到陕西、杭州、湖北、广东、海南多地，所到之处几乎都留下了石刻，如留《独游南山寺》《石林亭唱和诗》在凤翔，《雪夜书北台壁诗二首》在密州，《表忠观碑》刻在临安，《韩文公庙碑》刻在潮州，《伏波庙碑》刻在雷州，《峻灵王庙碑》刻在昌化，《南山石壁留题》在英德，《九层台铭》在韶州，《题灵峰寺壁》在灵峰山，《南海庙碑》《众妙

---

① 杜海军辑校：《桂林石刻总集辑校》，中华书局2013年版，第995页。
② 阮元撰，邓经元点校：《揅经室集四集》卷2，中华书局1993年版，第747页。

堂记》《资福寺古舍利塔铭》《桂酒颂》在广东，《游虎跑泉诗》《安国寺大悲阁记》在杭州，《雪浪石诗刻》《雪浪石铭》《谒庙文》在赵州等。

欧阳修专意诗文刻石，不仅所到之处留刻、补刻，未到之处也有刻。如在滁州刻《醉翁亭记》《丰乐亭记》，在颖水刻《思颖诗》及续篇，在安阳刻《昼锦堂记》，在夷陵刻《至喜亭记》《六一堂记》。欧阳修对刻石的宣传作用认识很清楚，他在《续思颖诗序》曾说到自己刻石的动机："初，陆子履以余自南都至在中书所作十有三篇为《思颖诗》以刻于石。今又得在亳及青十有七篇以附之。盖……以见余之年益加老，病益加衰，其日渐短，其心渐迫，故其言愈多也。庶几览者知余有志于强健之时，而未偿于衰老之后，幸不讥其践言之晚也。"①《集古录》之作的动机也可见欧阳修对石刻作用的肯定。

明清文人刻石兴趣后来居上，留作之多难以胜数，如桂林石刻，从市内存留石刻看，《桂林石刻总集辑校》一地所载石刻一千七百多件，其中明清两朝人作品就多达近九百件，明代的诸位靖江王、王室成员、宦官傅伦、陈彬，以及其他靖江府官员，清代阮元、康有为等在桂林时，游一山刻一石，甚至一山刻数石，送别、宴饮、游乐、聚会、讲学等，所到之处皆自刻为文纪念。

石达开等人唱和诗，宜州

---

① 欧阳修：《欧阳永叔集》卷44，商务印书馆1936年版，第76页。

因文人喜欢刻碑，随时刻石，随处刻石，石刻成为最及时的传播方式，为推广普及文学做出了重要贡献。日人内山精也认识到石刻的这种属性说："对北宋中期以降的士大夫来说，将诗歌刻石已经不是一种特别的行为。对他们而言，石刻媒体决不是一种与己无关的疏远的媒体，而可以说是能够马上将新创的作品登载出来的与己切身相关的媒体之一。"①

在古代，对于一般人而言，本无公开而广泛的专门的发表园地以推广自己的作品（政府公文是例外），若一定说有公开发表，最多也只能是通过在朋友圈子内的唱和相互抄写传阅进行推广，那范围也毕竟是有限的。如要在更广的范围发表，则需等到结集刻板，书商参与其事的时候，应该是作品创作完成很久以后的事了，流行最早的文集也要到作者晚年方能总其成。如柳宗元临死前写信给好友刘禹锡，将遗稿托付刘禹锡编成柳宗元集②，朱熹为好友张栻编订文集，吕祖俭为其兄吕祖谦编订文集等也是这样。而到有人结集出版之时，作者的许多作品早已遭有意无意间丢弃。况且又并非所有的人、或者所有的作品都能为书商青睐，都有人编订文集。比较而言，文章即成即刻的石刻，自然成为传阅推广的最及时、最便捷、最广泛的方式和途径，这也是作者喜欢将自己作品刻石的原因。

第三节 开放而广泛的传播方式

史上文学传播方式，石刻以独有的形式向天下所有人开放，是最开放之一种。

一是地点开放。

---

① ［日］内山精也《"东坡乌台诗案"考》，《传媒与真相——苏轼及其周围士大夫的文学》，上海古籍出版社 2006 年版，第 246 页。

② 刘禹锡：《河东先生集序》云："病且革。留书抵其友中山刘禹锡曰。我不幸卒以谪死。以遗草累故人。禹锡执书以泣。遂编次为四十五通。行于世。"（柳宗元：《柳河东集》，上海人民出版社 1974 年版）

石刻与其他载体比较，因为可以经受风雨与时日，不易损毁，所以多是被人建在野外或者室外。通常而言，除了墓志埋铭，一般的石刻都没有刻意的遮蔽。墓碑矗立在田野，佛、道碑置身在庙宇道观，经籍碑在学宫，而文学性最强的诗词与记游之碑往往依从游览胜地而生，依山摩崖最为例程。集中的发生多在要津通衢、名山大川等游览胜地，或宗教活动集中之地。如陕西汉中的褒斜道、户县的重阳宫，湖南的浯溪，河南的洛阳龙门，福建的武夷，广东的肇庆七星岩，桂林的龙隐洞、龙隐岩、象鼻山、虞山、南溪山，宜州的南山寺、北山寺，融水的老君洞，山东的曲阜孔庙等地。

　　地点的开放性，再大一点说就是体现在地域的开放。据今日所知，在我国境内，石刻无处不有，可以说，凡有人迹到处即有石刻的存在。

　　二是向作者的开放。

　　在传统的意义上，因有笔墨纸砚等条件限制，只有文人才可以为作者，才有条件有意愿为作者，常人无条件也并不会有此想法。石刻因石头的易得，人人可任意刻画，不计成本，不受限制，所以人人可信手成篇。我们见到的善男信女如衲子羽流所做造像记、山川洞穴的众多游览人题记题名之类属此。比如洛阳龙门魏晋以来的摩崖石刻，安阳万佛沟的隋唐摩崖石刻，桂林西山的唐宋摩崖石刻等，作者多是一些妇孺与村叟。这些人的刻石文字虽然严格说来或算不上文学作品，但也不可遽然将其与文学割裂。如桂林西山有唐朝陈对内造像记"弥陀佛"三字，下题作者姓氏与日期。从"弥陀佛"三字似已可见造像者对佛的虔诚音容。更多的是大量的粗通文墨之人，他们也并未要做文人，或者也未想借石刻欲流芳百世，只是偶然心血来潮，激情迸发，题下字句。如桂林曾公岩有民国抗日战士张壮飞1939年抗日负伤留桂养伤纪念题写的"男儿卫国沙场死，马革裹尸骨亦香"等，便有十足的文学意味。这些人的参与，甚至作者本人文学修养并不一定高深，有可能即是文盲，但并不妨碍偶然的文学激情，这就最大限度地壮大了文人的队伍，丰富了文学园地，使人皆可为作者，人皆可留文名，对文学的教育与传播也皆在其中了。实际上这其中也确实多有文名不章，但文作却甚感人者，如民国27年

(1938)夏禹在龙隐岩外摩崖词作《水调歌头·哀角起燕蓟》抒发对日寇入侵的愤恨之情:"哀角起燕蓟,胡馬挫江淮,廿年屈志和虏,愤慨亦悠哉。今日同仇薄海,自问书生无用,山水浪形骸。极目凭栏处,关塞莽然开。又何事,销壮齿,转飞蓬,道傍苦李犹是,白石岂忘怀。苔剔丰碑三将,蔓抉名言《五瘴》,规抚歌安排。歌阕唾壶缺,云气绕高台。"①述古道今,读来让人扼腕,让人振奋起打败日本侵略者的精神。

向作者的开放又体现在对作者创作与发表的时空开放。在古代,文人多为官员,或者说官员即为文人。这些人或升迁宦游,或贬谪流离,或旅游踏勘,足迹遍及天下,所到随处都成为他们的发表园地,石刻成为他们书写情志的最佳方式。作家可以本地刻石,也可以异地刻石,其实,石刻文字除了墓碑或一些特定的碑,大多数都是游历外地者所留。如韩愈贬潮州,柳宗元贬永州、柳州,欧阳修贬夷陵、亳州、知蔡州,苏轼贬黄州、惠州、儋州,都有石刻流传。此时作者远离权力中心,平日的一些禁忌可远抛脑后,创作思想得到解放,尽情地抒写胸怀,留下真实的自我。如桂林会仙岩有明人《朱规□槐庵和庵刻像并诗》:"笑傲云林景物幽,衣冠不减晋风流。间关黄鸟调□□,远近青山□□头。无分功名缘国禁,自娱诗酒足乐谋。会仙岩集诸英俊,还拟当年数尔游。"写出了王子王孙对国禁的不满。

作者未到之处,许多人也借友朋之手或其他因由刊刻作品,如李靖在广西藤县、北流有《上西岳书》②,朱希颜在桂林龙隐岩跋刊石曼卿董希文等十六人在巨鹿钱行的题记等。前代的优秀作品也被后人在各处不断重刻,如欧阳询书行书《九歌》刻于丰州、润州(《钦定续通志》卷一百六十七《金石略》一),魏明帝曹叡在国子堂前刻魏文帝《典论》③,苏轼在西安彭泽书《归去来辞集诗》又刻于彭泽④,浙江宁波象山县有黄庭坚书《赤壁赋》(《天

---

① 杜海军辑校:《桂林石刻总集辑校》,中华书局2013年版。
② 凡引广西石刻均见杜海军辑校《广西石刻总集辑校》,社会科学文献出版社2014年版。
③ 《太平御览》引《西征记》曰:"国子堂前有列碑……有魏文《典论》立碑,今四存二败。"(《太平御览》卷五百八十九)
④ 王昶:《金石萃编》卷138,《续修四库全书》第890册据清嘉庆十年同治钱宝传补修影印本,上海古籍出版社2002年版,第425页。

下金石志》卷下），江西饶州有赵孟頫书《赤壁赋》（《天下金石志》卷下），吉安有苏轼书欧阳修《醉翁亭记》（《金石林时地考》卷下）等。更有如岳州有宋滕谅《岳阳楼古今诗》（《天下金石志》卷下）①，宋湘潭有《草衣岩诗刻》（《六艺之一录》卷九十六），永州有《火星岩石壁题字》（《八琼室金石补正》卷九十九）等。

李靖上西岳书，玉林

　　向作者的开放，使得文学突破了地域的限制，突破作家心理的限制、身份的限制，作家的人群构成也因此多样化。随着作家人群的多样化，参与创作的人群的更壮大，文学作品在不同地区不同朝代或时段的刊刻，对文学发展发挥了最大最深入的影响，结果就是我们看到在一些大山岩壁、岩洞的名人石刻之后，常有后人步韵唱和，这是文学传播的主要力量，给

---

① 滕谅，本《天下金石志》，或当为滕宗谅，即滕子京。

今日留存了大量的佚名作品、纸本不载的作品，也让我们看到历史上更多的作家。

三是向读者的开放。

石刻由于存在空间的开放，对于天下读者具有完全的开放性，突破了政治地位、文化地位与经济地位的限制。历史上从纸本文献或其他载体的文本看，由于制作的不易，似乎只有富人、文人或官员方有条件接受文学教育的可能，其他人因获得教育以及经济条件的限制，甚至人为的限制等，多是无条件接触文学甚至文字的。石刻的存在使得本来就是为传播、为人们观看而作，并不是如今人将古名碑刻视为圣物典藏，束之高阁而秘不示人。所以，这些石刻面向的是天下所有的人，不分男女、不分地域、不分贫富、不分愚智与老幼，皆可以欣赏石刻，接受石刻的教育，桂林孙二身为石匠能作文（顺治十七年）就是一个很好的例证。

石刻又因存世久远，能突破时间限制而传播，成为后人接受前人文学教育的方式之一。如祢衡于章陵见蔡伯喈所作石碑，因叹其好，而过目不忘。韦绚撰《刘宾客嘉话录》记载欧阳询行见索靖所书古碑，驻马观之良久方去，数百步复还，以至于布毯碑下坐观，甚至因宿其傍三日方去。诗仙李白遍游天下，每到处多有读碑的记录，如在襄阳有《襄阳曲四首》云"莫观堕泪碑"，在会稽有《送王屋山人魏万还王屋》"笑读曹娥碑"，在当涂读碑有《陵歊台》，又作《溧阳濑水贞义女碑》《天长节使鄂州刺史韦公德政碑》《比干碑》《武昌宰韩君去思颂碑》《虞城县令李公去思颂碑》。直到今天，我们依然还可以超越时间，直接读到先秦至今各代各朝的石刻文字，这是对更大的读者群的开放。

石刻传播文学的开放性，使得石刻成为受众最多、影响最广、最深入人心的，也是最有效的文学传播方式，是天下作者、读者最喜闻乐见的文学传播方式。被尊为西方"媒介决定论"开山祖师的加拿大人哈罗德·伊尼斯著《传播的偏向》曾称石头是"某种媒介可能更加适合知识在时间上的纵向传播，而不适合知识在空间中的横向传播，尤其是该媒介笨重而耐久，不适合运输的时候"①，而石刻传播的开放性却正是其适合于横向传播的明证，无论从作者的角度与读者的角度似乎都可作如是观。

我们以上从三个方面论述了石刻对文学传播的贡献，可以看出，石刻对文学的传播具有其他传播形式不具备的特点，是优势。正是这种传播，促进了人们文学观念的成长、扩大了文学存在的范围、培育了文学家、延续了文学作品的生命，推动了文学的发展与繁荣。通过石刻，我们可见作家之行迹、可见文体之演变、可亲先贤之遗泽，一言以蔽之，可以追寻文学发展之轨迹，即此而言，石刻在文学史的研究中应该得到充分的肯定。正是因此，历代文人都注意到石刻的作用的发挥。苏轼得其友寄赠近作主张刻石，"（鲜于）子骏以其所作《八咏》寄余，余甚爱其诗，欲作而不可及，乃书其末，以遗益昌之人，使刻之石，以无忘子骏之德"。陆游《入蜀记》云："赴郡集于倅廨中，坐花月亭，有小碑，乃张先子野'云破月来花弄影'乐章，云得句于此亭也。"（《入蜀记》卷一）周必大《跋胡邦衡奏札稿》云："其孙知邕州槻将刻石传远，见属一言。"（《文忠集》卷五十）邹恭咸淳丙寅年行经郴州苏仙岭，有感于秦观《踏莎行》"桃园望断知何处"句，"乃命工以其词镌之石壁，当与此景同传不朽云"。② 这是宋人对石刻传播功能的肯定。

第四节　拓片与石刻传播的延伸

石刻以石易于获取、经久耐用、宜于存放的独有载体特点，得到媒介需求者的青睐，在我国被长期而广泛地使用。③ 石刻可以借助其不易腐朽的坚硬品质，在延续的时间上获取最大的传播效益，如山东邹城北周大象元年刊铁

---

① ［加］哈罗德·伊尼斯著：《传播的偏向》，何道宽译，中国人民大学出版社 2003 年版，第 27 页。
② 《八琼室金石补正》卷 121，《石刻史料新编》，台湾新文丰出版公司 1982 年版，第 5964 页。
③ 参见杜海军《论石刻对文学传播的贡献》，《陕西师大学报》2015 年第 5 期。

山摩崖石刻《匡喆刻经颂》所说"缣竹易销，金石难灭，托以高山，永留不绝"。① 但，正如万事万物都有其不足一样，对于传播而言，石刻也一样有其缺点。石刻因它的固定性质或者笨重而硕大的体量不便移动，使得它的传播功能受到几乎是绝对的限制，那就是石刻一旦产生，它的传播结果，便几乎只能在一定的空间范围内被动地发生，必须等待客体前来自动接受才可以实现。然而，考察石刻发展历史，其曾经产生的功效又是显而易见的，如墨子已经受惠于石刻，他的《兼爱下第十六》说："今若夫兼相爱、交相利，此自先圣大王者亲行之，何知先圣大王之亲行之也？子墨子曰：'吾非与之并世同时，亲闻其声、见其色也，以其所书于竹帛，镂于金石，琢于盘盂，传遗后世子孙者知之。"② 从墨子述说的"镂于金石"看，似乎金石文化在其接受的教育过程中发挥了重大影响，这样，石刻的传播又并非接受者一定亲自面临石刻的记诵。考察所知，石刻的传播方式大概有心记、口诵、传抄、拓片等。比如《世说》载曹操与杨修行军曾读曹娥碑。《三国志》载王粲与人共行，读道边碑，人使背诵，不失一字。邓艾随母至颍川，因读陈实碑文"文为士范，行为士则"，遂改名曰"范"，字曰"士则"。祢衡于章陵见蔡伯喈所作石碑，因叹其好，而过目不忘。韦绚撰《刘宾客嘉话录》记载欧阳询行见古碑，由索靖所书，驻马观之良久方去，数百步复还，以至于布毯碑下坐观，甚至因宿其傍三日而去。又邵博记载说到石刻口耳相传的事："傅献简与杜祁公取未见石刻文字二本，皆逾千言，各记一本。祁公再读，献简一读，覆诵之，不差一字。祁公时年逾七十矣。光禄丞赵枢在坐见之。"③《后汉书》记载石刻的传抄如《熹平石经》："熹平四年……邕乃自书册（丹）于碑，使工镌刻立于太学门外。……及碑始立，其观视及摹写者，车乘日千余两，填塞街陌。"④ 在石刻的诸种传播方式中，历史上最有效、最准确、最流行的自然要推拓片。

拓片的制作，在我国石刻发展过程中或有着近两千年的发展历史，它是

---

① 毕沅、阮元：《山左金石志》卷10，嘉庆刻本，第25页。
② 朱越利校点：《墨子》，辽宁教育出版社1997年版，第34页。
③ 邵博撰，刘德权、李剑雄点校：《邵氏闻见后录》，中华书局1983年版，第155页。
④ 范晔：《后汉书》，中华书局2011年版，第1990页。

把纸张覆盖在镌刻好的石制作品面上，通过敲击、着色等过程，将石刻字迹原形、规模复制在纸张之上，形制脱胎于石刻，成为石刻的复制品，近于真迹，人谓"下真迹一等"，既有文献价值，也有文物价值，亦具观赏价值。拓片又因轻薄，易于携带，易于收藏，易于在不同的地域流布推广，从而弥补了石刻在传播方面的被动不足，为文化传播做出贡献。

欲论拓片弥补石刻文化的传播贡献，先须从拓片的兴起说起。关于拓片的兴起，可追溯甚久，有可能是随着石刻的诞生而诞生，但后世一般认为产生在汉代。如范文澜即如此认为："刻石技术却愈益普遍而精工，好字因好刻得保存于久远，并由此发现摹拓术。班固学李斯书法，许慎学李斯，甚得其妙，蔡邕学李斯，工篆书。似东汉时已有李斯刻石的拓片。"① 拓片产生后，至晋朝已很讲究拓片技巧，唐窦臮《述书赋》以为晋人已经讲究拓片制作时的力度："季初（晋人杨肇）则隐姓名，展纤劲，写揭共传，赏能之盛。"② 至南朝时的拓片记录更论拓片用纸的讲究，萧梁时中书侍郎虞和《临书表》说到梁时揭本用纸张："由是揭本悉用薄纸，厚薄不均，辄好皱起。"也显示了拓片历史的进步。《隋书》记载南朝的石刻成就尤多，《碑集》以下总数在270卷之多。③ 如此多的著录应该是拓片存在的反映。又《隋书·经籍志》载熹平石经有云"其相承传拓之本，犹在秘府"的记载④，该说是隋代多存拓片的印证。

以上从汉说到隋，已经见拓片发生之规模，而今日依然还能见到的最早

---

① 参见范文澜《中国通史简编》（修订本第二编），人民出版社1964年版，第258页。又见施蛰存说："在《隋书·经籍志》中著录了《秦皇东巡会稽刻石文》一卷，还有《一字石经》周易、尚书、鲁诗、仪礼、春秋等三十四卷，又有《三字石经》尚书、春秋等十七卷。这些都是梁朝宫中遗留下来的残余。我们似乎可以肯定，它们都是拓本，而不是影写本。然则，南朝在齐梁时，大约已用纸墨拓碑了。"（施蛰存著，《金石丛话》，中华书局1991年版，第14页）拓片的产生应具备两个前提条件：一是要有金石等雕刻物的存在；二是要有纸张的使用。金石等雕刻物远可以追溯到先秦，而纸张却只可以追溯到西汉，如"罗布淖尔麻纸"1933年在新疆罗布淖尔汉代烽燧遗址出土（张树东等《简明中华印刷通史》，广西师范大学出版社2004年版，第44—45页）。因此，拓印术的出现肯定是汉代以后的事情。

② 窦臮：《述书赋》卷上，影印文渊阁《四库全书》本。揭与拓有时所指制作形式不同，但所得作品结果近似，这是学界熟知的。

③ 《隋书》第4册，中华书局2011年版，第1086页。

④ 同上书，第947页。

拓片文物是发生在唐代。

　　在唐代，拓片制作之事很是普遍，时称拓本或"打本"。窦蒙（贞观年间人）注《述书赋》云："周宣王猎碣十枚，上有篆文，今见打本。"李肇《国史补》也记载说："德宗在东宫，雅知杨崖州。尝令打李楷洛碑，钉壁以玩。"唐代诗人王建《原上新居》有"古碣凭人拓，闲诗任客吟"句，见当时拓片制作的普及。唐朝有拓片的记录较前朝记录要多且描述具体。如韦应物对拓片制作过程有一段非常形象化的描述，作《石鼓歌》云："今人濡纸脱其文，既击既扫黑白分"，描写了拓片的制作过程（《韦苏州集》，卷九，韩愈应该是看过石鼓文拓片的）。张彦远《书法要录》载《梁中书侍郎虞和论书表》中描述"搨书悉用薄纸，厚薄不均，辄好绉起"，写出了制作拓片的纸张要求。杜甫的《李潮八分小篆歌》"峄山之碑野火焚，枣木传刻肥失真"，写出了拓片的字形因碑之状况而不同。他如西安碑林所藏唐代《尊胜陀罗尼经幢》碑最后一行刻着"元和八年八月五日女弟子那罗延建碑打本散施，同愿受持"①。拓片普撒民间，因此，至今还可见到唐朝的拓片存世。现存于世的最早的拓片实物众推为唐太宗书《温泉铭》，该拓片在清道光年间于敦煌石窟发现，上有题记"永徽四年八月围谷府果毅儿"等字。"永徽"是唐高宗李治的年号，因此可以断定为初唐时物，是拓片发展史上的活化石。② 同时还发现了欧阳询书《化度寺邕禅师合利塔铭》拓片，柳公权书《金刚经》拓片，现均流落国外。③ 国内的藏拓，故宫博物院有《唐新集王金刚般若波罗蜜经》、北京文博研究所所藏《汉武梁画像题字》均是著名的稀有之物。唐朝拓片实物的存在与显现的成熟，告知我们拓片至迟在唐前已经发展很好，若从《墨子》说"金石"算起，至今也有两千五百年了。

　　拓片技术产生以后，拓片的传播活动亦即展开，大概在横向与纵向两个方面。横的方面是说传播的地域与人群范围，纵的方面可以说是传播的时间延续。

---

① 施蛰存：《金石丛话》，中华书局1991年版，第14页。
② 《温泉铭》在光绪二十六年（1900）由道士王圆箓在敦煌鸣沙山千佛洞发现，为法国人伯希和得去，现藏法国巴黎图书馆。
③ 刘硕识编著：《拓片制作与欣赏》，上海书店2002年版，第2页。

一 拓片的横向传播

从横向传播而言，就地理范围看，无论石刻在何处，有人在的地方就会有拓片的流传，千山万水不能成为阻隔因素，边区如西藏的、新疆的、黑龙江的、内蒙古的、台湾的拓片，都经过各种方式离开产地，远播他方，在社会角角落落通过多种方式进行，更别说文化繁荣地区。传播所起，第一种方式是，文人因便自行于所见之地拓制搜集。如宋人胡仔过零陵淡山岩，"因见李西台、黄太史诗刻，爱其词翰双美，因搨墨本以归"①。金人赵秉文《宝墨堂记》记仆散公搜罗拓制说："自公壮时驰驲往来于燕秦齐晋之间，闻有石刻，虽深山旷泽，必命赍藤楮作墨本以归，以是裒金石遗文，仅千余卷，兵火散亡几三之二，犹掊拾而不已也。暇日筑堂于私第，榜之曰'宝墨'。"②

第二种方式是馈赠。作为一种学术文物或者说书法艺术成果，拓片常被视为赠品，流通在各类人群之间。如唐代虞世南贞观七年曾进献自撰自书《孔子庙堂碑》拓片与李世民，并因之得到特赐"王羲之黄银印一颗，世南表谢"③。此碑刻成之后，清人杨宾又记"仅拓数十本，赐近臣。未几，庙火而石煨烬"④。开元中玄宗命殷仲容摸搭吴季子墓铭⑤，宋代"皇祐三年……诏墨器窦以赐宰执"⑥。这是帝王与臣子间的以拓片为赠。古时文人四处做官，凡到处有石刻，往往也拓送与各地亲友。欧阳修作《集古录》所辑录拓片多来自朋友相赠，《集古录》卷一说"余家《集古录》自周武王以来皆有者，多得于原父也"，又说唐《中兴颂》得自西京留台御史李建中家，还跋《后汉殽阮君神祠碑》说"庆历中，枢密直学士施君为陕西都转运使，为余模此本"。当然，欧阳修也说到他自己以拓片赠人，《石篆诗并序》称自己将李阳

---

① 胡仔：《苕溪渔隐丛话后集》卷32，人民文学出版社1981年版，第238页。
② 赵秉文：《滏水集·闲闲老人淡水文集》卷13，《四部丛刊》影印汲古阁本。
③ 虞世南奏草真迹中云伏蒙圣慈，以臣进呈孔子庙堂记石本，特赐臣晋右将军王羲之黄银印一颗，臣已祗受。(陈继儒《妮古录》卷三明宝颜堂秘籍本)此事多种金石著述有记。
④ 杨宾著，柯愈春点校：《大瓢偶笔》，浙江人民美术出版社2012年版，第77页。
⑤ 欧阳修：《集古录》，李逸安点校《欧阳修全集》第5册，中华书局2001年版，第2256页。
⑥ 翟耆年：《籀史》，《守山阁丛书》本。

冰篆《庶子泉铭》拓片赠梅圣俞、苏子美,并赋诗一首。赵明诚作《金石录》所用拓片也多来自朋友,自称"余自少小喜从当世学士大夫访问前代金石刻词以广异闻"。苏轼也多次说到与朋友的拓片互赠,《与黄洞秀才》云"寄示石刻,感愧雅意"。①《与鲜于子骏三首》云"伏辱手教并新文石刻等,疾读,喜快无量"②。《答贾耘老》云"寄示石刻,足见故人风义之深,且与世异趣也"③。黄庭坚同样多次谈拓片的赠予:"寄惠汤家石刻,多所未见,即与嗣文诸弟同玩之。"(《山谷集·山谷简尺》卷上)"张园小石刻今日方毕工,谩往一本。"④《答史子山书》:"寄惠石刻感戢,恨摹勒者非其人,不称显亲传后之意,亦是鄙文不足以行远。"⑤《答杨君三首》云"寄示石刻此方士人多欲得之,即分送矣"。⑥又有郭祥正《和项元师见遗柳书》,王十朋《子应赠蜀中石刻十卷,诗以谢之》等,都是谈的拓片流传问题,可见宋人拓片赠送的普遍性与频繁性。

宋代以后,文人间的拓片互赠更加流行,清代叶昌炽作《语石》《邠州金石录》搜录拓片一生,"或藉良友之馈贻,或烦属吏之供亿"⑦,说的是朋友的互赠。吴大澂贻书王懿荣,说:"石门访碑甚苦亦甚乐。……《永寿刻石》亦尚可保,先寄两份,亦野人献曝之意也。王远《石门铭》石缝凹凸不平,此次精拓一本,较旧拓尤多清朗。汉中城内宣纸甚少,遍购得五十余纸。三汉刻,一魏刻,可拓三份;以一份奉赠,一份寄簠斋,自留一份。……《西狭颂》《郙阁颂》《耿勋碑》诸刻,亦属石门拓工张懋功于明春二三月间往拓。所费较巨,吾弟必有一份。惟《仓颉庙碑》《唐公房碑》未能精拓,各检一份呈鉴。想尊藏必有旧本,无足取也。"⑧可见文人间的有拓必赠。

---

① 苏轼:《东坡全集》卷77,影印文渊阁《四库全书》本,上海古籍出版社1987年版。
② 同上。
③ 苏轼:《东坡全集》卷81,影印文渊阁《四库全书》本,上海古籍出版社1987年版。
④ 黄庭坚:《山谷别集》卷19,影印文渊阁《四库全书》本,上海古籍出版社1987年版。
⑤ 黄庭坚:《山谷别集》卷16,影印文渊阁《四库全书》本,上海古籍出版社1987年版。
⑥ 黄庭坚:《山谷老人刀笔》卷15,元刻本。
⑦ 叶昌炽撰,柯昌泗译:《语石 语石异同评》,中华书局1994年版,第62页。
⑧ 吴大澂:《吴大澂书札》稿本,第4册,国家图书馆藏。转自蔡副全《吴大澂石门、西峡访碑始末》,《书法》2015年第6期。

第三种方式是贸易。拓片是宋及以后历代文化商人的重要经营对象，商人甚至将其作为维持生计的一种主要手段。文莹撰《湘山野录》卷下记载欧阳修见自己所书碑为人拓片贱卖，很是气愤，责备僧秘演。秘演劝道："穷民售之，颇济其乏，岂非利乎？"①欧阳修竟无话可说。《冷斋夜话》卷二也记载有范仲淹劝书生卖拓片求生的故事，说："范文正守鄱阳，有书生献诗甚工，文正延礼之。书生自言平生未尝饱，天下之至寒饿，无在其右。时盛习欧阳率更字，荐福寺碑墨本直千钱，文正为其具纸墨打千本，使售于京师。纸墨已具，一夕，雷击碎其碑。故时人为之语曰：有客打碑来荐福，无人骑鹤下扬州。东坡作《穷措大》诗曰：'一夕雷轰荐福碑'。"荐福碑因成为重要的流行的小说戏曲创作采取的重要题材。还有记载说有人因拓片致富的故事，《却扫编》记载苏轼书碑在徐州，宣和末年，苏禁稍弛，而一时贵游以蓄东坡之文相尚，"有苗仲先者适为守，因命出之，日夜摹印，既得数千本……仲先秩满，携至京师，尽鬻之，所获不赀"。②

拓片借助商人活动流行在更广的人群之间，牟利是拓片流行的重要推动力。商人是重要中介，作为重要中介，学者都是因商人成为许多拓片主人。欧阳修称"《黄庭》别本续得之京师书肆，不知此石刻在何处"③，是说拓片得自商贾。张耒《读中兴颂碑》"君不见，荒凉浯水弃不收，时有游人打碑卖"，李清照赵明诚"每朔望谒告出，质衣取半千钱，步入相国寺市碑文"（李清照《金石录》后序）都是拓片的贩卖记录。这种记录史上汗牛充栋，其他还有周煇《清波杂志》记录其曾祖周種请王安石撰书《周氏世德碑》置于杭州西湖上，时号称二绝，"今在南山满觉院，客打碑而卖者无虚日"④。《诗人玉屑》与《渔隐丛话》皆引《潘子真诗话》云："俞紫芝，字秀老，喜作诗，人未知之。……弟清老亦修洁可喜，俱从山谷游。山谷所书'钓鱼船上谢三郎'一帖，石刻在金山寺，鸡林每入贡，辄市模本数百以归，亦秀老

---

① 文莹撰，郑世刚、杨立扬点校：《湘山野录 续录 玉壶清话》，中华书局1984年版，第59页。
② 徐度：《却扫编》卷下，影印文渊阁《四库全书》本，上海古籍出版社1987年版。
③ 欧阳修：《集古录》，李逸安点校《欧阳修全集》第5册，中华书局2001年版，第2310页。
④ 周煇撰，刘永翔校注：《清波杂志》卷5，中华书局1994年版，第231页。

词也。"①金人赵秉文《宝墨堂记》记仆散公（仆散安贞？）搜罗之勤之富说："公平生无所嗜好，独于法书名刻，宝之不啻珠玉，千金购求，必得而后已。"② 拓片获利促使书商时作赝拓，明人高濂《论帖真伪纸墨辩证》曾说"今之赝帖，多用油腊拓者，间有效法松烟墨拓，色似青浅，而敲法入石太深，字有边痕，用墨深浅不匀，浓处若乌云生雨，浅者如白虹跨天，殊乏雅趣"，又说"近有吴中高手，赝为旧帖，以竖帘厚粗竹纸，皆特妙也。作夹纱搨法，以草烟末、香烟薰之，火气逼脆本质，用香和糊，若古帖嗅味，全无一毫新状，入手多不能破"。③ 清人石刻拓片生意更为兴隆，李文藻《琉璃厂书肆记》载："桥以东，街狭，多参以卖眼镜、烟筒、日用杂物者。桥以西，街阔，书肆外，惟古董店及卖法帖、裱字画、雕印章、包写书禀、刻板镌碑耳。"④清人叶昌炽述其因商人购得拓片更多，有孔宙铭、孔君墓碣、礼器碑、孔彪碑、孔褒碑、百石卒史碑、熹平残碑等，最后以三十年所集得碑版大小九篚，打叠为四板箱，一皮箱，又一油布包大于牛腰。⑤

通过以上事例，不难想象商人对拓片传播发挥了多大的促进作用。

二 拓片的纵向传播

拓片的纵向传播，主要指其寿命时长的延展，这为拓片的横向传播提供了历史的保证，是石刻传播的重要表现形式。

石刻做成拓片后，得到人的宠爱，为其创造合适的存放环境，在人的关注下，若存放条件得当，甚至寿命可延续至几千年之久。如前云现存于世的唐太宗书《温泉铭》，即使从永徽四年（653）算起，至今也近一千四百年了。再如清代王澍《虚舟题跋》云："雍正六年裘鲁青云：见山东新城王氏所藏唐拓朱砂本《羲之圣教序》，朱色鲜艳，香气袭人，自首迄尾，丝毫无缺，

---

① 魏庆之：《诗人玉屑》卷18，上海古籍出版社1982年版，第404页。
② 赵秉文：《滏水集·闲闲老人淡水文集》卷13，《四部丛刊》影印汲古阁精写本。
③ 高濂：《遵生八笺》卷十四，影印文渊阁《四库全书》本，上海古籍出版社1987年版。
④ 李文藻：《琉璃厂书肆记》，见孙殿起《琉璃厂小志》，上海世纪出版集团2011年版，第76页。
⑤ 叶昌炽：《缘督庐日记钞》卷16，上海蟫隐庐石印本。

碑一册，跋三册，重十数斤，盖初刻成时进御者。"从贞观数至雍正也有一千多年时间，这比一般的石刻寿命都要长。

拓片的存在之久，又为石刻再生提供了可能，同样是延长石刻寿命的一种纵向传播。

石刻因暴露在大自然中或被风雨侵蚀，或遭受人为的损毁，经常于存世一定时间后会风化消解，或者即使存世，也将磨损而字迹残泐，难以卒读。此种情况下，后人通常以流传的相关拓片，重新镌泐，使得旧刻得以以近似原作生命的形式得到进一步延续。如传说为孔子所书的吴季子墓碑文，唐张从申记开元中玄宗命殷仲容模揭其本以传，后大历中润州刺史萧定摹刻于延陵庙中。又虞世南书撰的《孔子庙堂碑》刻成后，不幸遭火厄碑毁，幸宫中藏有拓片，武则天遂命以拓片重镌，得以为后人赏识。再如李世民《晋祠碑》原刻于贞观二十二年（648），至清代乾隆三十七年（1772）时，碑虽在，但文字大多已难辨识。鉴于此，太原知县周宽与杨二酉便请长于书法的杨育募钩旧拓上石重刻，至今与原碑并立，有如新镌。还有蔡京书写元祐党籍碑，碑成时原本竖立全国各地，因政治之故，当时被人为破坏。至南宋时期，元祐旧党饶节后人饶祖尧与沈千后人沈暐分别据拓片重新刻在今广西桂林的龙隐岩与融水的老君洞。特别是龙隐岩的《元祐党籍》驰名天下，人称是唯一留存的蔡书党籍碑。融水《元祐党籍碑》的镌刻者沈暐（元祐旧党沈千后人）这样说："暐幸托名节后，敬以家藏碑本镵诸玉融之真仙岩。"① 人识《元祐党籍》，这的确要归功于所留拓片。

又有一些石刻损毁，完全靠拓片延续在世间，如孙吴《六发神谶碑》在嘉庆十八年毁于火以拓片流传。②

拓片收藏家为拓片纵向传播也做出了贡献。在我国历史上有众多的拓片

---

① 杜海军辑校：《广西石刻总集辑校》，社会科学文献出版社2014年版，第126页。
② 阮元撰，邓经元点校：《揅经室集》三集，中华书局1993年版，第599页。

收藏家，动辄藏拓千件，然后代代相传，日积日富①。欧阳修搜录《集古录》自称已达千卷②，而赵明诚《金石录》目录则数大于两千（其中有少部分金文拓片）。至明清时代，王昶《金石萃编》录1500多件，陆增祥《八琼室金石补正》收3000多件。晚清叶昌炽称自己30年间购汉碑等大小9簏，打叠为四板箱，一皮箱，又一油布包，大于牛腰。至今全国各地的大型博物馆、图书馆，以及地方的小型图书馆、文物所等单位，多有拓片收藏，更是不计其数。据当代甘肃省古籍文献整理编译中心牵头整理的《中国金石总录》研究组自称，于全国范围进行了近四年的实地调研，标榜收录历代拓片约30万种。

三 拓片在石刻文化传播中的贡献

石刻制作为拓片，传播更为广泛便利而不受地点时间的限制，极大程度地在石刻传播的时间优势基础上进一步扩大了石刻传播的空间范围，延伸了石刻的时间寿命，同时，也加速了文化传播的速度，使其在我国文化进步的发展过程中发挥了独特的作用，对我国历史的文化发展贡献良多。

其一，拓片加速了文化传播的速度。在古代，受到生产力的限制，文化产品特别是文字类产品的生产速度慢、复本数量、总量少，因此，也影响到其传播的速度。石刻的发展，催生了拓片这一文本形式，生产速度提高，也方便了携带与阅读。凡石刻产生，通常都会率先拓制几件以存文，有些名作则被用以贾利。如朱熹说到欧阳修《醉翁亭记》石刻："醉翁亭在琅琊山寺侧，记成刻石，远近争传，疲于模打……凡商贾来供施者，亦多求其本。僧

---

① 包世臣：《书黄修存藏宋拓庙堂碑后》说自己搜得宋拓："余前得南宋库装王覆本，北宋拓者，已见见永兴嗣法大令之血脉所在。后其本归闽中伊氏，廿余年思之不置。是本乃南宋冥拓，纸墨虽劣，而格致如一，可珍也。"（《艺舟双楫》卷6，祝嘉编《艺舟双楫 广艺舟双楫疏证》卷六，巴蜀书社1989年版，第115页）

② 欧阳修说："盖自庆历乙酉逮嘉祐壬寅，而得千卷。"（《与蔡君谟求书集古录序书》《欧阳文忠公文集》卷69）藏千件的学者在宋代已经有些，如洪适、王象之、胡戢（晁补之《鸡肋集》："藏书万卷，集古今石刻又千卷"卷66、《苏门居士胡君墓志铭》）、章綜（《宋故左朝请大夫直龙图阁章公墓志铭》："集古今石刻千卷。"孙觌《鸿庆居士集》）、李丙（《李仲南集古序》："采撷衷积越二十年，而天下闲碑名迹举集其门，起夏后氏，竟五季，著录千卷。"（吕祖谦《东莱集》卷6）等等。

问作何用,皆云所过关征以赠监官,可以免税。"① 这样,文字产品通过拓片形式快速化身千百,再经过商旅官宦众人之手携至不同的地区,提高了文字产品的生产速度与产量的同时,自然也就加速了文化流通速度。甚至也有学者以为,拓片推动了我国印刷术的进步,说拓片是我国最初形式的印刷,开启了我国印刷术技术之门。张秀民《中国印刷史》这样论印刷的起源:"北魏、北齐的造像碑,出现了阳文方格大字……梁萧景(卒532年)的神道石柱,也是反写反刻的。因为有了这种阳文与反写的习惯,这就给雕版印刷带来有力的启示。而六朝以来拓碑,又可说是印刷术的先驱。"② 若从张秀民之角度论拓片的文化传播贡献,更能看出拓片对文化传播的贡献。罗振玉在《窓斋集古录·序》也是这样认为:"唐以前无雕版,而周秦两汉有金石刻,雕版以前之载籍也。"罗振玉所言,明确地肯定了金石文字是雕版以前的"古书"。这一见地,从中国图书发展史角度来说无疑具有肯定意义。碑代表一种印刷文化,指碑本身实际上是一种"印刷模子",其拓片的流传,就是其"印刷模子"功能的体现,这是拓片的最显著贡献。

其二,拓片促进了书法艺术的推广与进步,凡书家无不知此理。书法是我国优秀的文化遗产,历史上成为学书者模仿对象之作,多为来自摩崖丰碑的拓片,如三老日记、校官之碑、鲜于璜碑、爨宝子碑之类,被称为碑学。书学研究史论书学发展无不从碑石论起,如康有为的《广艺舟双楫》论书法便以《尊碑》为名,且全书始终是以碑为论,将史上名碑悉数列出。

历史上的书法家也无不从学碑而起,看唐代书法家可知。阮元《颜鲁公争座位帖跋》说:"唐人书法多出于隋,隋人书法多出于北魏、北齐,不观魏、齐碑石,不见欧、褚之所从来。……即如颜鲁公楷法,亦从欧、褚北派而来,其源皆出于北朝……试观北魏张猛龙碑后有行书数行,可识鲁公书法所由来矣。"③ 宋人作书也甚重拓片,如苏轼《孙莘老求墨妙亭诗》云"峄山

---

① 朱熹:《晦庵朱文公文集》卷71,第23页,《四部丛刊》影印明嘉靖本。
② 张秀民:《中国印刷史》,上海人民出版社1989年版,第11页。
③ 阮元、邓经元点校:《揅经室集》三集,中华书局1993年版,第599页。

传刻典刑在,千载笔法留阳冰"等。康有为论清末书法也主要说碑的影响:"率更贵盛于嘉道之间,北碑萌芽于咸同之际,至于今日碑学益盛,多出入于北碑率更间,而吴兴亦蹀躞伴食焉。吾今判之,书有古学有今学。古学者晋帖、唐碑也,所得以帖为多。凡刘石庵、姚姬传等皆是也。今学者北碑汉篆也,所得以碑为主,凡邓石如、张廉卿等是也。"① 当代书法家祝嘉著《书学史》,其自序中谈到自己的学书历程,说"自十九年冬,遂访购古碑多种,每晨起必展玩临摹焉"②。当然,所谓"碑",肯定是说的拓本,不可能每一个人都去亲拜石刻之下,或者买一些笨重的石头至家,除非例外。

其三,拓片促进了金石学事业的发展,甚至可以说拓片直接刺激了金石学的产生。从历史发展的长久与存量看,从研究著述看,金石学讨论的主要部分都是石刻,讨论石刻的字形、石刻的文字演变、石刻书法艺术、文献价值、文物价值等。石刻自先秦发生以来便为学者重视,从司马迁的《史记》、郦道元的《水经注》到《隋书》的著录,但是,都没能因之将石刻促成为一门真正为人关注的专门之学,只有到了宋人欧阳修的《集古录》成,人们才肯定了金石学的诞生,如朱剑心《金石学》所说:"至宋刘原父、欧阳公起,搜集考证,著为专书,而学以立。更经吕大临、王黼、薛尚功、赵明诚、洪适、王象之诸家,而学乃臻于至盛。"③ 这些人的著述基本都是以著录研究石刻拓片,或录拓片全文为务。欧阳修在其著作里也谈到拓片问题,跋《后汉武班碑》云:"后得别本,模搨粗明,始辨其一二。"又跋《揭阮军神祠碑》云:"施君为陕西都转运使,为摹此本。"又《跋大唐中兴颂》云:"模打既多,石亦残缺。"这里的模、搨、摹、打,均指从碑石上打取拓片。宋代以后,经元明至清代乾嘉期间,同类著述日繁,金石学成为显学,拓片的存在是其基础。

其四,拓片促进了文学的繁荣。

---

① 康有为:《广艺舟双楫》,《体变第四》。(祝嘉编《艺舟双楫 广艺舟双楫疏证》,巴蜀书社1989年版,第195页。)
② 祝嘉:《书学史》,成都古籍书店1984年版,第1页。
③ 朱剑心:《金石学》,商务印书馆1940年版,第1页。

第六章　石刻之文学传播方式与贡献

　　石刻在文学史的进步中发挥过重要的促进作用①，拓片作为石刻形式的延伸，如今之纸本图书，成为文人获取文本的重要途径之一，如杨万里得欧公诗、陆游得荆公诗皆借拓片②。拓片也成为文人喜欢阅读的对象，高翥《恭跋思陵宸翰拓本卷后》："淡黄越纸打残碑，尽是先皇御赐诗。白发内人和泪读，为曾亲见写诗时。"③ 这都进一步扩大了石刻促进文学进步的力度。

　　拓片促进了文学的繁荣，一是拓片存文之旧，积累日富。如黄静跋潘阆《逍遥词》云："潘阆，谪仙人也……而篇章靡有存者，《酒泉子》十首，乃得之蜀人，其石本今在彭之使厅。"④ 这是文献学之功。二是在于唐宋以后，由于金石学的发展，文人间赠拓片成为雅事，成为一种最基本的文学交流形式。前面说到欧阳修将李阳冰《庶子泉铭》拓片赠梅圣俞、苏子美。苏轼说黄洞秀才寄示石刻，贾耘寄示石刻。黄庭坚《答史子山书》《答杨君三首》说到"寄惠石刻"等，都说的是拓片互赠。拓片的互赠促进了文学的交流，文人因拓本欣赏锦绣文章，激起创作的激情，创作出新的作品，促进了文学创作。如韩愈《石鼓歌》："张生手持石鼓文，劝我试作石鼓歌。"王安石《董伯懿示裴晋公平淮右题名碑诗用其韵和酬》，张耒《读中兴颂碑》"谁持此碑入我室？使我一见昏眸开"⑤。王十朋《明庆忏院》诗序："明庆忏院上方地爽而幽，盖精篮之胜也。予因会友托迹于其间，一日探囊中，得石刻诗一本，乃王瞻叔国博先生题台人秀野堂也。摹写景物颇类于此，因置之壁间，意有感触，遂借其韵。"⑥ 一般而言，能够上石，一定是有一定文品的，如《邵氏闻见后录》记载："吕微仲丞相作《法云秀和尚碑》，丞相意欲得东坡书石，不敢自言，委甥王说言之。东坡先索其稿谛观之，则曰：'轼当书。'

---

　　① 参见杜海军《论石刻对文学传播的贡献》，《陕西师范大学学报》2015年第5期。
　　② 杨万里：《跋欧阳文忠公秋声赋及试笔帖》云："六一先生墨妙每见石刻，未见真迹也。"（杨万里《诚斋集》卷99）。陆游《跋荆公诗》说："右荆公手书诗一卷。前六首赠黄庆基，后七首赠邓铸，石刻皆在临川。淳熙七年七月十七日，陆某谨题。"（《陆游全集校注·渭南文集校注》，浙江教育出版社2011年版，第161页）。
　　③ 陈起编：《江湖小集》卷74，影印文渊阁《四库全书》本，上海古籍出版社1987年版。
　　④ 《善本书室藏书志》卷40，光绪二十七年钱塘丁氏刊本；《全宋文》第122册，第215页。
　　⑤ 张耒，李逸安等点校：《张耒集》，中华书局1990年版，第233页。
　　⑥ 王十朋：《梅溪王先生文集》卷8，第3页，《四部丛刊》影印明正统本。

盖微仲之文自佳也。"① 能够上石又被拓片，则多数又是石刻中的上品，如欧阳修《集古录》称赞《唐沈传师游道林岳麓寺诗》"诗亦自佳"，《大唐中兴颂》"文辞古雅"，《元次山铭》"笔力雄健，意气超拔"。可以说，人们能欣赏到石刻妙文，大多是借助于拓片，金石专著之成亦可为见证。

  以上拙文从多个方面论述了拓片对石刻文化传播的贡献，当然也是提要而言，其实拓片对石刻文化的传播贡献远不止以上所说，如前文言及佛弟子那罗延建碑打本散施，可见拓本对佛教文化的影响之类即是。拓片对石刻文化的传播有极大的贡献，让石刻得到更广泛的人群所知，论石刻的文化传播贡献，不可忘去拓片的存在，甚至论述整个文化史的发展也不可忘去拓片的存在。

---

① 邵博：《邵氏闻见后录》卷15，中华书局1983年版，第116页。

参考文献

石刻著述

石刻总集

北京图书馆金石组编：《北京图书馆藏中国历代石刻拓本汇编》，中州古籍出版社 1989 年版。

新文丰出版公司编辑部编：《石刻史料新编》（第一、二、三辑），新文丰出版公司 1982 年、1979 年、1986 年版。

中国东方文化研究会历史分会编：《历代碑志丛书》，江苏古籍出版社 1998 年版。

国家图书馆善本金石组编：《先秦秦汉魏晋南北朝石刻文献全编》，北京图书馆出版社 2003 年版。

国家图书馆善本金石组编：《隋唐五代石刻文献全编》，北京图书馆出版社 2003 年版。

国家图书馆善本金石组编：《宋代石刻文献全编》，北京图书馆出版社 2003 年版。

国家图书馆善本金石组编：《辽金元石刻文献全编》，北京图书馆出版社

2003 年版。

国家图书馆善本金石组编:《明清石刻文献全编》,北京图书馆出版社 2002 年版。

(清)王昶:《金石萃编》,嘉庆十年经训堂刊本,《历代碑志丛书》,江苏古籍出版社 1998 年版。

(清)王昶:《金石萃编》,《续修四库全书》影印嘉庆十年刻同治钱宝传等补修本,上海古籍出版社 2002 年版。

(清)陆增祥:《八琼室金石补正》,吴兴楼氏希古楼刊本,《续修四库全书》,上海古籍出版社 2002 年版。

(宋)欧阳修,李逸安点校:《集古录跋尾》,《欧阳修全集》,中华书局 2001 年版。

(宋)洪适:《隶释》,《石刻史料新编》,新文丰出版公司 1982 年版。

(宋)顾蔼吉:《隶辨》,《石刻史料新编》,新文丰出版公司 1982 年版。

(明)都穆:《金薤琳琅》,影印文渊阁《四库全书》本,上海古籍出版社 1987 年版。

(明)赵崡:《石墨镌华》,《石刻史料新编》,新文丰出版公司 1982 年版。

(清)武亿:《授堂金石文字续跋》,《石刻史料新编》,新文丰出版公司印行 1982 年版。

(清)钱大昕:《潜研堂金石文跋尾》,《历代碑志丛书》影印清长沙龙氏家塾重刊本,江苏古籍出版社 1998 年版。

(清)吴玉搢:《金石存》,清函海本。

黄公渚选注:《两汉金石文选评注》,商务印书馆 1935 年版。

蔡美彪编著:《元代白话碑集录》,科学出版社 1955 年版。

陈垣编纂,陈智超、曾庆瑛校补:《道家金石略》,文物出版社 1988 年版。

杨殿珣:《石刻题跋索引》,商务印书馆 1990 年版。

周绍良、赵超等编:《唐代墓志汇编》,上海古籍出版社 1992 年版。

周绍良、赵超等编：《唐代墓志汇编续集》，上海古籍出版社 2001 年版。

毛远明：《汉魏六朝碑刻校注》，线装书局 2008 年版。

王新英辑校：《全金石刻文辑校》，吉林文史出版社 2012 年版。

地方石刻

（清）毕沅：《关中金石记》，《石刻史料新编》，新文丰出版公司 1979 年版。

（清）毕沅：《山左金石志》，嘉庆二年，小琅嬛仙馆刻本，《石刻史料新编》，新文丰出版公司印行 1982 年版。

（清）阮元：《两浙金石志》，《石刻史料新编》，新文丰出版公司 1982 年版。

（清）翁方纲、欧广勇、伍庆禄补注：《粤东金石略补注》，广东人民出版社 2012 年版。

（清）陈棨仁辑：《闽中金石略》，《历代碑志丛书》影印民国十六年菽庄丛书本，江苏古籍出版社 1998 年版。

（清）黄瑞撰：《台州金石录》卷五，嘉业堂刊本。

陕西省博物馆编：《陕西省博物馆藏石刻选集》，文物出版社 1957 年版。

高文，高成刚编：《四川历代碑刻》，四川大学出版社 1990 年版。

中国人民政治协商会议四川省委员会涪陵地区工作委员会编：《世界第一古代水文站白鹤梁》，中国三峡出版社 1995 年版。

李春安编：《北齐安道一摩崖石刻》，山东东平文化馆，山东李氏文化传媒有限公司 1997 年印刷。

广西博物馆等编：《中国西南地区历代石刻汇编》，天津古籍出版社 1998 年版。

曹腾騑、黄道钦主编：《广东摩崖石刻》，广东人民出版社 1998 年版。

黄荣春编著：《福州摩崖石刻》，福建美术出版社 1999 年版。

薛凤飞：《褒谷摩崖校释》，湖北人民出版社 1999 年版。

西安碑林博物馆编：《西安碑林博物馆》，陕西人民出版社 2000 年版。

车长森等编：《焦山碑林名碑鉴赏》，黄山书社 2001 年版。

吴光田、李强编：《邯郸碑刻》，天津人民出版社 2002 年版。

肖纪龙、韩永：《北京石刻撷英》，中国书店 2002 年版。

刘培桂编著：《孟子林庙历代石刻集》，齐鲁书社 2005 年版。

柏乡县人民政府编著，史云征、史磊主编：《河北柏乡金石录》，文物出版社 2006 年版。

姚天国主编：《武当山碑刻鉴赏》，北京出版社、北京美术摄影出版社 2007 年版。

李仁清编：《中国北朝石刻拓片精品集》（上下册），大象出版社 2008 年版。

陶勇清主编：《庐山历代石刻》，江西美术出版社 2010 年版。

阳山县韩愈研究会编，刘英杰主编：《阳山县韩愈遗墨历代景韩诗石刻拓片集》，大众文艺出版社 2010 年版。

冯岁平：《石门十三品》，西安地图出版社 2010 年版。

汪楷主编：《陇西金石录》，甘肃人民出版社 2010 年版。

南京市文化广电新闻出版局编著：《南京历代碑刻集成》，上海书画出版社 2011 年版。

孙勐编：《北京佛教石刻》，宗教文化出版社 2012 年版。

刘兰芳、刘秉阳编著：《富平石刻》，陕西出版传媒集团、三秦出版社 2013 年版。

杜海军辑校：《桂林石刻总集辑校》，中华书局 2013 年版。

杜海军辑校：《广西石刻总集辑校》，社会科学文献出版社 2014 年版。

张红军：《沁阳市博物馆藏墓志》，科学出版社 2018 年版。

石刻研究

（唐）韦续：《墨薮》，影印文渊阁《四库全书》本，上海古籍出版社

1987 年版。

（宋）赵明诚，金文明校证：《金石录校证》，广西师范大学出版社 2005 年版。

（宋）翟耆年：《籀史》，清守山阁丛书本。

（元）吾衍：《周秦刻石释音》，中华书局 1985 年版。

（元）潘昂霄：《金石例》，影印文渊阁《四库全书》本，上海古籍出版社 1987 年版。

（明）项穆：《书法雅言》，影印文渊阁《四库全书》本，上海古籍出版社 1987 年版。

（明）费瀛：《大书长语》，《续修四库全书》，上海古籍出版社 2002 年版。

（明）孙矿：《书画跋跋》，影印文渊阁《四库全书》本，上海古籍出版社 1987 年版。

（清）黄宗羲：《金石要例》，影印文渊阁《四库全书》本，上海古籍出版社 1987 年版。

（清）叶昌炽撰，柯昌泗评：《语石 语石异同评》，中华书局 1994 年版。

（清）康有为：《广艺舟双楫》，清光绪本。

王国维：《宋代之金石学》，《王国维论学集》，中国社会科学出版社 1997 年版。

黄公渚：《两汉金石文选评注》，商务印书馆 1935 年版。

陆和九：《中国金石学》，明文书局 1981 年版。

岑仲勉：《金石论丛》，上海古籍出版社 1981 年版。

郭沫若：《石鼓文研究 诅楚文考释》，科学出版社 1982 年版。

吴闿生：《汉碑文范》，中国书店据民国十五年武强贺氏刊本印刷 1993 年版。

朱剑心：《金石学》，商务印书馆 1940 年版。

马衡：《凡将斋金石丛稿》，中华书局 1977 年版。

曾毅公：《石刻刻工录》，书目文献出版社 1987 年版。

方若著，王壮弘增补：《增补校碑随笔》，上海书店 2008 年版。

徐自强、吴梦麟：《中国的石刻与石窟》，商务印书馆 1996 年版。

路远、裴建平：《石版文章——历代碑刻琐谈》，四川教育出版社 1996 年版。

赵超：《中国古代石刻概论》，文物出版社 1997 年版。

金其桢：《中国碑文化》，重庆出版社 2002 年版。

徐自强、吴梦麟：《古代石刻通论》，紫禁城出版社 2003 年版。

耿世民：《古代突厥文碑铭研究》，中央民族大学出版社 2005 年版。

徐玉立：《汉碑说略》，《汉碑全集》，河南美术出版社 2006 年版。

马衡：《中国金石学概论》，时代文艺出版社 2009 年版。

毛远明：《碑刻文献学通论》，中华书局 2009 年版。

赵超：《石刻史话》，社会科学文献出版社 2011 年版。

徐志学：《魏晋南北朝隋唐五代石刻用典研究》，上海交通大学出版社 2013 年版。

张鹏：《北朝石刻文献的文学研究》，中国社会科学出版社 2015 年版。

马立军：《北朝墓志文体与北朝文化》，中国社会科学出版社 2015 年版。

祝嘉：《书学史》，成都古籍书店 1984 年版。

陈振濂：《书法美学》，山东人民出版社 2006 年版。

华人德：《中国书法史》，江苏教育出版社 2002 年版。

文史著述

（汉）司马迁：《史记》，中华书局 2011 年标点本。

（南朝宋）范晔：《后汉书》，中华书局 2011 年标点本。

（南朝梁）沈约撰：《宋书》，中华书局 2011 年标点本。

（汉）扬雄：《扬子云集》，影印文渊阁《四库全书》本，上海古籍出版社 1987 年版。

（汉）刘熙：《释名》，影印文渊阁《四库全书》本，上海古籍出版社 1987 年版。

（汉）高诱注：《吕氏春秋》，《诸子集成》，上海书店 1980 年影印版。

（南朝梁）刘勰著，范文澜注：《文心雕龙注》，人民文学出版社 1960 年版。

（南朝梁）任昉：《文章缘起》，（明）陈懋仁注，影印文渊阁《四库全书》本，上海古籍出版社 1987 年版。

（北魏）郦道元：《水经注》，岳麓书社 1995 年版。

（北魏）杨衒之：《洛阳伽蓝记》，《四部丛刊》影印本。

（唐）令狐德棻等撰：《周书》，中华书局 2011 年标点本。

（唐）魏征等撰：《隋书》，中华书局 2011 年版标点本。

（唐）房玄龄等撰：《晋书》，中华书局 2011 年标点本。

（唐）李肇：《唐国史补》，影印文渊阁《四库全书》本，上海古籍出版社 1987 年版。

（唐）柳宗元著，童宗说注释：《柳河东集注》，影印文渊阁《四库全书》本，上海古籍出版社 1987 年版。

（唐）封演：《封氏闻见记》，影印文渊阁《四库全书》本，上海古籍出版社 1987 年版。

（唐）王定保撰，姜汉椿校注：《唐摭言校注》，上海社会科学院出版社 2003 年版。

（宋）郑樵著，王树民点校：《通志二十略》，中华书局 1995 年版。

（宋）李昉等编：《太平御览》，《四部丛刊》三编影印宋刊本。

（宋）楼钥：《攻媿集》，《四部丛刊》影印武英殿聚珍版本。

（宋）洪迈：《容斋随笔》，上海古籍出版社 1978 年版。

（宋）石介：《徂徕集》，影印文渊阁《四库全书》本，上海古籍出版社

1987年版。

（宋）黄庭坚：《山谷集》，影印文渊阁《四库全书》本，上海古籍出版社1987年版。

（宋）泗水潜夫辑：《武林旧事》，浙江人民出版社1984年版。

（元）脱脱等撰：《金史》，中华书局2011年标点本。

（明）叶盛：《菉竹堂稿》，清初抄本。

（明）叶盛：《水东日记》，中华书局1980年版。

（明）王世贞：《弇州四部稿》，影印文渊阁《四库全书》本，上海古籍出版社1987年版。

（明）李东阳：《怀麓堂集》，影印文渊阁《四库全书》本，上海古籍出版社1987年版。

（明）陆容：《菽园杂记》，中华书局1985年版。

（明）刘侗、于奕正：《帝京景物略》，中国书店2014年版。

（清）钱谦益：《牧斋初学集》，《四部丛刊》影印明崇祯本。

（清）顾炎武：《日知录》，影印文渊阁《四库全书》本，上海古籍出版社1987年版。

（清）孙承泽撰：《庚子销夏记》，影印文渊阁《四库全书》本，上海古籍出版社1987年版。

（清）孔毓圻等：《幸鲁盛典》，影印文渊阁《四库全书》本，上海古籍出版社1987年版。

（清）靖道谟纂修：《云南通志》，影印文渊阁《四库全书》本，上海古籍出版社1987年版。

（清）永瑢等撰：《四库全书总目》，中华书局1965年版。

（清）阎若璩撰，黄怀信、吕翊欣校点：《尚书古文疏证》，上海古籍出版社2010年版。

（清）朱彝尊：《曝书亭集》，《四部丛刊》上海涵芬楼影印原刊本。

（清）龚自珍：《定盦全集》，光绪二十三年万本书堂刻本。

（清）郭庆藩辑：《庄子集释》，《诸子集成》，上海书店1980年版。

（清）胡德琳修：《（乾隆）历城县志》，《续修四库全书》，上海古籍出版社2002年版。

（清）姚鼐：《古文辞类纂》，上海古籍出版社1998年版。

（清）钱大昕：《十驾斋养新录》，嘉庆刻本。

（清）阮元撰，邓经元点校：《揅经室集四集》，中华书局1993年版。

（清）仇兆鳌注：《杜诗详注》，中华书局1979年版。

（清）赵一清：《水经注释》，华文书局股份有限公司1970年版。

陈柱：《中国散文史》，东方出版社1996年版。

鲁迅：《中国小说史略》，齐鲁书社1997年版。

梁启超：《清代学术概论》，岳麓书社2010年版。

郑振铎：《插图本中国文学史》，人民文学出版社1957年版。

唐圭璋：《石刻宋词》，《词学论丛》，上海古籍出版社1986年版。

傅璇琮主编：《唐才子传校笺》，中华书局1995年版。

刘衍文、刘永翔：《古典文学鉴赏论》，上海教育出版社1991年版。

褚斌杰：《中国古代文体概论》（增订本），北京大学出版社1999年版。

杨亦武：《云居寺》，华文出版社2003年版。

吴毓江：《墨子校注》，中华书局1993年版。

姚柯夫编：《人间词话及评论汇编》，书目文献出版社1983年版。

饶宗颐：《饶宗颐史学论著选》，上海古籍出版社1993年版。

曾枣庄、刘琳主编：《全宋文》，上海辞书出版社、安徽教育出版社2006年版。

吴承学：《中国古代文体形态研究》，中山大学出版社2002年版。

［加］哈罗德·伊尼斯：《传播的偏向》，何道宽译，中国人民大学出版社2003年版。

论 文

徐苹芳：《关于宋德方和潘德冲墓的几个问题》，《考古》1960 年第 8 期。

吴文良：《泉州九日山摩崖石刻》，《文物》1962 年第 11 期。

李绍明：《四川理县隋唐二石刻题记新证》，《思想战线》1980 年第 3 期。

鞠德源：《关于明代奴儿干永宁寺碑记的考察和研究》，《文献》1980 年第 1 期。

米文平：《鲜卑石室的发现与初步研究》，《文物》1981 年第 2 期。

王仁富：《大金得胜陀颂碑文整理三得——兼对田村实造等有关文著的订正》，《黑龙江文物丛刊》1984 年第 1 期。

张博泉：《金完颜希尹碑史事考辨》，《吉林大学社会科学学报》1987 年第 4 期。

白彬：《四川明代万历年间禁止早婚碑初探》，《四川大学学报》1990 年第 4 期。

蒋寅：《梁肃所撰戴叔伦神道碑的文献价值》，《文献》1991 年第 1 期。

西藏自治区文管会文物普查队：《西藏吉隆县发现唐显庆三年大唐天竺使出铭》，《考古》1992 年第 7 期。

裘锡圭：《关于石鼓文的时代问题》，《传统文化与现代化》1995 年第 1 期。

王大方：《内蒙古赤峰市翁牛特旗元代"张氏先茔碑"与"住童先德碑"》，《文物》1999 年第 7 期。

刘涛：《魏晋南朝的禁碑与立碑》，《故宫博物院院刊》2001 年第 5 期。

连云港市文管会办公室、连云港市博物馆：《连云港市东连岛东海琅邪郡界域刻石调查报告》，《文物》2001 年第 8 期。

赵超：《试谈北魏墓志的等级制度》，《中原文物》2002 年第 1 期。

李义:《内蒙古宁城县发现辽代〈大王记结亲事〉碑》,《考古》2003年第4期。

陈尚君:《新出石刻与唐代文学研究》,逢甲大学中文系主编《六朝隋唐学术研讨会论文集》,台湾文史哲出版社2004年版。

陈志平、张法亭:《珠海石溪摩崖石刻揽胜》,《岭南文史》2006年第2期。

孙危:《内蒙古阿拉善汉边塞碑铭调查记》,《北方文物》2006年第3期。

魏灵芝:《党项与西夏碑石刻叙录》,《西北第二民族学院学报》(哲学社会科学版)2007年第5期。

黎大祥:《武威西夏碑的发现对西夏学研究的重大意义》,《发展》2008年9期。

杨共乐:《大秦景教流行中国碑若干史实考析》,《史学史研究》2009年第2期。

杜海军:《论桂林石刻的文献特点与价值》,《广西师范大学学报》2010年第3期。

陈永耘:《西夏碑(石)刻述要》,《文博》2010年第5期。

[美]韩文彬著:《文字的风景——早期与中古中国的摩崖石刻》,徐胭胭译,邱忠鸣、王新校译,《艺术设计研究》2011年第2期。

施安昌:《乾隆与石鼓文》,《故宫博物院院刊》2012年第3期。

王星、王兆鹏:《苏轼诗词类作品石刻的数量统计与分析》,《长江学术》2012年第3期。

王星、王兆鹏:《苏轼题名、题字及文类石刻作品数量统计与分析》,《湖北大学学报》2013年第3期。

王蕴自:《殷墟出土商代玉石文及其释读》,《学灯》2013年第25期。

孙继民:《鹿泉牧羊人题记:宋代罕见的"草根"摩崖石刻》,《光明日报》2014年版。

杜海军:《论摩崖榜书的文学特性》,《求是学刊》2015年第3期。

杜海军：《论石刻对文学的传播贡献》，《陕西师范大学学报》2015 年第 5 期。

刘楷锋：《论广西传统文献匮乏背景下石刻的文献价值》，《广西师范大学学报》2015 年第 6 期。

张驰：《河北省滦南县新出两汉石刻初探》，《文献》2015 年第 6 期。

李秀莲：《〈大金得胜陀颂碑〉与出河店之战》，《北方文物》2016 年第 1 期。

※ 拙著参考文献除去以上列举，更多的是利用了笔者自己田野调查搜集并整理的石刻文献，是与他著不同之处。

跋

　　石是通灵的。石与天地同寿，与日月同辉，因此，人有寄托往往诉之于石，民俗有寄名保、有泰山石，文章有女娲补天、有红楼一梦等，都与石有关。石，刻上文字即为石刻，更将其通灵外化，显示石的生命价值。

　　石刻的生命价值在于是一种记忆，镌刻的线条是记忆，暴风雨雪的泐蚀是记忆，层层的腐枝败叶覆盖是记忆，厚厚的苍苔滋生是记忆，人为的捶拓损毁是记忆。

　　石刻是一种记忆，是一种立体的记忆。

　　石刻的记忆，真草隶篆，龙蛇在岩畔水滨；诗词文赋，雕镌于桑间濠上。这些记忆，内容丰富：铁马秋风，红颜薄命，秀才逸事，侠士往情，商旅行贾，谴谪流寓，官宦士绅，垂髫翁媪，无不在其间。这些记忆携带着原始的气息，大地还是原来的大地，江河依然秉持旧日的雄奇，霜露给春秋带来的肃杀，阳光还是千百年前的和煦。这些记忆汇聚于一石，在石中摇曳鼓荡，生命力涌动，在大千世界中演绎着生生不息。这些记忆，使笔者得悟古人心迹，得见古人的潇洒与踽踽。庙堂英俊，山野渔樵，南浦相送，有不宜为人道者，此际独对天地，长啸短吟，咳唾成珠，辉烛宇宙。这些记忆天花乱坠，云蒸霞蔚，斑斓多彩，是天壤间的奇葩，是至情的结晶。

　　石刻是一种记忆，一种细碎的记忆，如零金块玉，散布在穷山幽谷、丹崖翠壁、帝京王庭、通衢大邑、边城小镇、曲径幽栖。只有精心的捡拾，捡拾得更多，精心的融冶琢磨，才能见到其好。笔者步前贤之后，成为一个普通的捡拾者、融冶琢磨者。拙著就是笔者捡拾融冶琢磨的结果,虽然捡拾未富,融冶琢磨也难称精,未得其万分之一之妙,但为抛砖引玉,不揣谫陋,愿将拙著分享同好。

拙著原为国家社科基金西部项目,能够顺利结题并得以出版,要感谢众多学界相知相识与相知不相识的朋友的支持。有来桂林求学的各地同学知我痴心石刻,遂特意搜集购买,严孟春买焦山石刻、阿运锋买白鹤梁石刻、林啸买汉中石刻、祝苗康买福州石刻、王欢买西安石刻等。特别还有西安的党斌先生虽素昧平生,专门为笔者快递了陕西省几个重要的县市石刻整理成果,令笔者感动。这些同学朋友激励、支持了笔者的研究。又石刻论文不是学界的热点,但是《文史》《陕西师范大学学报》《求是学刊》《兰州学刊》《安徽师范大学学报》《江苏师范大学学报》《广西师范大学学报》,中国人民大学书报资料中心《中国古代近代文学研究》《高等学校文科学术文摘》《学术界》以其发表与转载,显示了其热情的关注,笔者且引为知己,且致以敬意与谢忱。

最后,拙著之成,衷心感谢责编郭晓鸿主任辛苦为本书增色,谢谢。

甘庄老农

2018 年 9 月 9 日